Gabriele Hoffmann

Otto von Bismarck und Johanna von Puttkamer

Die Geschichte einer großen Liebe

Mit zahlreichen
Abbildungen

Insel Verlag

Erste Auflage 2014
© Insel Verlag Berlin 2014
Copyright © 2014 by Gabriele Hoffmann
Alle Rechte vorbehalten, insbesondere das der Übersetzung,
des öffentlichen Vortrags sowie der Übertragung durch Rundfunk
und Fernsehen, auch einzelner Teile.
Kein Teil des Werks darf in irgendeiner Form (durch Fotografie,
Mikrofilm oder andere Verfahren) ohne schriftliche Genehmigung
des Verlages reproduziert oder unter Verwendung elektronischer
Systeme verarbeitet, vervielfältigt oder verbreitet werden.
Satz: Greiner & Reichel, Köln
Druck: C.H.Beck, Nördlingen
Printed in Germany
ISBN 978-3-458-17617-6

INHALTSVERZEICHNIS

Vorwort: Die erste Kanzlergattin	7
Eine Hochzeit auf dem Lande	13
Das Fräulein aus Pommern	13
Die tollen Junker	19
Der Pakt	50
Der Abgeordnete	75
Das Schloss an der Elbe	75
Revolution	81
Zwei Welten	88
Diplomatenjahre	107
Exzellenzen	107
Saison in St. Petersburg	137
Abstellgleis Paris	164
Wilhelmstraße Nr. 76	177
Familienleben im Ministerium	177
Zwei Kriege	198
Hof und Salon	226
Im Reichskanzlerpalais	257
Der »mächtige Diener« des Kaisers	257
Die »liebe gute Fürstin«	291
Hass	322
Diener außer Dienst	327
Anhang	355
Notizen für Historiker	355
Anmerkungen	359
Literaturverzeichnis	381
Personenverzeichnis	391
Bildnachweis	399

VORWORT:
DIE ERSTE KANZLERGATTIN

Die Liebesgeschichte zwischen Otto von Bismarck und seiner Frau Johanna von Puttkamer dauerte 47 Jahre und ist weitgehend unbekannt. Er war hingerissen von schönen Frauen, aber Johanna galt nicht als schön. Er heiratete sie, weil er sich mit ihr nie gelangweilt hat und weil sie ihn zum Lachen bringen konnte.

In der Bismarckverehrung erstarrte der erste Reichskanzler zum wuchtigen Heldendenkmal. Das Bild des Helden hat er selbst propagiert, das Erstarren begann nach seinem Tod. Geschätzte 300 Bismarckvereine soll es damals gegeben haben, die 700 Bismarckdenkmäler errichteten. Eines ist auch in meinen Kopf eingedrungen. Wenn ich als Schülerin oder als Studentin den Namen »Bismarck« hörte, erschien vor mir unwillkürlich das 34 m hohe Denkmal am Hamburger Hafen – der Held aus grauer Vorzeit mit breiten Schultern und ausdruckslosen Augen und einem 8 m langen Schwert, der den Besatzungen einlaufender Schiffe gleich zeigt, wer und was wir sind: Gottes Volk, einfach, unwandelbar, unüberwindbar.

Je mehr der Held wuchs, umso kleiner wurde seine Frau Johanna. Die bürgerlichen Autoren wollten ihr offenbar Gutes tun und sagten ihr alles nach, was eine ideale Bürgersfrau damals auszeichnete – als die ersten Frauen in Büros und Telefonzentralen auftauchten, um ihren Lebensunterhalt zu verdienen, selbstständig und verachtet von Männern, die sich verdrängt fühlten. Johanna wurde zur geistig schlichten, anspruchslosen Frau, zuverlässig und langweilig und vor allem: unpolitisch. So geistert sie noch heute durch zahlreiche der vielleicht 3989 Bücher über Bismarck und das knappe halbe Dutzend, das über sie erschienen ist.

Ich wurde neugierig auf sie, als ich Bismarcks Briefe an sie las. Auf diesen Briefen beruhen seine berühmtesten Biographien in wichtigen Teilen – aber hätte er über Jahre, oft mehrmals in der Woche, einem Menschen, der gar nicht verstehen konnte, was er wollte und tat, solche Briefe über sich und seine Arbeit geschrieben?

Bismarck schärfte ihr immer wieder ein, in Briefen und Gesprächen verschwiegen zu sein. Er war als Politiker höchst umstritten, und jedes ihrer politischen Urteile würde ihm als Vorwurf serviert werden, mit Sauce, meinte er. Er wollte sie aus allen wütenden Angriffen auf ihn heraushalten, was ihm allerdings nicht immer gelang.

Nur wenige ihrer Bemerkungen über Politik sind erhalten. Konservativ und aristokratisch – so umriss sie ihren Standort. Sie hat politische Intrigen meist wie mit einem Achselzucken abgetan, geschrieben, das gehe sie ja gar nichts an: Als Frau hatte sie kein Wahlrecht, keine offizielle Mitsprachemöglichkeit. Das heißt aber nicht, dass sie keine Ahnung hatte. Amt und Familienleben waren damals räumlich nicht getrennt. Die großen Politiker ihrer Zeit saßen bei ihr zu Tisch, und die Reichstagsabgeordneten kamen über Jahre sonnabends zum Parlamentarischen Abend ins Reichskanzlerpalais. Bismarck diskutierte seine politischen Pläne mit niemandem, und das Benehmen seiner Frau war genau so, wie es sich für eine vornehme adelige Dame gehörte: Mangelndes politisches Interesse bei Damen galt damals als entzückend. Ihr – und auch Bismarcks – Verhalten erschließt sich mehr aus den Regeln adeligen Lebens als bislang angenommen. Aber Frauen im Adel sind erst seit kurzem Thema der Forschung.

Das fromme, kluge Fräulein von Puttkamer verliebte sich in den hochverschuldeten Otto von Bismarck und zog mit ihm aus Pommern in sein altes Schloss an der Elbe und dann in eine Wohngemeinschaft in Berlin. Er machte sich als Landtagsabgeordneter einen Namen, sie musste bald aus Geldmangel mit den Kindern für Monate bei ihren Eltern leben. In Briefen verstanden sie sich oft besser als im gemeinsamen Alltag. Beide waren starke Charaktere. Sie gab ihm die Sicherheit, dass Gott ihn liebte und lenkte, und er versuchte, aus ihr eine Frau nach höfischem Maß zu machen, wogegen sie sich oft sperrte, denn sie war ein unabhängiger Geist. Er ging als Gesandter an den Bundestag in Frankfurt und an den Zarenhof in St. Petersburg, sie war die Gesandtin, die mit ihm Preußen vertrat. Er wurde Ministerpräsident und sie war die Ministerpräsidentin, die Besucher in ihrem Salon in der Wilhelmstraße empfing, der Straße der Macht. Viele Menschen fühlten sich durch ihr strahlendes Lächeln und ihre warmherzige, natürliche Art zu ihr hingezogen. Andere kritisierten genau die und machten sich lustig über ihre schlichten Kleider, ihre Liebe zu Bismarck und ihren fehlenden persönlichen Ehrgeiz. Als Bismarck das Deutsche Reich gründete und dessen erster Kanzler wurde, verehrten seine Freunde sie, und seine Feinde feindeten auch sie an.

Eine lange Reihe von Kanzlergattinnen ist ihr seitdem gefolgt, und ihre Aufgaben und Möglichkeiten haben sich seit Bismarcks Zeit kaum geändert. Bismarck, der erste deutsche Kanzler, war auch einer der ersten Berufspolitiker. Seine Ehe mit Johanna von Puttkamer zeigte schon alle Spannungen einer modernen Politikerehe.

Der Einfluss der großen politischen Ereignisse auf Otto und Johanna von Bismarcks Leben spiegelt sich in den Briefen, die sie sich schrieben und die in mehreren Ausgaben, aber immer getrennt erschienen sind – eine Auswahl von Bismarcks Briefen an seine Frau zum ersten Mal im Jahre 1900, von ihren Briefen an ihn 1931. Ich habe die bis heute erschienenen Briefe zum ursprünglichen Briefwechsel geordnet, um Johanna und Otto von Bismarck von Station zu Station seiner Karriere als Personen und als Paar Konturen geben zu können. Außerdem habe ich Briefe beider an

Kinder, Verwandte und Freunde herangezogen, Tagebücher gelesen und in Memoiren nach Beschreibungen der Hauptpersonen in unterschiedlichen Lebensaltern gesucht. Diese Porträts sind gerade dort, wo sie sich widersprechen, besonders nachdenkenswert. Bei meinem Rückgriff auf die historischen Quellen verliert Johanna die unveränderliche Statik, die sie in bisherigen Biographien hat: Sie entwickelt sich und zeigt sich als lebhafte, zunehmend urteilssichere Frau.

Mein Buch ist die Geschichte eines Paares und seiner Veränderungen von der Hochzeit bis zum Ende der Ehe nach 47 Jahren. Trotz langer Trennungen, Eifersucht, Überarbeitung und Krankheiten wurde der Pakt fester, den sie mit ihrer Liebe geschlossen hatten für – wie Johanna von Puttkamer sagte – Zeit und Ewigkeit.

EINE HOCHZEIT AUF DEM LANDE

DAS FRÄULEIN AUS POMMERN

Die Eisenbahnstrecke von Stettin nach Berlin ist vor drei Jahren endlich eröffnet worden. Reisende, die aus den Landstädten oder von einem der Güter kommen, verlassen die Postkutschen in Stettin und nehmen sich bis zur Abfahrt des Zuges am nächsten Morgen ein Zimmer. Das Hotel de Prusse in der Louisenstraße empfiehlt sich als Gasthof ersten Ranges.

Drei Tage vor Weihnachten 1846 trifft dort ein auffallend hochgewachsener, breitschultriger Herr von etwa dreißig Jahren ein: Otto von Bismarck. Seine Haare und sein Bart sind rotblond, seine Augen sind blau, und der Blick ist scharf. Er fragt höflich nach einer Gänsefeder, Tinte und Papier.

Bismarck kommt von Zimmerhausen, dem Rittergut seines Schulfreundes Moritz von Blanckenburg. Er zieht sich auf sein Hotelzimmer zurück und schreibt einen Brief, den er sich lange überlegt und mit Moritz besprochen hat: »Verehrtester Herr von Puttkamer. Ich beginne dieses Schreiben damit, daß ich Ihnen von vornherein seinen Inhalt bezeichne; es ist eine Bitte um das Höchste, was Sie auf dieser Welt zu vergeben haben, um die Hand Ihres Fräulein Tochter.«

Bismarck füllt Seite um Seite ohne Absatz. Heinrich von Puttkamer kennt ihn kaum, und der Ruf, den Bismarck sich in Hinterpommern erworben hat, ist nicht der beste. Aber Puttkamer ist ein frommer Mann. Was immer er ihm jetzt verspreche, schreibt Bismarck, könne niemals genug sein, um ihm daraufhin die Tochter zu geben – der Vater müsse auf Gott vertrauen. Doch Bismarck will ihm Auskunft über seine Haltung zum Christentum geben.

Mit seinem Glauben sah es bis vor zwei Monaten nicht gut aus. Er hat seit Jahren nicht gebetet, denn sein Streben nach Erkenntnis war »in den Cirkel des Verstandes gebannt«. Er hat Stunden trostloser Niedergeschlagenheit mit dem Gedanken zugebracht, dass sein Dasein zwecklos sei, »vielleicht nur ein beiläufiger Ausfluß der Schöpfung, der entsteht und vergeht, wie Staub vom Rollen der Räder«.

Etwa vor vier Jahren traf er Moritz von Blanckenburg wieder, mit dem er in Berlin das Gymnasium besucht hatte, und lernte dessen Verlobte und spätere Frau Marie von Thadden kennen, »die mir theuer wurde, wie je eine Schwester ihrem Bruder«. Beide gehören, wie Herr von Puttkamer, zu den Pietisten, die meinen, Glauben könne man nicht erklären, zum Glauben werde man erweckt. Bismarck begann damals, in der Bibel zu lesen, und als ihn die Nachricht von einer tödlichen Erkrankung Marie von Blanckenburgs erreichte, riss sich »das erste inbrünstige Gebet, ohne Grübeln über die Vernünftigkeit desselben, von meinem Herzen« los. Gott hat sein Gebet nicht erhört, Marie ist seit zwei Monaten tot, aber er hat sich gewandelt: Ich »habe die Fähigkeit, ihn zu bitten, nicht wieder verloren und fühle, wenn nicht Frieden, doch Vertrauen und Lebensmuth in mir, wie ich sie sonst nicht mehr kannte«. Der Zweifel an einem ewigen Leben ist von ihm genommen.

Er wisse nicht, welchen Wert Herr von Puttkamer dem allen gebe – Bismarck weiß das sehr wohl von Moritz: Puttkamer hat selbst als junger Mann eine Erweckung zum rechten Glauben erlebt –, »meine einzige Bürgschaft für das Wohl Ihres Fräulein Tochter liegt nur in meinem Gebet um den Segen des Herrn«.

Nun macht er doch einen Absatz und fügt hinzu, dass er vor fünf Jahren schon einmal verlobt war, mit Fräulein von Puttkamer auf Pansin. Deren Mutter hat das Verlöbnis aber gelöst, offenbar nicht gegen den Willen der Tochter: »Die sinnlichere Natur unsrer Neigung erwies sich nicht stark genug, um dieses Hinderniß zu überdauern.«

Bismarck schließt, er könne kaum hoffen, dass Puttkamer seinen Antrag ohne Weiteres annehmen werde, und bitte ihn nur, falls er wirklich ablehnen wolle, vorher um ein Gespräch über die Gründe. Dann wolle er alle weiteren Fragen beantworten.

Am Mittag des 24. Dezember 1846 nimmt auf dem Gut Reinfeld in Hinterpommern Johanna von Puttkamer den Werbebrief Bismarcks aus der schwarzen Posttasche, die der Kutscher von der Post in Stolp geholt hat. Sie legt ihn auf den Schreibtisch ihres Vaters. Johanna, schwarzhaarig, fromm und munter, ist sein einziges Kind.

Im großen Saal des Herrenhauses stehen zwei geschmückte Tannenbäume, und auf langen Tischen liegen schon die Geschenke für die Familie und die Gäste, für die Mamsell, die Dienerschaft, den Verwalter und seine Familie.

Um sechs Uhr beginnt die Bescherung mit Weihnachtsliedern, und Heinrich von Puttkamer hält die Predigt. Seit er den Brief gelesen hat, fühlt er sich, als hätte er einen Schlag mit einem Beil auf den Kopf gekriegt.

Weihnachtsgäste in Reinfeld sind Adolf von Thadden-Trieglaff, der Vater von Johannas verstorbener Freundin Marie, und sein ältester Sohn Reinhold, der aus Berlin gekommen ist, wo er im Abitur steht. Thadden-Trieglaff, sein Freund Puttkamer und Johannas Mutter Litte sind die führenden Gestalten unter den Pietisten in Pommern. Alle kennen Bismarck, er war auf Mariechens Hochzeit mit Moritz Blanckenburg. Reinhold hat ihm zugehört, als er von Reisen in England, Frankreich und der Schweiz erzählte, und war wie verzaubert.

In den nächsten Tagen lesen und besprechen sie den Brief. Johannas Mutter ist besorgt um ihre Tochter und will sie nicht hergeben, Adolf von Thadden spricht für Bismarck, sein Sohn Reinhold bewundert Bismarck und findet ihn ritterlich. Johannas Vater will nicht sofort absagen. Bismarck hat offenbar auch ein Erweckungserlebnis gehabt, und er fühlt sich verpflichtet, wenigstens persönlich mit ihm über Religion zu sprechen. Er antwortet Bismarck am 28. Dezember und lässt den Kutscher den Brief auf verschneiten Wegen nach Stolp zur Post bringen.

Bismarck ist jetzt auf seinem Gut Schönhausen in der Altmark. Er versteht nicht genau, was Puttkamer eigentlich antwortet: Ja oder Nein. Möglicherweise will er Gott entscheiden lassen, denn, liest er, würde dessen Ja und Amen »tatsächliche Zeugnisse von ja und Amen in meiner Tochter, meiner Frau und meinem Herzen, so wird mein Ja und Amen denselben folgen«.

Bismarck schickt den Brief an Moritz. Der antwortet, die Unklarheit zeige die Angst der Eltern, die Tochter zu verlieren. Otto solle sich an den Briefschluss halten, wo es heißt, es sei ihm »nicht versagt«, eine endgültige Antwort vor Gott und in Reinfeld zu suchen.

Einfach nach Reinfeld reisen – so weit war Bismarck inzwischen auch gekommen. Er dankt Puttkamer für sein Schreiben und meldet seinen Besuch an. Zugleich ergreift er die Gelegenheit, sich als pflichtbewussten und an einen Diensteid gebundenen Deichhauptmann darzustellen: Er kann aus dienstlichen Gründen erst am Montag, dem 11. Januar, von Stettin mit der Schnellpost reisen und müsste am Dienstag gegen Abend in Reinfeld eintreffen. Wenn aber Tauwetter eintrete und die Elbe Hochwasser führe, könne er gar nicht kommen. Dann fügt er noch einige Wendungen in biblischer Sprache hinzu wie: Er sei fest und männlich entschlossen, »nachzujagen dem Frieden gegen jedermann und der Heiligung, ohne welche niemand den Herrn sehn wird«.

Das kalte Wetter hält an, und am Dienstag, dem 12. Januar 1847, betritt Bismarck das Besuchszimmer in Reinfeld, in dem die Eltern Puttkamer ihn erwarten. Sie sind freundlich und aufgeregt, und Bismarck gewinnt den Eindruck, dass hier lange Verhandlungen mit ungewissem Ausgang auf ihn warten. Als Johanna hereinkommt, geht er entschlossen an den Eltern vorbei auf sie zu, umarmt sie und küsst sie, und sie umarmt ihn. Die Eltern sind sprachlos: Damit ist ihre Tochter verlobt.

Bismarck schreibt übermütig auf einen Zettel »Reinfeld 12. Januar 47. all right. B«. und schickt ihn seinem Berater Moritz nach Zimmerhausen. Moritz lässt sofort anspannen, gibt den Zettel seiner Schwester Antonie mit dem Auftrag, ihn ihrer Freundin Malwine zu schicken, und fährt über das schneebedeckte Land nach Reinfeld.

Malwine von Arnim ist Bismarcks jüngere Schwester, und Antonie berichtet ihr von der angehenden Schwägerin: »Ist Johanna in ihrer Liebe so warm und so treu wie in ihrer Freundschaft, so wird Otto in dieser Beziehung mehr finden, als er je sich träumen lassen.« Johanna sei ihr immer »wegen ihrer reizenden Unbefangenheit« höchst anziehend erschienen. »Ihr Äußeres wird glaube ich nicht hübsch gefunden, besonders wohl nicht von Frauen, für mich hat sie ein sehr interessantes Äußeres; so wie sie aber spricht und sich belebt, wird ersteres Urtheil wohl ganz umgestoßen, da alsdann Geist und Verstand alle Züge verschönen und besonders den ausdrucksvollen Augen großen Reiz geben.« Sie sei zwar tief aus Pommern, aber doch mit allem ausgestattet, was einem Fräulein jetziger Zeit an Bildung zukomme, und habe über vieles eine entschiedene Meinung, die sie sehr offen äußere. Sie spricht Englisch, spielt Klavier – auswendig: »wie und was man haben will« – mit ernsterem, tieferem Sinn. Sie sieht aus wie »guter Leute Kind« und das ist sie auch: Ihre Eltern sind geehrt und geachtet und die liebenswürdigsten Menschen, die es gibt.

Otto hat das große Los gezogen. Es ist ein Bündnis nicht »für ein vielleicht nur kurzes Leben, sondern für die ganze Ewigkeit«, und beide wissen, »dass Zeiten kommen, wo auch die innigste gegenseitige Liebe nicht ausreichend ist, wenn sie nicht im Mittelpunkte alles Seins und Lebens, in Gott, ihren Grund und Boden hat«. Und Antonie schließt: »Was werden sich die Menschen wundern!«

Damit hat sie vollkommen recht.

Am Tag nach der Verlobung ist in Reinfeld ein benachbarter Gutsbesitzer mit seiner Familie zu Tisch. Johannas Vater gibt die Verlobung bekannt – zum maßlosen Erstaunen der Anwesenden. Bismarck freut sich noch drei Tage später über die Cassuben, die »noch immer haufenweise auf dem Rücken liegen«, und über den Ärger der alten Damen, weil keine sagen kann, sie habe auch nur eine Silbe davon geahnt.

Am Sonntag darauf kommen die nächsten Gäste: Frau Emilie von Puttkamer vom Gut Versin ist mit ihren fünf Töchtern zum Mittagessen nach Reinfeld eingeladen. Auch Johannas Cousinen sind ahnungslos, als Otto ihnen plötzlich als »Johannas Verlobter« vorgestellt wird. Die Cousinen nehmen es sehr übel, dass sie vorher gar nichts erfahren haben, und meinen einstimmig und höflich über ihn: Ja, haben möchten wir ihn nicht, aber er ist ja sehr vornehm. Man hat gehört, dass er öfters in Berlin am Hof gewesen sei, und das, spottet Bismarck später, macht in dem abgelegenen Ländchen Eindruck. Die Cousinen kennen die Geschichten seiner wilden Ritte zu Tanzfesten, seiner Trinkereien, haben gehört, wie er Gäste mit Pistolenschüssen in die Fensterrahmen ihres Zimmers weckte. Sie haben auch gehört, dass seine Vermögensverhältnisse sehr verwickelt seien und man ihn nicht ganz für einen Mann halte, der sie in Ordnung bringen könne – dafür sei er zu viel unterwegs und zu sehr mit anderen Dingen als mit seiner Wirtschaft beschäftigt. Johannas Cousinen und Freundinnen sind in ernster Sorge wegen ihrer Verlobung mit einem Mann, der seit Jahren in Pommern der »tolle Bismarck« genannt wird.

DIE TOLLEN JUNKER

1.

Am 1. April 1815 brachte Wilhelmine von Bismarck, Ehefrau des Rittergutsbesitzers Ferdinand von Bismarck, auf dem Gut Schönhausen in der Altmark einen Sohn zur Welt. Zwei Kinder waren den Eltern gestorben und lagen im Park begraben, ihr Sohn Bernhard war jetzt fünf Jahre alt. Pastor Petri taufte das Neugeborene auf die Namen Otto Eduard Leopold.

Einen Monat vor Otto von Bismarcks Geburt war Napoleon aus Elba zurückgekehrt, aber am 18. Juni verlor er die Schlacht bei Waterloo. Das war ein Freudentag für die Eltern und Verwandten. Ottos Vater hatte in Schönhausen den Landsturm gegen die Franzosen organisiert, und ein Onkel war in den Freiheitskriegen gefallen. Nach diesem endgültigen Sieg über Napoleon konnten die Beschlüsse des Wiener Kongresses weiter umgesetzt werden. Der Kongress hatte Europa nach den napoleonischen Eroberungen eine neue Ordnung gegeben. Preußen gehörte nun einem Deutschen Bund aus vierunddreißig Fürstentümern und vier freien Städten an.

Der Vater war stolz darauf, dass seine Familie schon vor den Hohenzollern, den Königen von Preußen, in der Mark Brandenburg gelebt hatte. Er war in Schönhausen geboren, hatte mit 24 Jahren seinen Abschied von der Armee als Rittmeister genommen und bewirtschaftete seitdem das Gut. Kossäten und Büdner – kleine Hausbesitzer, deren

Land und Vieh zum Leben nicht reichten – arbeiteten für wenig Lohn auf seinem Land. Er war ihr Richter, hatte die Polizeigewalt über sie und das Patronatsrecht, das Recht, für die Kirche den Pastor und für die Schule den Lehrer auszusuchen. Unter seinen Standesgenossen galt er als elegant, gutmütig und bequem.

Die Mutter kam aus einer Beamten- und Professorenfamilie. Ihr Vater Anastasius Ludwig Mencken war Geheimer Kabinettsrat gewesen, ihr Großvater Juraprofessor in Helmstedt. Der Stand einer Frau richtete sich nach dem Stand ihres Mannes, und die Mutter war mit der Heirat adlig geworden. Aber als Bürgerliche von Geburt war sie nicht hoffähig, das heißt, sie wurde nicht am Hof in Berlin empfangen. Die adligen Nachbarn auf dem Land hielten sie für eine kalte Frau und ihre Ehe für unglücklich. Sie war bei der Hochzeit siebzehn gewesen, der Vater fünfunddreißig.

Als Otto ein Jahr alt war, erbte der Vater von einem Vetter drei Güter in Hinterpommern: Kniephof, Külz und Jarchlin. Die Familie verließ Schönhausen und zog nach Kniephof, neun Kilometer nordöstlich der kleinen Kreisstadt Naugard.

Otto hatte auf Kniephof ein schönes freies Kinderleben. Das Herrenhaus war ein bescheidener Fachwerkbau mit zwei kurzen niedrigen Seitenflügeln. Der Hausflur war mit Backsteinen gepflastert, links lagen ein Wohnzimmer und ein kleiner Saal, ein Gartenzimmer und ein Baderaum, rechts Wirtschaftsräume und Dienerzimmer – zum Haushalt gehörten die Mamsell, die Köchin, die Dienstmädchen, Vaters Diener, Mutters Zofe und Ottos Kindermädchen. Die Schlafräume der Familie waren im ersten Stock. Alte Eichen umgaben das Haus, und hinter dem Park schlängelte sich durch ein breites Wiesental das Flüsschen Zampel und speiste Teiche für Karpfen, Schleie und Forellen. Ein Verwalterhaus, Ställe, Scheunen, eine Schnapsbrennerei, eine

Schmiede gehörten zum Gut und eine Straße mit den Gutsarbeiterhäuschen.

Alle Kinder liefen barfuß. Otto kannte die Reit- und Wagenpferde und die Hunde der Schäfer. Es gab große Schafherden, Ochsen zum Pflügen, Schweine, Gänse. Auf der Gänseweide breiteten die Gutsarbeiterfrauen bei schönem Wetter das Leinen aus, das sie gewebt hatten, und ihre Kinder mussten es begießen, damit es in der Sonne gut bleichte. Der Lohn der Gutsarbeiter bestand aus Lebensmitteln und Holz für den Winter, Geld sahen sie wenig. Jede Familie hielt eine Kuh, ein, zwei Schweine, Gänse, für die das Gut Körnerfutter liefern musste, und bekam Flachsland für das Leinenweben.

Für die Kinder und die Erwachsenen brachte jeder Sommer zwei große Ereignisse: den Wollmarkt und das Erntedankfest, zu dem Wandermusikanten zum Tanz aufspielten und es Bier vom Fass und Schnaps gab. Für den Wollmarkt verluden die Arbeiter lange Säcke mit Schafwolle auf Planwagen, und die Reitknechte spannten vier Pferde vor. Schwankend verließen die hoch bepackten Wagen das Gut, Hunde liefen bellend nebenher, und die Pferde zogen die Last langsam über Sandstraßen – mit Pausen für Tiere und Menschen an diesem und an jenem Krug – bis nach Stettin, wo der Vater in diesen Jahren zu den größten Einlieferern gehörte.

Er bot Wolle an und Schafböcke und Mutterschafe zur Zucht. Pommern war Schafland, und die Wolle erbrachte den größten Teil der Einnahmen eines Gutes. Sie ging von Stettin in Seeschiffen nach Hamburg oder gleich nach England. Der Vater und der Verwalter kauften ein, was auf Kniephof gebraucht wurde, und ließen es auf die leeren Wagen bringen. Auf der Heimfahrt lagen harte Taler in einem Proviantkasten, die Reste des Wollgeldes.

Der Wollmarkt fand meist in der zweiten Juniwoche statt – nach dem Wollmarkt in Breslau und vor dem in

Berlin. Später, als die Chaussee nach Berlin endlich fertig war, wagten jedes Jahr mehr pommersche Gutsbesitzer die lange Reise mit den Planwagen in die Hauptstadt. Auf dem Wollmarkt in Berlin traf sich der Adel aus den Provinzen östlich der Elbe, aus Pommern, Brandenburg, der Altmark.

Der hohe Adel sah auf den Kleinadel herab, doch die Kleinadligen herrschten auf den Rittergütern unbeschränkter als Könige. Junker – so nannten die liberalen Bürger die konservativen Rittergutsbesitzer, und so nannten diese sich schließlich spöttisch-stolz selbst. Die meisten Junker in Pommern und in der Mark Brandenburg waren nicht reich. Ihre Güter waren klein, und viele waren verschuldet – trotz Gerichtsbarkeit, Polizeigewalt und Kirchenpatronat, trotz Steuerfreiheit und Sitz des Herrn im regionalen Landtag. Auch die Offiziere in der Familie Bismarck hatten während ihrer Dienstzeit große Summen verspielt, und die Ehefrauen hatten oft nicht gewusst, woher sie das Geld für die Bewirtschaftung des Landes nehmen sollten.

Manchmal reisten Otto und sein Bruder Bernhard mit den Eltern zu Familientreffen nach Schönhausen. Im alten Schloss am Ende der Lindenallee wohnte jetzt Onkel Ernst, ein Bruder des Vaters. Otto und Bernhard spielten mit ihren Cousinen Adelheid und Hedwig, die ein halbes Jahr vor Otto im neuen Schloss von Schönhausen geboren war: In Schönhausen gab es zwei Güter, seit vor Jahren ein Vorfahr sein Gut geteilt hatte, das größere gehörte Hedwigs Vater, einem Vetter von Ottos Vater. Beim Essen saßen die Kinder gemeinsam am Katzentisch. Hedwig imponierte besonders Ottos Knabenanzug aus einer blauen Tuchjacke mit daran festgenähtem Höschen – dieser Anzug hieß »Habit« und war auf dem Rücken von oben bis unten mit blanken Knöpfen geschlossen, und manchmal guckte vor dem letzten Knopf der Hemdzipfel heraus. Sie mochte Ottos Mutter nicht. Onkel Ernst nannte die Tante »eine Fischnatur«. Sie war oft elend und teilnahmslos, es hieß, sie sei »nervös«.

Aber Onkel Ferdinand ließ Otto und Hedwig auf seinen Knien reiten.

Hedwig besuchte Otto manchmal in Berlin zum Weihnachtsmarkt, wenn die Bismarcks aus Kniephof in der Stadt wohnten. Der Reisewagen war groß und hellgrau und hatte an den Türen das Bismarck'sche Wappen: ein silbernes Kleeblatt mit goldenen Eichenblättern im blauen Schild. Die Knechte schnallten einen flachen Koffer auf das Dach für die Staatskleider der Mutter, ein großer Koffer kam hinten auf den Wagen, und in die Kästen unter den Sitzen verstauten die Mädchen, was Mutter und Kinder für eine Übernachtung brauchten. Früh am nächsten Morgen spannten die Bauern aus dem Dorf sechs Pferde vor den Wagen, vier nebeneinander und davor noch einmal zwei: Die Bauern waren reihum verpflichtet, die Gutsherrschaft über zwanzig Kilometer bis nach Genthin zu fahren, wohin die Herrschaft vier eigene Pferde vorausgeschickt hatte. Meist stellte ein Bauer zwei Pferde, und so begleiteten drei, manchmal vier Bauern den Wagen, und ihre Hunde kamen mit. Der Diener steckte die Füße der Kinder in große Fußsäcke, die Hunde kläfften und die Reise begann. Es war noch dunkel, und die Laternen am Wagen ließen die Eiszapfen glänzen, die von den Hausdächern hingen. Die Pferde waren nicht aneinander gewöhnt, und es gab viel Hott-und-Hüh-Geschrei. Sie zogen durch scheinbar endlose Kiefernwälder, und wenn sie mittags in Genthin eintrafen, war allen in der Kutsche schlecht. Im Gasthaus gab es Biersuppe und Rührei und die mitgebrachte Wurst. Die eigenen Pferde wurden vorgespannt, und nun, auf der Chaussee, ging es schneller vorwärts. Man übernachtete in Brandenburg, und am nächsten Abend fuhr der Wagen durch das Potsdamer Tor. Die Kinder sahen begeistert zu den trüben Öllampen hoch, die über der Straße hingen. Sie fuhren durch die Leipzigerstraße zum Hotel de Brandebourg am Gendarmenmarkt. Dort war morgens Wochenmarkt, und Hedwig sah vom

Fenster aus zu, wie die Hökerweiber, die große Regenhüte trugen, aus den Wasserbütten Fische mit kleinen Netzen herausholten.

Der Wagen stand schon gewaschen und geputzt vor dem Hotel, die Pferde waren glänzend gestriegelt, der Kutscher trug Gala: hellblauer Frack mit gelbem Kragen – den Bismarck'schen Farben – und blanken Wappenknöpfen. Am Wagenschlag stand der Diener in Jägeruniform, den dreieckigen Hut mit grünen und weißen Federn auf dem Kopf, und half der Mutter, die im roten Pelz erschien, beim Einsteigen, dann hob er die Schwestern hinein und stellte sich hinten auf das Wagenbrett.

Zuerst fuhren sie zum Putzladen Kirsten in der Jägerstraße, wo die Mutter einen Hut mit breiter Krempe kaufte, aus dunkelblauem Rips und mit Schwanenfedern besetzt. Danach gingen sie über die Straße zu Delikateß Thiermann. Dort erwartete der Vater sie, der schon einige Tage vorher nach Berlin gereist war, und sie frühstückten gemeinsam mit Onkel Ferdinand und Tante Wilhelmine und mehreren Bekannten und Freunden. Anschließend machten Hedwig und Adelheid mit der Mutter Weihnachtseinkäufe. Hedwig fand das Schloss und die Brücke mit dem Standbild des großen Kurfürsten unvergleichlich schön. Josty war eine der wenigen Konditoreien Berlins, und die Schokolade schmeckte ihr wunderbar.

Otto war mit sechs Jahren in die Erziehungsanstalt Plamann in Berlin gekommen, ein Internat, in dem schon sein Bruder Bernhard und Hedwigs beide Brüder lebten. Auch andere Jungen kamen mit sechs ins Internat – sechs war zwar früh für die Einschulung, aber nicht außergewöhnlich. Die Erziehungsanstalt galt als hervorragendes Institut, dessen Lehrer modernsten pädagogischen Methoden folgten. Doch in Wirklichkeit gingen sie gegen die Kinder mit rücksichtsloser Strenge vor. Sie verteilten Hiebe und Püffe und schlugen die Kinder mit eisernen Rapieren, den Übungsdegen.

Die Mutter hielt Otto zum Lernen an. Er dachte oft, dass sie hart und kalt gegen ihn wäre, er fühlte sich von ihr zurückgestoßen und gab ihr die Schuld für alles Leid in dieser Anstalt, für Dressur, Kälte, Hunger. Er hasste sie.

Sechs Jahre blieb er dort. Damals hörte die Stadt am südwestlichen Ende der Wilhelmstraße auf. Wenn er aus einem Fenster ein Gespann Ochsen die Ackerfurche ziehen sah, musste er immer weinen vor Sehnsucht nach Kniephof. Er wartete das ganze Jahr über auf die Sommerferien. Aber kurz davor schrieb die Mutter wieder, sie müsse im Juli ins Bad, die Söhne müssten in Berlin bleiben oder bei einem Onkel in Potsdam. Viele Sommer lang sah er Kniephof nicht wieder.

1827 schloss die Plamann'sche Erziehungsanstalt. Otto besuchte nun das Friedrich-Wilhelm-Gymnasium in der Kochstraße und wechselte drei Jahre später auf das humanistische Gymnasium zum Grauen Kloster in der Klosterstraße. Es ging ihm gut. Er hatte Freunde und lernte leicht. Anfangs kam er zu einem Lehrer in Pension. Wenn seine Eltern im Winter in ihrer Stadtwohnung lebten – erst in der Behrenstraße 53, dann in der Krausenstraße am Dönhoffplatz –, luden sie ihn manchmal zu großen Diners ein: Ein Adliger musste früh lernen, sich in der Gesellschaft sicher und ungezwungen zu bewegen. Die Eltern führten ein großes Haus, es hieß, sogar die Hohenzollern-Prinzen Karl und Albrecht verkehrten viel bei ihnen. Sie hatten noch einen Sohn bekommen, Franz, der als Dreijähriger an einer Gräte erstickt war, und die Tochter Malwine, im Juni 1827.

Später durften Otto und Bernhard in der Wohnung der Eltern mit einer Haushälterin aus Schönhausen und mit Hauslehrern leben, die Otto perfektes Französisch und Englisch beibrachten. Bernhard studierte Jura und versank, wie Otto sagte, »ins physische Leben«. Seit Otto fünfzehn war, verbrachte er die Sommerferien in Kniephof, auch wenn die Eltern auf Reisen waren. Er sah, wie sie auf dem Gut wirtschafteten, zwar mit Maschinen und neuen Verfahren, aber nicht sehr erfolgreich. Der Vater war nachlässig, und seine Schulden wuchsen. Die Mutter versuchte manchmal einzugreifen, verstand aber zu wenig von Landwirtschaft. Die Eltern mussten ihre Aufenthalte in Berlin einschränken.

An der Ausbildung der Söhne sparten sie nicht. Ein Drittel der Adligen in Preußen lebte auf dem Land, ein Drittel in der Stadt und ein Drittel lebte im Sommer auf dem Land und im Winter in der Stadt, wo ein Amt in der Armee, in der Verwaltung oder in der Diplomatie ihnen Glanz und vielleicht Einfluss gab. Ein Adliger, der standesgemäß auftreten wollte, brauchte zwei Einnahmequellen, das Gut und den Staatsdienst. Die Mutter wollte, dass Bernhard und Otto gut vorbereitet waren, um sich den Zugang zu einflussreichen Staatsstellen offenzuhalten. Die Gunst eines Königs reichte für einen Adligen nicht mehr, der ein hohes Amt anstrebte, er musste Zeugnisse vorlegen können, Leistung zeigen wie ein Bürger, musste Abitur machen, Jura studieren, Sprachen beherrschen, vor allem Französisch.

Bernhard beendete sein Studium 1831 und trat in ein vornehmes Garde-Dragoner-Regiment ein. Das gemeinsame Leben der Brüder endete, Otto wohnte im Jahr vor dem Abitur bei seinem Lateinlehrer Bonnell und dessen Familie. Er hatte jetzt Konfirmationsunterricht bei Pastor Friedrich Schleiermacher an der Dreifaltigkeitskirche. Der Pastor entließ die Jungen kurz bevor die Mädchen kamen, daher begegneten Otto und seine Cousine Hedwig, die nun auch in Berlin lebte, sich häufig. Sie musste sich den Spott ihrer Freundinnen über den hässlichen großen dünnen Vetter anhören, aber sie mochte ihn sehr. Er besuchte sie und ihre Eltern manchmal an einem Sonntagabend und konnte immer Neues und Lustiges erzählen.

Im Religionsunterricht nahm Schleiermacher nur das Glaubensbekenntnis durch. Wenn jemand falsch antwortete, stellte er Fragen, die zu neuen Fragen führten, wodurch Hedwig schwer folgen konnte, was sie ärgerte. Auch bei Otto hinterließ der Unterricht kaum Spuren. Er wurde 1831 konfirmiert, und sein Konfirmationsspruch hieß: »Alles, was ihr tut, das tut von Herzen als dem Herrn und nicht den Menschen.«

Hedwigs Vater verkaufte seinen Teil von Schönhausen an einen bürgerlichen Herrn Gärtner, und ihre Eltern ließen sich scheiden. Hedwig würde unverheiratet bleiben, weil kein Geld für eine Mitgift da war, sie musste sehen, wie sie sich allein durchbrachte. Viele adlige Töchter heirateten nicht, das Geld blieb für die Söhne und im Gut. Hedwig konnte nur Pensionatslehrerin werden, Gesellschafterin oder Hausdame auf einem Gut. Aber ob verheiratet oder nicht: Sie gehörte zu den »Individuen des zweiten Geschlechts«, wie Otto sagte. Er gehörte dem ersten Geschlecht an. Er würde in Institutionen, die Frauen verschlossen waren, studieren und einen Beruf ausüben.

2.

Am 11. April 1824 brachte Luitgarde von Puttkamer, Ehefrau des Rittergutsbesitzers Heinrich von Puttkamer, auf dem Gut Viartlum in Pommern eine Tochter zur Welt. Pastor Sauer in Alt-Kolziglow taufte sie auf die Namen Johanna Friederike Charlotte Dorothea Eleanore. Sie war das zweite Kind ihrer Eltern, doch ihr einziger Bruder starb im Alter von fünf Jahren.

Ihr Vater hatte Jura studiert, die Ausbildung als Referendar jedoch abgebrochen, um in den Befreiungskriegen gegen Napoleon zu kämpfen. Er war großgewachsen und schlank, hatte dunkles Haar und dunkle Augen, war sanft und heiter, ein wenig umständlich, humorvoll, und er verwöhnte seine Tochter. Er sprach oft in Bibelworten und Versen aus dem Gesangbuch.

Die Mutter Litte – Luitgarde geb. von Glasenapp – war eine hübsche Frau mit blauen Augen. Sie war lebhaft und gesprächig, konnte andere unterhalten, war humorvoll und warmherzig wie der Vater. Sie sorgte sich um alles – um die Gesundheit ihrer Verwandten und Nachbarn und ihr Seelenheil, um die Sündhaftigkeit der Menschen und besonders um ihre eigene, grübelte und quälte sich bei ihrer Gewissenserforschung. Vor allem sorgte sie sich um Johanna.

Das Wohnhaus auf Viartlum sah mehr wie ein Bauernhaus aus als wie ein Herrenhaus. Der Vater kaufte fünf Jahre nach Johannas Geburt mit dem Geld der Mutter das Gut Reinfeld, und die Familie zog dorthin. Reinfeld lag zwischen Bütow und Rummelsburg und in der Nähe des Gutes Versin, auf dem Heinrich von Puttkamers ältester Bruder Franz mit sieben Kindern lebte. Zwischen den Gütern der beiden Brüder lag Reddies, das Gut ihrer Mutter. Johanna und ihre Vettern und Cousinen trafen sich sonntags bei der Großmutter. Sie erfanden eine Geheimsprache, die Erwachsene nicht verstanden, und sie erschreckten sich mit Gespenstergeschichten aus den alten adligen Häusern in Pommern.

Onkel Franz starb 1834, und seine Frau, Tante Emilie geb. von Below, leitete die Wirtschaft allein. Sie kam mit den Kindern nun öfter nach Reinfeld als früher, denn Johannas Vater vermisste seinen Bruder sehr und mochte Versin nicht mehr besuchen. Aber die Mutter fuhr mit Johanna hinüber, manchmal übernachteten sie auch dort. Im Winter, wenn der Schnee hoch lag, konnte das Leben in Reinfeld sehr einsam sein. Das Land war wenig besiedelt, die Wege waren schlecht und schnell verweht.

Die Vettern auf Versin, Gustav und Bernhard, kehrten nach jeden Ferien auf dem Lande zurück auf ihr Gymnasium in Berlin, und die Cousinen Laura, Franziska, Charlotte, Emma und Malwine blieben zu Hause und lernten wenig. Johanna erhielt Unterricht von der Mutter im Lesen, Schreiben und Rechnen. Später kam eine Erzieherin nach Reinfeld, die in ihrer Pensionatszeit auch nur geübt hatte, was für höhere Töchter schicklich war.

Johanna lernte Englisch und Klavierspielen, sie war auffallend musikalisch. Die Erzieherin ließ sie Schönschrift üben und ermahnte sie, dass ihre Handschrift sich bis ins Alter nicht verändern dürfe. Johanna las viel, Gedichte von Goethe, von Schiller, von Freiligrath, und schrieb Verse und machte feine Handarbeiten. Sie lernte ein bisschen Französisch, das sie aber schnell wieder vergaß, weil niemand es für wichtig hielt, ein bisschen Geschichte, kaum Geographie. Für Mädchen war der Schulunterricht mit der Konfirmation vorbei. Die Beschäftigung mit der Religion blieb, das Bibellesen, die Fragen nach einem gottgefälligen Leben und Vertrauen in Gott und nach den Gefühlen und Zeichen, an denen man seine Offenbarungen erkannte.

Von nun an lernte Johanna von der Mutter Hauswirtschaft in einem großen Betrieb, in dem fast alles, was die Menschen brauchten, selbst hergestellt wurde. Die vielseitigen Arbeiten mit dem zahlreichen Personal machten ihr Freude – der Küchenplan, die Vorratswirtschaft, die große Wäsche, die Leinenkammer, die Zuarbeiten von Mädchen und Knechten. Sie lernte, klare Befehle zu geben und dafür zu sorgen – bei Bedarf energisch –, dass diese befolgt wurden.

Auch in allen Arbeiten, die im Lauf der Jahreszeiten anfielen, musste sie sich auskennen. Im Frühling bestellten Gartenfrauen den Gemüsegarten, im Sommer ernteten sie. Erbsen palen, Bohnen schneiden, Äpfel, Birnen, Zwetschen entkernen und einkochen hielten die Küche wochenlang in Atem. In guten Jahren schnitten alle schon ab fünf Uhr morgens das Obst zum Dörren. Im Herbst kam das Schlachten, und auch hier musste Johanna vieles selber können und alles beaufsichtigen: Wurst und Schinken kochen, Gänse einmachen, räuchern. Im Winter musste sie die Vorräte regelmäßig kontrollieren und die Mägde beaufsichtigen, die in der Gesindestube spannen. Alles musste rechtzeitig besorgt werden, es durfte an nichts fehlen, aber auch nichts vergeudet werden.

Die Armut auf Reinfeld und anderen Gütern in Hinterpommern erschwerte das Leben. Die Franzosen hatten Preußen jahrelang ausgeplündert, die Sandböden brachten geringe Erträge, und die Wirtschaft erholte sich nur langsam. Der Landadel musste sparen, die Frauen gaben sich gegenseitig Kleider weiter, Johannas Mutter lief alltags sehr bescheiden angezogen umher, die Anzüge des Vaters wurden wieder und wieder gewendet. Sparsamkeit, lernte Johanna, ist die Tugend der adligen Gutsherrin.

Aber besondere Ereignisse im Jahr feierte man groß: Johannas Geburtstag, das Erntefest, Weihnachten, lange Besuche, große Jagden mit anschließenden Diners. Dann fuhren die Cousinen aus Versin mit Koffern voller Festkleider vor und packten mit an. Im Eiskeller lag ein Reh, die Köchin schlachtete einen Puter und bereitete Fische aus dem Fluss und Kalbsbraten vor. Jung und alt feierten gemeinsam, und die älteren Damen beäugten kritisch die jüngeren und prüften, wie weit ihre Erziehung zu adligem Benehmen fortgeschritten war, ihre Selbstbeherrschung und ihre guten Manieren.

Johanna lernte, wie eine adlige Dame aufzutreten hatte. Klavierspielen, Briefe schreiben, um Freundschaft und Zusammenhalt in der Familie zu stärken, Lesen, Malen und Sticken lernten Töchter wohlhabender bürgerlicher Rittergutsbesitzer auch: Etwa ein Drittel der Rittergüter gehörte Bürgern, und die alten Rechte des Landadels hingen nicht mehr an Personen, sondern am Gut. Doch die adligen Töchter wurden eingeübt in dem Wissen, der augenblickliche Endpunkt einer langen Folge von Generationen zu sein, von denen sie ganz besondere und hervorragende Eigenschaften, Traditionen und Rechte geerbt hatten. Der Vater war der Herr auf dem Gut, aber gleich nach ihm kam die Mutter und vertrat wie er das Haus.

Die Ideale für eine junge Dame waren Anmut, Geschmack und Schönheit. Johannas Mutter wurde mit den Jahren sehr dick, doch in der Verwandtschaft hieß es lobend, sie bewege sich leicht und anmutig wie ein junges Mädchen. Anmutiges Stehen, Gehen und Sitzen mussten junge Damen üben, und Johanna lernte, ihren Körper zu kontrollieren. Geschmack war in Hinterpommern nicht so recht auszubilden, selbst Johanna, die zu frommer Bescheidenheit erzogen wurde, fand, dass es in Stolp, dem nächsten Landstädtchen, überhaupt nichts zu kaufen gäbe. Auch mit ihrer Schönheit haperte es etwas. Sie entsprach nicht dem Frauenideal der Zeit, hatte weder ein rundes Kindergesichtchen mit Bäckchen noch ein Stupsnäschen, noch Löckchen. Ihre Nase war groß, ihre Stirn schön, aber kantig, ihre Augenbrauen waren stark und dunkel und die Haare glatt und schwarz. Sie pflegte ihren Teint und trug, wie alle jungen Damen, im Freien eine große Strohschute, die das Gesicht beschattete.

Vor allem sollten junge Damen fügsam sein, gehorsam, sich dem Willen der Mutter unterordnen, selbstbeherrscht und diszipliniert werden. An diesem allen musste Johanna noch arbeiten.

An Familiengeburtstagen und in kleinen Gesellschaften benahm sie sich so ungezwungen, wie es sich gehörte: Adlige Kinder sollten nicht schüchtern sein. Sie lernten früh, lebende Bilder vorzuführen, damit sie jede Befangenheit vor erwachsenen Gästen ablegten, die die Titel der Bilder raten mussten. Johanna und die Cousinen übten mit großem Erfolg einen »Heiratsantrag auf Helgoland« ein, in dem Johanna der Liebhaber war und verliebte Blicke auf das schüchterne Mädchen werfen musste, ihre Cousine Franziska. Sie lasen Shakespeare mit verteilten Rollen, und wenn jemand nach Musik fragte, setzten sie sich ohne Ziererei ans Klavier.

Johanna wurde geliebt und verwöhnt, weil sie ein freundliches und bescheidenes Wesen hatte. Aber einmal legte sie eine Probe ab von ihrer Umsicht, ihrem Mut und ihrer Befehlsstärke. Als sie sechzehn war, brach in der Waschküche Feuer aus. Das Strohdach brannte, der Wind trieb die Flammen auf das Wohnhaus zu. Der Vater leitete die Löscharbeiten und rettete mit den Leuten Scheunen und Ställe, aber das Wohnhaus brannte ab. Die Mutter war auf Verwandtenbesuch, Johanna blieb fast bis zuletzt noch im Haus und ließ die Mädchen Kleider und Wäsche zusammenpacken und in der Küche Hausrat retten, bis die Feuerspritzen von den Nachbargütern ankamen, die erste aus Reddies.

Die Großmama Puttkamer hatte sie geschickt. Sie wartete die ganze Nacht mit ihrer Enkelin Franziska auf Nachrichten. Am nächsten Vormittag kam Johanna angefahren und hatte auf dem Wagen einen großen Sack mit Wäsche und Kleidung.

Die Mutter und Johanna mussten zwei Jahre auf dem Gut Reddentin bei der jüngeren Schwester des Vaters wohnen – Ulrike von Puttkamer hatte Gustav von Below geheiratet. Der Vater ließ in Reinfeld ein einfaches großes Herrenhaus bauen, einen langen flachen Bau mit tiefen Fenstern. Während der Bauzeit wohnte er in einem engen Häuschen auf dem Wirtschaftshof. Johanna und Franziska besuchten ihn für einige Wochen: Sie beaufsichtigten das Schlachten und das Wurstmachen, das Räuchern von Schinken und Fleisch. Alle drei waren vergnügt und lachten viel. Die Herbst- und Wintertage waren kurz und neblig, nachts hörten die Mädchen die Mäuse zwischen der Wand und der Stofftapete umherlaufen.

Auf vielen Gütern lobte man Johannas Geistesgegenwart. Sie war noch jung, aber sie hatte in einer gefährlichen Situation Stärke und Disziplin gezeigt.

3.

Otto von Bismarck wurde mit siebzehn Jahren Student in Göttingen, im Mai 1832. Er war mit geringem Aufwand durchs Abitur gekommen, hatte die Schule weder gut noch schlecht abgeschlossen, und studierte nun Jura. Er war sehr groß und immer noch sehr dünn, fiel gerne auf und versuchte, andere zu übertrumpfen.

Kommilitonen erinnerten sich noch lange daran, wie er in einem grünen Hausrock – manche meinten: Schlafrock –, Pfeife im Mund, Stöckchen unterm Arm, mit seiner gelben Dogge Ariel durch die Straßen der kleinen Stadt spazierte. Er trat in das Corps Hannovera ein, eine schlagende Studentenverbindung, in der sich Adelssöhne zusammenfanden, und focht 26 Partien, bei denen er nur einen Schmiss an der Nasenspitze abbekam. Das Universitätsgericht verurteilte ihn insgesamt zu achtzehn Tagen Karzer, davon zehn, weil er an einem verbotenen Pistolenduell als Schiedsrichter teilgenommen hatte. Seine Corpsbrüder wählten ihn zum Fuchsmajor: Er bildete neue Mitglieder aus und ließ auf den Kneipen, den offiziellen abendlichen Treffen, die Lieder anstimmen.

Sein Vater hielt ihn knapp, und er machte Schulden. Er war ein guter Reiter, Schwimmer, Fechter, Tänzer und beherrschte mehrere Sprachen – das alles entsprach der klassischen Ausbildung eines Ritters des 17. Jahrhunderts. Er wollte Diplomat werden. Das Studium der Rechte mit dem vielen Auswendiglernen langweilte ihn. Nur ein Professor lockte ihn: Der Historiker Arnold Heeren, von dem es hieß, angehende Diplomaten müssten ihn hören, las über das europäische Staatensystem.

Bismarck machte seine Prüfungen pünktlich und wechselte nach drei Semestern an die Universität Berlin. Sein bester Freund John Lothrop Motley ging mit ihm, ein ernsthafter Amerikaner aus Massachusetts, der ein Jahr die Rechte in Harvard studiert hatte. Motley interessierte sich für deutsche Literatur und staunte manchmal, wie belesen und nachdenklich der streitlustige Bismarck war.

In Berlin lernten Bismarck und Motley den Grafen Alexander von Keyserling kennen, einen Balten, der sich für Geologie und Paläontologie interessierte, fleißig studierte und bescheiden lebte. Eine Zeit lang wohnten die drei zusammen. Otto besuchte die Salons seiner Verwandten, war häufig zu Gast bei Gräfin Caroline Bismarck-Bohlen aus der Familie des inzwischen verstorbenen Onkels Ernst. Er ging abends zu Bällen und morgens zum Repetitor. Im Mai 1835 – zum frühstmöglichen Termin – legte er das erste der damaligen juristischen Staatsexamen, die »Auskultatorprüfung«, mit guten Noten ab. Er war gerade zwanzig Jahre alt.

Bismarck begann seine Ausbildung beim Kammergericht Berlin. Der direkte Weg in den diplomatischen Dienst war das diplomatische Examen, doch er hörte, Außenminister Ancillon schätzte ostelbische Junker nicht als Diplomaten. Bismarck beschloss, von der Justiz zur Verwaltung überzutreten: Diese Laufbahn bot vielleicht bessere Chancen für die Bewerbung zur Diplomatenlaufbahn. Außerdem konnte er in der Rheinprovinz das Abschlussexamen als Referendar nach zwei statt nach drei Jahren ablegen. Er ersuchte den Regierungspräsidenten in Aachen, seine Ausbildung dort fortsetzen zu dürfen, und wurde angenommen.

Vor seiner Reise nach Aachen stand die Prüfung vom Auskultator zum Referendar, zu der eine philosophische und eine staatswissenschaftliche Heimarbeit gehörten. Er ging nach Schönhausen, wo er ungestört schreiben konnte. Für die Heimarbeiten bekam er die Noten »Sehr gut« und »Gelungen«, für die mündliche Prüfung »sehr gut befähigt«.

Anfang Juli 1836 wurde er zum Regierungsreferendar befördert und vereidigt. Danach trat er seinen Dienst am Regierungspräsidium Aachen an.

Aachen war ein Kurbad mit einer Spielbank und internationalem Publikum. Bismarck langweilte sich im Dienst und ritt lieber mit jungen Engländerinnen aus. Er verliebte sich in die Tochter oder Nichte eines Herzogs und wollte sie heiraten: Laura Russell, die aber dann doch weder Tochter noch Nichte eines Herzogs war, sondern die Tochter einer zweifelhaften Dame, worauf er sich beschämt als dummer Landjunker fühlte. Im Sommer darauf verliebte er sich in Isabella Loraine Smith, eine wunderbare blonde Schönheit aus englischem Landadel. Er nahm zwei Wochen Urlaub, um sie und ihre Familie auf einer Deutschlandreise zu begleiten, versuchte, das Reisegeld in Wiesbaden beim Glücksspiel zu gewinnen, folgte ihr durch Europa von Juli bis September 1837 und wollte sie heiraten. Ihr Vater lehnte die Heirat vermutlich wegen beiderseitigen Geldmangels ab, und so war das Abenteuer vorbei, und Bismarck saß auf einem riesigen Haufen Schulden, er hatte horrende Summen verspielt.

Auch in Aachen setzten ihm Gläubiger zu. Er wollte nun nicht mehr Beamter werden, behauptete er: Der Regierungspräsident, der die Lage knapp gehaltener junger Herren von Adel kannte, hatte ihn beurlaubt und ihm geraten, erst einmal seine Verhältnisse ehrenhaft zu ordnen, dann könnte man weitersehen.

Zu Hause sah es schlimm aus. Auf den Gütern lagen hohe Hypotheken, der Vater kümmerte sich kaum noch um die Landwirtschaft, und die Einnahmen gingen weiter zurück. Die Mutter war schwer krank, sie hatte Krebs. Bismarck verschwieg ihr seine Spielschulden und sagte nur, welchen Ekel er vor der Verwaltungslaufbahn hätte. Er versuchte es noch einmal mit dem Staatsdienst bei der Regierung in

Potsdam, fand auch einen Fürsprecher, aber er hielt es dort nicht aus, blieb nach drei Monaten einfach weg.

Die Eltern diskutierten hin und her, wie sie aus den Gütern mehr Einnahmen erzielen könnten. Verpachten, sagte der Vater. Zuckerfabrik, sagte die Mutter. Vielleicht wäre es das beste, sagten beide, den Söhnen Güter und Schulden zu übergeben.

Bismarck musste noch seinen Militärdienst ableisten. Er hatte versucht, sich davon befreien zu lassen, und eine angebliche Muskelschwäche am Arm vorgeführt, aber die Prüfer nicht täuschen können. Am 1. April 1838 trat er als Einjährig-Freiwilliger in ein Garde-Jäger-Bataillon ein. Ein Einjährig-Freiwilliger wurde zum Reserveoffizier ausgebildet, er musste seine Ausrüstung und seinen Lebensunterhalt selbst bezahlen und durfte wählen, wann und wo er dienen wollte.

Er geriet sofort mit einem Vorgesetzten aneinander. Ein Offizier sollte in diesem Bataillon nicht etwa lernen, bestimmte Aufgaben zu lösen, sondern vor allem sollte er die »adlige« Lebensweise einüben – aus Corpsgeist, das hieß unter dem Druck seiner Kameraden. Standesgemäßes Verhalten bedeutete hier: Zeit und Geld verschwenden – die größten Vergehen für einen strebsamen Bürger. Aber Zeitverschwendung und Ineffektivität hatten Bismarck schon in den Regierungsbehörden aufgebracht.

Er kam im Lauf des Sommers wie seine Eltern zu dem Schluss, dass es nur einen Weg gab, um aus den Schulden herauszukommen: Er und sein Bruder mussten die Güter selbst bewirtschaften, er würde aus dem Staatsdienst ausscheiden. Seine Verwandten in Berlin waren entsetzt über diese Absicht, und er schrieb Caroline von Bismarck-Bohlen großartig, der Dienst sage ihm nicht zu, weil sein Ehrgeiz »mehr danach strebt, nicht zu gehorchen, als zu befehlen«. Sein Vater wollte, dass die Söhne erst das Assessorexamen machten, als Sicherheit, und Bernhard war einverstanden, aber Otto lehnte das für sich ab, verschwieg seine Schulden weiter. Als sich abzeichnete, dass er nicht ein ganzes Jahr beim Militär bleiben musste, ließ er sich im Herbst zum Jäger-Bataillon Nr. 2 in Greifswald versetzen, um neben dem Dienst Landwirtschaft zu studieren.

Die Landwirtschaftliche Akademie auf Gut Eldena, das der Universität Greifswald gehörte, war drei Jahre zuvor gegründet worden. Praktische Ausbildung im Gutsbetrieb sollte mit Vorlesungen verbunden werden – das war ein großer Schritt zu einer Professionalisierung der Gutswirtschaft. Aber Bismarck fand den Unterricht zu weitschweifig und langweilig, er las zielgerichtet nur Bücher, die ihn auf die Bewirtschaftung der Güter seines Vaters vorbereiteten, las über modernen Dünger und besichtigte Wirtschaftsbetriebe.

Seine Mutter starb am 1. Januar 1839 in Berlin, neunundvierzig Jahre alt.

Bernhard und Otto übernahmen die Güter Kniephof, Külz und Jarchlin und bewirtschafteten sie gemeinsam. Der Vater zog mit der kleinen Schwester Malwine nach Schönhausen, wo ein alter Verwalter das Gut leitete. Die Wohnung in Berlin wurde gekündigt. Im Oktober 1839 beantragte Otto die Entlassung aus dem Staatsdienst.

Die drei heruntergewirtschafteten Güter mit Ackerland, Wiesen und Weiden, Wäldern und Seen waren zusammen etwa 550 Hektar groß. Das war in Pommern ein mittlerer Besitz. Otto arbeitete sich schnell ein und wandte die Grundsätze moderner Betriebsführung an, die er in Greifswald studiert hatte. Schon nach relativ kurzer Zeit hatten er und sein Bruder wieder Einnahmen und konnten Hypothekenzinsen bezahlen und sogar anfangen, Schulden abzutragen.

Jetzt fuhr Otto im Juni zum Wollmarkt nach Berlin und bot Wolle an und Zuchtschafe, in die Merinoschafe aus Spanien eingekreuzt waren. Bernhard wurde 1840 Mitglied des pommerschen Provinzial-Landtags und 1841 zum Landrat des Kreises Naugard gewählt. Er zog in die Kreisstadt und heiratete Adelheid Fanninger, eine Arzttochter. Die Brüder Bismarck teilten nun die Güter unter sich auf: Bernhard übernahm das der Stadt näher liegende Külz, Otto Jarchlin und Kniephof. Die Abzahlung seiner geheimen Spielschulden war vorerst geregelt, vielleicht würde er sein Leben lang damit zu tun haben. Er wurde Kreisdeputierter, vertrat mehrfach seinen Bruder als Landrat und wurde zum Abgeordneten der Ritterschaft im Provinzial-Landtag gewählt.

Er fühlte sich einsam, sehnte sich nach einer eigenen Familie und verlobte sich mit Ottilie von Puttkamer auf Pansin. Doch ihre Mutter wies ihn kränkend zurück, Ottilie verteidigte ihn nicht und löste die Verlobung. Bismarck war schwer verletzt, reiste nach England, Frankreich, in die Schweiz, war monatelang fort.

Als er nach Kniephof zurückkam, fühlte er eine große innere Leere, eine Verlorenheit, litt unter dem Gefühl der Sinnlosigkeit seines Lebens. Er begann, sich männlich in Szene zu setzen, Leute zu beeindrucken und zu unterhalten, stellte sich in Sprache und Benehmen auf jeden ein, versuchte, allen zu imponieren. Bald erzählte man sich Geschichten über seine Trinkereien, Liebschaften, wilden Ritte. Er war auf jeder großen Jagd, jedem Fest dabei, selbst wenn er 70, 80 km auf Caleb reiten musste, seinem starken Braunen. Er bezog Wein aus dem Bremer Ratskeller und richtete auf Kniephof eine Orangerie ein. Manche bewunderten ihn, andere mieden ihn. Über die Ersten spottete er, er bringe ihnen doch nur die englische Sitte bei, Fisch nicht mit dem Messer zu essen, und die anderen karikierte er als »Clique von pommerschen Krautjunkern, Philistern und Ulanenoffizieren«. Wenn er allein war, langweilte er sich »zum Hängen«. Aus Langeweile führte er die Rechnungsbücher auf Französisch. Er kaufte vier Ackerpferde aus

Mecklenburg und nahm zum Kartoffelaufnehmen vierzig Leute aus dem Warthebruch an, doch jetzt, als die Güter gut liefen, stellte sich seine Vorstellung vom Glück eines Lebens auf dem Lande als Täuschung heraus.

Er schrieb einen Antrag auf Wiederaufnahme in den Vorbereitungsdienst, den der Regierungspräsident in Potsdam bewilligte, und trat den Dienst am 3. Mai 1844 an. Zwei Wochen später bat er um einen kurzen Urlaub wegen Erkrankung seiner Schwägerin – sie starb kurz darauf bei der Geburt ihres zweiten Sohnes –, und aus diesem Urlaub kehrte er nicht in den Dienst zurück. Er fand die Beamten und die Geschäfte genauso schal und langweilig wie früher. Er war neunundzwanzig Jahre alt, hatte beruflich alles probiert, was ihm als standesbewusstem Adligen möglich war, und sah keinen Weg mehr, sein Leben zu ändern.

4.

Johanna war mit halb Pommern verwandt. Die Großmutter väterlicherseits auf dem Gut Reddies hieß Charlotte von Puttkamer, geb. von Kleist aus dem Hause Groß Tychow, und die Großmutter mütterlicherseits auf dem Gut Kieckow hieß Friederike von Kleist, verwitwete von Glasenapp auf Gramenz, geb. von Borcke. Zur näheren Verwandtschaft gehörten Onkel und Tanten aus den Familien Zitzewitz, Below, Podewils, Krockow, Blumenthal, Retzow. Die meisten Familien hatten zahlreiche Kinder, und bei den Eltern gab es durch Todesfälle zweite, manchmal dritte Ehen, und diese sowie mehrfache Verschwägerungen machten die Verwandtschaft höchst unübersichtlich.

Johanna liebte besonders ihren Onkel Hans von Kleist auf Kieckow, er war der Stiefbruder ihrer Mutter und nur zehn Jahre älter als Johanna: Sein Vater Hans Jürgen von Kleist hatte als Witwer mit fünf Kindern in dritter Ehe Johannas Großmutter geheiratet, eine Witwe mit fünf Kindern, zu denen die damals vierzehnjährige Tochter Luitgarde gehörte. Ein Jahr nach der Hochzeit kam der gemeinsame Sohn Hans zur Welt. Johannas Stiefgroßvater Kleist war Landrat im Kreis Belgard. Er hatte dort den Befreiungskampf organisiert und gehörte ebenfalls zu den Pietisten, zu den Stillen im Lande, wie man sagte, den Königstreuen, die auf ihren Gütern selbst wie kleine Könige herrschten.

Sie sahen im Sieg über Napoleon ein Zeichen für Gottes Eingreifen in ihr Leben und eine Aufforderung, sich von Aufklärung und Rationalismus abzuwenden und die Erklärung der Welt und den Willen Gottes in der Bibel zu suchen. Heinrich von Below auf Seehof im Kreis Stolp war wohl der Erste der Verwandten, der sich dazu erweckt fühlte, in der Heiligen Schrift Gottes Wort zu erkennen, das Ende allen Nachdenkens und Zweifelns. Beflügelt von dieser Offenbarung lud er seine Brüder – Gustav auf Reddentin, Karl auf Gatz – zu Bibelstunden ein, Adolf von Thadden-Trieglaff, die Blanckenburgs, die Puttkamers auf Versin, Luitgarde von Glasenapp auf Kieckow – bald sprach man von den pommerschen Erweckten. Zwischen 400 und 700 Teilnehmer trafen sich schließlich zum Gebet auf den Gütern der Belows. Johannas Mutter trug den neuen Geist in das Haus des Landrats von Kleist. Sie heiratete mit zwanzig Jahren den zehn Jahre älteren Heinrich von Puttkamer, der mit den Brüdern Below verwandt war, und Gustav auf Reddentin berichtete seinem Bruder Heinrich von einem weiteren Erfolg seiner Bekehrungsgespräche: »Auch hat die felsenfeste Philosophie meines Schwagers Heinrich v. Puttkamer der Wahrheit in Christo weichen müssen. Vor 2 Monaten hat er zuerst frei und offen vor uns seine Philosophie als ketzerischen Irrtum laut erkannt.«

Als Johanna noch ein kleines Mädchen war, mussten die Pietisten in Pommern große Kämpfe gegen König und Staat durchstehen. Der König hatte als Herr der Landeskirche eine gemeinsame Kirche von Hugenotten und Lutheranern befohlen. Aber lutherische Gemeinden lehnten diese Unionskirche ab und begannen sich zu einer unabhängigen oder altlutherischen Kirche zusammenzuschließen. Die Regierung erkannte die altlutherischen Geistlichen nicht an, aber die Altlutheraner gaben nicht nach. Die Regierung versuchte sie zu zwingen, verstärkte dadurch aber nur den Sektierergeist. Manche Altlutheraner wanderten nach Amerika aus, andere hielten ihre Gottesdienste in den Wäldern ab. Gendarmen spürten sie auf, und schließlich zog Militär gegen sie. Die Pietisten hielten zu den Lutheranern und widerstanden den Forderungen des Staates.

Nun waren die Kämpfe vorbei, aber viele Erweckte gingen nicht mehr zur Kirche. Sie hielten zu Hause selbst Gottesdienst, predigten ihren Dienstboten und Gutsarbeitern – Johannas Mutter hielt jeden Morgen eine Andacht. Verwandte und Nachbarn trafen sich in den Herrenhäusern zu Bibelabenden, spielten Theater, in einigen Häusern tanzten sie auch, obwohl Adolf von Thadden auf Trieglaff vor Tanz warnte. Tiefe Ausschnitte an Damenkleidern lehnten alle ab. Littes Stiefvater verbot auf seinen Gütern Gastwirtschaften und öffentlichen Tanz. Die Erweckten waren oft trübe gestimmt. Sie versuchten, sich gegenseitig zu erziehen, beschäftigten sich mit Gewissensängsten, Selbstprüfung, Selbstanklage, korrespondierten über ihre Fehler.

Johannas Mutter las viel in den Schriften des Theosophen Johann Georg Gichtel, der zweihundert Jahre zuvor gelebt hatte, und ihr Stiefbruder Hans berichtete: »Richtig ist, dass Gichtel die Neigung des männlichen Geschlechts zum weiblichen als solchem für die Wurzel aller Sünden hielt und glaubte, Gott habe ursprünglich die Fortpflanzung der Menschen auf anderem Wege beschlossen gehabt. Ihm nähert sich in etwas meine Schwester.«

Johannas Onkel Hans war ein fröhlicher Pietist. Er durchlief den Ausbildungsweg, der für pommersche Adelige allmählich üblich wurde: Abitur, Jurastudium, Referendarzeit. Als er sein Examen zum Assessor in Berlin ablegte, hieß er schon Kleist-Retzow. Sein Vater hatte ein Gut im Havelland von der Generalin Retzow geerbt, einer Mutter von Töchtern, die verfügt hatte, dass der Erbe des Gutes – es war ein Fideikommiß, das nur Männer erben konnten – neben seinem Familiennamen den Namen Retzow führen sollte. Im Frühjahr 1844 starb der Vater von Hans, und er erbte Kieckow.

5.

Otto von Bismarck und Johanna von Puttkamer lernten sich auf der Hochzeit von Moritz von Blanckenburg und Marie von Thadden am 4. Oktober 1844 auf Trieglaff kennen. Braut und Bräutigam hatten ihn zu ihrem Tischherrn bestimmt. Beide drängten Bismarck schon lange, Johanna zu heiraten, weil sie meinten, sie wäre die einzige Frau, die mit diesem anspruchsvollen und schwierigen Mann fertig werden könnte. Nach der Traurede des Pfarrers führte Bismarck Fräulein von Puttkamer zu Tisch und unterhielt sie, aber obgleich beide lebhaft und gesprächig waren, konnte weiter nichts überliefert werden, als dass es zwischen ihnen nicht gefunkt hätte.

Spätabends gab es ein Feuerwerk im Park, und die Hochzeitsgesellschaft sah von der Terrasse des Herrenhauses aus zu, wie Raketen in den Nachthimmel schossen und sprühende Funken sich im See spiegelten. Ein starker Windstoß trieb plötzlich Funken auf die Strohdächer der Scheunen und Bauernhäuser, die Dächer fingen an zu brennen und Glutregen stiegen zum Himmel auf. Alle Gäste halfen beim Löschen. Bismarck fiel durch Organisationstalent auf und die Braut durch Entschlossenheit – sie knotete ihr weißes Seidenkleid hoch und spannte Pferde vor die Wagen mit den Wassertonnen. Das Herrenhaus wurde gerettet, aber Wohnhäuser der Bauern und Landarbeiter, Scheunen und Ställe verbrannten. Wieder entstanden Geschichten über den tollen Bismarck. Als einige rieten, man möge das Löschen einstellen und beten, denn der Brand wäre Gottes Wille, hätte er gerufen: »Pray and keep your powder dry«, betet und seid zum Kampf bereit. Als einige am nächsten Morgen stritten, ob Feuerversicherungen zulässig seien, weil sie Gott ein Zuchtmittel für die Menschen wegnähmen, hätte er gesagt: »Das ist ja die reine Blasphemie, denn Der kann uns doch kriegen.«

Ehen stiften – das war damals geradezu ein Gesellschaftsspiel. Die Frage, wer zu wem passt, eignete sich als Thema zahlloser Gespräche an langen Abenden, und die Frage, wie man die Kandidaten zusammenbringt, war eine reizvolle Denksportaufgabe beim Planen von Einladungen.

Marie von Thadden, jetzt Blanckenburg, war eine enge Freundin Johannas, und Moritz war Ottos Freund aus dem Gymnasium zum Grauen Kloster. Das Retten von Weltkindern gehörte zu den Aufgaben frommer Pietisten, und Moritz hatte in vielen Briefen versucht, Otto zu bekehren. Dem waren diese Briefe schnell lästig geworden, aber mit Marie sprach er gerne und lange über das Leben und die Religion.

Er verliebte sich in sie. Sie war eine schöne junge Frau, die ihm mit einer entspannten Offenheit entgegenkam, die sie ohne ihre Verbindung mit Moritz wohl nicht gewagt hätte. Das galt ebenso für Bismarck: Wäre sie anfangs nicht verlobt gewesen, hätte er nie mit ihr so häufig sprechen können, denn er hätte als Heiratskandidat gegolten. Auch so gab es Klatsch über seine Besuche bei ihr.

Marie verliebte sich in ihn – sie deutete das in ihren ausführlichen Briefen an die Freundin an. Der große interessante Weltmann und sein angeblich »wüstes Leben« faszinierten die frommen jungen Damen auf den Gütern. Aber für Bismarck war es undenkbar, seinem Freund die Verlobte auszuspannen.

Marie versuchte, Bismarck auf eine Heirat mit Johanna hinzuleiten, und Moritz unterstützte sie dabei und pries Johanna als gescheit, geistreich und originell an: »Komm und sieh. Willst Du sie nicht, dann nehme ich sie zu meiner zweiten Frau.«

Bismarck waren der Glaube der Pietisten an die Bibel als das buchstäbliche Wort Gottes und ihre schwärmerische Sprache fremd. Doch heiraten wollte er. Als Adliger fühlte er sich den Ahnen verpflichtet, deren Porträts in Schönhausen hingen. Er musste mit seinen Kindern die »Geschlechterkette« fortsetzen, um den Namen, den Familienbesitz und die Herrschaftsgewalt über seine Güter zu sichern.

Im Frühjahr 1845 machte Marie einen zweiten Versuch, Otto und Johanna zusammenzubringen. »Ein einzig tiefes Gemüt zum Glücklichmachen hat das schwarze Mädchen, eine warme, tiefe, starke, unentweihte Kraft der Liebe«, schrieb sie ihm und lud ihn und Johanna zu Pfingsten nach Cardemin ein. Beide kamen.

Marie drängte Johanna, mit Bismarck über Religion zu sprechen. Johanna war zwar lebhaft und heiter, zugleich aber ernst und sehr selbstständig – unter ihren Freundinnen galt sie als ein wenig herb und stets zurückhaltend. Sie war nicht leicht zu beeinflussen. Auch Johanna wollte heiraten. Ein adliges Fräulein gewann nur als verheiratete Frau Ansehen in der Gesellschaft, konnte nur als Ehefrau und Mutter über ihr Leben bestimmen, durfte auch ein ererbtes Gut nur als Witwe selbst bewirtschaften. Sie war nun einundzwanzig und näherte sich dem besten Heiratsalter, die meisten pommerschen Fräulein heirateten mit zweiundzwanzig bis fünfundzwanzig Jahren. Für sie kam nur ein Erweckter in die nähere Auswahl. Doch als Pietistin war sie zur Mission verpflichtet.

Sie verwickelte Bismarck in ein Gespräch über Religion und Glauben – sie standen dabei am Fenster und sahen hinaus in den Park. Sie war sehr ernsthaft, es war schwer, mit ihm zu diskutieren. Hinterher war sie erschrocken, weil sie sich im Glauben nicht so sicher fühlte, wie sie ihm gegenüber behauptet hatte.

Auch Maries zweiter Versuch, diese Ehe zu stiften, scheiterte.

Einen Monat später, im Juni 1845, fing die Politik Otto von Bismarck ein. Der Rittergutsbesitzer Bülow auf Cummerow bat ihn um seine Unterschrift unter einen Reformplan, mit dem er sich gegen die Angriffe der Beamten in Berlin auf die Patrimonialgerichtsbarkeit wehrte. Die Gerichtsbarkeit der Rittergutsbesitzer über ihre Leute galt schon lange als reformbedürftig. Die Gutsbesitzer wollten sie zwar modernisieren, aber die Beamten wollten sie aufheben.

Jeder der Beteiligten unter den kleinen Königen Pommerns war anderer Meinung. Auch Bismarck entwickelte, nachdem er unterschrieben hatte, eigene Ideen. Er wollte die Unabhängigkeit der Gutsherren bewahren und das Streben der Staatsbeamten, alles an sich zu ziehen, eindämmen.

Ludwig von Gerlach und sein Bruder Leopold wurden auf ihn aufmerksam. Gerlach war Präsident des Oberlandesgerichts in Magdeburg, er hatte, noch in Frankfurt an der Oder, Hans von Kleist-Retzow ausgebildet, war mit Adolf von Thadden-Trieglaff befreundet und mit Moritz von Blanckenburg verwandt. Sein Bruder Leopold, der General, war lange Adjutant des Prinzen Wilhelm von Preußen gewesen, des Nachfolgers des kinderlosen Königs, und dachte wie der Prinz pietistisch und konservativ. Die Brüder Gerlach wollten die alte Ordnung der Gesellschaft nach Ständen mit angeborenen Rechten bewahren – gegen alle Forderungen der Bürger nach parlamentarischen und demokratischen Neuerungen – und spielten mit der Idee, eine konservative Partei zu gründen. Otto von Bismarck war gut ausgebildet, klug, ein geschickter Verhandler – der ideale Adjutant für Parteigründer.

Bismarck reiste im Herbst nach Schönhausen. Seinem Vater ging es schlecht, er war jetzt fast taub und seine Kräfte ließen nach. Er lebte allein, seit Malwine vor einem Jahr Ottos Schulfreund Oskar von Arnim geheiratet hatte und fortgezogen war. Im Frühjahr war die Elbe über die Deiche geströmt und hatte auf dem Gut große Schäden hinterlassen. Otto kümmerte sich um die Landwirtschaft und pflegte seinen Vater. Am 22. November starb der Vater, vierundsiebzig Jahre alt.

Schönhausen und Kniephof fielen an Otto, Külz und Jarchlin an Bernhard. Otto ging zurück nach Pommern und unterstützte Gerlachs Reformplan für die Gerichtsbarkeit auf den Gütern. Er erhielt, wohl auf Gerlachs Betreiben, das Angebot, als Königlicher Meliorationskommissar in Ostpreußen wieder in den Staatsdienst einzutreten. Er lehnte ab. Er wollte seine Güter selbst verwalten und die drückenden Schulden weiter abzahlen. Im April zog er nach Schönhausen um. Er langweilte sich auch in der Altmark, aber er war wieder ehrgeizig geworden und festigte von dort die Verbindung zu den Konservativen um Gerlach in Magdeburg. Vielleicht könnte er durch sie Landrat werden.

Ab und zu fuhr er noch nach Pommern. Er suchte einen Pächter für Kniephof.

Marie, nun Mutter einer Tochter, sah die Aussicht schwinden, doch noch eine Ehe zwischen Otto und Johanna zustande zu bringen. Im Sommer 1846 kam sie auf die Idee, eine gemeinsame Harzreise zu machen, und forderte Freunde und Freundinnen dazu auf, bis sie eine Reisegesellschaft von neun Personen zusammen hatte. Frau von Puttkamer in Reinfeld sah es ganz gern, dass Johanna mitreiste, weil bei Pastor Sauer in Alt-Kolziglow ein Fieber ausgebrochen war. Auch Bismarck sagte zu.

Man fuhr mit der Eisenbahn. In Brandenburg stand Johannas frisch verheiratete Cousine Franziska mit ihrem

Mann auf dem Bahnsteig, und Johanna stieg aus, die Cousinen hakten sich unter und gingen auf und ab. Plötzlich trat ein großer stattlicher Herr zu ihnen: »Mein gnädiges Fräulein, der Zug wartet nicht. Ich muß Sie Ihrer Freundschaft entreißen, um uns Ihre Begleitung zu sichern.« Das war Bismarck. Als der Zug abfuhr, hakte Franziska ihren Mann unter und rief: »Entweder ist er schon ihr Bräutigam oder wird es sehr bald werden!«

Die Harzwanderung der Pietisten begann in Wernigerode. »Der ganze Harz wird fromm«, spottete Moritz. Sie wanderten, ritten oder fuhren in zwei Kutschen. In den Gasthöfen, in denen sie übernachteten, sangen sie vierstimmig Studentenlieder, Liebeslieder, Mondscheinlieder, Johanna spielte Klavier, und es wurde viel gelacht. »Man merkt überhaupt nicht, dass Pietisten reisen«, fand Fräulein von Mittelstädt leicht tadelnd, die Tochter des Konsistorialpräsidenten in Stettin. Sie saßen auf einsamen Felsen unter hohen Linden und sahen in den Mond, hörten die Eulen schreien und redeten bis tief in die Nacht hinein. Im gemeinsamen Zimmer zogen die Frauen Johanna auf, weil sie gegen alle Männer gleichgültig wäre, und sie ließen Bismarck über Marie ausrichten, wenn er sich nicht besser anzöge, dürfte er nicht weiter mitreisen, denn die Damen gäben sich schließlich größte Mühe mit ihrer Toilette.

Johannas Klavierspiel und ihr Gesang zogen Bismarck an, bei den Wanderungen ging er oft neben ihr.

Über Magdeburg und Berlin reisten sie zurück. In Berlin aßen sie mit Herrn von Thadden und den beiden Brüdern Gerlach zu Mittag – Leopold, der General, traf Bismarck zum ersten Mal persönlich und war beeindruckt. Bismarck beging allerdings einen Fauxpas. Er sagte, Frau Blankenburg und Fräulein Puttkamer wären noch unschlüssig, ob sie abends in die Oper gehen wollten. Ein Opernbesuch war unerhört für Pietisten. Die Damen wählten trotzdem die Oper. Vorher spazierten sie im Tiergarten zu den Zelten, wo ein Wiener Orchester heitere Melodien spielte, und »aßen Eis und Musik«, wie Johanna sagte. Später berichtete Ludwig von Gerlach, sein Bruder habe die nahende Verlobung »gewittert«.

Um fünf Uhr nachmittags erwartete Robert von Keudell sie bei Kisting, dem damals berühmten Klavierbauer: Johanna hatte Keudell schriftlich gebeten, ihnen etwas vorzuspielen. Sie hatte ihn im Vorjahr kennengelernt, er war der Sohn einer Freundin ihrer Mutter, Ostpreuße, so alt wie sie und jetzt Referendar am Stadtgericht. Er schickte ihr aus Berlin regelmäßig neue Noten nach Hinterpommern. Ihn zogen ihre musikalische Begabung und ihr Geschmack an: Sie lehnte Triviales und Schwülstiges schroff ab. Bei dem Besuch im Haus des Klavierbauers fielen Keudell besonders die Schönheit Marie von Thaddens auf und der große Mann mit rotblondem Haar und Bart, Bismarck, der die Gespräche beherrschte. Auf Johannas Bitte spielte Keudell Beethoven, eine lange Sonate in f-Moll. Beim letzten Satz sah er eine Träne in Bismarcks Auge.

Bismarck schrieb Moritz einige Wochen später, er prüfte sich, ob er Johanna heiraten sollte, aber was würden ihre Eltern dazu sagen? Die wären kein unüberwindbares Hindernis, antwortete Moritz. Der Vater würde Johanna nie einen Schmerz zufügen. Nur über Bismarcks früheres Leben, von dem ein schlechter Freund die Eltern unterrichtet hätte, müsse man offen sprechen. Christliche Eltern würden ihre Tochter einem Spötter verweigern, dem aufrichtig Suchenden nicht. Zuerst müsse er mit Johanna sprechen. Wenn sie ihn haben wollte, hätte er gewonnen.

Maries jüngster Bruder war im August an Typhus gestorben, und ihre Mutter hatte sich angesteckt. Marie saß nachts an ihrem Bett, schrieb Johanna und versuchte, ihrem eigenen Verhältnis zu Bismarck die Bedeutung zu nehmen. Sie lobte ihn als besten Freund ihres Mannes, sie selbst sei doch für ihn nur eine angenehme Zugabe, nie die Hauptperson dieser Freundschaft gewesen.

Als es der Mutter immer schlechter ging, bat Marie Bismarck zu kommen. Er traf am 4. Oktober ein. Am selben Tag starb Frau von Thadden.

Nun bat Marie Johanna um ihren Besuch, aber einige Tage später schrieb Moritz ab: Marie sei erkrankt, sie möge nicht kommen, Marie sei bewusstlos.

Johanna war in Kieckow, sie hatte mit Onkel Hans zu Marie reisen wollen, als sie noch gesund war. Jetzt erlaubten ihre Eltern das nicht.

Bismarck pendelte in der letzten Oktoberhälfte zwischen Cardemin und Kniephof, wo er über die Verpachtung verhandelte. Als Maries Bewusstsein wiederkehrte, ließ sie ihm über Moritz »mit tiefem Ernste bestellen, dass er sich jetzt bekehren müsse, es sei höchste Zeit«. In der Nacht zum 10. November starb sie.

Bismarck war aufgewühlt. Er hatte um ihr Leben gebetet – hatte zum ersten Mal seit seiner Kindheit gebetet. Er weinte und sagte Moritz, jetzt glaube er an eine Ewigkeit – oder es hätte Gott auch die Welt nicht erschaffen. Er sah die Ruhe von Thadden und Moritz und schilderte seiner Schwester Malwine ihre wunderbare Gefasstheit, ihre Zuversicht, »mit der sie diesen Tod als kaum etwas andres wie eine Vorausreise betrachte, der ein fröhliches Wiedersehen über kurz oder lang folgen muß«.

Er einigte sich mit dem künftigen Pächter von Kniephof und reiste nach Cardemin zurück, wo er Hans traf, und beide versuchten, ihren Freund Moritz wieder aufzurichten. Sie saßen bei kaltem Nordostwind am Küchengiebel auf drei Stühlen und hatten die Füße hoch an die Hauswand gestemmt. Als Otto nach Schönhausen zu seiner Vereidigung als Deichhauptmann für die Deiche von Jerichow bis Sandau zurückfuhr, schrieb Moritz an Johanna, Bismarck wäre bekehrt.

Herr von Puttkamer und seine Tochter sagten sich in Zimmerhausen an, und Moritz riss einen Briefbogen in zwei Hälften und schrieb auf jede Hälfte: »Wenn es Gottes Wille ist, werde ich noch einmal an Euch beide auf undurchschnittenem Bogen schreiben.« Eine Hälfte schickte er nach Reinfeld, die andere mit einer Einladung nach Schönhausen. Das war der vierte Versuch des Ehestifters, und diesmal hatte er Erfolg.

DER PAKT

1.

Die Verbindung zwischen Otto von Bismarck und Johanna von Puttkamer ist äußerlich sehr passend. Beide stammen aus dem Kreis adliger Rittergutsbesitzer, die ihren Stand und den König hochhalten, und ihre Besitzverhältnisse sind ähnlich. Bismarck heiratet zudem in ein Verwandtschaftsnetz konservativer Pietisten, die ihm helfen werden, zumindest in der Lokalpolitik eine Rolle zu spielen.

Wieweit sie im Wesen zusammenpassen, ist offen – sie kennen sich kaum. Otto ist ein beeindruckender Mann, findet Johanna, klug und vornehm, aber er gibt in allem gern den Ton an. Sie ist zwar zur Fügsamkeit erzogen worden, doch sie lässt sich nicht leicht etwas sagen. So ist es die Frage, in welche Balance die Verlobten ihre Liebe bringen können, in welches belastbare Gleichgewicht.

In der zweiten Januarhälfte dürfen sie sich in Johannas Elternhaus näher kennenlernen, aber sie sind nie allein. Sie ziehen sich in den Saal zurück, bei offenen Türen, sitzen auf dem roten Sofa eng nebeneinander, reden, küssen sich. Johannas stürmische Liebe überwältigt Otto. Sie überschüttet ihn mit zärtlichen Worten, lässt ihn voller Vertrauen in ihr Inneres schauen, bekräftigt seinen neugefundenen Glauben. Er vergisst seine berechnende Vorsicht, sein ständiges Misstrauen. Einige Wochen später fragt er sie, wieso sie ihn ohne Zögern genommen habe, sie habe ihn doch gar nicht gekannt. Sie sei schon seit langem in ihn verliebt gewesen, sagt sie. Er ist hingerissen von ihr. Sie lispelt etwas, besonders wenn sie ihre Postadresse sagt: »Reinfeld bei Zuckers«. Er fragt sie immer wieder: »Wie heißt eigentlich Eure Poststation?«, und sie sagt: »Thuckerth«. Sie spielt ihm Beethoven vor, Mendelssohn-Bartholdy. Die Dichter, die sie mag, schätzt er weniger – Jean Paul ist ihm zu romantisch, Nikolaus Lenau zu schwermütig.

Er versucht, ihre Eltern mit seiner großen Liebenswürdigkeit für sich einzunehmen. Die Mutter ist verzweifelt, weil Johanna fortziehen wird. Aber Herr von Puttkamer vergisst seinen Pietismus und spielt Walzer auf dem Klavier, und Bismarck tanzt mit Johanna. Der Schwiegervater holt seine besten Weine aus dem Keller, und langsam, sehr allmählich, findet Johannas Mutter sich mit dem »bärtigen Ketzer« ab.

Draußen liegt tiefer Schnee. Einmal gehen sie mit Finette, dem Lieblingshund der Mutter, durch den Park an die Koppel, und Johanna sagt, sie hätte seinen Heiratsantrag nicht angenommen, sondern ihn »korbbeladen« abziehen lassen, wenn Gott sich nicht seiner erbarmt und ihn »wenigstens durch das Schlüsselloch seiner Gnadentür« hätte sehen lassen. Otto ist tief gekränkt.

Ende Januar verlässt er Reinfeld, er muss in Schönhausen sein, wenn der Eisgang an der Oberelbe einsetzt. Seinem Bruder schreibt er, er glaube, »ein großes und nicht mehr gehofftes Glück gemacht zu haben, indem ich, ganz kaltblütig gesprochen, eine Frau von seltnem Geist und seltnem Adel der Gesinnung heirate; dabei liebenswürdig sehr und facile à vivre wie ich nie ein Frauenzimmer gekannt habe. In Glaubenssachen gehen wir, mehr zu ihrem als zu meinem

Leidwesen, etwas auseinander«, wenn auch nicht so sehr, wie der Bruder vielleicht annehme: Er, Otto, habe sich verändert und gehöre jetzt zu den Christen: »Übrigens liebe ich den Pietismus an Frauen ...«.

2.

Briefe sollen wie Gespräche sein, meint Bismarck. Man dürfe zum Briefeschreiben keinen geistigen »Sonntagsrock« anziehen und sich »nicht genieren, einander gewöhnliche, unbedeutende Sachen« zu schreiben. Briefe sollen die augenblickliche Stimmung zeigen: wie kleine Plaudereien, wenn man zusammensitzt.

Die Liebesbriefe, die Otto und Johanna sich schreiben, folgen jedoch nicht aufeinander wie Sätze in einem Gespräch. Die Post ist unzuverlässig, oft schreiben die Liebenden sich auch am selben Tag, und so überschneiden sich die Themen ihrer Plaudereien, es gibt Missverständnisse. Sie schreiben sich zärtliche, übermütige und ernste Briefe – sie an ihren Herzensfreund, er an sein Kätzchen, das alles über ihn wissen soll. Ihre Schrift ist leicht und elegant, er schreibt hohe, enge Buchstaben und drückt die Gänsefeder auf. Er zieht sich zwar keinen geistigen Sonntagsrock an, aber oft überlegt er sich, was er ihr schreiben könnte, um sie zu entzücken, und sie überlegt, wie sie ihm am deutlichsten erzählen könnte, was sie fühlt. Meist schreibt sie munter, sehnsuchtsvoll, und er, tief dankbar für ihre Liebe, lässt sich wegtragen von ihrer Offenheit, die ihn manchmal verwirrt. Hinter beider Zärtlichkeiten und romantischem Spiel schimmern drei große Themen auf, mit denen sie sich immer wieder beschäftigen: Johannas Fügsamkeit, Ottos Glaube und das Vertrauen oder Misstrauen, das beide sich entgegenbringen.

Gleich im ersten Brief schlägt sie das Thema Fügsamkeit an – die Tugend eines adligen Fräuleins. Sie hat eine Augenentzündung, und er hat gesagt, sie solle nicht abends beim Schein der Spirituslampe schreiben. Sie hat aber nur abends Zeit: »– nur dies eine Mal laß mich ungehorsam sein – später sollst Du doch noch einsehen, dass ich nicht so widersetzlich bin wie Du u. alle glauben«. Nachts träumt sie süß von ihm, tagsüber denkt sie viel an ihn, »Fare well, dearest! And soon return or write!« – Leb Wohl, Liebster, und kehre bald zurück oder schreibe.

»Angela mia«, mein Engel, – er schreibt im Wirtshaus in Jerichow, nachdem er die Elbe abgeritten und geprüft hat, ob das Eis noch trägt. Sobald das Hochwasser abgelaufen ist, kommt er wieder zu ihr – »für jetzt nur dies Lebens- und Liebeszeichen, die Rosse stampfen, wiehern und bäumen vor der Tür, und ich habe heut noch viel vor. Sans phrase« – ganz klar – »der D e i n i g e von Kopf bis zur Zehe.«

Zwei Tage später will er den Abend mit Johanna behaglich verplaudern, »als ob wir Arm in Arm im Sopha des rothen Saales säßen«. Auf der Herreise, erzählt er ihr, traf er in Stettin trinkende, spielende Freunde, von denen einer bei einer Bemerkung über das Bibellesen sagte: »Na, in Reinfeld würde ich in deiner Stelle auch so sprechen, aber dass Du glaubst Deinen ältesten Bekannten etwas aufbinden zu können, das ist lächerlich.« Je näher er Schönhausen kam, umso drückender wurde der Gedanke »auf wer weiß wie lange wieder in die alte Einsamkeit zu treten. Die Bilder wüster Vergangenheit stiegen in mir auf, als wollten sie mich von Dir fortdrängen.« Aber er kann in vierzig Reisestunden bei ihr sein, und wurde »glücklich in dem Bewusstsein, von Dir, mein Engel, geliebt zu sein und Dir wiederum zu gehören, leibeigen nicht nur, sondern bis ins innerste Herz«. Als er in Schönhausen einfuhr, schien die Sonne hell, die Bauern und ihre Frauen grüßten ihn freundlicher als gewöhnlich, selbst Odin, seine Dogge, war ausgelassener als sonst, und später galoppierte Miß Breeze, sein Pferd, offenbar stolz mit ihm an die Elbe. Alles ist wie verändert nach der Öde und Langeweile seines bisherigen Daseins, die Niedergeschlagenheit, wenn er in die lautlosen Räume zurückkam.

Sie hätte ihm so gern sofort gestern Abend geantwortet – warum »bist Du doch so tyrannisch, mich nicht Abends schreiben zu lassen« –, sie hat die ganze Nacht von ihm geträumt, »laß Dich doch nur nicht irre machen durch mitleidige Blicke und bittende Reden, ›nicht fromm zu werden,‹ denke an den 34ten Psalm: Suche Frieden und jage ihm nach! Und lasse alle Hagelkörner nur deinen Mantel berühren ... sieh mich nicht wieder so sarkastisch an, sondern halte meine Hand, bis sie welkt, – ich vertraue ja dem Herrn und Dir, – ich soll Dir ja alles sagen und kann auch nichts mehr verheimlichen«.

Er ist gerade durch ein wildes Schneegestöber zurückgekehrt und hat sich an ihrem Brief gewärmt. Am liebsten käme er sofort zu ihr. Er hat sich die Zigarre angesteckt und die Tinte umgerührt, und nun schreibt er Seite um Seite, liebevoll, sehnsüchtig. Er will sie um etwas bitten, liebe sie aber nicht weniger, wenn sie seine Bitte nicht erfülle, »ich liebe Dich, wie Du bist und wie Du zu sein für gut findest«: Sie möchte sich etwas mit dem Französischen beschäftigen, Bücher lesen, Romane oder sonst was.

Johanna wird in wenigen Wochen dreiundzwanzig Jahre alt, doch noch entscheidet die Mutter, was sie liest und ob französische Romane zum Erlaubten gehören. Vorsichtshalber erinnert Bismarck daran, dass bald er darüber entscheiden wird: »Ich weiß nicht, wie die Mutter über dergleichen Lectüre denkt, meiner Ansicht nach giebt es nichts, was Du, für Dich, nicht lesen könntest.« Er liefert Johanna gleich ein Argument, mit dem sie den möglichen Widerspruch ihrer Mutter entkräften könnte: Er bitte sie nicht um seinetwillen, »aber Du wirst in der Berührung mit der Welt nicht selten in Fälle kommen, wo es Dir unangenehm, selbst kränkend sein wird, wenn Dir das Französische fremd ist«. Das Fräulein aus Pommern soll eine Frau von Bismarck werden, eine Frau nach seinem Maß. Reiten, im Damensattel, muss sie auch noch lernen – eins nach dem anderen.

Er liebe sie, schickt ihr Zeilen des Narren Edgar aus Shakespeares *König Lear*: »Wine I lovef deeply, dice dearly, and in women outparamoured the Turk, false of heart, light of ear, bloody of hand.« Als Edgar verliebt war, schlief er ein mit Gedanken der Wollust und erwachte, um sie auszuführen: Den »Wein liebte ich kräftig, die Würfel heftig, und mit den Weibern übertraf ich den Großtürken«. Bismarck war »not quite as bad as this but nearly«, nicht ganz so schlimm wie das, aber fast. »Wenn Du Dich zu sehr nach mir ›bangst‹ und die Unzufriedenheit mit der kurzen Unterbrechung unseres Mund-, Augen- und Ohrenverkehrs Dich überwältigt, dann denke nicht an das, was besser und angenehmer für den Augenblick sein könnte …«

Sie schicken sich Gedichte von Byron, auf Englisch, und manche verstehen sie unterschiedlich. Sie nennt ihn Ottomar, Herzensfreund, Geliebtester. Er nennt sie Geliebteste, mein Herz, schwarze Katze, mein Kätzchen, einzig geliebte Jeannette. Sie unterschreibt Juanina, Die Deine, Dein treustes Herz, und er: Bismarck, Dein treuer Bismarck. Sie ist für ihn »eine dunkle warme Sommernacht, mit Blüthenduft und Wetterleuchten«.

Johanna wartet auf Tauwetter, denn dann kommt Otto, doch das Thermometer fällt auf minus zwölf Grad, und wütend spielt sie den ganzen Tag »Mendelsohn's wildeste Lieder« auf dem Klavier. Sie fürchtet, der Winter bleibt bis zum 11. April, ihrem Geburtstag, zu dem auch noch »der majestätische König Euch alle zum vereinigten Landtag berufen will«: Der König hat die Abgeordneten der Landtage aller preußischen Provinzen nach Berlin geladen, und ihr Vater und Otto gehören als Rittergutsbesitzer dem pommerschen Landtag an. Sie liest jetzt täglich französisch, hat damit angefangen, bevor er sie darum gebeten hat. Sie will durch Selbstbeherrschung mehr Kraft über sich und ihr schwankendes Wesen gewinnen, »Gott wird ja auch den schwachen Willen stärken, und alles austreiben, was so böse, trotzig und leichtfertig in mir, – wie Du's noch gar nicht kennst.« Sie denkt an ihre treuen Freundinnen – »diese verlasse ich nun, so schnöde, – und gehe mit Dir, Otto, und verlange und erwarte alle die Liebe, alle die Treue in Deinem Herzen. Wenn ich mich nun täusche?? – Wie dann?? – Misstrauen ist doch das Schrecklichste, die bitterste Qual, die's geben kann«, und sie schließt den Brief: »ach, – wenn ich recht langweilig gewesen bin, vergieb mir, Du liebster, liebster Freund! Und streichle Deine schwarze Katze.«

Auch für ihn ist Misstrauen die schrecklichste Qual, die erste Saat des Bösen. Wer seinem Nächsten nicht vertraut, kann Gott nicht vertrauen. Sie sollte ihrem Verlobten vertrauen, bis sie die Erfahrung gemacht hat, dass er Misstrauen verdiene. Sein Vertrauen zu ihr sei unerschütterlich und unerschöpflich.

Er möchte dem neuen Vereinigten Landtag angehören und wendet sich an Ernst Senfft von Pilsach, einen Bekannten von Hans von Kleist-Retzow und Berater des Königs und Geheimer Oberfinanzrat. Bismarck fragt ihn, ob der Oberpräsident von Bonin dem Landtag beizuwohnen wünsche: Er, Bismarck, sei zu dessen Stellvertreter im sächsischen Landtag gewählt worden, weil man im Sommer 1846 davon ausgegangen sei, dass Bonin als Abgeordneter aufhören würde – nur deshalb habe Bismarck sein Mandat in Pommern niedergelegt, doch Bonin halte sein Mandat noch. Bismarck möchte wissen, ob er Aussicht hat, einberufen zu werden. Er flicht ein, dass er jetzt einer der ersten Familien Pommerns angehöre: »Die Nachricht von meiner Verlobung wird Ihnen, gewiß unerwartet, zugegangen sein.«

Es kann nicht zu ihr reisen. Dabei sehnt er sich so ungeduldig nach ihr, dass er kaum noch schlafen kann. Manchmal hat er Lust, Fensterscheiben, Gläser und Flaschen zu zerschlagen. Und sie, denkt sie an ihn? Er hat in Magdeburg zu tun, am 3. März ist Kreistag, dann hat er Termine in Deichsachen, am 20. ist Konvent der gesamten Magdeburgischen Ritterschaft, also frühestens in fünf Wochen kann er ans Reisen denken. Und das Eis ist noch nicht weg.

Manchmal bereut er, dass er aus dem Staatsdienst ausgetreten ist, beneidet ehemalige Kollegen, die inzwischen Karriere gemacht haben. Er gesteht Johanna den Grund für seinen Austritt, den er Vater und Bruder verschwiegen hat: seine hohen Schulden, »zu deren ehrenvoller Abwicklung ich keinen Ausweg sah, als ein selbständiges Vermögen zu erwerben«. Er gibt ihr eine Übersicht über ihre künftige Vermögenslage, seine Einkünfte, seine Schulden, seinen Tilgungsplan: »Es ist genug da, wenn wir verständig sind.« Er will ihr zeigen, dass er ihr vertraut, und legt auch einen Brief aus der Zeit mit Ottilie von Puttkamer bei – Johanna soll alles wissen. Damals hielt er »gereizte Leidenschaft« für Liebe, ein Irrtum,. Das Ganze »war ein Rausch der Sinnlichkeit«, in Wahrheit haben Ottilie und er sich gegenseitig gelangweilt.

Sie klagt, dass sie sich ihren Eltern nicht ganz öffnen kann: »Wir verstehen uns oft so wenig!« Vater wollte plötzlich Ottos Brief lesen, »bat wirklich wie ein kleines Kind, reizend liebenswürdig«. Er suchte auf dem Schreibtisch nach ihren Schlüsseln, sie blieb ganz ruhig, weil sie »den heiligsten« tief verborgen hielt. Sie will ihm Ottos Briefe nicht zeigen und macht sich deshalb zugleich Vorwürfe. Gehorsam und Selbstverleugnung sind die weiblichen Tugenden, die sie von Kind an übt. Auch jetzt, als Erwachsene, will sie gerne bescheiden sein, aber sie kann nicht. Sie schreibt von ihrer »ganzen tiefen Verderbtheit« und glaubt, dass Christus sie von dieser Sünde, ihrem Unabhängigkeitsstreben, erlösen wird.

Die alte Abschrift eines Briefes, die er ihr sandte, hat sie gelesen: »Deine Handschrift ist jetzt eigensinniger geworden, ist's mit dem Herzen ebenso, Otto? – Es schadet auch nichts, ich werde um so fügsamer sein, Geliebter, und zu biegen versuchen, was ich nicht brechen kann; – und sollte das auch nicht gehen, so werde ich still sein und thun – was Du willst.« Sie kann auch nicht glauben, dass jemand, der einmal so heiß geliebt hat wie er Ottilie, zu einer zweiten Liebe mit derselben Stärke fähig ist – »oder seid Ihr wirklich so schrecklich veränderlich und leichtsinnig? Ach – wie unbegreiflich bleibt Ihr mir doch ewig – in diesem Punkt!« Sie will ihre Traurigkeit überwinden, die »Schwermuthsflügel«, die »ein rechter Beweis sind von dem verzagten, trotzigen Herzen«.

Am 22. Februar wird er früh geweckt: Das Eis auf der Elbe setzt sich in Bewegung. Das Wasser steigt stündlich über drei Zentimeter, und es wird weiter steigen, bis es drei oder vier Meter hoch steht. Am nächsten Tag ist er zwischen Havelberg und Jerichow unterwegs. Die großen Eisfelder lösen sich mit einem Krachen wie ein Kanonenschuss, schieben sich übereinander, türmen sich haushoch auf. Das Eis aus Böhmen hat schon die Dresdner Brücke passiert und wird in drei Tagen bei ihm sein.

Am 24. kommt ein Brief von Senfft-Pilsach, er kann ihm nicht helfen und schreibt über Johanna: »Ihnen ist ein kluges, braves und frommes Mädchen zu Theil geworden, und das ist viel«. Da siehst du doch, wie gescheite Leute von dir denken, ermuntert er sie. Die täuschen sich, antwortet sie.

Die Elbe steigt, Nebel liegt über dem Land, und zu Bismarck am Ufer dringt nichts als »das leise Klirren des gleitenden Eises auf dem Wasser und der eintönige Schrei der wilden Gänse«. Abends fragt er Johanna, ob man seine Briefe auf der Post in Zuckers lese, weil sie manchmal so lange da liegen.«Auf den kleinen Stationen in Pommern sind genug Leute, die neugierig sind und nichts zu thun haben.« Die große Uhr im Zimmer ist stehengeblieben, eine alte englische Pendeluhr – er ist erschrocken, was bedeutet das, Johanna soll sofort schreiben, dass sie gesund und munter sei.

Sie beruhigt ihn über die Uhr, versteht nicht, dass er abergläubisch ist.»Eigentlich ist es doch räthselhaft, daß wir – so gründlich verschieden – uns gefunden. Du liebst das Formelle so sehr – und ich springe so gern über alle Schranken, wenn's sein kann. Les extremes se touchent – mais – ils se brisent, las ich neulich irgendwo« – Gegensätze ziehen sich an, aber sie zerbrechen sich. Diese Redensart lehnt er schroff ab.

In den ersten Märztagen sind beide Eltern krank.»Ich theilte Vater Deine Wünsche in Bezug auf meine Reiterei mit, aber er schüttelt sehr bedenklich den Kopf traut mir gar keine Fähigkeit zu und meint, ich müsste erst reiten lernen bei einem Stallmeister u.s.w.« Bismarck antwortet: »Luna wirst Du nicht reiten können, reiten musst Du aber, und sollte es auf mir sein.«

Er malt sich das Zusammenleben mit ihr in Schönhausen aus, möchte, dass sie ihre Zofe aus Reinfeld mitbringt. Er entschließt sich schwer, Leute zu entlassen – der Verwalter ist seit vierzig Jahren im Dienst, Kuhhirt, Vorwerksmeister und Jäger haben fünfzig Jahre bei den Bismarcks gearbeitet, und er ist stolz »auf dieses langjährige Walten des conservativen Prinzips hier im Hause, in welchem meine Väter seit Jahrhunderten in denselben Zimmern gewohnt haben, geboren und gestorben sind, wie die Bilder im Hause und in der Kirche sie zeigen, vom eisenklirrenden Ritter auf den langelockten zwickelbärtigen Cavalier des 30jährigen Krieges, dann die Träger der riesenhaften Allonge-Perrücken, die mit talons rouges auf diesen Dielen einherstolzirten, und den bezopften Reiter, der in Friedrichs des Großen

Schlachten blieb, bis zu dem verweichlichten Sprossen, der jetzt einem schwarzhaarigen Mädchen zu Füßen liegt.« In elf Tagen ist er bei ihr.

»Wenn ich nur begriffe, warum Dein Brief heute so sehr nach Moschus riecht?«, schreibt sie. Ist er krank, hat der Arzt ihm Moschus verschrieben? Sie ist eifersüchtig auf die Unbekannte, mit der er sich seine Zeit vertreibt.

Das war nicht Moschus, liest sie, sondern Patchouli, »das abscheulichste aller parfums«, das sein Freund Dewitz in Mecklenburg benutzt, von dessen Brief er vermutlich ein Blatt abgerissen hat. Das Schreiben ist nur ein trauriger Notbehelf, und »der kalte schwarze Tintenfaden ist soviel Mißverständnissen und Deutungen ausgesetzt, ruft unnütze Angst und Sorge hervor« – er weiß nur eins: Seit er verlobt ist, hat er wieder Lust und Mut zu leben. Wenn sie stirbt, ist er ganz allein und verloren.

Acht Tage lang hört er nichts von ihr. Sie ist »la chatte la plus noire« – die schwärzeste aller Katzen. Will sie ihn zappeln lassen? Morgen und übermorgen ist er in Berlin, dann fährt er nach Naugard zu seinem Bruder – dorthin soll sie schreiben.

Aber wieder fällt Schnee, es wird sehr kalt, und er muss die Reise verschieben. Sie will seinen Vorwurf von Weichlichkeit und Weinerlichkeit nicht noch einmal hören – sie will still und geduldig und stark sein, will einen vollständigen Sieg über sich erringen. Er soll den Tag seiner Ankunft in Schlawe bestimmen, damit zwei Pferde ihn dort erwarten.

Fünf Tage später. Sie fühlt sich von ihm geliebt. Aber er vertraut ihr noch nicht so unerschütterlich wie sie ihm. Ihre Liebe ist »für Zeit und Ewigkeit«. Viermal geht die Sonne noch unter, bis er kommt – »Ach ich mag mich nicht freuen, sonst zerrinnt ja doch wieder alles!«

Wieder verschiebt er die Ankunft um drei Tage.

»Lieber Otto, zum Schluß noch eine bescheidene Bitte: – Sei nicht so gewaltig stolz! –«.

Sie sei ganz ängstlich, sie wisse kaum, wie sie sich benehmen solle, »um Dir auch einigen respect einzuflößen«. Und sie schließt: »Addio caro! La tua for ever«.

3.

Vom 25. März bis zum 27. April 1847 bleibt Bismarck in Reinfeld. Johanna glaubt anfangs noch, er sei ihr untreu, weint, und er braucht lange, bis er sie von seiner Treue überzeugt hat. Auf Wiesen und Feldern liegt Schnee, sie fahren im Pferdeschlitten aus oder laufen Schlittschuh, Mitte April kann er mit ihr ausreiten. Am liebsten galoppiert sie.

Als er fährt, glaubt sie ihn nie wiederzusehen.

Der Ton der Briefe ändert sich nach seinem Besuch. Von ihrem verbotenen Streben nach Unabhängigkeit und von seinem Eigensinn ist kaum noch die Rede. Sein Hauptthema ist jetzt sein erster Erfolg und ihres das Warten auf ihn.

Er kommt mit der Postkutsche durch Köslin und dort mitten in eine Hungerrevolte. Bäckereien und Schlachterläden sind geplündert, die Häuser von drei Kornhändlern ruiniert. Scheiben klirren, Bismarck wäre gerne dageblieben. Auch in Stettin soll ein starker »Brodaufstand« sein, angeblich haben Soldaten dort zwei Tage lang scharf geschossen, und Artillerie soll aufgefahren sein.

Anfang Mai ist er wieder in Schönhausen. Er hat alles versucht, um in den Vereinigten Landtag der preußischen Provinzen zu kommen, aber der Mann, dessen Stellvertreter er im sächsischen Landtag ist, hat seinen Sitz nicht aufgegeben. Seine neuen Verwandten und Freunde aus Pommern sind jetzt in Berlin, wo der König den Landtag am 11. April eröffnet hat, sein Schwiegervater, Adolf von Thadden, Heinrich von Below.

Er ist niedergeschlagen, bereut bitter, dass er sich seine Berufsaussichten durch maßlose Jungenstreiche verbaut hat. Aus Reinfeld kommen Briefe von Johanna und ihrer Mutter, und ihre Liebe beschämt ihn. Er denkt, wie unwürdig sein »durch jeglichen Schmutz der Sünde geschleiftes Herz der göttlichen Gnade« ist, die ihm die Liebe Johannas und ihrer Eltern schenkt. Er fährt wegen der Patrimonialsache nach Berlin und dankt der Mutter für einen prächtigen Auerhahn aus Viartlum, den er mit dem Vater in einem Café verspeisen wird, und tadelt Johanna, sie solle zufrieden sein: »Lerne Dich dankbar freun auch über die Freude, die Du gehabt hast, und schreie nicht wie kleine children ›mehr!‹, wenn sie grade aufhört.«

Drei Tage später ist er aufgeregt – »Theuerste, einzige, geliebte Juanita! Better half of myself!« –, er ist zum Landtag einberufen worden – er hofft, sie Pfingsten besuchen zu können –, aber alle Wiedersehenspläne ändern sich. Er fährt mit seinem Schwiegervater nach Schönhausen und sucht seine Sommergarderobe für Berlin heraus, während Heinrich von Puttkamer sich auf dem Gut umsieht. Am 11. Mai geht Bismarck zu seiner ersten Landtagssitzung im Weißen Saal des Schlosses.

Berlin ist gewachsen seit seiner Zeit am Stadtgericht und hat nun 400000 Einwohner. Aus ganz Preußen ziehen Landarbeiter in die Stadt, viele finden keine Arbeit und leben im Elend. Vor einigen Wochen kam es zu einer »Kartoffelrevolution«, denn die Preise für Lebensmittel sind stark gestiegen. Verzweifelte plünderten Marktstände und Geschäfte, Militär zog auf, und die Polizei verhaftete über dreihundert Männer. Immer mehr Bürger wollen über die Politik mitbestimmen und führen große Diskussionen in Konditoreien und Lesecafés. Preußen hat keine Verfassung, und vom Vereinigten Landtag können sie nichts erwarten. Straßenhändler bieten »Konstitutions-Pfannkuchen« an – sie sind innen hohl. Friedrich Wilhelm IV. ist König von Gottes Gnaden und will keine Macht abgeben. Allerdings bestimmt ein Gesetz aus den Jahren, in denen Reformen die

Bürger zum Krieg gegen Napoleon motivieren sollten, dass die Abgeordneten einer Aufnahme von Staatskrediten zustimmen müssen. Der König braucht jetzt Geld für den Bau einer Eisenbahnlinie nach Ostpreußen und hat deshalb den Landtag berufen.

Bismarck hält seine erste Rede am 17. Mai 1847. Einer der liberalen bürgerlichen Abgeordneten hat im Landtag daran erinnert, dass das Volk, das sich gegen Napoleon erhob und Preußen rettete, auch für eine versprochene Verfassung kämpfte. Bismarck gibt sich entrüstet, sagt, das müsse er »berichtigen«. Man erweise der Nationalehre einen schlechten Dienst, wenn man glaube, die Erniedrigung der Preußen durch Napoleon hätte nicht ausgereicht, »ihr Blut in Wallung zu bringen«. Die Nation habe sich selbst befreit, und es sei unwürdig, dem König dafür eine Rechnung zu präsentieren.

Im Weißen Saal bricht ein Tumult aus. Die Liberalen sind empört: Sie fordern nicht etwa eine Bezahlung für ihre Väter, die Bürger waren und keine Söldner, wie Bismarck beleidigend andeutet, sondern endlich die versprochene politische Mitsprache im Land.

Seine Rede erregt großes Aufsehen. Die liberale Presse stürzt sich auf den konservativen jungen Mann, der verteidigt, dass nur König und Adel zu entscheiden haben, und macht ihn lächerlich. Moritz von Blanckenburg gibt Bismarck recht. Er freut sich über den »Löwen, der hier Blut geleckt« hat, und sagt zu Bülow-Cummerow: »Sie werden nun den Löwen bald noch ganz anders brüllen hören.«

Zu Hause erwartet Bismarck ein flammender Brief seiner Schwiegermutter. Johanna ist krank, und er hat ihr geschrieben, wenn die Krankheit sich verschlimmern sollte, werde er den Landtag verlassen und sich an ihr Bett setzen, ohne Rücksicht auf Etikettefragen. Nun schreibt die Mutter aufgeregt, »bei Ihrem feurigen Gemüth ist der Aufenthalt bei Johanna nicht erwünscht«.

Bismarck ärgert die Empfindlichkeit beider Frauen. Johannas Fieber wird schon nicht so schlimm sein, er ist beschäftigt, er wird in ganz Deutschland bekannt, sogar in Freiburg im Breisgau erscheint ein Zeitungsartikel über ihn. Er schreibt ihr kurz und fest, nach wie vor sehr liebevoll, aber für lange Briefe ist jetzt selten Zeit. Er tröstet sie, vielleicht liege ihre Krankheit in der Abgeschiedenheit ihres Lebens. »Ich muß jetzt vor der heutigen Sitzung hin um beim Druck nachzusehn, ob sie meine Worte nicht in Unsinn verkehrt haben.«

Der König lässt ihn wissen, seine Rede habe ihm gefallen.

Nun will Bismarck zu Pfingsten doch nicht nach Reinfeld reisen. Er würde vier, fünf Sitzungen versäumen, erklärt er Johanna, und das werden wahrscheinlich gerade die wichtigsten sein. Pfingstsonntag fährt er zu seiner Schwester Malwine nach Angermünde und ist am nächsten Sitzungstag pünktlich morgens um elf im Weißen Saal. Er ist begeistert von der Politik, aber vor Johanna leidet er: Er mache das ja alles nicht zu seiner Freude. »Auf dem Landtage ärgre ich mich täglich und kann meinen Ärger nicht einmal aussprechen.« Meist sind zwanzig, dreißig Redner vor ihm notiert, und sie langweilen die Zuhörer so, dass schon beim 15. oder 16. stürmisch die Abstimmung verlangt wird. »Zu dieser politischen Aufgeregtheit, die mich über Erwarten heftig gepackt hat kommt die fortwährende Sorge um dein Befinden, um die Gestaltung unserer nächsten Zukunft.« Kniephof hat er dem Pächter immer noch nicht übergeben können. Er jammert, »das rasselnde Räderwerk des politischen Lebens ist meinen Ohren von Tag zu Tag widerwärtiger«, aber er könne die Politik nicht lassen. Er schlägt Johannas Vater vor, auf eine große Hochzeitsfeier zu verzichten. Er und Johanna sollten sich einfach trauen lassen, dann könnte sie mit nach Berlin kommen und bei ihm wohnen. Das erscheint dem Vater als zu ungehörig.

»Mein armes krankes Kätzchen!« Er ist in Schönhausen und hat Ruhe für einen langen Brief. Ihr letzter Brief hat ihn ergriffen – ein solcher Trübsinn ist fast mehr als Ergebung in Gottes Willen. Sie will die Hochzeit verschieben, aber damit ist er nicht einverstanden und bittet sie »dringend, gegen die Eltern mir in diesem Punkte beizustehn. Du kannst als Frau ebenso gut krank sein, wie als Braut, und wirst es später oft genug sein, warum nicht ebenso gut zu Anfang.« Sie wollen ja nicht bloß für gute Tage heiraten.

Er erlebt in Potsdam einen Wasser-Corso bei strahlendem Wetter. Das Königspaar, der ganze Hof, Potsdams schöne Welt und halb Berlin wirbeln in dem Knäuel der Boote auf dem blauen See lustig durcheinander und bewerfen sich mit Blumensträußen. Er trifft viele Bekannte, die er lange nicht gesehen hat. Der Landtag soll am 7. Juni vorbei sein.

»Gegeben im Schloß zu Berlin«, schreibt er Anfang Juni: »Heut und morgen bin ich auf Ministerdiners und Abendgesellschaften, und benutze eine augenblickliche langweilige Debatte, um im Nebenzimmer auf Sr. Majestät Papier Dir kurz zu schreiben, daß es mir körperlich wohl geht und ich Dich liebe, sehr.« Durch das Fenster sieht er den Lustgarten, das Museum, das Zeughaus. Er will ihr die Staatszeitungen mit seinen Landtagsreden aufheben, weil ihre Zeitung in Pommern die Reden doch nur gekürzt wiedergibt. Den Wollmarkt will er in diesem Jahr seinem Verwalter überlassen, aber Kniephof muss er selbst übergeben, Moritz kann er die Übergabe während der Wollschur und der Vorbereitungen zum Markt nicht zumuten.

Als er aus Kniephof wieder in Berlin ist, schmeichelt es ihm, dass seine Abwesenheit im Landtag aufgefallen ist. Jetzt heißt es, der Landtag werde am 19. Juni geschlossen. Johanna ist noch krank. Er glaubt, daß er am 24. oder 25. Juni in Reinfeld sein kann, und malt ihr die Hochzeitsreise aus – nach Wien, Salzburg und Tirol, wohin sie will. Die Briefe überschneiden sich. Ihr nächster Brief ist eine

»Litanei von Unzufriedenheit«, was ihn aber mehr über ihren Zustand beruhigt als eine weiche, welke Melancholie.

Ende Juni hält er eine Rede gegen ein Gesetz, das Juden den Zugang zu öffentlichen Ämtern öffnen soll. Die Liberalen begrüßen den Entwurf, Bismarck, der für die Konservativen spricht, lehnt ihn ab. Aufgabe des christlichen Staates sei es, »die Lehre des Christentums zu realisieren«. Er sei kein Feind der Juden, er gönne ihnen alle Rechte, nur nicht das Recht, »in einem christlichen Staate ein obrigkeitliches Amt zu bekleiden«. Der Gesetzentwurf wird nicht verabschiedet.

Der Landtag wird geschlossen, die Stände haben dem König keinen Kredit für eine Eisenbahnlinie nach Ostpreußen bewilligt. Bismarck ist jetzt ein bekannter Mann: ein Kämpfer für Krone und Adel, ein erzreaktionärer Junker, ein hitziger und unterhaltsamer Redner.

Er will Johanna nur melden, dass er an sie denke und sie liebe und »wahrscheinlich am 19. nicht von hier abreise, da heut schon der 22. ist«. Er ist bester Laune: »Vorgestern waren wir bei unserm Freunde dem Könige, und wurde ich von den hohen Herrschaften sehr verzogen und bin nun so stolz, daß ich immer über Deinen Kopf wegsehn werde und nur in seltnen Augenblicken der Herablassung mein Auge zu Deinem schwarz-grau-blauen niederschlage. Leb wohl, Jeanne la noire, la Chatte! B.«

Dann fährt er nach Magdeburg zu Ludwig Gerlach, der plant, für Konservative eine Zeitung herauszugeben. Gerlach will mit Adolf von Thadden, Moritz von Blanckenburg und anderen im August nach Bayern und in die Schweiz reisen, um Menschen – berühmte Leute – zu sehen. »Wie herrlich wäre das für unser Mariechen! Ich kann kaum zweifeln, daß Du den Wunsch hast, Dich ihnen anzuschließen, wenn aus der Sache in dem Umfange, wie Gerlach will, etwas wird; obschon ich nicht gern unsern Plan über Wien und Tyrol aufgeben mag und das Menschen sehn und streiten über Politik und Religion etwas satt habe.« Er will die Hochzeitsreise aufgeben und stellt ihr Marie von Thadden als Vorbild hin, die sich über eine solche Gesellschaftsreise gefreut hätte: Nicht er, Johanna soll sagen, dass sie lieber mit ihren Onkeln fährt als mit ihm allein.

Johanna sieht ihm lange nach, als er Ende April Reinfeld verlässt, und steht im Wind unter der alten sausenden Fichte. Im nächsten Plauderbrief nennt sie sich sein trauriges »Miesekätzchen«.

Sie verbindet mehr mit Otto als die »gereizte Leidenschaft«, die er vor Jahren für Liebe zu Ottilie hielt: »Dich lieb ich ja nicht mit Leidenschaft – ich denke doch nicht; – nur so tief und warm und fest und innig, daß es jetzt niemand wieder gelingen soll, mich mit irrigen Zweifeln über Deine Treue zu verwildern.« Auf sexuelle Leidenschaft gründet ein Fräulein keine Familie. Leidenschaft ist vergänglich, und ein ideales Paar in der Geschlechterkette gehört für immer zusammen, über den Tod hinaus.

Selten besucht eine Cousine sie, selten fährt sie aus. Sie fühlt sich allein, lebt in den Briefen, in den Gedanken über die eigenen Gefühle – sie wartet. »Ich las heute von einer Art Seevögel, die schlafend fliegen, – auf und nieder wogen über den Wellen, nur wenn sie das Wasser mit ihren Flügeln berühren, wachen sie auf, lassen sich aber nicht durch die kleine Kühlung stören, – sondern schlafen fliegend weiter, – immer weiter über dem weißen Schaum, – unter dem blauen Himmel – mag es nur eine Idee sein, oder wirklich wahr – ich finde es einzig anziehend, berauschend schön – und möchte solch ein Vogel sein! –«

Aber so weich und ergeben, wie es scheint, ist sie nicht, im Gegenteil, sie ist voller unterdrückter Aggressionen. Als die Stute Brünette mit ihr durchgeht, zeigt sich ihre Wut: Sie will sie nie wieder reiten, will sie nach Schlawe schicken zur Züchtigung und Besserung. Selbstverleugnung ist ihr

Ziel, und wenn sie überraschend eine Enttäuschung erlebt, merkt man ihr an, was es sie kostet. Selbst ihre Mutter ist erschrocken und schreibt Bismarck mit Befremden, wie Johanna sich über die Stute »krank ärgere«. Sie selbst verliere ihren Einfluss auf die Tochter leider immer mehr und freue sich nur, dass seiner ebenso steige: Johanna habe ihm gegenüber »schon die mit Stolz behauptete Selbständigkeit verloren«, möge er sie nun beruhigen.

Ihr Vater ist mit Otto in Schönhausen und prüft den Besitz, auf den er sein einziges Kind geben wird. Glaube ist gut und schön, aber eine ordentliche Landwirtschaft gehört dazu: »Flur und Wald und Stall und Haus habe ich hier alles erwogen, besehen, Alles gut befunden.«

Ihre Munterkeit verliert sich, das Warten macht sie mürbe. Nichts tut sich, nur die Mutter kann sich mit der Heirat nicht abfinden, und der Verlobte gibt immer neue Versprechen, die er nicht hält. Nun will er Pfingsten kommen, sie freut sich so, aber dann sitzt der Vater allein in der Kutsche. Otto schreibt ihr immer neue Ankunftsdaten, und sie freut sich, und er verschiebt seine Reise immer wieder – so, wie er es von seiner Mutter her kennt, die den kleinen Schuljungen auch immer wieder mit Versprechungen, die sie nicht einhielt, enttäuscht hat.

Aber Johanna ist stolz. Es tut ihr leid, dass sie ihn nun erst Ende Juni oder Anfang Juli sehen wird, »aber so viele Entschuldigungen und Abbitten hättest Du deshalb nicht machen dürfen, lieber Freund – Du scheinst wirklich zu glauben, daß ich gar keine Geistesstärke besitze, oder entschieden zu kindisch bin, – um eine solche Begebenheit wie Deine Landtagseinberufung zu überwinden! Ach – wie wenig kennst Du mich doch mein lieber Otto!«

Sie hat jeden Tag Fieber, ist matt, hat Herzklopfen, Ohrensausen, mal ist ihr zu kalt, mal zu warm, sie hat Kopfweh, ihr ist schwindlig, die Glieder sind schwer, sie nimmt stark ab und hat zu nichts Lust. Der Arzt sagt, sie habe ein

Nervenleiden. Das empört sie, sie ist kein schwacher Charakter. Weder die Eltern noch Otto verstehen ihre Krankheit, dabei hat er sie noch im März vor den Scharlach- und Nervenfiebern gewarnt, die auf Nachbargütern grassierten.

Sie freut sich über seine Landtagserfolge und hat Angst, dass sie ihn stolz machen und er schließlich das bescheidene Reinfeld verachten wird. Dann ist ihr wieder alles gleichgültig, sie ist ewig müde und unlustig zu allen Dingen. Aber sie bekommt beinahe einen Weinkrampf vor Aufregung, als die Mutter ihr den Brief, in dem Otto ankündigt, sich an ihr Krankenbett setzen zu wollen, aus der Hand reißt und ihn liest. Die erschreckte Mutter verspricht, es nicht wieder zu tun.

Johanna fürchtet, dass Otto ihr fremd wird. Sie liest seine Reden in der Zeitung noch einmal. »Wenn ich nur die Überzeugung hätte, daß auf dem verehrten Landtage sehr viel ausgerichtet würde. Aber es wird doch nur gestritten und Lärm gemacht – und schließlich, wenn die versammelten Mächte auseinandergehen, ist nichts geschehen als daß sie sämmtlich krank sind.« Sie kann sich lebhaft vorstellen, wie ihn »die liberalen Gesinnungen und das maaßlose Geschwätz unruhig machen, da ich sogar oft ungeduldig und heiß beim einfachen Lesen werde, – obgleich es mich doch viel weniger, eigentlich garnichts angeht«.

Die Versiner Cousinen besuchen sie und bringen viel Heiterkeit mit. Sie reitet mit dem Vater aus und kommt jetzt mit Brünette gut zurecht. Endlich geht es ihr besser.

Dann kommt der Brief mit seinen Plänen für die Hochzeitsreise. Sie ist entzückt und träumt die ganze Nacht von Salzburg, von Tirol. Aber sie ist misstrauisch gegen die Zukunft geworden und fürchtet, das in letzter Minute alles doch nicht stimmt. Sie kann sich nur noch für Augenblicke freuen und bereitet sich gleich auf ein wahrscheinliches Misslingen vor, fühlt die vermutlich kommende Enttäuschung »gallenbitter im Herzen«.

Dann ist der Landtag vorbei. Sie glaubt, er ist schon unterwegs, und schickt ihm einen Brief entgegen, nach Naugard, zu seinem Bruder. Es geht ihr gut und sie zieht ihn auf: »Wir werden uns doch gewiß nicht fremd geworden sein, – Otto – wenn Du auch nur mit Königen, Fürsten, Reichsgrafen und allen hohen der Krone verkehrtest, während ich in dunkler tiefster Schwermuthsnacht saß und von keinem blauen Himmel angelacht wurde – nur umgeben war von Krankheit, äußerer und innerer – die ganze, lange Zeit, seit dem Tage Deiner Abreise ...«. Sie wolle ihn darauf vorbereiten, dass sie schrecklich hässlich geworden sei, am liebsten würde sie wie eine kleine Ente ins Schilf fliehen: »Glanzlose Augen, abgezehrtes bleiches Angesicht, 2 Ellen lang – und eine noch viel abgezehrtere Gestalt (Spinnenartig) werden Dein Theil sein, Du armer, armer Otto, und schließlich verliere ich jetzt alles, alles Haar, so daß ich bald viel weniger haben werde, wie Du –«

Sie rechnet eigentlich doch nicht mit ihm. Ein paar Tage später will sie ihm einfach nur melden, »daß ich mich gar nicht vor Deinem Stolz fürchte; – ich freue mich sogar zu der neuen Bekanntschaft mit dem verzogenen Prinzen-Liebling, der sich so vornehm stellen, und gar nicht mehr auf ehemalige Freunde herabsehen will«.

Sie will Respekt, er Unabhängigkeit, sie will Selbstständigkeit, er Dominanz. Noch haben sie eine Balance für ihre Ehe nicht gefunden, ein belastbares Gleichgewicht.

Sie hat jetzt viel Besuch, Cousinen und Freundinnen kommen, Moritz von Blanckenburg bleibt zwei Tage und sagt, wenn Bismarck auf der Durchreise nach Zimmerhausen komme, wolle er ihn dort festhalten. Sofort schreibt Johanna pikiert an Otto: »Wenn Du Schönhausen, Angermünde, Kniephof, Zimmerhausen gehörig befriedigt hast, wird der Juli wahrscheinlich zur Hälfte verstrichen sein und eher darf ich Dich wohl nicht erwarten??«

Als Otto ihr vorschlägt, mit seinen politischen Gönnern

auf Hochzeitsreise zu gehen und berühmte Männer kennenzulernen, diskutiert sie das gar nicht. Das lehnt sie ab, freundlich und klar. Die Falle, die er ihr stellt – er will ja gar nicht, wäre aber ihretwegen dazu bereit –, ignoriert sie souverän. Eine Reise nach Tirol und Salzburg ist ihr Kindheits- und Jugendtraum, da will sie hin – »Ach Otto – bitte, denke nicht sehr schlecht von mir, ich bin wohl echt kindisch. – « Auch auf die verstorbene Marie, die angeblich lieber berühmte Leute kennengelernt hätte, als eine Hochzeitsreise zu machen, geht sie nicht ein. Sie fügt lediglich an: »für berühmte Leute bin ich ohnehin viel zu dumm, besonders auf Reisen, wo ich fast menschenscheu und nur naturdurstig bin ...«

Zur Hochzeit kommen 37 Gäste nach Reinfeld, Moritz von Blanckenburg mit einer seiner Schwestern ist dabei, der kleine Onkel Hans von Kleist-Retzow, Ottos Bruder Bernhard und seine blonde Schwester Malwine, die elegant und modisch gekleidet ist, hell vom Hut bis zu den Schuhen. Otto bittet Johanna, zum Polterabend ihr weißes Kleid anzuziehen. Sie zieht ihr rotes an – sie lässt sich von ihm nicht einer Modepuppe wie Malwine vorführen – Rot ist festlich, Rot ist ihre Lieblingsfarbe.

Er hat gesagt, er liebe sie, wie sie ist. Bei einem ihrer Verzagtheitsanfälle hat er ihr geschrieben, er habe zehn Jahre die Rosengärten Norddeutschlands abgegrast und gebe sich nun nicht mit einer Butterblume zufrieden. Das gibt ihr Freiheit. Sie hat ihn mit Liebe überschüttet und aus seiner Verlorenheit befreit, hat ihm gesagt, Gott liebe selbst ihn, er sei sicher in Gottes Hand. Auch er fühlt sich frei.

Sie sind nicht immer einer Meinung, aber er hat das feste Vertrauen, dass Gott sie beide die Wege leiten werde, die sie zusammenführen – wenn ihr Weg auch manchmal links um den Berg und sein Weg rechts herum gehe – hinter dem Berg kommen sie doch zusammen. Sie sind verschieden, aber sie wollen sich lieben in Zeit und Ewigkeit. Das ist ihr Pakt. Prediger Sauer, der Johanna von Puttkamer getauft und konfirmiert hat, traut sie und Otto von Bismarck am 28. Juli 1847. Am Morgen darauf reisen sie nach Süden.

DER ABGEORDNETE

DAS SCHLOSS AN DER ELBE

I.

»Es ist solch ein eigenthümliches Haus, wie ein Märchen aus alten Zeiten«, sagt Johanna über Ottos Schloss. Der dreistöckige Klotz mit dem hohen Barockdach liegt, von Linden umgeben, in einem Garten mit streng geschnittenen Taxushecken, Wassergräben und weißen Sandsteingöttern – an einem der Götter hat Otto als Junge seine Treffsicherheit im Schießen geübt. Die Eingangstür ist ebenerdig und schlicht, ein Sandsteinsims läuft über dem Wappen des Erbauers August von Bismarck und seiner Frau, einer geborenen Katte. Innen führt eine breite Treppe mit Stufen aus Eichenholz in den ersten Stock. Die Wände sind dick, die Decken niedrig und die Zimmer groß. Johannas Wohnzimmer hat eine kostbare alte Ledertapete, andere Räume haben Leinwandtapeten mit gedruckten Chinoiserien oder Landschaftsbildern, und an ihren Wänden stehen goldene Rokoko-Stühle mit verblichenen Seidenbezügen.

Vom obersten Stock aus kann Johanna weit über das Land sehen. Im Norden zeigt Otto ihr das Städtchen Arneburg – in der Ferne, hinter der Lindenallee, auf dem jenseitigen hohen Elbufer. Im Westen sieht sie auf der anderen Elbseite die Domtürme von Stendal und im Südwesten die Stadttore und Kirchtürme von Tangermünde.

Mächtige Kirchtürme beherrschen die flache Altmark. Die Kirche von Schönhausen ist über 600 Jahre alt, ihr Turm ist hoch und viereckig, breit wie das Kirchenschiff –

ein Wehrturm, in den die Einwohner sich retteten bei Krieg und Hochwasser.

Seit 1562 gehört der Ort den Bismarcks. Er hat 2000 Einwohner – Handwerker, Kaufleute, Bauern –, und der Herr von Schönhausen spielt nicht mehr entfernt die Rolle wie im Gutsdorf Kniephof, in dem alle vom Gutsbesitzer abhängen. Viele Bauern sind ihm zwar noch dienstpflichtig, doch wer irgend kann, kauft sich frei. Bismarck bewirtschaftet das Gut mit Hilfe des alten Verwalters Bellin.

Bismarck ist unruhig. Die Brüder Gerlach haben versprochen, etwas für ihn zu tun. Er wartet auf eine Nachricht aus Berlin.

Am 6. Oktober sind er und Johanna von der Hochzeitsreise zurückgekommen. In Prag hat sie ihr erstes Schauspiel gesehen, Shakespeares *Kaufmann von Venedig*. Nach Wien sind sie mit der Eisenbahn dritter Klasse auf harten Bänken gefahren und haben viele merkwürdige Leute kennengelernt. Johanna hat begeisterte Briefe nach Hause geschickt, und er war verärgert, weil sie so viel geschrieben hat. Sie war berauscht von Wien, von einem Mondscheinabend in Schönbrunn, und doch war es in Wien, dass sie zum ersten Mal stritten – später wussten sie nicht mehr, weshalb. Sie waren am Mondsee im Salzkammergut – die Welt wird schöner mit jedem Tag, sagte Johanna –, waren in Salzburg und in Tirol. In Meran trafen sie Ottos Cousin Fritz Bismarck-Bohlen und Moritz Blanckenburgs Onkel General Albrecht von Roon, beide Begleiter des jungen Prinzen Friedrich Karl. Sie überredeten Otto und Johanna, mit ihnen nach Venedig zu fahren, wo der König von Preußen seinen Bruder besuchte. In Venedig gingen sie in die Oper, der König erkannte Bismarck und lud ihn zur Tafel ein, sagte nach dem Essen, er möge ihn doch einmal in Berlin besuchen. Die Hochzeitsreise wurde länger als geplant, und die Kosten wurden höher als veranschlagt, aber das war ihnen egal. Sie legten einfach etwas von Johannas »Silberfond« in die Reisekasse – ihre

Mitgift steckt im Gut Reinfeld, sie bekommt jährlich die Zinsen. Sie ist noch lange entzückt über ihre Reise, und Otto ist entzückt über ihre Freude.

Johanna richtet sich in dem alten Schloss ein, packt tagelang ihre Kisten aus, kramt. Er macht mit ihr Besuch bei Pastor Schrader und bei Lehrer Lindstädt und reitet viel mit ihr aus, solange das Herbstwetter hält. Sie trägt als Sonnenschutz einen Strohhut – im Frühjahr hat sie ihn gebeten, ihr in Berlin einen Hut mit breiter Krempe zu kaufen, aber er wählte einen mit schmaler Krempe, weil eine schmale Krempe gerade in Mode war. Seine Ideen kommen bei ihr nicht immer gut an. Er nimmt gern alles selbst in die Hand. Sie dagegen ist es gewohnt, ein Vorgehen gemeinsam und rechtzeitig zu besprechen.

Besucher aus Pommern kommen in die Altmark: Moritz von Blanckenburg mit seinem Schwiegervater Adolf von Thadden, Onkel und Tante Below aus Reddentin, Ottos Freund und Schwager Oskar von Arnim, und dann, zu Weihnachten, Johannas Eltern.

Litte ist eine beherrschende Frau. Sie ist ihrem Schwiegersohn wohlgesinnt und will ihm als gute Pietistin helfen, seine charakterlichen Mängel zu erkennen und zu bekämpfen. Das verwirrt ihn. Er ist aufbrausend, jähzornig, entschuldigt sich Johannas wegen, wenn er sich zu scharfen Worten hinreißen ließ. Das Familienleben kostet Kraft. Aber hier ist er Hausherr, nicht Gast.

Nach Weihnachten macht er sich Luft in einem Brief an seine Schwester Malwine. Er möchte ein Zusammenleben mit seiner Schwiegermutter eher nicht. Deren Mutter ist gestorben und durch »ihre Melancholie, die fortwährend jedes im Lauf der Dinge nur mögliche Unglück ahnt«, wirkt sie ansteckend auf Johanna. Trifft dann die Tausendste der schwiegermütterlichen Ahnungen ein, wie es ja nicht anders sein kann, so folgert Litte daraus, dass sie hellseherische Gaben habe. Aber sonst »befinde ich mich in der Ehe noch sehr wohl und bin die bodenlose Langeweile und Niedergeschlagenheit losgeworden, die mich sonst plagte, sobald ich mich in meinen 4 Pfählen allein befand.«

Johanna steht immer wieder zwischen ihrer Mutter und ihrem Mann. Als Otto Anfang Januar 1848 nach Berlin reist, fühlt sie sich einsam in dem alten Schloss und ist dankbar für die tröstliche Gegenwart ihrer Mutter.

2.

Bismarck sucht ein Amt in Berlin. Er trifft sich mit seinen konservativen Freunden, und er meldet sich am Hof. Der König lädt ihn tatsächlich ins Schloss zu Tisch, wo er neben Ludwig von Gerlach sitzt. Das ist alles.

Bis Mitte Februar 1848 lebt er wieder still in Schönhausen. Die einzige frohe Aufregung bringt Johannas Schwangerschaft. Dann passiert endlich etwas: In Frankreich ist Revolution.

Die Revolution hat sich am Streit um das Wahlrecht entzündet. Die Franzosen haben ihren König abgesetzt und die Republik ausgerufen. Nun fordern auch in Heidelberg Landtagsabgeordnete die Republik und Wahlen zu einem gesamtdeutschen Parlament. Die Bürger in Deutschland fangen an, für Demokratie und nationale Einheit zu kämpfen. Im preußischen Düsseldorf haben Revolutionäre Pressefreiheit und Volksbewaffnung verlangt.

»Meine Damen sind in händeringender Aufregung«, schreibt Bismarck seinem Bruder. Bernhard soll ihm Geld schicken, denn er muss mit der Armee ausrücken, »wenn wir nach dem Rhein marschieren sollten«.

In immer mehr deutschen Staaten treten die fürstlichen Regierungen aus Furcht vor den Bürgern zurück, und liberale Oppositionelle übernehmen Ministerämter. In Wien kämpfen Bürger und Studenten gegen das Militär, Staatskanzler Metternich flieht am 13. März nach London.

Johanna und ihre Mutter warten jeden Tag ungeduldig auf die Zeitung, wollen lesen, ob diese Unruhen weiter um sich greifen oder ob sie endlich wieder auf stillen Frieden in der Welt hoffen dürfen – Johanna findet es furchtbar, »daß die deutschen Lande (wie Baden, Nassau p. p.) sich berufen fühlen, diesem Unsinn ihre häßlichen finsteren Herzen zu erschließen ...«. Gerhard von Thadden, ihr Nennbruder auf Trieglaff, fragt sie, ob er noch zum Studium nach Heidelberg gehen könne oder ob er sich, wie sein Vater jetzt wünsche, in Berlin einschreiben solle. Otto meint, wenn Gerhard nicht gleich nach Heidelberg gehe, komme er nie hin, denn wer mit Berlin anfange, bleibe dort. »Außerdem dürfte man doch gewiß von Ihnen voraussetzen, daß die verrückten Anführer in und um Heidelberg g a r k e i n e n Einfluß auf Ihren aristokratisch und conservativen Sinn ausüben würden ...« Aristokratisch und konservativ – so denkt auch Johanna, und auch sie ist erfüllt von der Pflicht, zum König zu halten.

Bismarcks Nachbar Graf Wartensleben bittet ihn, auf sein Gut Karow zu kommen. Zwei Damen aus Berlin haben sich zu ihm ins Jerichower Land geflüchtet. Sie erzählen Entsetzliches aus der Hauptstadt.

Aufständische haben den König so unter Druck gesetzt, dass er auf dem Schlossplatz vor einer großen Menschenmenge Versprechen verlesen ließ: Der Vereinigte Landtag soll regelmäßig tagen, die Presse unzensiert berichten dürfen, und er werde für die deutsche Einheit eintreten. Aber plötzlich zeigten sich Soldaten, zwei Schüsse fielen. Die Bürger rannten in die angrenzenden Straßen und bauten Barrikaden. Die Soldaten des Königs erschossen zweihundert Bürger. Es gab Tote und Verletzte auf beiden Seiten, nachts appellierte der König vergeblich an die Berliner, die Barrikaden zu räumen. Am nächsten Mittag befahl er den Truppen den Rückzug und verneigte sich vor den Leichen, die die Revolutionäre in den Schlosshof gelegt hatten. Er ritt mit Generälen und Ministern hinter schwarzrotgoldenen Fahnen – den hochverräterischen Fahnen der Bürger – durch Berlin. Seinen Bruder Wilhelm, der von Anfang an auf die Bürger schießen lassen wollte, hatte er nach England geschickt.

Vor dem Schloss steht nun eine Bürgerwache. Die Bürger dürfen jetzt auf der Straße rauchen, und es gibt einen neuen Leitenden Minister, einen liberalen Adligen. Der König sitzt in seinem Stadtschloss fest.

Bismarck ist erbittert über die Ermordung preußischer Soldaten in den Straßen. Er glaubt, der König könnte politisch schnell Herr der Lage werden, wenn er frei wäre. Er sieht die Befreiung des Königs jetzt als die dringendste Aufgabe an.

Kaum ist er zurück in Schönhausen, melden ihm Bauern, Abgeordnete aus Tangermünde hätten von ihnen verlangt, eine schwarz-rot-goldene Fahne auf dem Kirchturm aufzuziehen, und gesagt, wenn sie das nicht täten, würden sie mit mehr Leuten wiederkommen. Bismarck fragt die Bauern, ob sie sich wehren wollen. Das wollen sie, und sie jagen mit ihren Frauen die Tangermünder zum Dorf hinaus.

Bismarck lässt eine weiße Fahne mit einem schwarzen Eisernen Kreuz auf dem Kirchturm setzen. Etwa fünfzig Jagdgewehre der Bauern gibt es im Dorf, er selbst besitzt über zwanzig. Er schickt Reiter nach Jerichow und Rathenow und lässt Pulver holen. Er will mit den Bauern den König befreien.

Mit Johanna fährt er in die umliegenden Dörfer und fragt die Schulzen, ob die Bauern mit ihm nach Berlin kommen. Johannas Anwesenheit unterstreicht die Bedeutung der Anfrage. Die adlige Gutsherrin ist Teil der politischen Öffentlichkeit, ist ein Machtfaktor im Anspruch auf gesellschaftliche Führung. Otto und Johanna von Bismarck sind das »herrschaftliche Paar«, das zu den Schulzen fährt, weil es um Preußen geht.

Nur einer lehnt ab, ein liberal gesinnter Gutsbesitzer.

Er wirft Bismarck vor, er schleudere eine Brandfackel ins Land, und will nicht, dass er seine Bauern anwirbt. Wenn Sie mich behindern, erschieße ich Sie, sagt Bismarck und spricht auch mit dessen Bauern.

Dann fährt er aber doch allein nach Potsdam. Er will erst den Generälen dort anbieten, mit Bauern wiederzukommen.

REVOLUTION

1.

Bismarck reist mit einem Revolver in der Tasche nach Berlin. Er wohnt im Stadtschloss bei Albrecht von Roon, der dort als Lehrer des Prinzen Friedrich Karl einige Zimmer hat. Bismarck will den König sprechen, aber die Bürgerwehr lässt ihn nicht vor.

Er fährt nach Potsdam und spricht mit einem General. Der verlangt von ihm Kartoffeln und Getreide für die Soldaten, Bauern braucht er nicht. Keiner der Generäle ist bereit, Berlin ohne königlichen Befehl anzugreifen – höchstens, wenn alle Offiziere gemeinsam vorgehen. Bismarck fährt sofort nach Magdeburg, wo eine große Garnison liegt, doch noch bevor er beim Kommandanten vorgelassen wird, warnt ihn dessen Adjutant, er solle sofort abreisen – der General werde ihn als Hochverräter verhaften lassen.

Er kehrt zurück nach Potsdam. Ludwig von Gerlach meint nun, wenn der König nicht kämpfen wolle, solle eben einer der Prinzen kämpfen. Aber die Prinzen weigern sich. Gerlach hört von einem schriftlichen Angriffsbefehl, den Kronprinz Wilhelm angeblich zurückgelassen habe, ehe er nach London reiste. Bismarck soll diesen Befehl herbeischaffen, der sich offenbar im Potsdamer Schloss bei Wilhelms Ehefrau Auguste befindet.

Diese Prinzessin Auguste macht er sich zur erbitterten Feindin. Sie ist eine Tochter des Großherzogs von Weimar, gebildet und modern, vier Jahre älter als er, tatkräftig und temperamentvoll. Kein Dritter ist bei dem Gespräch anwesend. Beide werfen sich später Verrat am König vor – sie ihm, weil er verlangt hätte, dass die Gegenrevolutionäre den König übergehen und unter dem Namen ihres Mannes angreifen dürften, und er ihr, weil sie Preußen selbst regieren wollte: König und Kronprinz sollten zugunsten ihres kleinen Sohnes abdanken, für den sie dann eine liberale Regierung führen wollte.

Am Nachmittag des 25. März erscheint überraschend der König in Potsdam. Er sagt den hohen Offizieren, er sei niemals freier und sicherer gewesen als unter dem Schutz seiner Berliner Bürger, alle Zugeständnisse habe er aus Überzeugung gemacht.

Bismarck kehrt tief enttäuscht nach Schönhausen zurück.

Er vertreibt sich die Zeit mit dem Exerzieren einer Bürgerwehr aus den Dörfern Schönhausen, Fischbeck und Kabelitz. Mehrere hundert Berittene ziehen mit alten reparierten Gewehren aus den Befreiungskriegen, unter Trommelschlag und Hörnerschall, auf die Sandberge vor Schönhausen.

Anfang April 1848 tritt der Zweite Vereinigte Landtag zusammen, Bismarck muss nach Berlin. Als er im Landtag begründet, weshalb er eine Dankadresse an den König ablehne, überfällt ihn ein Weinkrampf, und man lacht ihn aus. Wenige Tage später wird der Landtag aufgelöst, und Bismarck ist kein Abgeordneter mehr.

Am 18. Mai 1848 ziehen die Abgeordneten der Deutschen Nationalversammlung in Frankfurt unter Geschützdonner und Glockengeläut in ihr Sitzungslokal, die Paulskirche. Vor ihnen liegen zwei große Aufgaben: eine demokratische Verfassung mit Grundrechten für jeden männlichen Deutschen zu schaffen und einen Nationalstaat.

Die Preußische Nationalversammlung in Berlin ist radikaler. Die Abgeordneten sind in ihrer Mehrheit gegen König, Kirche und Adel. Sie wünschen ein starkes Parlament, wollen die Zivilehe einführen und die Gutsherrschaft aufheben.

Otto und Johanna verbringen den Sommer in Reinfeld. Robert von Keudell trifft sie im Juli an einem heißen Nachmittag in Stolp. Er sammelt Geld zum Kauf von Schiffen für eine deutsche Flotte und gibt mit Freunden in kleinen Städten Sommerkonzerte, deren Ertrag an das Stettiner Flottenkomitee geht. Bismarcks sind aus dem Seebad Stolpmünde zum Konzert gekommen. Keudell erschrickt, als er Johannas Ehemann sieht – den kummervollen Ernst auf seinen gefurchten Zügen, das gelichtete Haupthaar. Er wirkt um viele Jahre gealtert.

Der reaktionäre Bismarck ist politisch nicht mehr gefragt, aber er ist umtriebig geblieben. Die konservative *Neue Preußische Zeitung* – allgemein *Kreuzzeitung* genannt nach dem Eisernen Kreuz in der Kopfleiste – erscheint zum ersten Mal Anfang Juli 1848, und Bismarck schreibt zahlreiche bissige Artikel. Die Autoren aus dem Kreis um Ludwig von Gerlach schärfen ihren Lesern ein, was es heißt, konservativ zu sein: Rechtmäßig sind allein die Rechte des Adels, sie sind historisch gewachsen und dadurch göttlich legitimiert. Im Gegensatz dazu können staatliche Gesetze, die von Menschen gemacht sind, nie als Quelle des Rechts dienen. Konservative finden die ideale Gesellschaft in der Vergangenheit: im mittelalterlichen Ständestaat – so wie der König und Ludwig von Gerlach ihn sich vorstellen.

2.

Bismarcks erstes Kind soll in Schönhausen zur Welt kommen. Er reist mit der hochschwangeren Johanna in kleinen Tagesreisen von Reinfeld in die Altmark. Frau von Puttkamer will etwas später folgen und rechtzeitig zur Geburt da sein.

Bismarck fährt sofort zu einer Versammlung der Rittergutsbesitzer nach Berlin zurück, nach der er sich beeilt, wieder zu Johanna nach Hause zu kommen. Gleich nach seiner Ankunft am frühen Abend pflückt Johanna mit ihm im Garten noch Mirabellen. Am nächsten Vormittag, am 21. August um zehn Uhr, hat sie heftige Schmerzen. Otto bringt sie sofort ins Bett und schickt seinen Diener Hildebrand auf Mousquetaire, dem besten Pferd, über die Elbe nach Tangermünde zum Arzt. Kurz nach zwölf ist Dr. Fricke im Schloss.

Die Geburt setzt früher ein als erwartet, die Pflegerin und die Amme sind noch nicht da, auch die Wiege fehlt. Aber das Kind kommt gesund zur Welt.

»Um acht war meine Tochter mit sonorer Stimme zu hören«, schreibt Bismarck noch am selben Abend seinem Schwiegervater. Johanna liegt still und matt, aber doch heiter und beruhigt, hinter dem roten Bettvorhang, »das kleine Wesen, einstweilen unter Tüchern auf dem Sofa, quarrt ab und zu. Ich bin recht froh, daß das erste eine Tochter ist. Aber wenn es auch eine Katze gewesen wäre, so hätte ich Gott auf meinen Knien gedankt, in dem Augenblicke, wo Johanna davon befreit war; es ist doch eine arge, verzweifelte Sache.«

Bismarck lässt als Wiege eine Futterschwinge bringen, einen großen ovalen Weidenkorb, mit dem die Reitknechte den Hafer für die Pferde von Staub reinigen. Er übernimmt selbst die Pflege von Mutter und Kind und löst sich dabei mit der Verwalterfrau ab. »Das kleine Wesen brüllt gerade, als sollte es geschlachtet werden, und trägt überhaupt niemals Bedenken, seine Stimme kräftig erschallen zu lassen wenn es aufwacht und nicht alles in Ordnung findet«, berichtet er der Schwiegermutter. Nur mit dem Stillen gibt es Probleme: »Das Balg will mit seinem Eisensinn, den es nicht von mir haben kann, durchaus nicht ansaugen – wie ein schlechter Blutegel.«

Die Schwiegermutter ist immer noch nicht da, dafür kommt Johannas Cousine Franziska aus Brandenburg. Otto findet eine Amme im Dorf. Er und Johanna betrachten ihr Kind und überlegen, wem es ähnlich ist. Johanna meint, die Nase sei etwas zu dick. Otto meint, die Nase sei nicht dicker, als sie sein sollte. »Das Kleine ist brüllend und hungrig wie ein reißendes Thier«, teilt er stolz und gerührt seinem Bruder mit.

Er und Johanna laden zur Taufe am 1. Oktober ein. Das Kind wird Marie heißen – nach der gemeinsamen Freundin Marie von Thadden. Einer der Paten ist Hans von Kleist-Retzow.

3.

Im September muss Bismarck nach Berlin als Adjutant der »Kamarilla«, wie sich die Freunde um die Brüder Gerlach nennen, die Zutritt zum Hof haben und den unberechenbaren König beharrlich zum Kampf gegen die Demokraten drängen. Den ganzen Herbst über ist er zwischen Schönhausen, Berlin, Potsdam und Brandenburg unterwegs. Einmal isst Reinhold von Thadden-Trieglaff mit Leopold und Ludwig Gerlach auf dem neuen Bahnhof von Potsdam im Freien. Bismarck geht vorbei, und Onkel Ludwig sagt: »Ich sehe nicht ein, warum das kein Minister sein soll.«

Ab November ist Bismarck als Vertreter der Ritterschaft der Altmark in Berlin, die ihm die Reisen bezahlt. Er schreibt Johanna fast jeden Tag. Er bittet sie, ihm bei seiner Lobbyarbeit zu helfen: Sie soll in Schönhausen Unterschriften sammeln, sie soll dafür sorgen, dass die Bauern erfahren, wie andere Bauernschaften für den König kämpfen wollen, sie soll nach Magdeburg reisen und Leute auftun, die seine Arbeit unterstützen. Das alles macht Johanna nicht oder ungenügend – man hört nichts von ihr. Sie hat einen Säugling, der Ruhe und Regelmäßigkeit braucht, der Fieber hat oder Verdauungsstörungen und der sie nächtelang wach hält, denn eine moderne Mutter, ob bürgerlich oder adlig, kümmert sich selbst um ihr Kind.

Er sehnt sich nach ihr und der Tochter, möchte aber in der Nähe des Königs bleiben. Er ist immer besorgt, er könne etwas in Berlin versäumen, und kommt, wenn überhaupt, nur an Wochenenden nach Hause. Johanna schickt ihm dann Pferde nach Genthin entgegen, aber sehr oft schreibt er ihr kurzfristig ab. Seine Schwiegermutter ist jetzt seit Wochen in Schönhausen. Sie wird oft zornig über seine vielen Reisen und seine Ausreden. Kein Abgeordneter, den sie kennt, ist so von Ehrgeiz gejagt wie Bismarck. »Ich wollte meine Tochter hätte einen Schweinehirten geheiratet«, ruft sie ihm einmal zu.

In Wien hat die österreichische Armee die aufständischen Bürger besiegt, und der König in Berlin fasst Mut. Er beruft ein »Ministerium der rettenden Tat« mit General Graf Brandenburg als Ministerpräsidenten, und General von Wrangel darf mit 80 000 Soldaten in Berlin einmarschieren. Wrangel löst die preußische Nationalversammlung auf – die Abgeordneten flüchten nach Brandenburg –, entwaffnet die Bürgerwehr und verhängt den Belagerungszustand. Die Soldaten suchen die Stadt nach Waffen ab, Haus für Haus, wer seine Waffe nicht hergibt, wird standrechtlich erschossen.

Bismarck kann Johanna stolz berichten, der König habe ihn zu einer stundenlangen Audienz in sein »Kabinett oder vielmehr Schlafzimmer« gerufen. Als er wieder einmal eine Heimreise aufschiebt, sucht er vor Johanna und seiner Schwiegermutter Schutz bei Gott, seinem Auftraggeber: »Politisch geht mir bisher alles sehr nach Wunsch, und ich bin Gott recht dankbar, daß er mich gewürdigt hat, der guten Sache wieder mehrmals und heut noch erhebliche Dienste zu leisten.«

Der König verfügt am 5. Dezember die Auflösung der Nationalversammlung in Brandenburg und erlässt eine Verfassung für Preußen. Das Land ist jetzt eine konstitutionelle Monarchie, in der die Macht beim König liegt: Er kann alle Beschlüsse des Landtags aufheben, kann das Parlament jederzeit nach Hause schicken, und die Regierung ist nicht dem Parlament, sondern ihm verantwortlich.

Friedrich Wilhelm IV. befiehlt die Wahl der beiden in dieser Verfassung vorgesehenen Landtagskammern, und er schafft die Patrimonialgerichtsbarkeit per Gesetz ab.

Bismarck hängt wieder in der Luft. Ein Mitglied der Kamarilla hat dem König vorgeschlagen, ihn ins Ministerium zu berufen, aber der hat an den Rand geschrieben »Nur zu brauchen, wo das Bajonett schrankenlos waltet«.

Weihnachten ist er zu Hause. Sein Schwiegervater, Gerhard von Thadden und Bernhard von Puttkamer kommen zum Fest. Johanna geht es nicht gut, sie kann mehrere Tagen nicht sprechen und nicht schlucken. Das Baby ist immer noch schreilustig und gedeiht.

Bismarck hat Geldsorgen. Er hat überlegt, ob er Schönhausen verkaufen soll, dann wäre er alle finanziellen Probleme los, doch der Besitz von Gutsland begründet den Anspruch auf Mitsprache in Preußen. Es ist ihm gelungen, sich die 3500 Taler zu leihen, die ein ungeduldiger Gläubiger forderte, und nun hat er etwas Zeit, um ein Bankdarlehen auszuhandeln und mit einem möglichen Pächter von Schönhausen die Pacht zu vereinbaren. Schloss und Park – Haus und Garten, sagt er – will er behalten.

Die Wahlen für die beiden neuen Landtagskammern stehen an, und der Vorstand des »Vereins für König und Vaterland«, in dem Bismarck selbst einen Sitz hat, schlägt 24 Kandidaten für die Wahl vor, auch ihn und Kleist-Retzow. Im aufmüpfigen Kreis Jerichow wird man ihn kaum wählen, deshalb kandidiert er im Kreis Westhavelland und in der Stadt Brandenburg. Hier hat er als Reaktionär ebenfalls viele Feinde. Nach einer Wahlrede in Rathenow werfen aufgebrachte Männer Steine in seine Kutsche, ein großer Pflasterstein trifft ihn am Arm. Er springt vor Schmerz auf und wirft den Stein wütend auf die flüchtenden Angreifer zurück.

Wenn er von seinen Wahlreden nach Hause kommt, empfängt Johanna ihn mit einem festlichen Diner. Sie legt ihm jeden Abend die Bibel auf den Nachttisch, in der sie etwas angestrichen hat. An diesem Tag streicht sie im Brief des Paulus an die Römer das 12. Kapitel an, in dem steht, dass man seine Feinde lieben und ihnen Gutes tun solle. Er kann es sich nicht verkneifen, sie zu fragen, ob sie auch dem Mann etwas Gutes will, der den Pflasterstein nach ihm geworfen hat.

Er wird mit knapper Mehrheit gewählt und zieht, ebenso wie Kleist, in die Zweite Kammer des Landtags ein.

ZWEI WELTEN

1.

»Mein süßes Herz Du, komm ja zum Sonntag, aber kommst Du nicht, so schreib, daß ich komme.« Otto und Johanna sehen sich im Frühling 1849 fast jedes Wochenende, und wenn Johanna nach Berlin fährt, bleibt ihre Mutter bei Marie in Schönhausen. Er möchte die Familie bei sich haben: »Es ist recht einsam hier im Stübchen, wenn man seinen Kaffee ganz allein trinken muß, und Dein Bettchen liegt wieder so voll Kleidern und Papieren, daß es ein Zustand höchster Unordnung ist.«

Sie sehen sich Wohnungen in Berlin an, die sie sehr teuer finden. Sie entschließen sich deshalb zu einer Wohngemeinschaft mit Ottos Schwester Malwine und ihrer Familie.

Otto liebt Malwine sehr, aber Johanna hat das Gefühl, dass Malwine sie nicht mag. Malwine ist eine kühle, leicht gezierte Frau und sehr fein. Ottos Vorschlag, wie man eine vielleicht passende Wohnung im Haus Behrenstraße, Ecke Wilhelmstraße aufteilen könnte, lehnt Johanna ab, sie will lieber, dass jede Familie mehr für sich sein kann.

Otto und Oskar von Arnim mieten die Wohnung trotzdem, und Otto zeichnet Johanna auf, wie er die Zimmer jetzt aufgeteilt hat: Ihre drei Zimmer haben einen eigenen Eingang von der Treppe aus, die fünf Zimmer von Arnims und ihren Leuten haben ebenfalls einen eigenen Eingang. Johanna bekommt ein großes Wohnzimmer, in seinem Zimmer steht ein Schlafsofa, und wenn sie will, kann sie ihr Bett zu ihm stellen oder sie kann im dritten Zimmer beim Baby schlafen.

Johanna zieht mit Marie nach Berlin. Einer ihrer ersten Gäste ist Robert von Keudell, der Referendar in Berlin. Sie laden ihn ein, sie zu besuchen, wann immer er Zeit hat, am besten abends vor Beginn der Fraktionssitzungen. Er kommt nun regelmäßig einmal in der Woche und spielt auf dem Pianino in Johannas Wohnzimmer. Bismarck wünscht nur leidenschaftliche aufgeregte Stücke. Ruhige oder heitere Musik nennt er »vormärzlich«.

Er lebt als Abgeordneter regelmäßiger als früher, aber er hat viel zu tun, die Revolution ist noch lange nicht zerschlagen. Er hält im Landtag eine heftige Rede gegen den Entwurf der Reichsverfassung, den die Abgeordneten in der Paulskirche verabschiedet haben. Die Nationalversammlung hat die Grundrechte verkündet: das Reichsbürgerrecht mit Freizügigkeit und Gewerbefreiheit, die Gleichheit aller vor dem Gesetz – der Adel ist als Stand mit angeborenen Rechten aufgehoben –, Freiheit der Person, Freiheit der Meinungsäußerung, Glaubens- und Gewissensfreiheit, Versammlungsfreiheit. Die äußerste Rechte, für die Bismarck spricht, lehnt das alles ab.

Der Präsident der Nationalversammlung, Professor Eduard Simson aus Königsberg, ist mit 32 Abgeordneten nach Berlin gekommen und bietet dem König die deutsche Kaiserkrone an: Am 28. März haben 290 Abgeordnete ihn zum Staatsoberhaupt gewählt, 248 haben sich der Wahl enthalten. Friedrich Wilhelm IV. schlägt die Kaiserwürde aus. Er fühlt sich von Gott gesandt, und trotz seines Märzritts mit schwarz-rot-goldenen Fahnen ist ihm nichts mehr zuwider als das Volk, das nun behauptet, der eigentliche Souverän zu sein. Er braucht keine Krone aus »Dreck und Letten gebacken«, sagt er, keine »Wurstbrezel von Meister Bäcker und Metzger«.

Die Politik der Paulskirche ist gescheitert. Auch in Berlin scheitert die Revolution: Als die Linken im Landtag beantragen, den Belagerungszustand in Berlin aufzuheben, und der Landtag den Antrag annimmt, löst der König ihn am 27. April auf.

Die Familie Bismarck zieht nach zwei Monaten in der Wohngemeinschaft im Mai nach Schönhausen zurück. Johanna ist mit der Schwägerin ausgekommen, aber wiederholen wird sie das Zusammenleben nicht. Anfang Juli bringt Otto sie und das Kind nach Reinfeld zu ihren Eltern. Sie ist wieder schwanger.

Bismarck fährt nach wenigen Tagen mit seinem Diener Hildebrand wieder ab. Ihm laufen die Tränen in den Bart, als er sie auf dem Berg stehen und ihm nachwinken sieht. Er denkt an seine Abschiede von Kniephof nach den Sommerferien und das lässt ihn »Gott recht innig danken dafür, daß ich wieder etwas habe, wovon mir der Abschied schwer wird, und ich bat ihn daß er unsre Ehe auch ferner mit treuer Liebe segnen möchte«.

Er erlebt die Wahl des nächsten Landtags in Schönhausen mit, in der Kirche, morgens um neun. Nur Männer dürfen wählen, aber sie sind nicht mehr gleich wie bei der Wahl zum ersten Landtag: Der König hat per Notverordnung dem Land ein Dreiklassenwahlrecht aufgezwungen, das die Reichen und Konservativen begünstigt. Drei Millionen Männer in Preußen sind drei Steuerklassen zugeteilt worden. Jede Klasse bestimmt über dieselbe Anzahl von Abgeordneten, aber in der ersten sind nur 4,7 % der Wähler, in der zweiten 12,6 % und in der dritten 82,6 %. Das heißt: Die Stimme eines Reichen in der 1. Klasse ist zwanzigmal so viel wert wie die eines Ärmeren in der 3. Klasse. Arme, die große Mehrheit in Preußen, haben gar kein Wahlrecht. Viele Männer aus der 3. Klasse kommen nicht zur Wahl wie zum Beispiel Bismarcks Verwalter Bellin, der es für eine Verletzung seiner gesellschaftlichen Stellung im Dorf hält, öffentlich nur in der 3. zu erscheinen. Der Abgeordnete der Konservativen gewinnt.

Nicht überall in Preußen setzt sich bei den Wahlen im Juli 1849 die Gegenrevolution so still durch wie in Schönhausen. In Iserlohn in der Provinz Westfalen haben Soldaten kurz vor der Wahl hundert Landwehrmänner erschossen, die sich weigerten, gegen die Demokraten in der Pfalz und in Baden zu kämpfen, trotzdem haben viele Wähler in Westfalen und im Rheinland ihre Stimme demokratischen Abgeordneten gegeben. Soldaten und Polizisten jagen Abgeordnete der Frankfurter Nationalversammlung. In der Pfalz und in Baden verteidigen Liberale die Reichsverfassung mit Waffen, und die badische Armee tritt auf ihre Seite über. Aber dann marschieren preußische Truppen ein unter dem Kommando von Prinz Wilhelm, der aus England zurückgekehrt ist. Die Revolutionsarmee zieht sich in die Festung Rastatt zurück. Die 6000 Verteidiger der Festung Rastatt müssen am 23. Juli 1849 bedingungslos kapitulieren. Jeder Zehnte wird standrechtlich erschossen. Die Übrigen kommen als Hochverräter vor Gericht. Das geht alles sehr schnell. Die Bürger sind in ganz Deutschland wie gelähmt.

Bismarck wird in seinem alten Wahlkreis Westhavelland wieder in die Zweite Kammer des Landtags gewählt. Die Zweite Kammer heißt bald nur noch Abgeordnetenhaus, und die Erste Kammer wird zum Herrenhaus: Hier sitzen königliche Prinzen, Fürsten und Vertreter der Rittergutsbesitzer, die der König auf Lebenszeit ernennt. Diese Herren werden nur lebhaft, wenn es um Rittergutsrechte und gegen die Demokratisierung der Staatsgewalt geht.

Das ist in der Zweiten Kammer anders, aber das Kammerleben hat im Sommer 1849 noch nicht richtig begonnen, man ist noch dabei, den Präsidenten zu wählen. Bismarck wohnt ihm selben Gasthof wie Hans Kleist-Retzow, der auch wiedergewählt worden ist. Otto schwankt, ob er mit ihm zusammen in einem chambre garni wohnen soll – Hans weckt ihn dann jeden Morgen lange bevor er aufstehen will, bestellt ihm zu früh Kaffee, der kalt wird, und hält ihm eine viel zu fromme Morgenpredigt. Otto geht regelmäßig zu den Sitzungen, obgleich er dort nichts zu tun hat, und wenn die Reise nach Reinfeld nicht jedes Mal dreißig Reichstaler kosten würde, wäre er längst unterwegs. Er meint, dass die Abgeordneten in beiden Kammern auf die Frage der deutschen Einheit, über die sie so viel diskutieren, sowieso keinen Einfluss haben: »Die Frage wird überhaupt nicht in unsern Kammern, sondern in der Diplomatie und im Felde entschieden, und alles, was wir darüber schwatzen und beschließen, hat nicht mehr Wert als die Mondscheinbetrachtungen eines sentimentalen Jünglings, der Luftschlösser baut und denkt, daß irgend ein unverhofftes Ereignis ihn zum großen Mann machen werde.«

»Du bist der süßeste aller Menschenkinder mein Ottochen«, liest er. Johanna sehnt sich nach ihm, und er sehnt sich nach ihr: »Wann werden wir endlich einmal wieder ruhig in dem rothen Vorhange schlafen, mein Liebling, und zusammen Thee trinken.«

Er wohnt jetzt doch mit dem herrischen kleinen Hans in einer Wohnung in der Friedrichstraße, Ecke Taubenstraße. Er schreibt eifrig für die Kreuzzeitung, kann die Artikel aber nicht zeichnen und sie Johanna auch nicht ankündigen, die immer die neueste Zeitung ungeduldig nach seinen Artikeln absucht – »Ich muß das Deiner Spürkraft überlassen«. Nachts hört er das kleinste Kind der Wirtsleute im Nebenzimmer schreien, und er glaubt »manchmal schlaftrunken meine Tochter zu hören und bei Dir, mein Engel zu sein«. Sein Heimweh vergeht nicht – nach ihr, nach seiner Tochter, seinen Schwiegereltern, nach dem Himmelbett mit dem roten Vorhang.

Er sucht wieder eine Wohnung für seine Familie, die eine ist zu klein, die andere zu kalt, in der dritten weiß er nicht, ob dort Platz für seinen Diener ist, da der doch nicht mit der Köchin zusammen schlafen kann. Die Pacht für Schönhausen kommt nicht, das Leben in der Stadt ist teuer, seine Diäten und Johannas Zinsen aus Reinfeld reichen nur für eine kleine Wohnung. Schließlich findet er eine Parterrewohnung in der Behrenstraße 60, die sogar zwei Eingänge hat – einen für sie und ihren Besuch, einen für ihn und seinen Besuch – und einen Portier, außerdem liegt die Toilette nicht über den Hof, was im Winter angenehm ist – sie werden über ihre Entbindung hinaus in Berlin bleiben. »Die Trennung ist bald vorüber, und ich habe in ihr recht gefühlt, wie fest wir ineinander gewachsen sind. Dem Herrn sei Dank dafür, und möge er die e r n s t e Trennung weit hinausrücken, denn ich weiß nicht mehr, wie die Welt ohne Dich aussieht.«

Seine Familie soll sofort kommen, er will nicht, dass sein Sohn in Reinfeld geboren wird. Wer weiß, ob er dann reisen kann und nicht gerade im Landtag unentbehrlich ist: »Du kannst das doch nicht ohne mich durchmachen, und sollst auch nicht.«

Er schreibt Johanna jetzt fast täglich. »Mein Liebchen,

ich sehe, es ist viel leichter seine Frau loszuwerden, als sie wiederzubekommen.« Er richtet die Wohnung für sie ein, damit sie »nur in offene Arme und auf ein fertiges Sopha zu sinken« braucht. Im Wohnzimmer steht für sie jetzt auch ein Klavier. »... kommmmm, eilig, schnell, schleunig, sehr rasch zu Deinem sehr niedlichen Männing.«

Die Rollenverteilung aus der Verlobungszeit hat sich umgekehrt: Damals sehnte Johanna sich nach ihm, jetzt sehnt er sich nach ihr, wartet auf ihre Briefe, ist ärgerlich über die Schwiegereltern, die sie offenbar nicht reisen lassen. Er fährt nach Schönhausen, lässt Möbel für den Packwagen bereitstellen, ihr schwarzes Atlaskleid hervorsuchen, Betten, Porzellan, Silber, Kochgeschirr, Hauswäsche. Vielleicht hat Johanna Angst vor der zweiten Entbindung und will deshalb bei ihrer Mutter bleiben, er tröstet sie: »Alle Frauen fürchten sich vor der zweiten mehr wie vor der ersten, weil es so weh thut, mein armes Lieb, aber gefährlich ist es viel weniger.«

Im nächsten Brief fängt er an zu jammern. Er ist schon in die Behrenstraße gezogen, aber das Mädchen Minna ist nicht aus Jerichow gekommen, »und ich habe niemand, der mir mein geborgtes Bett macht, Frühstück besorgt und mich bereinigt«. Auch der Diener ist nicht da, und seine Sachen liegen noch bei Hans, weil keiner sie ihm holt. Drei Tage später ist es so kalt in seinem Stübchen, dass seine Füße frieren, denn erst morgen bekommt er Holz zum Heizen – keiner hat es rechtzeitig für ihn bestellt.

Johanna hat Reinfeld Anfang Oktober verlassen, kaum zwei Wochen nachdem Otto die Wohnung gemietet hat, und wartet in Zimmerhausen bei Moritz auf ihn. Aber nun kann er sie doch nicht abholen, denn ausgerechnet jetzt sind – wie so oft, wenn sie auf ihn wartet – die Sitzungen in der Kammer ganz wichtig. Aber in drei Tagen kann er kommen: »Also noch 3 mal 24 Stunden, dann habe ich mein liebes kleines Rumtreiberchen wieder im Arm, und dann laß ich Dich sobald nicht wieder von mir, in 10 Jahren nicht, die Altchen mögen sagen, was sie wollen, es ist ein Hundeleben so ohne Frau.«

2.

Die Wohnung ist eng. Er kann nicht richtig arbeiten, sie das zweijährige Mariechen kaum versorgen. Sie erwartet ihre Entbindung gegen Weihnachten, hat Kreuz- und Leibschmerzen und klagt. Er fährt auf eine Jagd, die der König veranstaltet, schießt 15 Stück Damwild und hat ein langes Gespräch mit dem König, was er möglichst vielen Leuten erzählt: Er hat politisch viel vor.

Als in Ungarn Aufständische gehängt werden, sorgt Johannas Mutter sich, dass ihre Tochter eine »blutdürstige Freude« darüber habe. Bismarck antwortet, Johanna sei so »unpolitisch«, dass sie davon gar nichts wisse. Außerdem sollten weltliche Obrigkeiten Unrecht bestrafen, das habe schon Martin Luther gesagt. Sollte er, Bismarck, jemals obrigkeitliche Gewalt üben, dann möchte er nicht, dass Johanna ihn so beurteilt wie die Schwiegermutter jetzt den Mann, der die Leute töten ließ.

Er hat hohe politische Ziele, aber sein Leben als Familienvater ist äußerst bescheiden. Er fängt an, geizig zu werden, denn seit Frau und Tochter in Berlin sind, »regnen die Rechnungen täglich wie Schnee vom Himmel«. Johanna kocht nun doch selbst, und wenn Onkel Hans kommt, steht eine Menage auf dem Tisch, ein Topf über einer Spiritusflamme. Vor manchen Besuchern ist ihnen ihre Armut unbehaglich, sie haben jetzt nicht einmal ein Dienstmädchen. Trotzdem sind sie gastfrei, und ihre Herzlichkeit erwärmt ihre Besucher. Der Abgeordnete Andrae aus Pommern kommt überraschend während des Mittagessens und fühlt sich hochwillkommen, als sie Beefsteak und Pellkartoffeln mit ihm teilen. Danach stellt Johanna ein Fässchen mit pommerschem Gänse-Weißsauer aus Reinfeld auf den Tisch – eingemachtes Gänseklein mit reichlich Suppengrün –, dann einen kleinen Steintopf mit Schmalz von einer Gans, die sie selbst gebraten hat. Zum Kaffee kommt Bismarcks Schwester Malwine, und nach einigen höchst gemütlichen Stunden zieht der Besucher beglückt davon.

Auch Robert von Keudell meldet sich wieder. Johanna nimmt einmal in der Woche eine Klavierstunde bei ihm. Abends spielt sie Otto vor. Er hört immer noch am liebsten leidenschaftliche heroische Musik.

Ihre Hauptsorge ist Mariechen, die nachts oft schreit. Johanna schläft bei ihr, damit Otto möglichst wenig gestört wird, und wenn er tagsüber da ist, versucht sie auf dem Sofa Schlaf nachzuholen. Das kleine Kind strengt sie jetzt sehr an, und Bismarck weiß nicht, wie er das ändern könnte, denn wenn sie in einem anderen Zimmer schläft als Marie, macht sie sich Sorgen um das Kind und kann erst recht nicht schlafen.

Er ist ein gewissenhafter, fleißiger Abgeordneter, aber es ist nicht einfach für ihn, seine Reden in der Wohnung vorzubereiten. Es gibt keine Abgeordnetenbüros, und einen Sekretär, dem er diktieren könnte, kann er sich nicht leisten. Er spricht frei, aber er hat ein wohl vorbereitetes Konzept im Kopf, sucht nach den besten Formulierungen – sogar noch, wenn er schon redet, oft stockend deshalb. Er nimmt zu jeder Gesetzesvorlage Stellung und spricht ausführlich über die Bestimmungen der Verfassung, die der Landtag auf Wunsch des Königs überarbeiten soll. Der König will nun auch liberale Bürger an sich binden und einige Bestimmungen abmildern. Die beiden wichtigsten Punkte der überarbeiteten Verfassung sind erstens, dass der König und die beiden Kammern sich über neue Gesetze einig sein müssen, ehe sie erlassen werden, und zweitens, dass der König sich den Staatshaushalt von den Kammern genehmigen lassen muss.

Johannas Mutter kommt zu Weihnachten nach Berlin, um ihrer Tochter beizustehen. Johanna bringt am 28. Dezember den Sohn zur Welt, auf den Otto gehofft hat. Er wird Nikolaus Heinrich Ferdinand Herbert getauft – Nikolaus auf Johannas Wunsch nach dem Zaren, der 1830 einen Aufstand der Polen niederschlug, und Heinrich und Ferdinand nach den beiden Großvätern. Herbert ist sein Rufname.

Johanna will dieses Kind selbst stillen, will keine Amme haben. Selbst Stillen ist jetzt modern, ist ein neues Ideal für Damen des gehobenen Bürgertums und des Adels, das die Mutterschaft als »wahre Bestimmung« der Frauen aufwertet.

Jetzt schreien oft zwei Kinder in der kleinen Wohnung. Der Krach macht Bismarck manchmal ungeduldig, er wird gereizt, jähzornig. Einmal spricht Johanna zwei Tage nicht mit ihm.

Ihre Mutter bleibt bis zum Frühjahr, und wie immer geht es nicht ohne Selbstprüfung und innere Arbeit am Charakter ab. Litte meint, Johanna und Otto lebten in zwei Welten: Sie sitzt zu Hause und spart, er geht aus und trinkt Champagner.

Sie sagt eines Abends, man habe ihr erzählt, ihr Schwiegersohn tanze in jeder Gesellschaft alle Tänze »wie ein Fähnrich«.

»Das ist meiner Gesundheit sehr zuträglich«, sagt Bismarck, »da es mir jetzt bei Tage an Bewegung fehlt«.

Die Schwiegermutter sagt, sie werde oft gefragt, ob er nicht ihre Tochter in die Gesellschaft einführen wolle.

»Ich glaube, daß Johanna viel lieber abends zu Hause bei den Kindern bleibt«, sagt er. »Im Gedränge unbekannter Leute würde sie sich nicht wohl fühlen.« Außerdem: Wenn Johanna in der Gesellschaft bekannt werden und sich nicht langweilen wollte, müsste sie alles mitmachen und fast jeden Abend ausgehen. Dafür bräuchte sie etwa fünfzehn unterschiedliche Ballkleider, wenn es nicht heißen soll: ›Ach, die trägt heute wieder ihr Blaues.‹ Die Sache wäre also ziemlich umständlich.

Seine Antwort ist scharf, denn es wäre die Pflicht der Eltern gewesen, Johanna mit einer standesgemäßen Garderobe auszurüsten – das haben die Puttkamers nicht gemacht, weil sie Pietisten sind und weil es für sie zu teuer gewesen wäre. Aber seine Antwort ist nur die halbe Wahrheit: Er kann als Herr, der allein kommt, sich in jeder Gesellschaft den Männern anschließen, mit denen er zwanglos etwas besprechen will. Käme Johanna mit, müsste er seine Zeit auch mit Menschen teilen, die ihm nichts bringen. Und: Sie müssten Gegeneinladungen aussprechen. So ist er als Tänzer ohne eigene Dame überall gern gesehen und ohne große Verpflichtungen außer der Gastgeberin gegenüber.

Johanna beendet den Streit. Für Abendkleider ist kein Geld da, und außerdem ist sie nicht die einzige adlige Mutter, die heutzutage zu Hause bleibt, solange die Kinder klein sind. Sie will gar nicht in Gesellschaften gehen: »Fällt mir garnicht ein«, sagte sie, »die Leute sind bloß neugierig, einmal die Frau des berühmtes Mannes zu sehen. Aber, wer mich kennen lernen will, kann ja zu mir kommen.«

Das gemeinsame Leben in der kleinen Wohnung endet im März 1850. Bismarck fährt zum Unionsparlament nach Erfurt, Johanna reist mit Kindern und Mutter nach Reinfeld. Sie wäre am liebsten mit ihm nach Schönhausen zurückgekehrt.

In Erfurt geht es vom 20. März bis zum 25. April um die Frage, ob man aus Deutschland eine Staatenunion ohne die Habsburgermonarchie machen soll. Bismarck und die äußerste Rechte lehnen die »Unionspolitik« ab, weil sie befürchten, dass Preußen dann nur ein deutscher Staat unter anderen werden könnte.

Er dankt Johanna in seinem Brief zu ihrem Geburtstag am 11. April für »alle Deine Liebe und Treue, mit der Du

Glück und Frieden in mein früher an beiden armes Leben gebracht, für Deine Sanftmuth und Geduld, mit der Du mir die geringen Leiden tragen hilfst, die Gottes Güte uns schickt, und die größern, die meine eignen Schwächen und Ecken und der uns Männern allen stärker wie Euch anklebende Egoismus über uns verhängt«. Er will an ihrem Geburtstag Gott besonders darum bitten, ihm »Friedfertigkeit und Demuth« zu verleihen. Ihre Ehe ist eine große Gnade Gottes. Er grüßt die Mutter, Johanna möge sie in seinem Namen nochmals »wegen aller meiner Ungebühr« um Verzeihung bitten und ihr sagen, er sei ihr doch sehr gut.

Den Sommer 1850 verbringen sie gemeinsam in Reinfeld. Ehe sie losfahren, gesteht Otto seiner Schwester seine Angst vor einer Reise mit Familie: »Ich sehe mich schon mit den Kindern auf dem Genthiner Perron, dann beide im Wagen ihre Bedürfnisse rücksichtslos und übelriechend befriedigend, nasenrümpfende Gesellschaft, Johanna genirt sich, dem Jungen die Brust zu geben, und er brüllt sich blau.« Dann sieht er sich »mit beiden Brüllaffen« auf dem Stettiner Bahnhof. Er sei gestern so verzweifelt über diese Aussichten gewesen, dass er die Reise aufgeben wollte, Johanna habe ihn umgestimmt: »Aber ich komme mir vor wie Einer, dem furchtbar Unrecht geschieht ...«

Der Sommer wird sehr schön. Johanna will an die See, und so mieten sie sich in einem kleinen Haus an der Ostsee ein. Sie setzt inzwischen, bei aller Sanftmut und Liebe, ihren Willen immer häufiger durch.

Im Herbst kehrt er allein nach Berlin zurück. Sie bleibt mit den Kindern bei ihren Eltern in Reinfeld. Das Familienleben mit wenig Geld ist in Berlin für alle zu schwierig.

Bei einem Besuch in Schönhausen entlässt er Mamsell und Gärtner, um Ausgaben zu sparen, gibt die Orangen aus dem Gewächshaus bei Nachbarn in Pension und schickt die Pferde nach Reinfeld: »Ich erzähle hier, daß Du im Winter in Berlin bliebest und wir im Sommer wieder ins Seebad wollten und wir deshalb auf 1 Jahr die Wirthschaft auflösten.« Ob er Deichhauptmann bleibt, ist fraglich, er will es darauf ankommen lassen.

Er sieht das alte Schloss und die hohen Bäume, die still im Regen stehen, und kann sich nicht entschließen, das Gut zu verkaufen. Nachts plagen ihn Phantasien, Johanna und die Kinder wären krank: »Ich sehne mich nach den Kindern, nach Mutsch und Väterchen, und vor allem nach Dir, mein Liebling, daß ich gar keine Ruhe habe. Was ist mir Schönhausen ohne Euch hier. Die öde Schlafstube, die leeren Wiegen mit den Bettchen drin, die ganze lautlose, herbstneblige Stille, die nur das Ticken der Uhr und der periodische Fall der Kastanien unterbricht, es ist, als ob Ihr alle todt wäret.« In Berlin geht es, weil er den ganzen Tag zu tun hat, »hier aber ist es, um toll zu werden; ich muß früher ein ganz andrer Mensch gewesen sein, daß ich es immer ausgehalten habe.«

Er spricht in seinem Geburtstagsbrief an die Schwiegermutter von seinem trotzigen Herzen, das Gott mit Demut und Frieden füllen möge. In den vier Jahren, die sie sich kennen, sind sie sich »durch Krieg und Frieden« so nahe gekommen, dass er außer Johanna niemanden hat, mit dem er so rückhaltlos und offen seine Sorgen und Freuden teilt wie mit ihr. Er will seinen Jähzorn und seine Unfreundlichkeit meistern.

Johanna in Reinfeld ist oft krank, die Kinder ebenso, bald das Jüngchen, bald das Miechen. Mutter und Cousinen helfen, es gibt viel Personal im Herrenhaus, aber Johanna wacht selbst bei den Kindern. Otto in Berlin sucht bei Ärzten Rat über Kinderkrankheiten und schreibt ihr, was sie tun soll. Er verlangt von ihr, »bei allem Gehorsam, den Du mir nach Gottes Wort schuldig bist«, dass sie jeden Tag wenigstens sechs Stunden im Bett schläft.

Johanna beginnt, bei aller Liebe und aller Sehnsucht, die

sie in ihre Briefe gießt, ihr eigenes Leben zu strukturieren, das Leben mit ihren Kindern, ihren Eltern, ihren Verwandten und Freundinnen. Ihr Wunsch ist nach wie vor, Otto zu Gott zu führen. Er ist ihre Aufgabe vor Gott.

Er sehnt sich mit unziemlicher Leidenschaft nach ihr. Im November besucht er sie, sagt für die Reise nach Pommern sogar eine Einladung des Königs zur Jagd ab. Doch als in Berlin der Außenminister mit seiner Unionspolitik scheitert und ein Ministerwechsel ansteht, reist er sofort zurück.

Wieder macht er sich mit einer Rede einen Namen als Politiker. Österreich hat nach dem Sieg über die Revolution den Deutschen Bundestag in Frankfurt wieder einberufen. Die Politiker in Wien arbeiten gegen alle Versuche der jetzigen preußischen Regierung, einen deutschen Staat ohne die Habsburgermonarchie zu schaffen. Nun, im November, droht Krieg zwischen Österreich und Preußen.

Bismarck arbeitet in Berlin unablässig für die Verständigung mit Wien, bietet sich Diplomaten und Ministern erfolgreich als inoffizieller Vermittler an. Der Kriegsminister sagt ihm, die preußischen Truppen seien für einen Krieg zu schwach. Preußen lenkt ein, und ein neuer preußischer Außenminister, Otto von Manteuffel, schließt in Olmütz einen Vertrag mit Österreich: Preußen ist bereit, zu den alten Bedingungen in den Bundestag zurückzukehren, und verzichtet darauf, den Deutschen Bund gemeinsam und gleichberechtigt mit Österreich zu leiten.

Politiker in ganz Preußen sind entsetzt, und die Regierung muss den Abschluss dieses demütigenden Vertrags im Abgeordnetenhaus rechtfertigen. Die Sitzung am 3. Dezember 1850 wird zur großen Stunde Otto von Bismarcks: Er stellt sich auf die Seite der Regierung und lehnt einen Krieg ab, ohne die militärische Schwäche Preußens zu erwähnen, verteidigt den Vertrag von Olmütz.

Abgeordnete aller Seiten bewundern seine Argumentation. Die Konservativen, deren Parteiinteressen er mit dieser

Rede weit hinter sich gelassen hat, feiern seinen Erfolg und lassen seine Rede in 20000 Exemplaren drucken und im ganzen Land verteilen. Jeder kann lesen, was Bismarck gesagt hat: »Ich suche die preußische Ehre darin, daß Preußen vor allem sich von jeder schmachvollen Verbindung mit der Demokratie entfernt halte, daß Preußen in der vorliegenden wie in allen Fragen nicht zugebe, daß in Deutschland etwas geschehe ohne Preußens Einwilligung.«

3.

Weihnachten 1850 und Neujahr verbringen Johanna und Otto gemeinsam in Reinfeld. Sie beraten sich mit Johannas Eltern über ihre finanzielle Lage, es geht so nicht weiter, Otto braucht endlich Amt und Einkommen. Die Eltern schlagen ihnen vor, Reddies zu bewirtschaften. Die Großmutter ist gestorben, der Vater hat das Gut geerbt, es liegt 5 km von Reinfeld entfernt.

In Berlin zieht Otto mit dem kleinen Hans in ein Quartier in der Jägerstraße, in dem sie sich ein Schlafkämmerchen teilen. Sie essen geräucherte Würste von zu Hause, gehen gemeinsam zum Gottesdienst und arbeiten fleißig für den Landtag. Otto hält Reden und besucht Hofbälle, auf denen der König vielleicht auf ihn aufmerksam wird.

Die Brüder Gerlach suchen ein Amt für ihn. Sie erfahren, dass das winzige Herzogtum Anhalt-Bernburg einen Premierminister braucht. Aber Bismarck will doch lieber Abgeordneter in Berlin bleiben, bis er in Schönhausen Landrat wird. Ein Angebot, Kammerherr im Berliner Schloss zu werden, hält er schlicht für Unsinn, aber Johanna soll das niemandem sagen, denn der König hält es für etwas sehr Großes.

Immerhin ist es erfreulich, dass der König sich jetzt überhaupt vorstellen kann, ihn anzustellen. Seine finanzielle Lage verschlechtert sich weiter, er muss seinen Bruder

Bernhard um die dreihundert Reichstaler bitten, die der ihm schuldet. Johannas Vater ist melancholisch, weil sie so »bettelarm« ist und er ihr nicht mit Geld aushelfen kann, und sie bittet Otto: »Schicke mir doch wenigstens so viel, daß ich für die Kinder und für mich allerlei kaufen kann.«

Er betreibt seine Ernennung zu einem passenden Amt weiter mit Hartnäckigkeit und Umsicht. Anfang April bringt er Johanna als Geburtstagsgeschenk ein Kleid mit nach Reinfeld. Er ist kaum wieder in Berlin, als er in der *Vossischen Zeitung* liest, er sei zum preußischen Gesandten am Bundestag in Frankfurt ernannt worden.

Diesen Posten nimmt er an. Er will sich in Frankfurt aber erst einarbeiten, ehe er offiziell ernannt wird und die Familie nachholt. Der König ist einverstanden, Bismarck soll zunächst ein paar Monate lang den jetzigen Gesandten vertreten. Das teilt er Johanna am 28. April mit. Aus Reddies wird nichts, über die neue lange Trennung, die vor ihnen liegt, wird sie weinen vor Enttäuschung und Schmerz. Er versteckt sich hinter Gott: »Ihr habt Euch oft beklagt, daß man aus mir nichts machte von oben her; nun ist dieß über mein Erwarten und Wünschen eine plötzliche Anstellung auf dem augenblicklich wichtigsten Posten unsrer Diplomatie; ich habe es nicht gesucht, der Herr hat es gewollt muß ich annehmen, und ich kann mich dem nicht entziehn.«

Er tröstet sie liebevoll in langen Briefen, auch er findet die Trennung schrecklich. Aber nun ist er Diplomat und in einer Spitzenposition: »Was sprichst Du von langer Trennung, mein Engel? mach Dich mit dem Gedanken vertraut, daß Du mit mußt in den Winter der großen Welt; woran soll ich sonst mich wärmen?« Und weiter: »ich bin Gottes Soldat, und wo er mich hinschickt, da muß ich gehen, und ich g l a u b e , daß er mich schickt, und mein Leben zuschnitzt wie Er es braucht«. Seine Stelle ist wichtiger als ein Oberpräsidium in einer der preußischen Provinzen. Zum 12. Mai 1851 muss er da sein.

Bald ist in den Briefen nicht mehr klar, ob er Gott vorschiebt oder ob er sich tatsächlich als sein Werkzeug fühlt. Seine Stellung ist sehr gut. Er wird Geheimer Rat, hat ein Gehalt von 3000 Talern jährlich, das später, wenn er Gesandter ist, erheblich steigt.

Johanna fühlt sich beklommen, wenn sie sich die Frankfurter Gesellschaft vorstellt, und hat große Bedenken, ob sie das Leben in der diplomatischen Welt lernen wird. Aber am schlimmsten bleibt, dass sie nun wieder monatelang getrennt sein werden.

Ihre Mutter wird ungeduldig mit ihr: Bismarck müsse mit seiner Kraft dem Vaterland dienen und Johanna, »als echte Preußin«, die schwersten Opfer gerne bringen. In Ottos erstem Brief aus Frankfurt heißt es: »Spiel und Tanz sind vorbei, Gott hat mich auf den Fleck gesetzt, wo ich ein ernster Mann sein und dem König und dem Lande meine Schuld bezahlen muß.«

Gott, König und Vaterland – was soll sie da noch sagen.

DIPLOMATENJAHRE

EXZELLENZEN

1.

Johanna trifft mit zwei Kindern, zwei Kindermädchen, Kammerjungfer und der Hausdame Leontine von Schlabrendorff am 6. Oktober 1851 in Frankfurt ein. Sie gehört jetzt zum Diplomatischen Korps. Otto hat ihr die Hauptaufgabe einer Gesandtin halb spöttisch, halb ernst beschrieben: »steif und ehrbar im Salon sitzen, Excellenz heißen und mit Excellenzen klug und weise sein«.

Sie wird mit ihm den König von Preußen vertreten und in der Gesandtschaft die Gastgeberin sein. Sie hat große Zweifel gehabt, ob sie sich zur Diplomatenfrau eignet, aber er hat sie beruhigt und ihr bei den Vorbereitungen »für das kalte Bad der diplomatischen Gesellschaft« geholfen. Er hat sie wieder einmal – vorsichtig – gebeten, Französisch zu lernen, diesmal hat sie es fleißig geübt, und er hat sie gebeten, teure Kleider zu kaufen. Dann hat er gefragt: »Was macht Dir das für Eindruck, daß Du bis in die Nacht in Deinem Hause sollst tanzen lassen? Es wird nicht zu vermeiden sein, mein geliebtes Herz, das gehört zum ›Dienst‹. Ich sehe Mutterchens bedenklich große blaue Augen bei dem Gedanken.« Auch die Pietistin Johanna sieht sich nicht in einem tief ausgeschnittenen Ballkleid.

Das Allerwichtigste aber ist ihre Verschwiegenheit. Sie darf niemals vergessen, dass ihre Briefe von Postspionen gelesen werden, und nicht gegen einzelne Personen »toben«, denn das würde man sofort für Ottos Meinung halten. Sie muss auch in Gesprächen sehr vorsichtig sein, immer, und damit rechnen, dass in Frankfurt beim Bundestag oder in Sanssouci beim König »mit Sauce aufgewärmt wird«, was sie auf einer Waldwiese in Reinfeld oder in einer Badehütte in Stolpmünde einer Freundin zuflüstert.

Johannas neues Leben in Frankfurt wird mit einer regelrechten Visitentournee beginnen: Sie muss bei allen Damen vorfahren, mit deren Häusern der preußische Gesandte gesellschaftlichen Kontakt pflegen möchte, ihren Diener ihre Karte an der Haustür abgeben lassen und eine angemessene Zeit in der Kutsche warten, ob sie empfangen werden kann. Die Damen werden ihr einen kurzen Gegenbesuch machen. Erst danach lädt man sich zu Geselligkeiten ein.

Otto hat ein Landhaus mit großem Garten und Blick auf die Berge gemietet, Bockenheimer Chaussee 40. Er hat ein Jahresgehalt von 18 000 Reichstalern, aber weil er kein Einrichtungsgeld bekommt, musste er Silbergerät, Wagen und Pferde selbst bezahlen: »Schulden wollen wir nicht machen, und äußerlich elegant müssen wir hier sein«, hat er erklärt. Er ist gerade eingezogen. Die Handwerker sind noch im Haus, sein Arbeitszimmer sieht aus wie ein Möbellager, der Diener Hildebrand packt Kleider und Bücher aus. Das Arbeitszimmer, Ottos Empfangszimmer und die Kanzlei liegen im Parterre, ihr Wohnzimmer und Empfangszimmer im ersten Stock, die Schlafzimmer und die Zimmer der Kinder und Dienstboten im zweiten Stock. Aus Schönhausen sind noch Betten, Leinen und Möbel für das oberste Stockwerk unterwegs.

Wilhelm Hildebrand ist ein Reitknecht aus Schönhausen, Otto hat ihn vor neun Jahren vor dem Ertrinken gerettet und seitdem ist er immer bei ihm. In seiner neuen Livree sieht er aus wie ein Graf. Otto hat bei Verwandten nach Dienern und Mädchen gefragt und auch einen französischen Koch eingestellt. Im Haus gibt es jetzt drei Diener, Koch und Kutscher, ein Hausmädchen, eine Küchenmagd, Johannas Kammerjungfer, zwei Kindermädchen und die Hausdame – »ein Wesen, was die Mitte zwischen Verwandte und Wirthin und Gouvernante hält«, sollte Johanna suchen, eine Frau, die Haushalt und Dienerschaft beaufsichtigt und auch am Teetisch in Johannas Salon präsentabel ist –, das ist aber weniger wichtig, »sie kann Thee draußen machen, wenn auch der Kessel Anstands halber vor Dir kocht«.

»Wird Dir nicht bange bei den vielen Leuten?«, hat Otto Johanna gefragt. Nein, sie kann ein großes Hauswesen straff und erfolgreich führen. Aber es gibt viel zu tun für das Gesandtenpaar Bismarck. Man mag die Preußen nicht. Man verachtet sie.

Bismarck ist froh, dass Johanna und die Kinder nun bei ihm sind. Er war im Juli in Wiesbaden und hat sich an Miss Russell und Isabella Loraine und sein früheres Leben erinnert – wie viele sind begraben, mit denen er damals liebelte, becherte und würfelte: »Ich weiß nicht, wie ich das früher ausgehalten habe; sollte ich jetzt leben wie damals, ohne Gott, ohne Dich, ohne Kinder – ich wüßte doch in der Tat nicht, warum ich dies Leben nicht ablegen sollte wie ein schmutziges Hemde; und doch sind die meisten meiner Bekannten so, und leben.«

Er hat Johanna in jeder Beziehung vermisst.

Der Teufel greife immer noch nach ihm, gesteht er Hans von Kleist. Selbsterforschung gehört zum Leben eines Pietisten, und Hans hat Otto immer dazu ermuntert. Nun sucht Bismarck Trost bei ihm. Seine verwundbare Stelle liege nicht in äußerem Glanz, »sondern in einer brutalen Sinnlichkeit, die mich so nahe an die größten Sünden führt, daß ich mitunter verzweifle, den Zugang zur Gnade Gottes zu finden«. Er ist ein Spielball der Versuchung, »die sich in mein Gebet drängt. Jede unbeschäftigte Einsamkeit führt mich zum Kampf mit den Gebilden des Abgrunds einer verdorbenen Phantasie«.

Der kleine Hans ist nun Oberpräsident in Koblenz und wohnt dort im stattlichsten Schloss mit der schönsten Aussicht in Preußen – Bismarck will mit Johanna einen Ausflug dorthin machen. Er will viele Ausflüge mit ihr machen: kleine durch die Gärten vor den Toren Frankfurts, durch den Stadtwald zum Forsthaus, an den Taunusrand bis Kronthal und große nach Rüdesheim, Homburg, Heidelberg. Im Sommer war er einmal nachmittags in Rüdesheim, »da nahm ich einen Kahn, fuhr auf den Rhein hinaus und schwamm im Mondschein, nur Nase und Augen über dem lauen Wasser, bis nach dem Mäusethurm bei Bingen, wo der böse Bischof umkam. Es ist etwas seltsam träumerisches, so in stiller warmer Nacht im Wasser zu liegen, vom Strom langsam getrieben, nur den Himmel mit Mond und Sternen, und seitwärts die waldigen Berggipfel und Burgzinnen im Mondlicht zu sehn und nichts als das leise Plätschern der eigenen Bewegung zu hören; ich möchte alle Abend so schwimmen.«

Im November sind fast alle Gesandten wieder in Frankfurt und das Winterleben beginnt. Der Adel feiert spätabends – wenn die Bürger schlafen gehen, weil sie morgens arbeiten müssen.

Bismarcks Tag beginnt spät. Er darf morgens nie gestört werden, wenn der Bundestag keine Sitzung hat. Um Viertel nach zehn zeigt eine Glocke im Bedientenzimmer neben der Haustür dem Diener an, dass Seine Exzellenz sich erhoben hat und Frühstück haben will. Ab jetzt darf der Diener Geschäftsbesuch anmelden. Die jüngeren Mitarbeiter der Gesandtschaft finden sich zu den Morgenvorträgen ein und werden um Viertel vor elf hereingerufen. Die Vorträge dauern bis zwölf. Nach zwölf ist Bismarck nur noch für Gesandte zu sprechen. Jetzt nimmt er sein tägliches Bad.

Zum späten Mittagstisch hat Johanna fast immer Gäste. Die Gesandtschaftsattachés sind da, und Bismarck lädt

Mitarbeiter anderer Gesandtschaften und des Bundestages ein, durchreisende Bekannte. Am Nachmittag, solange das Herbstwetter noch hält, reitet er mit Johanna durch den Stadtwald. Abends fahren sie um neun oder halb zehn zu einer Abendgesellschaft.

Abends setzt sich fort, was die Gesandten tagsüber bei ihren Besuchen getrieben haben: ein gegenseitiges misstrauisches Ausspionieren. Bismarck ist enttäuscht von der Politik im Bundestag, die Leute quälen sich mit lauter Lappalien. Er hat »die schöne Welt« durch Empfehlungsbriefe schnell kennengelernt. Der englische Gesandte Lord Cowley und seine Frau haben ihm anfangs besonders gefallen, und er hat sich sehr um Lady Cowley bemüht, um eine einflussreiche Stütze für Johanna zu haben. Doch inzwischen missfällt ihm der Ton in diesem Salon: Die Herren reden Zweideutigkeiten mit den Damen und die gehen »ekelhaft« darauf ein. – »Die Damen hier haben mir zu dreiste Manieren, kokett, fast liederlich in Art und Rede«.

Im Salon der Baronin Marie Josefine von Vrints findet sich die Diplomatie jeden Abend ein. Der Freiherr von Vrints hat eine Stelle bei der Thurn-und-Taxis'schen Post, und sie ist die Schwester des österreichischen Ministerpräsidenten. Bismarck nennt ihren Salon eine Art österreichisches Hauptquartier. Man spielt dort jeden Abend und nicht ganz niedrig, und als Bismarck erklärte, er spiele nicht, wurde er ausgelacht. Man tanzt, trinkt Champagner und macht den hübschen Frauen der Kaufmannschaft den Hof. Bismarck fürchtet, dass es Johanna dort nicht gefällt: »Die Gesellschaft zieht Dich wohl nicht sehr an, mein geliebtes Herz, und es ist mir, als thäte ich Dir schlimm, daß ich Dich da hineinbringe, aber wie soll ichs vermeiden?«

Neben den Gesandten geben in Frankfurt die Bankiers den Ton an, voran Rothschild, Bethmann, Metzler. Rothschild ist der reichste. Bismarck hat ihn gleich zu Anfang in seinem Palais besucht, da er der Bankier der Gesandtschaft ist. Der kleine alte Mann gefällt ihm, seine innere Unabhängigkeit, seine Gradheit, seine Bescheidenheit: Er ist, was er ist – ein Geldhändler, der nichts anderes von sich behauptet, und ein streng orthodoxer Jude, der bei seinen üppigen Einladungen nichts anrührt und nur streng koscher isst. Auch Johanna sieht seinen Reichtum bei einem glänzenden Diner für 25 Personen mit goldenem Besteck, frischen Pfirsichen und Trauben mitten im Winter und vorzüglichen Weinen.

Mit den reichen Kaufleuten verkehrt Bismarck wenig, und Johanna, der Frivolität verhasst ist, stößt die Putzsucht vieler Damen ab. Aber die hübsche Emma Metzler gefällt ihr, die jüngste Tochter von Marianne Lutteroth-Gontard, einer Geschäftsfrau, die ihr Vermögen selbst verwaltet. Auch Clotilde Koch-Gontard, die Schwester von Frau Lutteroth, die im Eckhaus am Großen Hirschgraben und Salzhaus wohnt, leitet einen Textilhandel – englische Wollwaren und Seidenstoffe –, einen Weinhandel und eine Bank, ihr verstorbener Mann war englischer Konsul. Beide Schwestern sind von den Preußen enttäuscht, sie haben Freunde unter den Liberalen und Demokraten der Paulskirche und hatten auf eine konstitutionelle Monarchie in einem vereinten Deutschland gehofft. Otto macht sich darüber lustig, dass er abends mit den Damen der reichen Kaufmannsfamilien tanze, deren Eheherrn ihn und seine Frau am Vormittag zu recht teueren Preisen bedient hätten. Aber Johanna spannt vorsichtige Fäden zu den Schwestern Lutteroth und Koch, geht zu kleinen Damentees, besucht musikalische Abende bei Emma Metzler und lädt die Damen ein.

Sie geht auch ohne Otto in Gesellschaft. Als er Anfang 1852 in Berlin ist, lädt ein Beamter des Rechnungshofs zu einem musikalischen Abend, den sie in Begleitung eines Gesandtschaftsattachés besucht. Ihre Mutter ist außer sich, als sie das erfährt. »Ach, nimm Dich doch gar in Acht, und biete dem Gerede der Menschen Trotz, denke, daß halb

Europa seine Augen auf Dein Thun gerichtet hat. – Ich würde krank, wenn Du mit Recht beredet würdest und daß Du mit dem Grafen allein in Gesellschaft gehst, – alle finden es höchst unpassend und gewagt«, schreibt sie aufgebracht aus Reinfeld. Johanna muss seriös in ihrem Benehmen bleiben: »Es ist so leicht, wenn man unter lauter so freien Menschen lebt, daß man selbst so wird ...« Der kleine Onkel Hans, der Oberpräsident der Rheinprovinz, lebt in Koblenz ganz anders. Bei seinen Festen wird nicht getanzt – worüber die Rheinländer die Köpfe schütteln –, sondern er lässt Professoren Vorträge halten. Das ist nichts für Johanna, aber der Brief ihrer Mutter dämpft sie doch. Als sie später einmal in Ottos Abwesenheit ein Essen gibt, fragt sie ihn vorher, ob ihm das recht wäre.

Im ersten Jahr laden Otto und sie nicht zu großen Festen ein: Sie sparen. Bismarck entschuldigt sich mit Renovierungsarbeiten im Haus, was ihm nicht jeder glaubt. Graf Thun, der österreichische Gesandte, empfängt jeden Abend bei sich, gibt jeden Montag einen Ball für ausgewählte Gäste und außerdem noch große Gesellschaften.

Johanna wird schwanger, und wieder hat sie, wie schon bei der vorigen Schwangerschaft, Todesahnungen. Otto versucht, sie zu trösten. »Warum denkst Du mit Angst und Weh an die Erscheinung des neuen Kleinen? Ich habe das feste Vertrauen, daß der Herr unsre Gebete erhören und uns nicht trennen wird!«, liest sie in einem seiner Briefe aus Wien. Sie macht sich Sorgen, dass er nicht rechtzeitig zur Geburt bei ihr sein kann, aber am 20. Juli ist er wieder in Frankfurt, und am 1. August 1852 kommt ein kleiner Sohn zur Welt. Sie nennen ihn Wilhelm.

Im Spätsommer wird das Haus in der Bockenheimer Chaussee verkauft, und Bismarcks ziehen mit drei Kindern und zwölf Bedienten in die Große Gallusstraße 19. Hier findet der erste Ball statt, den der preußische Gesandte gibt, am 23. November 1852. Vortänzer ist der junge Attaché

Graf Theodor von Stolberg-Wernigerode, den die Damen lieben. Alle amüsieren sich, der Ball ist ein großer Erfolg.

»Ich weiß immer nicht, wer geistreicher ist, Herr oder Frau von Bismarck«, sagt Wally Becker. Johanna ist lebhaft und schlagfertig. Ihrem Lächeln und ihrer Herzlichkeit können nur wenige widerstehen. Sie lernt auf den Gesellschaften Frauen kennen, die zu engen Freundinnen werden.

Wally Becker trifft sie bei der alten blinden Frau von Günderrode, einer Nichte der Dichterin Karoline von Günderrode. Die alte Dame hat Gesandte und Freunde eingeladen, und Johanna sitzt mit ihr in einem Nebenzimmer und hört der Sängerin im Salon zu – diese Frau muss sie kennenlernen, Wally Becker. Sie bittet sie, sich zu ihr zu setzen, diese Stimme sei ihr »so recht zum Herzen gedrungen«. Am nächsten Tag besucht sie Frau Becker. Ihr Mann Jakob Becker ist ein bekannter Maler, Professor am Städelschen Institut und – ein Demokrat, warnt man Johanna. Das ist ihr diesmal egal. Von nun an sieht sie Wally Becker fast täglich, kommt oft schon morgens zu Beckers. Sie hat große Freude an den Töchtern, an der älteren Johanna und an der kleinen Marie, Merlchen genannt. Beckers feiern jedes Familienfest bei Bismarcks mit, und an Johannas Geburtstag bringen Wally und die Töchter ihr ein Ständchen. Sie machen gemeinsam Ausflüge, fahren im Wagen nach Offenbach und auf dem Rückweg in einem Nachen den Main hinunter. Bismarck genießt das Chaos von Diplomaten und Kaufmannsfrauen, wie er sagt. Jakob Becker malt Herrn und Frau von Bismarck.

Johannas engste Freundin wird Lina von Eisendecher, eine Kaufmannstochter aus Bremen, deren Mann Bundesgesandter für Oldenburg ist. Sie ist vier Jahre älter als Johanna und ähnelt ihr äußerlich mit ihrem ovalen Gesicht und den dunklen Haaren. Beide interessieren sich für alle Fragen des Hauswesens, beide sind leidenschaftliche Leserinnen zeitgenössischer Romane und besorgte, stolze Mütter. Lina von Eisendecher hat ebenfalls drei Kinder: den Sohn Karl und die Töchter Gustawa und Christa – Thitta ist so alt wie Bill und darf mit ihm auf Bismarcks Rücken galoppieren.

Auch diese Freundinnen sehen in Johanna etwas ganz Außerordentliches, genießen ihre »Lebensfreudigkeit«, die Harmonie im Hause Bismarck, ihren sprudelnden Geist, ihr weiches Gemüt, ihren Humor, ihren ungewöhnlichen Scharfsinn. Christa meint später über die Frankfurter Jahre: Sie hatte eigene Gedanken und ein sehr subjektives Urteil über Menschen und Dinge, das reichste Innenleben, aber keinerlei Ambition für sich selbst. Bismarck war für sie alles, und sie ihm das Beste und Liebste im Leben.

Bismarcks können sich jetzt Ferienreisen leisten. Er will nach Ostende, sie in die Schweiz. Sie scheut sich nicht mehr, selbstständig zu handeln, und reist nach Süden: mit ihrem Vater, ihrer Mutter, mit drei kleinen Kindern und drei Bonnen, mit Täntchen – so heißt in der Familie Eugenie von Reckow aus Stolp, die seit einiger Zeit Johanna als Hausdame entlastet – und mit Cousine Jeanette von Below, die vom Gut Hohendorf in Ostpreußen gekommen ist. Otto gibt Johanna seinen Diener Hildebrand mit.

Sie berichtet Frau von Eisendecher alles ganz genau. Am 23. August 1853 kommen sie in Thun an – sie haben Frankfurt acht Tage zuvor verlassen. Johanna ist froh und glücklich, ihr wurde von allen Seiten »so himmelangst« gemacht, »daß ich wirklich mit Zittern und Zagen Montag früh das coupé bestieg«, aber mit jeder Stunde wurde »mir freier und sorgloser zu Muth« und beim ersten Nachtquartier in Freiburg im Breisgau »da schwanden auch aus meiner Seele alle Ängste und zog getrost meine Straße weiter«. In Basel besorgte sie persönlich mit Hildebrands Hilfe zwei Wagen, und die Reisegesellschaft fuhr ins Berner Oberland.

Dann sind sie in Interlaken, der kleine Bill bekommt Zähne und schreit nachts, das hält niemand aus, nur die gute Alvine, seine Kinderfrau. Alle Kinder haben Schnupfen. Johanna will hier auf Otto warten. Sie reitet hoch auf die Wengern-Alp, mit ihrem Vater, Jeannette und mit Hans und Charlotte Kleist-Koblenz: Der kleine Onkel Hans und seine Frau verbringen acht Tage mit ihr. Alle sind begeistert von den Bergen und den Gletschern, von Jungfrau, Mönch und Eiger, bestaunen »das ganze riesige Kleeblatt«.

Bismarck ist von Ostende nach Norderney gereist. Dort regnet es, er möchte am liebsten von morgens bis abends im Bett liegen und Romane lesen. Er saß am ersten Abend im Speisesaal mit einem Dutzend Berliner Fähnriche und Referendare am Tisch, »von denen mich sonderbarer Weise niemand kannte«, einer nannte ihn ein »fideles Haus«.

Bismarck trifft die Reisegesellschaft doch erst in Vevey am Genfer See. Er nimmt Johanna mit nach Genua und Turin, sie gehen am Lago Maggiore spazieren, reisen durch Ligurien und Savoyen und heimwärts über den Monte Cenis.

Robert von Keudell gefällt das Haus in der Gallusstraße, ein kleiner Garten liegt dahinter, die Familie wohnt in behaglichen Räumen. Er ist auf der Durchreise nach Paris. Frau von Bismarck und Frau von Puttkamer haben ihn mit »anmutiger Herzlichkeit« empfangen. Frau von Bismarck war gerade in einem Konzert: »Kann es denn aber auch etwas Schöneres geben, als Schuberts G-dur-Quartett mit dem ganz einzigen Trio und Mendelssohns Es-dur-Quartett mit der träumerischen Canzonetta und dem tieftraurigen Adagio? Ich war, was man so nennt, völlig hingerissen.« Sie kommt fast gar nicht mehr zum Klavierspielen.

Am nächsten Morgen muss er vorspielen, Beethoven, Schubert, Mendelssohn, während Bismarck rauchend auf und ab geht. Mittags beim Gabelfrühstück spricht der

Gesandte über die kaum erträglichen Verhältnisse am Bundestag: Österreich sammelt die Mittelstaaten oft mit Erfolg hinter sich und gemeinsam überstimmen sie Preußen. Die Herbstsonne scheint, Bismarck schlägt vor, auszureiten. Frau von Bismarck besteigt eine elegante Rappstute, und sie reiten in den Stadtwald, galoppieren unter dem rötlichen und gelben Herbstlaub. Vor dem Diner spielt Keudell wieder Klavier, Bismarck sitzt am Fenster und sieht in die Abenddämmerung hinaus.

Für Keudell ist Johanna »eine wahrhaft große Dame in ihrem selbstverständlichen Hinwegsehen über Kleinigkeiten und Außerachtlassen ihr töricht erscheinender Formen, in ihrem Geben mit vollen Händen, ihrer unfehlbaren Sicherheit, wo ihr Herz gebot, ja, einem gelegentlich vollkommenen Beherrschen der Situation – energisch zugreifend, anordnend, sich rasch orientierend«.

Sie hat ihren ersten Ball in der Wintersaison 1853/54 am 19. November gegeben, und Anfang Januar »hat man wieder bei uns getanzt unter der Leitung unsers ehemaligen Attachees des Grafen Theodor Stolberg, der von den Frankfurter Damen unaussprechlich geliebt wird, und das Vergnügen war deshalb ohne Grenzen«. Sie plane, schreibt sie Keudell nach Paris, wieder ein kleines Zauberfest in den nächsten Tagen und zum Schluss der Saison ein ganz großes. Fast jeder Tag bringe in diesem Winter neue Lustbarkeit, und es ermüde sie, immer dasselbe zu sehen und zu sprechen, und sie wolle sich ein wenig zurückziehen.

Für Johannas Mutter ist das Tanzen immer noch eine Sünde. Johanna tanzt in der Öffentlichkeit nicht, aber sie sieht gerne zu und wiegt sich im Takt. Ihre Mutter ist auf schöne Frauen eifersüchtig, mit denen Otto tanzt und die ihm gefallen.

In der ersten Saison in Frankfurt erschien Johanna nur in hochgeschlossenen Kleidern, jetzt passt sie sich mit breiten Ausschnitten ein wenig der Mode an, trägt auch Krinolinen, die sie verabscheut, weil sie im Winter darin friert. Ein Ballkleid anzuziehen und stillzustehen, während ihre Zofe sie zurechtmacht und frisiert, langweilt sie und ist ihr lästig. Aber wenn sie fertig ist, gefällt sie sich. Sie trägt die Diamanten, die Bismarck ihr geschenkt hat, und sieht stattlich und vornehm aus.

Sie ist lockerer geworden seit ihrer Ankunft in Frankfurt. Wenn sich in der Gallusstraße in kleiner Runde jemand ans Klavier setzt und einen Tanz spielt, tanzt sie manchmal mit Otto. Sie liebt Walzer und tanzt mit Grazie und Leidenschaft.

2.

Für Herrn von Oertzen, den Militärattaché der preußischen Gesandtschaft, ist Seine Exzellenz ein Mann »aus einem Guß«. Er unterhält seine Gäste mit fesselnden Tischgesprächen, liest Shakespeares Dramen und trinkt dabei Champagner. Auf Gesellschaften empfangen manche Herren ihn unwillig in ihrem Kreis, andere neidisch und alle aufmerksam. Damen bringen ihm Neugier und »kokettierende Kampflust« entgegen. Er bleibt heiter, schlagfertig und scheinbar sorglos. Er sagt immer das Unerwartete, behaupten die Salondamen, und einige, denen er nicht glatt genug ist, nennen den ehemaligen Deichhauptmann einen Diplomaten »en sabots«, in Holzschuhen. Den geselligen Bismarck fürchten und verwöhnen alle.

Als strenger Chef setzt er Untergebene immer wieder durch unermüdliche und schnelle Arbeit in Erstaunen. Beim Diktieren geht er in seinem großgemusterten Hausrock aus grünem Seidendamast, einem Weihnachtsgeschenk seiner Frau, in seinem Arbeitszimmer auf und ab, die Hände in den Taschen. Dem Attaché, der mitschreibt, kommt es vor, als ob er in ungeduldig und unregelmäßig hervorsprudelnden Sätzen denkt. Manchmal kommentiert er sein eigenes

Diktat mit Bemerkungen, über die der Schreiber so lachen muss, dass er die Feder hinlegt, um keinen Tintenfleck zu machen. Die Attachés müssen immer darauf gefasst sein, dass Bismarck sie zum Diktat ruft, nicht selten sogar nach Mitternacht, wenn er von einem Ball kommt. Er verlangt, dass sie mehrere Sprachen fließend beherrschen, sich in Geschichte auskennen und seine Aufträge genau und schnell ausführen. Wer das nicht regelmäßig hinbekommt, erhält einen Tadel, den er nicht noch einmal hören will – im Ton eiskalt, höflich, leise und in der Sache unerbittlich.

Der Gesandte Bismarck soll im Deutschen Bundestag die Gleichberechtigung Preußens mit Österreich durchsetzen. Österreich lehnt eine gemeinsame Leitung des Bundes ab. Er hat die Anweisung, jeden Versuch, Preußen zu überstimmen, abzuschmettern, und tritt als gleichberechtigter Kollege des österreichischen Gesandten auf, bestreitet bei jeder Gelegenheit dessen Anspruch auf Führung. Aber bis jetzt hat er die österreichische Vormacht nicht erschüttert.

Im Chor der Meinungen sprechen auch in Berlin viele Stimmen gegen Bismarck. Er ist immer noch gegen einen Krieg mit Österreich und hält einen dauerhaften Frieden für möglich, wenn eine neue Regierung in Wien einer Aufteilung Deutschlands in eine österreichische und eine preußische Einflusssphäre zustimmt. Er schickt Briefe, Berichte, Denkschriften nach Berlin und versucht zu verhindern, dass jemand sie verändert, ehe der Minister oder der König sie liest. Er muss oft die Ansichten von Leopold von Gerlach und der Hofkamarilla abwehren, zugleich hat er den Eindruck, dass der Minister Manteuffel nicht mehr so liebenswürdig zu ihm ist, weil man ihm einflüsterte, der Gesandte in Frankfurt wolle sein Nachfolger werden.

Auch im preußischen Landtag hat Bismarck eifrige Feinde. Ein hitziger Wortwechsel zwischen ihm und Georg Vincke, einem liberalen Abgeordneten aus Hagen, endet in einer Duellforderung Bismarcks: Vincke hatte zu verstehen gegeben, eine größere diplomatische Leistung, als sich beim österreichischen Bundestagspräsidenten unaufgefordert eine Zigarre angezündet zu haben, könne Bismarck nicht vorweisen. Beim Duell schießen beide in die Luft, aber Johanna und ihre Mutter sind außer sich. Bismarck hat nun keine Lust mehr zu Kammerintrigen und lehnt seine Wiederwahl im nächsten Herbst ab. Doch der König beruft ihn in die Erste Kammer des Landtags, ins Herrenhaus. Bismarck meldet sich dort nie zu Wort.

Er bereist nach und nach Hauptstädte und Höfe in Deutschland, will alle Personen und Machtverteilungen, Intrigen und politische Ziele kennenlernen. Der König schickt ihn auch als seinen außerordentlichen Gesandten nach Wien. Bismarck bildet sich oft schon früh eine Meinung, wie man auf etwas reagieren sollte, was noch nicht passiert ist, und ist vorbereitet, wenn es tatsächlich passiert.

Bei einem Frühstück mit Keudell, der wieder einmal auf Durchreise ist, spricht er von der Möglichkeit eines Konflikts der Westmächte mit Russland über türkische Fragen, »die uns gar nicht« angehen. Es wäre unverantwortlich, wenn Preußen aus Liebedienerei gegen die Westmächte seine Beziehung zu Russland verschlechtern würde: »Die Leute, die das befürworten, sind Phantasten, die nichts von Politik verstehen.«

1854 kommt es zum Krimkrieg: Russland hat von der Türkei die Anerkennung einer russischen Schutzherrschaft über die griechisch-orthodoxen Christen verlangt, die Türkei hat abgelehnt. Darauf hat Russland die Fürstentümer Moldau und Walachei besetzt, und die Türkei hat Russland den Krieg erklärt. Frankreich und England haben sich auf die Seite der Türken gestellt und Flotten durch die Dardanellen und den Bosporus ins Schwarze Meer geschickt.

In Preußen versuchen die Konservativen um die Brüder Gerlach und die Kreuzzeitungspartei, den König zur Unterstützung Russlands zu bewegen, aber die gemäßigten Konservativen um das *Preußische Wochenblatt* sind für eine Unterstützung Englands und Frankreichs, also der Türkei. Ministerpräsident Manteuffel und Bismarck wollen, dass Preußen strikt neutral bleibt. Für Preußen gibt es nichts zu gewinnen, meint Bismarck und warnt davor, sich ins »Schlepptau der Wiener Politik« nehmen zu lassen.

Österreich schließt ein Bündnis mit England und Frankreich und fordert die Mobilmachung der preußischen Armee gegen Russland. Als Berlin ablehnt, verlangt Wien, dass der Deutsche Bund seine Politik unterstütze, und beantragt in Frankfurt die Mobilmachung der Bundeskontingente gegen Russland. Doch diesmal schafft Bismarck es, eine Mehrheit gegen Österreich zusammenzubringen: Der Bundestag beschließt keine Mobilmachung gegen Russland, sondern seine Kriegsbereitschaft nach allen Seiten hin – also Neutralität. Dies ist Bismarcks erster großer Sieg in Frankfurt.

3.

Johanna bricht im Juni 1854 mit drei Kindern, drei Kindermädchen, einem Diener und Fräulein von Reckow nach Pommern auf, wo sie seit drei Jahren nicht war und nun »drei Monate lang durch alle Tonarten hindurch Freundschaft zu schwärmen« gedenkt. Otto kann sie nicht begleiten, sie hofft, er folgt ihr im Juli, sicher ist sie nicht. Sie macht Ferien von ihrem Leben als Gesandtin.

Ihr Vater kommt ihrem Reisewagen auf der Landstraße entgegen, ihre Mutter erwartet sie auf Reddentin, der letzten Übernachtungsstation bei Verwandten. Reinfeld ist zu Johannas Empfang festlich geschmückt mit Ehrenpforten, Kränzen und einem gemalten Willkommensgruß.

In Versin sind jetzt im Sommer drei verheiratete Cousinen, und Johanna fährt oft hinüber. Sie ist stolz auf ihre Cousinen, drei höchst liebenswürdige Frauen, sehr klug, sehr witzig, genial und sehr entschieden christlich, berichtet sie der Freundin nach Frankfurt. Es ist viel los in Reinfeld, fast wie im Frankfurter Winter, nur »daß man sich hier unter Freunden bewegt, die uns herzlich lieb haben. Das ist doch nicht in Frankfurt vorherrschend«.

Später im September stehen Artikel über Cholera in der Zeitung – die Eltern wollen sie auf Reinfeld behalten. Sie wartet auf Otto, der versprochen hat, sie abzuholen, sie hat einen Brief von ihm aus Stettin, aber er kommt nicht, sie wartet und wartet, wird vor Sorge ganz außer sich. Schließlich trifft er doch ein – er war unterwegs auf Rügen, ist vom König festgehalten worden und kann auch nicht lange bleiben, sie muss später allein zurückreisen.

Bismarck ist eifersüchtig auf ihre Vergangenheit, erzählt sie der Freundin in Frankfurt, eifersüchtig auf ihre Erinnerungen an ihre Jugend, und so herzlich sie sich darüber freut, wieder mit ihm zusammen zu sein, so ist es doch mit der Sehnsucht nach den Jugendbildern dem Ehemann gegenüber eigenartig – »da die lieben Männer es stets übel nehmen, wenn man sich nach all' den entschwundenen Freuden zurücksehnt – sie begreifen's nie und sind gekränkt, obgleich sie selbst es auch Thun, gewiß und reichlich, aber wir sollen's nie, das mögen sie nicht, und finden's sentimental od. dergl. dumm und eklig. –«

Er spricht selbst manchmal sehnsüchtig von Ereignissen in seiner Jugend, aber bei ihr findet er das dumm. Sie liebt ihn, doch zugleich ist ihr sein Anspruch auf sie manchmal etwas eng. Sie fürchtet sich vor einer totalen Vereinnahmung, aber um ihre Kritik an ihm sofort wieder zu verwischen, zieht sie den Punkt ins Allgemeine: Alle Männer sind so, es liegt in ihrer Natur, da kann man nichts machen. Die ferne Freundin steht auf Johannas Seite, nur durch ihr Geschlecht, das stärkt Johanna – so wie ihre Mutter sie stärkt, die ihren Anspruch auf ein Leben unterstützt, das mehr sein muss, als das Haus Bismarck fortzusetzen. Das wird in Briefen alles nur angedeutet, selten, aber doch deutlich. Johanna macht die kleine Luke in ihr Innerstes, die sie vor der Freundin geöffnet hat, auch gleich wieder zu. »Es war so wunderlieb und schön, wie er hier war, und wir Alle fühlten uns so glücklich und froh in dem herrlichen Beisammensein. Aber zur rechten Ruhe kamen wir nicht, da A l l e ihn sehen wollten«, plaudert sie. »Hier fand man Bismarck viel liebenswürdiger geworden, in den 3 Jahren, die er nicht sichtbar gewesen im Freundeskreis – aber, ich weiß nicht, ich fand ihn i m m e r äußerst lieb, natürlich, sonst hätte ich ihn ja nie genommen.«

Nun ist er fort, sein Besuch war so kurz, dass sie gar nicht recht zur Besinnung gekommen ist, und sie kehrt in die Welt zurück, in der sie mehr ist als Ihre Exzellenz Bismarck, die Frau Gesandtin der verabscheuten Preußen.

Sie strickt einen »ewig langen bunten Shawl« für ihren Vater zum Geburtstag, und zur Erholung liest sie den neusten Roman von Karl von Holtei, *Christian Lammfell*, der ihr sehr gefällt. Die Blätter werden rot und gelb, sie liebt den Herbst, »er ist mein ganzes Entzücken«. Sie sieht ihr eigenes Wesen in der Natur gespiegelt, sieht Lust und Trauer, Wehmut, Sehnen, Ernst und Scherz: »Nichts kann ich so verstehen, wie den Herbst mit seinen hellen und dunklen Tagen, so sehr ich mich im Frühling freue, so innig entzückt ich über das Keimen und Erwachen in d e r Zeit bin – im Herbst fühle ich mich erst recht zu Hause, in ihm lebe und schwebe ich von Anfang bis zu Ende. – «

Doch nun ist der Sommer vorüber, und sie muss wieder ihren Platz im diplomatischen Leben einnehmen. Sie reist am 2. Oktober ab, damit sie als Gastgeberin am Geburtstag des Königs von Preußen, wenn der gesamte Bundestag in die preußische Gesandtschaft eingeladen wird, »völlig ausgeruht zu Ehren Sr. Majestät mit den blanken Bundesuniformen im Saal in der Gallengasse« dinieren kann. In Reddentin werden die Kinder krank, sie kann nicht mehr rechtzeitig in Frankfurt sein: »Der arme Bismarck muß sich nun ganz allein quälen am 15t. October, und ich bin so weit von ihm.«

Sie sitzt hier mindestens noch zwei Wochen fest, sie ist unglücklich, »ich zähle die Minuten, wo ich endlich nach Frankfurt absegeln kann«. Sie bittet die Freundin, Bismarck zu beruhigen und ihm am 15. ein bisschen zu helfen, »es ist mir schrecklich, daß ich's nicht kann, – aber ich kann doch, weiß Gott, nichts dafür, daß ich aufgehalten bin!«.

Am 15. Oktober, am großen Tag, denkt sie an ihn, an die Unruhe im Haus, wünscht für ihn, »daß die Leute und der Koch ihn nicht ärgern, die Lohndiener ihn nicht betrügen, die Lieferanten ihn nicht im Stich lassen möchten, – daß überhaupt alles ordentlich und hübsch sein möge«. Sie selbst hat wunderbare Herbsttage und fürchtet nur, dass das Wetter wechselt und sie die Reise mit den halb kranken Kindern unter Regengüssen antreten muss. Dann denkt sie beim Briefeschreiben wieder an Bismarck und das Diner mit allen Bundestagsgesandten: »Es gibt doch auf der Welt garnichts Häßlicheres, wie affektirte Menschen, und ich begreife nie, wie sie's auf die Dauer aushalten können. Der Zustand muß doch zu unbequem sein!«

Vor drei Jahren ist sie mit großen Bedenken nach Frankfurt gegangen: Bedenken, ob sie dem neuen Leben gewachsen ist. Davon ist nichts übrig geblieben. Nun, als sie ihre Pflicht nicht erfüllen kann, ist sie tief enttäuscht, fast empört, dass Frau von Oertzen, die Frau des Militärattachés, sie vertritt: »Die Örtzen ist mir zu sonderbar auf meinem Platz.«

Im November kehrt sie in das Haus in der Gallusstraße zurück, und Bismarck feiert ihre Ankunft mit einem großen Ball.

In diesem Winter tanzt der Bundestag so oft, dass Johanna froh ist, als die ruhigere Zeit vor Weihnachten beginnt.

Nach Neujahr laden der preußische Gesandte und seine Frau zum Ball am 9. Januar. Aber Bismarck wird telegraphisch nach Berlin berufen und muss die Gäste kurzfristig wieder ausladen. Johanna bedauert das nicht. Sie mag den ewigen Trubel unter vielen fremden Menschen immer weniger, bei dem »nie etwas anders herauskommt, als im besten Fall einige oberflächliche Phrasen und im schlimmsten (und häufigsten) zahllose Klatschgeschichten«. Otto jagt nun stattdessen mit dem König bei Berlin, und sie hofft, dass er mit Friedensnachrichten zurückkommt – der Krimkrieg ist noch nicht beendet.

Am 9. Februar gibt es in der preußischen Gesandtschaft einen »Adolescentenball«, zu dem Bismarcks nur Familien aus dem Gesandten- und Frankfurter Patrizierkreis einladen, die noch selbst tanzen oder deren Töchter tanzen. Zum 19. Februar laden sie zu einem »bal costumé à Louis XV.« ein, einem Kostümball im Stil Ludwigs XV. Die meisten Herren kommen als Musketiere mit langem Haar, Feder am Schlapphut und Degen, die Damen erscheinen in eleganten und kostspieligen Kleidern, mit hoch getürmten Frisuren und Schönheitspflästerchen im Gesicht – die Herren wirken fast kümmerlich gegen diese diamantblitzende Pracht. Spätnachts, als die Gäste gegangen sind, lassen die Gastgeber, nach Frankfurter Sitte, noch einmal für ihre Dienstboten zum Tanz aufspielen.

Am Tag darauf trifft sich die Gesellschaft bei Herrn Prokesch von Osten, dem neuen österreichischen Gesandten und Präsidenten des Bundestags. Hier zeigen die Damen sich in ihren elegantesten modernen Toiletten, und der preußische Rechnungsprüfer am Bundestag moniert: »Die älteren Damen insbesondere waren in dem Maße dekolletiert, daß es nicht zum Ansehen war ...«

Die Abneigung vieler Diplomaten und ihrer Frauen gegen Preußen und Bismarck setzen Johanna hart zu. Von einer Soiree bei Bülows, mit denen Bismarcks befreundet sind –

Bernhard von Bülow ist Gesandter des Herzogs von Holstein und Lauenburg, der zugleich in Personalunion König von Dänemark ist –, erzählt Johanna Lina von Eisendecher: Ich »wußte wieder mit keinem Menschen ein vernünftiges Wort zu sprechen, ich weiß ja doch, daß sie gütigst alle auf mich hacksen, wozu soll man sich dann eigentlich mit Liebe abstrapziren, die doch nie erwidert wird. ... Wenn Sie und die Becker nicht in der Gesellschaft sind, von denen ich gewiß weiß, daß sie mit warmen Herzen an mich denken, – so finde ich mich immer schrecklich überflüssig in allen salons – und gestern war ich wieder unendlich von dieser Empfindung durchdrungen!« –

Feinde und Freunde notieren in diesen Jahren kurze Charakterskizzen von Otto und Johanna von Bismarck. Freiherr Prokesch von Osten schreibt über ihn in einem Geheimbericht nach Wien: »Unter zeitweiligen Gentlemanformen eine hochmütige, gemeine Natur, voll Dünkel und Aufgeblasenheit; gewandt als Sophist und Wortverdreher, voll kleinlicher und unsauberer Mittel; voll Neides und Hasses gegen Österreich, daher auch sein steter Kampf gegen die Präsidialbefugnisse; ungläubig, aber den Protestantismus als Kriegsfahne tragend.«

Dr. John Lothrop Motley, Bismarcks Studienfreund, der nun Historiker und Diplomat der Vereinigten Staaten in Europa ist, besucht Otto in Frankfurt. Otto ist dicker geworden, was ihm bei seiner Größe aber sehr gut steht, seine Stimme und sein Wesen sind kaum verändert: »Strenge Redlichkeit des Charakters und unerschütterlicher Mut, hohes Ehrgefühl und sicherer religiöser Glaube, verbunden mit bemerkenswerten Talenten, vereinigen sich in ihm, wie man es selten an einem Hofmanne findet. Ich hege keinen Zweifel, daß er bestimmt ist, Premierminister zu werden, wenn nicht etwa seine hartnäckige Wahrhaftigkeit, die für Politiker mitunter zum Stein des Anstoßes wird, ihm im Wege steht.«

Auch Johanna gefällt John sehr, sie ist »freundlich, klug, vollkommen natürlich und behandelt mich wie einen alten Freund«, berichtet er seiner Frau. Niemand kann freimütiger und herzlicher im Umgang sein als das Ehepaar Bismarck, er fühle sich wohl in diesem Haus: »Ich bin den ganzen Tag dort. Es ist eines jener Häuser, wo jeder tut was ihm beliebt. Die Staatsräume, wo sie förmlichen Besuch empfangen, liegen nach der Front des Hauses. Ihre Privaträume indessen, ein ›Salon‹ und ein Speisezimmer, liegen rückwärts und gehen nach einem Garten. Hier ist alles beisammen: Jung und Alt, Großeltern und Kinder und Hunde; da wird gegessen, getrunken, geraucht, Klavier gespielt und (im Garten) Pistole geschossen, alles auf einmal. Es ist ein Haushalt, wo Dir alles angeboten wird was auf Erden eßbar oder trinkbar ist: Porter, Sodawasser, leichtes Bier, Champagner, Burgunder oder Claret sind jederzeit vorhanden, und jedermann raucht zu jeder Zeit die besten Havanna-Zigarren.«

König Friedrich Wilhelm IV., Königin Elisabeth und Prinzessin Auguste gehören zu denen, die Bismarck bestrafen wollen, indem sie Johanna ignorieren. Bismarck ist zur Weltausstellung nach Paris gefahren und dort Kaiser Napoleon III. und Kaiserin Eugenie vorgestellt worden. Am Hof ist man entsetzt über diese Reise. Man hasst die Franzosen seit den verlorenen Schlachten bei Jena und Auerstedt vor fünfzig Jahren. Bismarck aber hält weiter zu Außenminister Manteuffel, der wie er dagegen ist, Preußen mit Österreich und England im Krimkrieg gegen Frankreich ziehen zu lassen. König und Königin reisen von Stolzenfels – dem Schloss am Rhein, das der König sich als mittelalterlichen Märchentraum gebaut hat – auf einem Dampfschiff den Rhein hinunter nach Köln zum Dombaufest und zur Grundsteinlegung der Brücke über den Rhein am 3. Oktober 1855. Vor der Abfahrt wird Bismarck mit seiner Frau nach Stolzenfels befohlen, Johanna wird König und Königin vorgestellt, und der König lädt beide mit anderen Gesandtenpaaren zur Mitfahrt nach Köln ein. Doch auf dem Schiff ignoriert die Königin Johanna, es heißt, sie sei zu leidend, um sich ihr zuzuwenden, und auch Prinzessin Auguste, die zu den anderen Gesandtenfrauen sehr freundlich ist, behandelt Johanna mit gesuchter Zurückhaltung. Die Kränkung ist so auffallend, dass ihr Ehemann, der Kronprinz, zu Johanna geht, ihr seinen Arm reicht und sie zu Tisch führt. Nach dem Essen bittet Bismarck sofort um die Erlaubnis, nach Frankfurt zurückzukehren. Bismarck: »Wenn auch der Prinz von Preußen mit großer Liebenswürdigkeit sich der merklichen Verlassenheit meiner Frau annahm, so kam ihr unverdorbener hinterpommerscher Royalismus etwas thränenschwer aus der Probe zurück.«

Wie Bismarck und seine Frau aussehen, hält Hedwig von Bismarck fest, Ottos Cousine und Freundin aus Kindertagen in Schönhausen. Hedwig verdient sich ihren Lebensunterhalt selbst: Sie war Erzieherin auf einem Gut, Lehrerin in einem Pensionat und ist jetzt auf einem Gut Gesellschafterin und Hausdame. Im Juni 1856 begleitet sie ihre junge Arbeitgeberin und Freundin zur Brunnenkur nach Bad Soden und sieht Johanna zum ersten Mal: »Obgleich ich bei ihrem Erscheinen das Urteil des Schulzen in Schönhausen: ›von's schöne Geschlecht ist unsere junge Gnädige aber nicht‹, begreiflich fand, gewann sie doch durch eigentümliche Freundlichkeit bald mein Herz.« Einige Tage später sieht sie im Kurgarten drei Personen auf sich zukommen. »Die Erscheinungen waren etwas auffallend: Ein großer Herr in nicht besonders elegantem grauen Mantel und großem Schlapphut; auf der einen Seite neben ihm eine Dame, groß, mit starken Gliedern, schwarzen Haaren und wenig harmonischer Toilette. Auf der anderen Seite eine Blondine, zart und fein, und bis auf die letzte Stecknadel elegant gekleidet.« Das war Otto von Bismarck mit Frau und Schwester.

Der Diener bringt eine Einladung des preußischen Generalleutnants und Vice-Gouverneurs der Bundes-Festung Mainz an »den Geheimen Legations-Rath Herrn von Bismarck-Schönhausen nebst Frau Gemahlin auf Freitag, den 30 Januar 1857 um 8 Uhr zum Balle«. Bismarck ist nicht in Frankfurt, und Johanna fragt ihn schriftlich: »Muß ich dahin? Es wäre schrecklich – aber wenn ich soll – meinetwegen.«

Sie vertritt die preußische Gesandtschaft in Frankfurt – mit ihm und, wenn es sein muss, ohne ihn.

4.

Bismarck und Keudell trinken und rauchen am Frühstückstisch, und Bismarck erzählt drei Stunden lang von seinem zweiten Besuch in Paris, von dem er gerade, im April 1857, zurückgekommen ist. Um fünf setzen sie sich mit Johanna zu Tisch, und bis neun erzählt er von seinen Gesprächen mit Kaiser Napoleon. Am nächsten Morgen, nach Keudells Klavierspiel, redet er ununterbrochen weiter über Politik.

Wie soll Preußen sich zu Frankreich stellen – diese Frage beschäftigt ihn. Der Krimkrieg ist zu Ende. Das Gleichgewicht der Großmächte, an dem Metternich und der englische Außenminister Castlereagh auf dem Wiener Kongress gearbeitet haben und das Europa fast vierzig Jahre lang den Frieden erhalten hat, ist verloren. Preußen hat jetzt die Möglichkeit, seinen Einfluss in Europa zu vergrößern.

Frankreich hat durch den Krieg Stärke gewonnen. Auf seiner ersten Reise nach Paris ist Bismarck Kaiser Napoleon III. nur vorgestellt worden, und seine Gönner, die Brüder Gerlach, die alten Freiheitskämpfer, waren schon empört. Es hat sie nicht besänftigt, als er ihnen erklärte, er müsse aus eigener Anschauung kennenlernen, mit wem er es zu tun habe. Auf dieser zweiten Reise hat er sogar politische Gespräche mit dem Kaiser geführt. Er hat Ludwig Gerlach seine Auffassung von Außenpolitik in langen Briefen erklärt. Er hat eine »Realpolitik« gefordert, die allein am Staatsinteresse ausgerichtet ist, und eine Politik abgelehnt, die nur die demokratische Revolution bekämpfen will und dabei starrsinnig ihr überholtes Prinzip wiederholt: Bonaparte ist der Feind, seine Existenz ist das Unrecht. Bismarck hat die Politik der Kamarilla, als deren hoffnungsvoller junger Mann er seine Laufbahn begonnen hat, weit hinter sich gelassen.

Pfingsten ist Keudell wieder in Frankfurt. Bismarck sagt, er habe zur Zeit in Berlin wenig Einfluss. Seine Bemühungen, Frankreich für ein mächtigeres Preußen nutzbar zu machen, seien ohne Erfolg. Der König habe ihm seit zwei Jahren kein Vertrauen mehr geschenkt.

Keudell sagt: »Ich bin heute viel fröhlicher, wie als junger Mensch. Fühlen Sie nicht auch heute einen höheren Wellenschlag des Lebens, wie als Student?« – »Nein!«, sagt Bismarck, und dann, nach einer klein Pause, » – ja, wenn man so über das Ganze disponieren könnte! – aber unter einem Herrn seine Kraft verpuffen, dem man nur mit Hilfe der Religion gehorchen kann ...«

Keudell schreibt einem Freund: »Bismarck ist jetzt kein Parteimann mehr.«

Im Sommer geht Bismarck auf eine sechswöchige Jagdreise nach Dänemark, Schweden und Kurland, die er sehr genießt. In Kurland fällt er auf eine scharfe Felskante, die am linken Schienbein eine große Wunde aufreißt. Er hat nicht die Geduld, sie heilen zu lassen, er hat schon schlimmere Unfälle überstanden, und nach einem Tag mit Umschlägen und Ruhe ist er unterwegs nach Schweden zur Elchjagd. Nach der Jagd will er nach Berlin und dann zur Familie in Pommern.

In Berlin gibt es im Herbst 1857 große Veränderungen. Die Ärzte haben beim König eine unheilbare Geisteskrankheit festgestellt, und er überträgt dem Prinzen von Preußen die Regierungsgeschäfte, vorerst für drei Monate. Aus Wilhelm, dem Kartätschenprinz, der Demokraten zusammenschießen ließ, ist ein gemäßigter Konservativer geworden – unter dem Einfluss seiner Frau, Prinzessin Auguste, heißt es in den Salons. Der Kreis der Ultrakonservativen um Gerlach scheint abgehängt zu werden.

Bismarck versucht sofort, sich der neuen Lage anzupassen, doch er hat wenig Erfolg damit. Er legt Manteuffel, dem Präsidenten des Staaatsministeriums und Minister des Auswärtigen, eine fast hundert Seiten lange Schrift vor – »Das kleine Buch des Herrn von Bismarck«, heißt sie am Hof. Bismarck analysiert darin, wie Österreich im Bundestag die deutschen Länder für seine Interessen einspannt und Preußens Einfluss zurückdrängt, und entwirft ein Programm für eine preußische Deutschlandpolitik: »Es gibt nichts Deutscheres, als gerade die Entwicklung richtig verstandener preußischer Partikularinteressen.« Ein Zusammengehen mit der nationalen Bewegung in Deutschland könnte für Preußen und die Erweiterung seiner Macht nützlich sein.

Finanziell geht es Bismarck besser als seit Jahren. Sein Gesandtengehalt von jährlich 18 000 Talern reicht bei dem Aufwand, den er treiben muss, allerdings kaum aus. Da er die Pacht aus seinen Gütern hauptsächlich für Hypothekenzinsen und Tilgung seiner Schulden eingeplant hat, blieb lange relativ wenig privates Einkommen. Doch jetzt, bei einer verbesserten Wirtschaftslage, können sich mehr Bauern von ihren Diensten auf Schönhausen freikaufen. Dieses Geld legt Bismarck mit Rothschilds Hilfe an. Die Erträge verwendet er zum Teil zur weiteren Tilgung, zum Teil für ein standesgemäßes luxuriöseres Leben.

Er bittet seine Schwester im Dezember 1857, ihm Weihnachtsgeschenke für Johanna in Berlin zu besorgen. Sie hat sich ein Opalherz mit Brillanten gewünscht, das sie an einer Kette um den Hals tragen kann. Er findet Ohrringe aus je einem Solitär geschmackvoller, aber sie will das Herz, und so kommen die Solitäre eben später. Zweitens soll Malwine für Johanna ein Kleid zu etwa 200 Talern kaufen, sie wünscht sich »sehr licht weiß«. Wenn Malle, drittens, einen billigen und hübschen vergoldeten Fächer findet, der sehr rasselt, dann soll sie ihn auch kaufen, er darf aber höchstens zehn Taler kosten, »ich kann die Dinger nicht leiden«. Und, viertens, möchte er eine warme große Decke haben, die man sich in der Kutsche über die Knie legen kann, sie soll wie ein Tigerfell aussehen, könne aber auch Fuchs oder Nilpferd imitieren, irgend ein reißendes Tier, aber in jedem Fall: »Köpfe mit Glasaugen«.

Nach Weihnachten dankt er Malle für das besonders schöne Opalherz, das sie ausgesucht hat. Johanna hat ihm eine Kette geschenkt, an der kleine Orden hängen, »äußerst niedlich, aber mir etwas genant, immer das ganze Handwerkszeug an mir zu tragen, ich muß schon, denn Johanna hat sich halb ruinirt mit diesem theuren Schmuck meines Knopflochs, und es würde sie sehr schmerzen, wenn sie merkte, daß es nicht ganz mein geheimräthliches Ideal ist«. Er will ihr weiter Brillanten kaufen – er achtet sehr darauf, dass sie den gesellschaftlich richtigen Schmuck trägt, hält aber auch sein Geld zusammen. Der junge Eisendecher, der demnächst nach Berlin reist, wird Malle ein dänisches Ordenskreuz mitbringen. Bismarck hat entdeckt, dass die Steine darin echt sind, und will sie für Johanna in irgendein Schmuckstück einarbeiten lassen.

Die Neue Ära in Preußen beginnt im Oktober 1858: Prinz Wilhelm übernimmt auf Beschluss der Regierung und mit Zustimmung beider Kammern des Herrenhauses die Regentschaft für seinen Bruder. Wilhelm entlässt Manteuffel und beruft gemäßigte Konservative zu Ministern. Er erklärt, seine Regierung werde den berechtigten Forderungen der neuen Zeit Rechnung tragen.

Bismarck verliert seinen Einfluss. Er wird wohl nicht

mehr lange Gesandter in Frankfurt bleiben. Erste Gerüchte über seine Versetzung kursieren schon, aber er will lieber nach Schönhausen gehen, als einen Posten zweiten Ranges annehmen.

Der österreichische Gesandte erfährt es im Januar früher als er: Er wird nach St. Petersburg versetzt. Der Formfehler verletzt Bismarck und verstärkt die Kränkung, dass er, wenn auch glanzvoll, am Zarenhof kaltgestellt wird. Er wird krank, bekommt Grippe, ein Gallenfieber. Dann erklärt der Prinzregent: »Petersburg hat doch immer für den obersten Posten der preußischen Diplomatie gegolten.«

Bismarck wird schnell gesund. Anfang März 1859 verlässt er Frankfurt. Johanna wird den Haushalt auflösen.

Aus Berlin schreibt er vor seiner Abreise nach Russland noch einen Brief an seine zehnjährige Tochter Marie über die Ziele weiblicher Erziehung. »Meine einzige Tochter!« Mama hat ihm berichtet, dass Marie beim Zahnarzt war, und es tut ihm leid, dass sie Schmerzen aushalten musste, aber ihn freut, »daß Du muthig ausgehalten hast, was Gott an Leiden über dich verhängt. Ein Mädchen braucht zwar nicht in den Krieg zu gehen, aber das Leben wird Dir doch manchen Schmerz an Leib und Seele bringen, wenn Du älter wirst, und da ist es wohl gut, wenn Du Dich frühzeitig gewöhnst, ihn standhaft und ergeben zu tragen.« Eine Frau muss lernen, sich zu beherrschen und klaglos zu leiden. Er trägt Marie auf, welche Abschiedsvisiten die Mama noch machen muss – bei der Prinzessin Karl von Hessen und bei der Großherzogin von Hessen –, darüber soll Marie aber nur mit Mama selbst sprechen, »lerne verschwiegen sein, mein gutes Herz«. Er steuert Johanna, und es muss niemand wissen, dass er ihr die Beherrschung dieser Etikettefragen allein nicht zutraut. Zum Schluss mahnt er seine Tochter, fromm zu sein: »Bete auch fleißig zu Gott, daß Er uns alle beschützt und uns glücklich wieder zusammenführt. Dein treuer Vater vB«.

5.

Die alte Furcht meldet sich wieder, das Gefühl von Ungenügen, und zugleich spürt sie Wehmut: Sie soll Frankfurt verlassen, wo sie sich so wohl fühlt, wo sie acht glückliche Jahre verbracht hat, und sie soll in einer großen Hauptstadt leben, soll an den Zarenhof. Ein aufwendiger Umzug steht ihr bevor – dabei ist es gerade erst ein halbes Jahr her, dass sie in die Hochstraße umgezogen sind. Sie wird wieder lange allein sein, denn Otto muss in Petersburg erst ein Haus für die Gesandtschaft suchen, sie soll den Sommer über in Reinfeld bleiben. In den vergangenen Jahren war sie jeden Sommer über drei Monate von ihm getrennt und hat nur in seinen Briefen miterlebt, was er auf seinen Reisen Wunderbares sah. Er ist Familienvater und zugleich lebt er gern wie ein Junggeselle. Die Frankfurter Damen haben schon über sie und Bismarck gespottet, sie bei einer Soiree gefragt: »Wieder Strohwitwe?« und »Wie lange bleibt der Herr Gemahl?«

Sie leidet unter dem ständigen Abschiednehmen und Getrenntsein von dem, »was man am Liebsten auf Erden hat«, und tröstet sich selbst: Das Wiedersehen »stärkt Herz und Seele und dran muß man sich halten und aufrichten, wenn die melancholischen Strahlen über den Kopf gehen wollen«.

Zu Beginn des Jahres 1859 hatte Johanna nicht viel Zeit für ihre Gefühle. Johanna Becker, die Tochter ihrer Freunde Jacob und Wally Becker, war an Typhus gestorben, keine zwanzig Jahre alt. Frau Becker war verzweifelt und unfähig zu allem, was jetzt notwendig war. Deshalb stand Johanna in schwarzer Trauerkleidung am Portal des Friedhofs, als die Leiche gebracht wurde, Schüler des Malers trugen die Bahre zur Gruft. Johanna nahm die Kinder Marie und Max für drei Wochen in ihr Haus, und auch Frau Becker war häufig bei ihr. Bismarck, der noch in Frankfurt war, las ihnen Trostworte aus der Bibel vor und Predigten. Johanna übertrug ihre Liebe auf Marie Becker, das Merlchen, und kam an ihrem 19. Geburtstag in aller Frühe mit einem Korb voller Rosen an ihr Bett. Über diese herzliche Anteilnahme und die tätige Hilfsbereitschaft wurde in der Stadt gesprochen, und viele Frankfurter bringen dem preußischen Gesandten und seiner Frau jetzt aufrichtige Sympathie entgegen.

In diesem Jahr feiern sie ihre Geburtstage getrennt voneinander. Johanna bilanziert ihre Ehe: »Zwölf Jahre haben wir in unaussprechlichem Glück zusammen verlebt – die kleinen Wolken, die sich mal hin und wieder erhoben, sind gar nicht zu rechnen, wenn ich all' die Freude, all' den Segen, all' die Liebe darüber lege, mit der der Herr uns so überreich erquickt – wirklich Schmerz ist nur gewesen, wenn wir getrennt waren«, und nach Petersburg schreibt sie: »Ach, mein Liebling, was bin ich doch beneidenswerth glücklich, daß ich Dich habe und daß Du so bist, wie Du bist! Wenn ich nur erst glücklich bei Dir wäre, alle Reise-Nöthe überwunden hätte, dann wollte ich ganz selig sein.«

An ihrem letzten Morgen in Frankfurt wacht sie wehmütig auf, weil sie fortgeht und viele Menschen in der Stadt nie wiedersehen wird. Zahlreiche Freunde und Bekannte finden sich am Bahnhof ein. Aber von den Bundestagsgesandten kommt nur Bernhard von Bülow.

Als der Zug abfährt, weint Johanna, »als sollte die ganze Seele zerfließen«. Wie soll sie es aushalten, Freundinnen auf Jahre hinaus nicht zu sehen, »die ich in Herz und Arme geschlossen, so fest und so innig – fast jeden Tag ... die zu meinem Leben gehörten, wie der Thau der Blume!«.

Die Fahrt verläuft gut und schnell, Mariechen und Jenny, das Kindermädchen, weinen wie Johanna, Herbert und Billchen sind vergnügt und redselig, Flieder und blühende Apfelbäume bleiben im Süden zurück, das Bouquet von Madame Metzler, Rosen und Levkojen, hält bis Berlin.

Um halb acht abends fährt der Zug in Berlin ein, Malwines Diener erwartet sie mit zwei Wagen und bringt sie ins Hotel Royal in der Wilhelmstraße, Johannas Reitknecht Hamm folgt später mit den Koffern. Bismarcks Studienfreund Keyserling kommt ins Hotel, dann die Schwägerin Malwine, Gerhard Thadden, Moritz Blanckenburg, Johannas Schwager Oskar Arnim – und dann fährt sie gleich mit Malwine, die immer weiß, was sich wie gehört, zu »Prinzessin- und Hofdamen-Visiten« und am nächsten Tag wieder zu »Freundschafts- und Staatsvisiten«.

Das aufgeregte Leben der Exzellenz Bismarck im Hotel Royal in der Wilhelmstraße dauert zwölf Tage. Sie erlebt Soireen bei Prinzess Friedrich Wilhelm, der Tochter der Queen, und Audienzen bei Prinzessin Auguste – sehr huldvoll diesmal, aber »wie blasiert sie ist« –, sie macht zahllose Visiten, empfängt Besuche, umarmt Freunde und drückt Hände – »aber nach Frankfurt steht mein Sinnen und Beginnen«.

Mitte Juni ist sie in Reinfeld. Letzte Rechnungen aus Frankfurt treffen ein, berechtigte und unberechtigte, und Klagen über »Koch's- und Fuhrmanns'sdiebereien«, die sie klären muss. All die Aufregung und Hetzjagd endet nun wieder in einem Warten auf Otto.

Nach den Jahren in Frankfurt ist sie selbstbewusster als zuvor, sie hat ihre Aufgaben als Gesandtin gelernt, hat Freundschaften aufgebaut und Anerkennung gefunden. Sie quält sich weniger mit Selbstvorwürfen über ihren Freiheitsdrang als in der Verlobungszeit, sucht ihren Weg im gemeinsamen Leben und macht schließlich, was sie für richtig und als Gottes Aufgabe ansieht: Was für Otto erforderlich ist, was aber zugleich auch zu ihr passt. An den Zarenhof in St. Petersburg denkt sie nur mit Herzklopfen.

SAISON IN ST. PETERSBURG

1.

Bismarck kommt am Dienstag, dem 29. März 1859, in St. Petersburg an. Er steigt im Hotel Demidoff ab und schreibt Johanna gleich am selben Tag. Draußen liegt hoher Schnee.

Ihm füllen noch die Posthäuser und Werstpfähle den Kopf, die mit Entfernungsangaben vorbeisausten, das Klingeln der Pferde, das Schreien der Postillons und Vorreiter und der blendende Schnee, der Wind und all die Peitschenhiebe auf die armen Pferde, die so gern Galopp liefen, wo der Wagen nur irgend rollen wollte. Der Wagen war so hoch bepackt, dass er die höchsten Schlagbäume streifte, und die Kutscher fuhren nicht bloß Galopp, sondern gestreckte Karriere mit sechs, sogar mit acht vorgespannten Pferden, auch wo es steil bergab ging und die Pferde gerade hingefallen waren. Innen war der Wagen eng, er tauschte mit Engel, seinem Diener, und setzte sich auf den Bock, die Kälte fiel auf minus 14 Grad. In Pskow stieg er Montagabend in ein geheiztes Eisenbahnabteil und wurde erst hier auf dem Bahnhof geweckt. Er ist von Mittwochabend bis Dienstagmorgen gefahren – das waren alles in allem 108 Stunden Fahrt und nur 24 Stunden Schlaf.

Er mahnt Johanna, Rücksicht darauf zu nehmen, dass in Russland Briefe aus dem Ausland und ins Ausland geöffnet werden und dass das allgemein bekannt ist: »Schimpfe also über nichts, denn was man mit der Post schreibt davon wird angenommen, daß man es der Regirung sagen will.« Den Brief an sie nimmt ein Reisender mit.

Die Antrittsaudienz beim Zaren dauert zwei Stunden – der Zar zeichnet den preußischen Gesandten aus. Fürst Gortschakow, den Bismarck in Frankfurt als Gesandten kennengelernt hat, ist nun Außenminister. Hof und Regierung zeigen sich liebenswürdig und wohlwollend, was er nach den täglichen Zänkereien in Frankfurt genießt.

Er hat Johanna zum Geburtstag ein Perlenhalsband geschenkt, und in seinem Geburtstagsbrief dankt er ihr jetzt für ihre Liebe und Treue. Gott möge ihr Ergebenheit und Zufriedenheit verleihen »in Betreff der mancherlei neuen und Deinen Neigungen widersprechenden Zustände«, denen sie hier entgegengeht. Es leben viele Leute glücklich hier, obgleich das Eis noch felsenfest liegt und die Nacht wieder Schnee fiel und kein Garten und kein Taunus da sind. Nach ihrem Ja bei der Hochzeit in der Kolziglower Kirche müsse sie ihm seinen Beruf mit Freud und Leid schon tragen helfen. Hier seien Preußen gern gesehen, wenn er nachts im Wagen ins Hotel kommt, wenden sich alle russischen Gesichter mit wohlwollendem Lächeln ihm zu. Ihre Abneigung gegen das Hofleben werde sich mindern, in der Gesellschaft sind die Leute anders als in Frankfurt. Der Kaiser wird ihr gefallen, ebenso die Kaiserin, die eine Prinzessin aus Darmstadt ist, und mit der Mutter des Kaisers verkehrt es sich leicht – er hat heute bei ihr gegessen, Charlotte Alexandra ist eine Schwester des preußischen Königs, und am russischen Hof wird deutsch gesprochen. Er hat nur angenehme Eindrücke, das Einzige, was ihn erbittert, ist, dass man auf der Straße nicht rauchen darf.

In den nächsten Tagen hat er viele Wünsche an Johanna. Sie soll seinen Schreibtisch verkaufen und ihm einen neuen kaufen, einen viel größeren, in der Art wie ihr Zylinder-Bureau, elegant und fest muss er sein, sie soll ihn mit Segelfracht schicken. Seine Hühnerhunde und Pferde lässt er über Stettin mit dem Dampfer bringen. Sie soll die Möbel in Frankfurt in einer Auktion verkaufen lassen. Sie soll Glas und Porzellan auf 24 Gedecke vervollständigen. Er braucht gelbe Glacéhandschuhe, schwarze Schlipshalsbinden, nicht zu schmal, und besonders Zahnbürsten, große dicke, hart wie Stein. Und: »Bitte sieh in den Büchern nach, ob dieser Sodawasser-Lump bezahlt ist, und ist er es nicht, so schicke ihm sein Sündengeld.«

Er besichtigt mehrere Wohnungen. Am besten gefällt ihm das Palais von Graf Stenbock am englischen Kai mit seiner wunderbaren Aussicht über den Fluss, ins Abendrot hinein, am Kai legen im Sommer Dampfboote und Segelschiffe an.

Bei schönem klaren Frostwetter geht er auf der zugefrorenen Newa spazieren, zwischen Kutschen, Reitern und Schlittschuhläufern, das Eis raucht. Jeden Tag macht er Visiten, fährt meilenweit durch die große winterliche Stadt, meist schafft er acht in drei bis vier Stunden. Abends geht er auf Diners und Soireen, um sich bekannt zu machen, und lernt angenehme Männer und liebenswürdige Frauen kennen.

Vormittags ist er in der Kanzlei der Gesandtschaft mit vielem beschäftigt, was zu den Aufgaben eines Konsulats gehört, aber hier gibt es kein Konsulat. Die laufenden Vorgänge bestehen im polizeilichen und gerichtlichen Schutz von etwa 40000 Preußen, die in Russland leben – der Gesandte Bismarck ist ihr Advokat, Polizist, Landrat und korrespondiert für sie mit allen russischen Behörden von der Weichsel bis zum Ural. Täglich unterschreibt er vierzig bis fünfzig Vorgänge, für manche muss er noch viel lesen, muss sie ändern. Danach kommt Legationsrat von Schlözer mit dem Vortrag über politische Ereignisse, zwischen elf und eins bringt ein Bote fast täglich die Aufforderung, gleich zu Gortschakow zu fahren, um zwölf geht der Feldjäger ab, der an einigen Tagen als Kurier mit der Gesandtschaftspost nach Berlin zurückreist, bis dahin müssen die Briefe fertig sein, auch der an Johanna: »Der Feldjäger rasselt ungeduldig mit Schnurrbart und Säbel, aber 2 Worte an Dich muß er doch mitnehmen.«

Bismarck chiffriert und telegraphiert oft selbst, diktiert

dem Militärattaché Klüber, den er auf Johannas Rat als sehr geeigneten Mann aus Frankfurt mitgenommen hat.

Dr. Kurd von Schlözer ist seit zwei Jahren Zweiter Sekretär. Er hat lange die Arbeit eines Ersten Sekretärs gemacht und vor Ankunft des neuen Gesandten gehofft, nun auch zum Ersten ernannt zu werden. Er ist 37 Jahre alt, hat Orientalistik und Geschichte studiert, historische Aufsätze geschrieben, für die er viel Beifall bekam, und er trägt den Kopf hoch. Doch nun heißt es, ein Erster Sekretär müsse an einer kleinen Gesandtschaft anfangen. Erster in Petersburg soll ein Prinz Croy werden. Das kränkt Schlözer.

Sein neuer Chef Bismarck ist ein Mann, der keine Rücksichten kennt, schreibt er seinem Bruder, ist ein Gewaltmensch, der nach Theatercoups hascht, ein Pascha. Schlözer weigert sich, nach seinem Diktat zu schreiben, er schreibe nur eigene Texte: »Ich bin auf alles gefasst will aber doch sehen, wer von uns beiden es am längsten aushält.«

In Gesprächen mit dem Zaren und dem Außenminister erlebt Bismarck einen Hass auf Österreich, mit dem er trotz des Krimkrieges nicht gerechnet hat. Er hasst Österreich nicht, er will nur verhindern, dass die preußische Politik ins Kielwasser der österreichischen Politik hineingleitet. Im Mai 1859 scheint es wieder so weit zu sein, als zwischen Österreich und Frankreich ein Krieg beginnt. Die Regierung Piemonts will Österreich mit Hilfe der Franzosen aus Oberitalien vertreiben, und die Österreicher haben Piemont ein unerfüllbares Ultimatum gestellt, das verstrichen ist.

Bismarck glaubt, er habe in Berlin noch Einfluss. Er schreibt sich die Finger wund, um zu verhindern, dass die Preußen wie Vasallen Österreichs in den Krieg eintreten: Wenn Österreich im Deutschen Bund keine ernsthaften Zugeständnisse an Preußen mache, dann lägen weder ein Sieg

Österreichs noch ein Sieg Frankreichs im preußischen Interesse. Doch der König lässt fünf Armeecorps mobilmachen. Aber ehe in Berlin eine Entscheidung fällt, ist der Krieg vorbei. Die Armeen Frankreichs und Piemonts schlagen die österreichische Armee, Kaiser Franz Joseph hat kein Geld mehr, und Napoleon III. ist zufrieden: Österreich tritt die Lombardei an Frankreich ab, die Napoleon sofort an Piemont weitergibt, Venetien bleibt bei Österreich.

Bismarck bekommt Urlaub und will seine Familie holen. Kurz vor der Abreise im Juli entzündet sich die alte Wunde am Schienbein wieder, die er sich auf der Jagd in Kurland geholt hat und die nie richtig ausgeheilt ist. Ein russischer Arzt verschreibt ihm eine Salbe, ein Apotheker rührt sie an, doch die Salbe löst furchtbare Schmerzen aus, und auch die Kniekehle entzündet sich. Bismarck muss auf den Dampfer nach Stettin getragen werden. Unterwegs will ihm ein russischer Chirurg wegen der heftigen Schmerzen das Bein amputieren.

2.

Johanna wartet in Reinfeld seit Mai auf die Abreise nach St. Petersburg. Mitte Juli kommt ein Telegramm: Bismarck bitte sie nach Berlin. Sie glaubt, er will mit ihr Besorgungen für den neuen Posten machen, und freut sich.

Sie findet ihn in einem »jammervollen Zustande«, lahm, nervös bis zum Äußersten, teilnahms- und gedankenlos, schwach zum Umsinken. Die Berliner Ärzte können sich gar nicht beruhigen über solch »wahnsinniges Verfahren« wie in Petersburg und halten es für ein Wunder, dass er diese Salbe, die seine Vene zerstört hat, überlebte. Sie verschreiben Jod und Opium, zwei Wochen lang liegt er fest im Bett. Dann glaubt er, dass die starken Dosen Jod ihn dem Tod nahe bringen, und Johanna wirft die Jodflasche kurz entschlossen zum Fenster hinaus, nun geht es ihm besser.

Die Ärzte sprechen von Wiesbaden, und sie fährt mit ihm trotz der heißen Sommerzeit sofort dorthin. Er ist so niedergeschlagen, dass sie ihm ihre Sehnsucht nach den Kindern verschweigt und versucht, ihn mit Fröhlichkeit von traurigen Gedanken abzulenken.

Sie wohnen im Hotel Vier Jahreszeiten, nahe am Kurgarten. Vormittags nimmt Bismarck heiße Thermalbäder und trinkt Brunnenwasser, das die Verdauung beschleunigt und nach dem er sich schlecht fühlt, nachmittags langweilen sie sich im Hotelzimmer und sind niedergeschlagen, weil sie immer noch nicht nach Petersburg unterwegs sind.

Nach sechs Tagen Bädern und Brunnen kann er zum ersten Mal bis zu den Bäumen hinter dem Kursaal gehen, am Stock und ziemlich steif. Sie sehen täglich in den Teich, sehen durch offene Fenster in die Spielsäle, trinken Selterswasser und hören schlechte Orchestermusik. Die Frankfurter Bekannten sind alle auf dem Land oder in anderen Bädern, in Wiesbaden kennen sie niemanden.

Die Schmerzen kommen wieder, Otto kann nicht schlafen, der Brunnenarzt macht einen unsicheren Eindruck auf Johanna, Dr. Struck, ihr Hausarzt in Frankfurt, ist nicht zu erreichen. Nach der zweiten Woche in Wiesbaden kommt er und verwirft alles, was die Ärzte in Berlin verordnet haben – »Gott bewahre alle Menschen vor diesen vornehmen Schafsköpfen«, sagt Johanna –, und schickt sie nach Bad Nauheim.

In Nauheim besteht Bismarck darauf, dass Johanna wegen ihrer »Wehtage« zum Arzt geht. Der rät ihr zu Heilbädern. Sie hat sich eine große Stickarbeit aus Pommern bestellt, so ein ewiges Werk, das sie vor Jahren begonnen hat, und kommt nun wieder nicht dazu: Sie fühlt sich »vollständige Kinderfrau von meinem lieben Bismarck« und lässt ihn fast nie allein. Beide sind froh, als sie am 7. September abreisen können, über Reinfeld nach St. Petersburg.

Doch in Berlin befiehlt ein Telegramm des Prinzregenten Otto nach Baden-Baden. In aller Eile kaufen sie Wagen, Schlitten, Pelze, Möbelstoffe, Teppiche für Petersburg, dann muss er nach Süden »zurückrumpeln«, und sie fährt zu den Kindern. Mitte Oktober endlich können sie sich zur Abfahrt nach Petersburg fertig machen. Der vorbestellte 14-sitzige russische Postwagen steht schon an der Grenze bereit, als Bismarck wieder nach Berlin befohlen wird und weiter nach Warschau, wo der Prinzregent und Zar Alexander sich treffen und von wo er mit ihnen nach Breslau zu einer Truppenbesichtigung muss.

Danach ruht er sich in Reinfeld aus. Johannas Mutter lebt seit langem zum ersten Mal wieder mit Schwiegersohn und Tochter zugleich zusammen. »Kränklichkeit bestimmt nicht das Glück der Ehe«, schreibt sie ihrem Bruder Hans, »meine Augen sahen noch nie ein Paar, welches so vollständig glücklich ist, wie Johanna und Bismarck.«

Dann, am 3. November 1859, brechen sie wirklich auf, bei herrlichem Wetter. Sie übernachten in Danzig, und am Abend rollen ihre Wagen schon in Ostpreußen auf Hohendorf vor, bei Alexander von Below. Hier erwarten sie die Reddentiner Tanten, die Blanckenburgs aus Zimmerhausen und einige gute Bekannte. Johannas Mutter, die aus Reinfeld mitgekommen ist, wird zwei Wochen bleiben, das Herrenhaus ist riesig, der Mittelflügel hat ein Portal mit vier gewaltigen Säulen, die über zwei Stockwerke bis zum Dach reichen. Bismarcks wollen gleich am nächsten Morgen weiterreisen, um am 12. November in Petersburg anzukommen.

Der große Verwandtenkreis sitzt abends fröhlich zusammen, alle gehen guter Laune zu Bett, doch in der Nacht gerät das ganze Haus in Aufregung. Otto stöhnt entsetzlich, hat Schmerzen in Herz, Brust, Rücken, Johannas Onkel Alexander schickt reitende Boten nach Ärzten, nach Medikamenten. Die Ärzte lassen Bismarck zur Ader, setzen Blutegel an, tragen Senfpflaster auf. Zwei Tage und Nächte halten die Schmerzen an, Johanna hat furchtbare Angst, dann lassen sie etwas nach, und Otto spuckt Blut.

Für die Ärzte ist die Krankheit eine schwere Lungenentzündung »auf nervösem Boden« und mit rheumatischem Fieber verbunden. Bismarcks Leben ist in großer Gefahr. Er will sein Testament machen.

Die Gefahr dauert vier weitere Tage an. Moritz bleibt über den 7. Tag hinaus bei ihm, den die drei Ärzte für entscheidend halten. Dann sinkt das Fieber, die Schmerzen lassen nach, und Johanna braucht Moritz nicht mehr zur Pflege und als Trost. Sie wacht jede Nacht bei Otto.

Drei Wochen später steht er zum ersten Mal auf und geht im Zimmer umher, isst mit Appetit, schläft aber weiter unruhig und spuckt noch Blut. Dann darf er zum ersten Mal die Treppe hinunter in die Wohnzimmer gehen. An die Weiterreise ist noch nicht zu denken.

Wieder geht es ihm schlechter. Der Arzt gibt ihm eine Spanische Fliege, einen zermahlenen grün-goldenen Käfer, der ein gefährliches Reizgift enthält, das töten, aber auch heilen kann – die Nieren und Harnwege hofft der Doktor. Er setzt fünfzehn Schröpfköpfe an: kleine Gläser voll erhitzter Luft, die auf der Haut Unterdruck erzeugen und gegen fast alles helfen sollen. Johanna hofft auf Gott: »Ach Moritzchen, beten Sie recht inbrünstig für ihn, für uns – es thut sehr Not!« Außer ihr darf niemand zu Otto, der Arzt kommt jeden Tag und bleibt manchmal über Nacht.

Nun ist Dezember. Bismarck liegt im Bett, isst kaum, schläft nur, wenn er Opium bekommt, und quält sich unablässig mit den traurigsten Bildern bei Tag und bei Nacht. Johanna betet, dass sie die Kraft zu seiner Pflege behält. Sie ist immer bei ihm – »ach, wie gern, wie gern!« –, sitzt nachts auf einer Chaiselongue und fühlt sich morgens frisch. Sie ist allen im Haus dankbar, die zugreifen und beten, fühlt sich von Liebe und Güte umgeben, die ihr in Todesangst, Verzagtheit und Verzweiflung helfen.

Sie bittet Frau von Eisendecher, Weihnachtsgeschenke in Frankfurt zu kaufen. Es ist schwer, »etwas zu finden, für Leute, die Alles Alles haben, aber sie freuen sich doch über Kleinigkeiten«: für Onkel Alexander und seinen Freund Herrn von Poyda warme weiche Shawls, die sie mehrmals um den Hals wickeln können. Für Tante Jeannette ein Kästchen von Rosenholz und für Tante Therese von Bentivegni – ein wahrer Engel an Herzenswärme, Frömmigkeit und Fröhlichkeit, in deren Zimmer es immer reizend riecht – ein Flacon-Kästchen mit einigen Fläschchen Eau de Portugal und Eau de Cologne zum Füllen. Dann ist da noch das ältere Fräulein Röschen, für sie wäre ein Nähkorb richtig, und das alte Fräulein Christinchen, das die Wirtschaft besorgt und immer eine große Häkelei in einem unschönen Korb zum Kaffee- und Teetisch mitbringt – gibt's offene seidengefütterte Arbeitskörbe? Und für ihren Vater, der zu ihnen gereist ist, ein paar warme Handschuhe, außen Wolle, innen vielleicht Plüsch. Und dann möchte sie schrecklich gern mehrere Pfund Quitten- und Apfelpasteten, fünf Pfund glacierte Kirschen, sechs Schachteln Schokolade, vier Pfund Feigen, fünf Pfund Katharinenpflaumen. Ja, und Mutterchen bittet um eine große Stricknadel aus Aluminium. »Bismarck und ich schenken uns nichts, wir freuen uns blos, daß wir gesund sind und – uns haben!«

Seit einigen Tagen geht es Bismarck besser, er schläft ohne Opium, isst mit Appetit, trinkt Rotwein, raucht Zigarren – für Johanna ein Zeichen von Gesundheit. Doch auf Besserungen folgen Rückfälle, auf Rückfälle Besserungen, Mattigkeit, Trübsal, Schlaflosigkeit bleiben.

»Was wird nun? Ja, wer weiß es! Ich nicht! Kein Mensch kann's sagen«, schreibt Johanna am 30. Januar 1860 ihrem Freund Keudell. Bismarck will nach Petersburg, die Ärzte raten strikt ab, Johanna möchte am liebsten, dass er die Diplomatenwelt ganz verlässt, in der er hin- und herzitiert werden kann, und dass sie alle »schnurstracks nach

Schönhausen gingen, uns um nichts kümmernd als um uns selbst, um unsre Kinder, Eltern und die wirklichen, wahrhaften Freunde, das wäre meine Wonne«. Er würde wieder so stark und frisch werden wie vor zehn Jahren, wenn er »all' dem Unsinn entrinnen wollte, in den er mit seinem ehrlichen, anständigen grundedlen Charakter nie hinein gepaßt – dann wäre ich vollkommen glücklich und zufrieden!«. Es ist ein Wut- und Verzweiflungsbrief. Die Politik hat Otto in Lebensgefahr gebracht, sie will die Politik aus seinem Leben streichen. »Aber – er wird's leider wohl nicht thun, weil er sich einbildet, dem ›theuren Vaterland‹ seine Dienste schuldig zu sein, was ich vollkommen übrig finde.« Übrig – das heißt: überflüssig.

Anfang März reist er in Johannas »wartefrauartiger Begleitung« nach Berlin, die Kinder bleiben mit der Großmama in Hohendorf.

Im April weiß sie immer noch nicht, wann sie nach St. Petersburg reisen. Sie freut sich über jeden Tag Aufschub, aber es gibt schon Gerüchte, er würde allein, ohne Familie, nach Russland gehen. Sie ist empört: »Himmel welche Idee! Solange ich lebe – trenne ich mich – ohne Noth, nicht wieder von Bism. Nie und nie – überhaupt soll keine Familienzerreißung mehr stattfinden, so Gott will!« Natürlich reisen sie alle zusammen »in's Land des Zittern's und Beben's«. Bismarck sieht noch spitz aus, aber er mischt sich schon wieder in die Politik. Es heißt, er soll Minister werden.

In der zweiten Aprilhälfte wollen Johannas Eltern nach Reinfeld zurück, und so fährt sie allein nach Ostpreußen voraus. Er bleibt bis zum Schluss des Landtags in Berlin. Aus seinen Briefen bekommt sie den Eindruck, dass der Prinzregent ihn gegen seinen Willen dort festhält. In Wirklichkeit will er bleiben. Der Prinzregent denkt über eine Kabinettsumbildung nach und könnte ihn vielleicht zum Außenminister ernennen.

Er sucht ihr bei Gerson drei Sommerkleider aus, sie soll behalten, was ihr gefällt. Jetzt befiehlt der Prinzregent ihm, in Berlin zu bleiben, aber dann entscheidet Wilhelm sich doch wieder gegen ihn. Er soll gesagt haben: »Das fehlte jetzt gerade noch, daß ein Mann das Ministerium übernimmt, der alles auf den Kopf stellen wird.«

Ende Mai ist Bismarck wieder in Hohendorf, und am 5. Juni 1860 kommen sie in St. Petersburg an.

Das Gesandtenleben in Petersburg beginnt bei einer Lufttemperatur von null Grad. Johanna und die Kinder frieren acht Tage lang. Dann überfällt sie die Sommerhitze und durchglüht sie über Wochen.

Das Palais des Grafen Stenbock liegt am Südufer der breiten Newa, oberhalb der Landungsstelle des Postdampfers aus Stettin. Prachtvolle Stadtpaläste mit Säulen und Ziergiebeln liegen hier dicht an dicht an der langen Uferstraße, der größte ist der Winterpalast des Zaren. Elegante Kutschen fahren vorüber, und auf dem Kai flanieren Spaziergänger und genießen die Abendbrise. Über den Fluss gleiten Dampfer und Segelboote unter einem weiten Himmel, der nachts kaum noch dunkel wird.

Das Haus hat große Räume und ausreichend Platz für die Gesandtschaftskanzlei, aber es ist dumpf und schmutzig, »voll maßloser Unordnung«. Johanna bestellt Handwerker – »sämmtlicher Zünfte (sehr teuer und sehr langsam)« –, und nach vier Wochen sieht das Palais freundlich aus, ist bequem eingerichtet, ordentlich und sauber. Bismarcks Arbeitszimmer liegt nach Norden mit Aussicht über den Fluss. Johannas Salon ist doppelt so groß, hat einen Flügel und bietet die gleiche fesselnde Aussicht. Das Esszimmer liegt zum Hof, eine Tür führt zum Hinterhaus.

Anfangs muss Johanna Zank und Streit unter dem deutschen und dem russischen Personal schlichten und Zuständigkeiten klären. Außer den Dienern Engel und Hamm und der Kammerjungfer gibt es zwei Kutscher, einen Portier, einen Koch mit seinen Gehilfen, Livreejäger – das sind Soldaten eines preußischen Jägerbataillons, die in der Gesandtschaft Livree tragen –, es gibt einen russisch sprechenden Ausfahrdiener für Johanna, Kanzleidiener und einen russischen Diener für die Diener. Die Französin Josephine sorgt, wie seit Jahren, für die Jungen, die Schweizerin Jenny für Marie, und der Lehrer, Kandidat Braune, unterrichtet Herbert und Billchen und auch Marie, die dadurch mit den Brüdern Latein lernt, was für ein Mädchen ungewöhnlich ist.

Abends sitzen Johanna und Otto auf ihrem Balkon mit Aussicht über die Newa oder in einer Gartenwirtschaft auf einer der Inseln im Mündungsdelta des Flusses mit Blick über die Ostsee und genießen den »so köstlichen Sonnenuntergang«. Auf den Inseln gibt es Parks und Gärten mit Palästen, Landhäusern und Restaurants, sie fahren an den warmen Spätnachmittagen in einer kleinen offenen Droschke hinaus. Die beiden kleinen Pferde gehen erst im Schritt über die lange hölzerne Newa-Brücke und danach nur noch in gestrecktem Galopp auf Straßen und Chausseen.

Die helle Stadt überwältigt Johanna mit ihren langen Straßen und Kanälen, den zahlreichen Brücken, den hohen Wohnhäusern – »eine merkwürdige, unendliche Stadt, dies in jeder Beziehung steinreiche Petersburg. Schön, sehr, sehr prachtvoll, großartig«. Petersburg ist die teuerste Stadt Europas, und wer viel Geld hat, kann hier das »bequemste, reichhaltigste Leben« führen. Sie horcht auf die russischen »merkwürdigen mysteriösen Melodien«, die das Volk auf der Straße »immer und immer singt«, Otto ist fasziniert von den Gesichtern, den Bärten, den Trachten. Er lernt Russisch.

Er hat nicht viel zu tun, fühlt sich unglücklich ohne Beschäftigung, badet in der Newa, reitet, geht spazieren. Sie schreibt lange Briefe nach Frankfurt – Billchen sei dünn »wie ein durchsichtiges kleines Frühlingsblatt«, aber kreuzfidel, allen gehe es gut, sie bitte den Herren, »daß wir immer ein so s t i l l zufriedenes, glückliches Leben führen mögen, wie jetzt in Petersburg«. Sie hätten schon Kollegen kennengelernt, die aber weit ab auf den Inseln wohnten.

Dann wird Billchen krank, er verträgt die Hitze nicht oder das Trinkwasser aus der Newa, Johanna ist drei Wochen lang in trostloser Aufregung. Doch am Morgen des 28. August kommt mit dem Stettin-Petersburger Postdampfer der »liebe theure Keudell, der immer im richtigen Moment da ist«. Er will sieben Tage bleiben, spielt wundervolle Melodien auf ihrem Flügel, und das Kind wird gesund.

Johanna macht erste Visiten, doch gesellschaftlich ist der Sommer immer noch eine stille Zeit, der Zar ist auf der Krim, die Großfürsten und die vornehme Welt sind auf dem Lande. Nur Fürst Gortschakow wird durch Geschäfte in der Stadt zurückgehalten, und damit Keudell überhaupt jemanden kennenlernt, führt Bismarck den Fürsten in Johannas Salon, er spricht gutes Deutsch. Den Grafen Nesselrode, der bis vor vier Jahren russischer Kanzler war und jetzt mit seiner schönen Tochter auf einer der Inseln lebt, darf Keudell als Begleiter von Frau von Bismarck besuchen.

Bismarck hat sich in Hohendorf verändert: »Seit der Krankheit kann ich das Gefühl nicht loswerden, daß es bald am Ende ist, und ich bin dadurch ruhiger und gleichmütiger in allen Dingen geworden.«

Legationsrat Kurd von Schlözer geht kurz vor dem Ende seines Urlaubs in Deutschland ins Amt in der Wilhelmstraße und hört, was die Kollegen über Bismarck sagen. In Berlin liebt man ihn nicht, aber man fürchtet ihn: »Überhaupt fürchtet ihn eigentlich die ganze Welt, ich ausgenommen – deshalb seine Wut gegen mich.« Seine Einladungen zum Mittagessen will Schlözer erst annehmen, wenn Bismarck gelernt hat, dass es auch selbstständige Menschen gibt.

Doch dann erfährt Schlözer, dass Bismarck ihm im Amt

großes Lob gespendet habe. Anfang September ist er wieder in St. Petersburg. Nun nimmt er Bismarcks Einladungen an: »Er ist die verkörperte Politik. Alles gärt in ihm, drängt nach Betätigung und Gestaltung. Er sucht der politischen Verhältnisse Herr zu werden, das Chaos in Berlin zu meistern, weiß aber noch nicht wie. Wenigstens sehe ich seine Wege, sein Ziel nicht. Ein merkwürdiger Mensch, scheinbar voller Widersprüche.« Und Ende Oktober: »Mein Pascha lebt hier sehr still und sieht keinen Menschen.« Bismarck lädt ihn jeden Tag zum Diner ein » – höllisch interessant, immer zum Widerspruch reizend«. Sein Pascha ist ein vulkanischer Geist. Er will Minister werden und hält seine Stunde offenbar bald für gekommen.

Der Sommer ist vorüber, die kaiserliche Familie kehrt nach Petersburg zurück. Johanna muss vorgestellt werden – zuerst dem Hof der Kaiserin, dann dem Kaiser und den Ministern. Erst danach ist sie anerkanntes Mitglied des diplomatischen Corps und kann zu offiziellen Ereignissen eingeladen werden.

Zu einer prachtvollen Gedächtnisfeier im Alexander-Newski-Kloster, an der sie unbedingt teilnehmen will, um die Gesänge der Mönche und der Hofsänger zu hören, muss sie privat fahren. Die kaiserliche Familie ist da, das diplomatische Corps, hohe Offiziere und Würdenträger, die Orden funkeln und blitzen. Bismarck erscheint als weißer Rittmeister. Seit Jahren musste er in Leutnantsuniform auftreten, was er, älter geworden, allmählich unpassend fand, deshalb hat er den Prinzregenten für Petersburg um eine Erhöhung seines militärischen Ranges gebeten. Er überragt alle Herren, und Johanna ist stolz auf seine vornehme Haltung: »Alle standen krumm und schief mit der Zeit – er allein sah aus, wie ein Kaiserlicher Zwillingsbruder – und ich hatte mein stilles Vergnügen daran von meinem Versteck aus als Zuschauerin …«

Doch der kaiserliche Bote mit der Aufforderung an sie, sich an einem bestimmten Tag im Winterpalast einzufinden, bleibt aus. Einige der Großfürstinnen im Hofstaat der Zarin sind hochschwanger, man muss auf sie warten, und die Zarin Maria Alexandrowna selbst – geborene Marie von Hessen-Darmstadt – hat gerade ihr achtes Kind bekommen und erholt sich.

Ende Oktober trifft sich der Zar in Warschau mit dem preußischen Prinzregenten. Die hohen Herren jagen in Bialowieze Auerochsen, für die seit Wochen Tausende von Bauern als Treiber angestellt sind. Bismarck ist ebenfalls dort, »und so fehlt dem Hause und dem Leben der beste Glanz!«. Während er fort ist, schreibt Johanna lange Briefe, die allmählich matt werden in Ton und Temperament, weitschweifig, flach. Vielleicht fühlt sie sich nicht wohl durch das Trinkwasser aus der Newa, das wie eine Brunnenkur die Verdauung beschleunigt, vielleicht liegt es an der Postzensur: Die Schifffahrtslinie nach Stettin ist für den Winter eingestellt worden. Johanna muss lange herumfragen, bis sie jemanden findet, der bereit ist, ihre Briefe nach Deutschland mitzunehmen.

Am 1. November stirbt die Kaiserinmutter, und das Hofleben erstarrt in Trauer. Ihr Tod geht Bismarck nahe, er mochte sie sehr, sie hatte ihn in seinem ersten Jahr in Petersburg zum Grünkohlessen am Gründonnerstag eingeladen. Was Hoftrauer bedeutet, erklärt Johanna Keudell: »Wir gehen nun 6 Monate wie die kohlschwarzen Raben einher, bis an die Zähne verhüllt, leben still wie die Einsiedler und ich hoffe, Bismarck's Nerven sollen sich recht stärken in der stillen Zeit und unser häusliches Leben soll recht angenehm werden.« Auch Kutsche und Schlitten müssen innen mit schwarzem Stoff ausgeschlagen werden, und Kutscher und Diener erhalten schwarze Uniformen und Hüte.

Weihnachten kommt, und Johanna ist immer noch nicht der Kaiserin vorgestellt worden, der Gesandte Bismarck fängt an, sich darüber zu ärgern. Doch in der zweiten Januarhälfte beginnen die Audienzen am weiblichen Hof. Johanna muss zur Audienz bei der Zarin, zu Audienzen bei den Großfürstinnen und erhält Besuch vom Außenminister, von der Frau des Außenministers und von der Oberhofmeisterin der Zarin. Danach nimmt sie laut Zeremoniell die Besuche der übrigen Minister, der obersten Hofbeamten und ihrer Frauen sowie der Hofdamen der Zarin und der Hofdamen der Großfürstinnen entgegen und erwidert sie in angemessener Zeit.

Draußen herrscht strenge Kälte, bis minus 28 Grad, der Schnee liegt hoch, und Johanna fährt mit dem Schlitten aus. Nach der ersten Februarwoche ist sie »beinahe fertig« mit ihren hohen Bekanntschaften, »der kaiserl. Majestät und 4 Großfürstinnen bin ich nach und nach vorgestellt, 2 Großfürstinnen fehlen noch und sämmtliche höchste Herren der Schöpfung, Sr. Majestät der Kaiser à la tête!«.

Nun könnte sie auch alle anderen Visiten machen, die bei russischen Damen ausstehen, aber sie verschiebt das noch ein bisschen, weil sie jetzt »während der preußischen Königstrauer gemessenen Befehl zur Eingezogenheit« hat. Der kranke preußische König Friedrich Wilhelm IV. ist am 2. Januar gestorben, der Prinzregent ist nun König Wilhelm von Preußen. Und außerdem: »Ich bin durch diese stete reizende ›Häuslichkeit‹ so vollständig von allen Gesellschaften entwöhnt – daß ich mich ganz dumm benehme, wenn man mich plötzlich mal einlädt – wie z. B. gestern« – da war sie beim alten Kanzler Nesselrode und wurde so schläfrig, dass sie sich kaum aufrecht halten konnte.

Otto ist um seine Gesundheit besorgt und mag nicht in die große Gesellschaft gehen. Vor elf Uhr abends kann man nicht erscheinen, die meisten kommen nach zwölf und gehen gegen zwei in eine zweite Soiree – das verträgt er noch nicht, und außerdem langweilt ihn die Konversation, weil man zu wenig gemeinsame Interessen hat. Johanna geht öfter aus als er und beantwortet freundlich alle Fragen nach seiner Gesundheit. Sie zeigt sich auf ihren Einladungen in die Gesellschaft allerdings nur flüchtig und eilig, und er muss oft lachen, wenn sie, kaum fort, schon wieder da ist. Sie glaubt an ihre »volle Talentlosigkeit in dieser Branche«, und sie findet sich hässlich – sie wird mager und verliert Händevoll Haare, wird »alt und schrumpfig braun und dürr wie 100jährige Tabaksbeutel!« Sie und Otto besuchen mehrere Kollegen regelmäßig, aber alle anderen, große Russen und Diplomaten, lassen sie »eiskalt«.

Von einer Frau ist sie »über die Sterne« entzückt: von Großfürstin Helene, die sie eines Tages zu sich befiehlt. Sie ist eine württembergische Prinzessin, in Stuttgart geboren, in Paris aufgewachsen, und hat im Jahr von Johannas Geburt einen Onkel des Zaren geheiratet. Alles an ihr findet Johanna wundervoll: Ihr Palais, das prächtig ist und zugleich behaglich und wohltuend, ihren Hauptsalon, der so schön ist, dass man nie mehr fort möchte, und dann sie selbst – so liebenswürdig und strahlend, dass Johanna zum ersten Mal in ihrem Leben denkt, es könnte hübsch sein, bei ihr Hofdame zu werden, »so grundvornehm Alles und doch fern von aller erkältenden, glatten Hofatmosphäre«. Die Großfürstin lässt für ihre Gäste ein Trio von Mendelssohn spielen.

Der preußische Gesandte lädt nicht zu Gesellschaften ein, und das hat neben der Hoftrauer noch zwei schlichte Gründe: Die Säle im Palais Stenbock sind für Petersburger Begriffe zu klein, und er hat zu wenig Geld. In »fremden Häusern erkälte ich mich und im eigenen ist man hier als Gesandter mit 30000 Th.'chen zu großer Einschränkung verurteilt«, erklärt er seiner Schwester. »Ich lasse mich zu Mittag besuchen, d. h. man ißt à la fortune du pot bei mir, aber ich gebe keine Diners« – ein Gast bekommt, was es gerade gibt.

Johanna muss im teuren Petersburg sparsam wirtschaften. Sie kann die hohen Preise für Feuerholz, die ihr genannt werden, kaum glauben und kauft einmal selbst frühmorgens Holz ein, was im diplomatischen Corps schnell die Runde macht. Wenn sie im nächsten Winter noch hier sind, wird sie Kartoffeln und Gemüse aus Pommern kommen lassen.

Abends bleibt Bismarck meist zu Hause, und sie lesen. Hin und wieder sehen sie persönliche Freunde bei sich. Ihr bester Freund ist Graf Alexander Keyserling, der zum ersten Mal am Heiligen Abend zu ihnen kam und mit dem Bismarck sich wie in Studententagen versteht. Keyserling hat als Ritterschaftshauptmann von Estland manchmal in Petersburg zu tun. Johanna schätzt seinen Verstand und sein poetisches Wesen, er ihren Sinn für Humor und ihre heitere Herzlichkeit.

Sie hat auch eine Freundin gefunden, Frau Bertheau, die sie oft und gerne sieht, Herr Bertheau ist Hamburger Generalkonsul, beide sind gescheite, charmante Leute. Durch Frau Bertheau, die in Riga geboren ist, wird sie mit mehreren Kurländern und Livländern bekannt und verbringt viel Zeit mit ihnen. Trotzdem denkt sie immer noch mit Wehmut an Frankfurt zurück.

Johanna hat Otto den Attaché Klüber empfohlen und sie sorgt auch dafür, dass der neue Attaché Holstein bei Schlözer etwas lernt: Sie ist nicht ohne Einfluss auf die Mitarbeiter in der Kanzlei.

Schlözer ist tüchtig, er kennt seinen Wert und will auf zukünftigen Stationen seiner Diplomatenkarriere nicht mit dem erdrückenden Bismarck zusammenarbeiten. Doch jetzt beobachtet er seinen Pascha fasziniert, der Tag und Nacht davon träumt, Minister zu werden, und nur an seine Gesundheit denkt, um das Ministerium sofort übernehmen zu können. Die Herren in der Wilhelmstraße sollen sich hüten. Zu ihm ist der Pascha jetzt »immer sanfter, zutraulicher und zuvorkommender«.

Friedrich von Holstein ist an einem Januartag 1861 früh am Morgen wohlgemut angekommen und fühlte sich plötzlich bedeutungslos, als der Gesandte ihn hoch aufgerichtet und ohne ein Lächeln empfing. Wann immer er an diesen ersten Empfang denkt, fallen ihm die dazu passenden minus 30 Grad vor den Fenstern ein.

Schlözer hält Holstein für einen guten Jungen, unbedacht und voller Vorurteile und hochfliegender Ideen, die man ihm austreiben müsse, aber eifrig und nicht dumm. Holstein ist 23 Jahre alt und spricht fließend Französisch und Englisch. Er ist auf einem Gut in Pommern aufgewachsen und hat den üblichen Ausbildungsgang hinter sich: Abitur in Berlin, Jurastudium, dann Anstellung am Stadtgericht Berlin als Auskultator und Gerichtsreferendar. Er lebt im Haus bald wie ein Mitglied der Familie, Herbert und Bill spielen mit ihm, und Frau von Bismarck hält ihn für einen noch sehr kleinen Jungen, gutmütig, wie ein eifriges Hündchen, das alle mögen, dabei schlau und fleißig. Sie weiß, dass er sie bewundert, aber sie hat das Gefühl, keinen rechten Kontakt zu ihm zu finden.

Er überschüttet sie mit seinen Gedanken über die Welt und das Elend des Lebens, sie vermutet, nicht aus Verliebtheit in sie, sondern weil er sich unwillkommen und missverstanden fühlt, ein Fremder in einem fremden Land. Sie kann ihn nicht ernst nehmen, was ihn mehr deprimiert als alles andere. Seine Seelen-Suche ermüdet sie, sie beginnt, ernsthafte Gespräche mit ihm zu vermeiden. Er schenkt ihr eine große schöne Malachitvase, die ihn ein Monatseinkommen gekostet haben muss. Wenn er elegisch wird, was oft geschieht, kühlt sie ihn ab: Sie wechselt sofort das Thema. Er fühlt sich dann unbehaglich, aber sicher tue sie ihm damit nur Gutes, meint sie.

Aber sie hilft ihm in der Kanzlei mit einem gutem Rat. Der Erste Sekretär Prinz Croy, den Bismarck selbst ausgesucht hat, ist unfähig. Holstein und der aufgeblasene

Schlözer hassen sich, und Frau von Bismarck bekommt mit, wie Croy Holstein sanft weiter aufstachelt, was Schlözer mit Zinsen zurückzahlt, alle drei reden schrecklich übereinander. Holstein hält sich an Croy, um die Anfangsgründe des konsularischen Schriftverkehrs zu lernen, bis Johanna ihm einmal sagt, ihr Mann habe bis Mitternacht noch seine Konzepte korrigiert, sie seien alle formal unbrauchbar gewesen. Er müsse sich mehr an Schlözer halten, Croy wisse nichts und könne daher auch niemanden unterweisen. Holstein vergisst es ihr nie, dass sie ihm geholfen hat.

Johannas Einfluss auf die Mitarbeiter der Kanzlei liegt im persönlichen Umgang und ist begrenzt. Anders steht es mit dem Hauspersonal. Hier zeigt sie sich als unerbittlich sittenstrenge Dienstherrin. Die Erzieherin Josephine, die seit sechs Jahren bei ihr ist, muss das Haus verlassen, weil sie die Welt mit »Drillingen oder Vierlingen« bereichern wird – sie ist schwanger und unverheiratet, eine Scheußlichkeit, ein Riesentheater, von dem Johanna seitenlang Frau von Eisendecher erzählt. Josephine sieht aus wie ein Elefant, unbegreiflich, wie sie sich so einschnüren konnte und dass es kein Unglück gegeben hat – »aber nein, solchen Würmern schadet nichts, sie werden lebendig geboren und leben fort, den schlechten Eltern zur Strafe«. Johanna hat ihr ein paar Sachen geschenkt für das Baby, »weil sie so schrecklich heulte und das arme Balg mich jammerte«. Johanna hat offenbar Babykleidung aus Pommern mitgebracht – vielleicht hoffte sie, noch ein Kind zu bekommen.

Johanna soll früh mit Kindern und Personal in die Sommerferien nach Pommern abreisen, im April oder im Mai. Sie will das aber nicht. Doch Otto will seinen privaten Zuschuss zum Leben im teuren Petersburg im Griff behalten.

Die Trauerzeit für die Kaiserinmutter und den preußischen König ist bald vorbei, dann gibt es keine Ausrede mehr dafür, dass der preußische Gesandte nicht zu Gesellschaften einlädt. Für Bälle ist im Palais zwar kein Platz, aber für Diners. 30000 Rubel bekommt er als Gesandter, 40000 muss er ausgeben, um ein standesgemäßes Leben zu führen. Seine persönlichen Ansprüche schraubt er nicht zurück: Kleider, seidene Hemden, Wäsche, sein Tafelsilber, seine Waffen, Wagen, Weine, Zigarren müssen von bester Qualität sein. Er duldet nichts Mittelmäßiges, und Johanna auch nicht.

Er will bis zum Herbst abwarten, wie weit seine Finanzen sich erholen, wenn er Frau und Kinder für den Sommer nach Pommern und die Pferde nach Ingermanland auf die Weide schickt. Wenn er zu wenig spart, muss er das schöne Haus am Kai verlassen – er wäre nicht der erste Diplomat, der Petersburg aus finanziellen Gründen aufgeben musste. Er verspricht Johanna, ihr zu folgen, sobald er Urlaub bekommt. Er will Brunnenkuren machen, damit seine empfindliche Haut sich beruhigt.

Dann wird Billchen krank. Ein kleiner Bär, den Bismarck aufziehen und in Reinfeld aussetzen will, hat ihn in den Finger gebissen. Bismarck hat im Winter zwei Bären geschossen, und seit Januar gibt es jeden Tag zum Frühstück Bärenschinken, auf den die Kinder ganz versessen sind. Die Schifffahrt ist noch geschlossen, es schneit wie Wolle, und die Eisfläche der Newa ist blendend weiß. Aber sobald das warme Wetter kommt, muss die Familie abreisen.

Johanna erklärt ihren Freundinnen die frühe Abreise in die Sommerferien mit Ottos Sorge um Billchen, der im vorigen Sommer hier krank geworden ist.

3.

Am 1. November sind sie wieder in Petersburg, und Johanna ist froh darüber. Ein langer schöner Sommer mit Otto in Reinfeld und an der Ostsee liegt hinter ihr, in dem aber immer neue Gerüchte sie aufgestört haben: Er soll Minister werden, Innenminister, Außenminister, er soll versetzt werden, nach Paris, nach London, plötzlich hieß es wieder Wilhelmstraße. Sie hätte manchmal »vor innerer Ungeduld in alle Tische beißen« mögen.

Ende September hat er sich für acht Tage aus Reinfeld verabschiedet und drei Wochen lang Freunde besucht. Von Zimmerhausen ist er schließlich direkt nach Königsberg zur Krönung König Wilhelms gefahren, wo sich entscheiden sollte, was aus ihm wird, und dort hieß es: schleunigst nach Petersburg. Wenn Otto Diplomat bleiben will, dann ist Petersburg der beste, sicherste Ort für seine Gesundheit, glaubt Johanna.

Auch den Kindern geht es gut in Petersburg. Sie hat aus Pommern eine Gouvernante mitgebracht, die Mariechen in Französisch und am Klavier unterrichtet. Marie reicht ihrer Mutter jetzt bis an die Stirn. Hübsch wird sie nicht, meint Johanna, doch sie hat einen lieben Ausdruck in den Augen und ist ein sanftes frommes Kind, das zwischen den streitlustigen Brüdern vermitteln kann. Herbert lernt nun außer Latein auch Griechisch und wächst sehr, er ist Johannas lieber guter Junge und ihr in vielem ähnlich, und Billchen bleibt trotz Seeluft und Sonne immer blass, zart und dünn wie ein Elfchen.

Johanna fühlt sich behaglich in Petersburg, ungeniert und entspannt. Mit Frau Bertheau fährt sie vormittags in einer kleinen Droschke umher und macht Einkäufe für den Haushalt. Der Attaché Holstein hört in den Salons, dass man das ungewöhnlich finde, man lächelt auch darüber, aber die vollkommene Gleichgültigkeit der Bismarcks imponiert doch manchem, vor allem da Bismarck ausgezeichnet beim Kaiser angeschrieben ist.

Er ist der einzige Gesandte, den Alexander II. im Winter zur Bärenjagd einlädt. Der Zar fährt jeden Dienstagabend mit kleiner Begleitung auf die Jagd. Meist schießt er selbst die Bären, aber auf der Jagd kommen Zar und Gesandter sich näher als bei anderen Gelegenheiten, der Umgangston ist leichter, vertrauter.

Doch für Bismarck ist es oft schwer, bei einer Jagd nur zuschauen zu dürfen, und so jagt er auf dem Land mit Holstein Wölfe und Bären. Bärenjagden sind seit der Eröffnung der Bahnlinie Petersburg–Moskau in Mode gekommen. Die Bahn hat ein ungeheures Jagdgebiet in einsamen Wäldern erschlossen, und für die Bauern gibt es einen neuen Handelszweig, den Bärenhandel. Holstein lässt ihn sich genau erklären: Ein Bär sucht sich beim ersten Schneefall eine Stelle für seinen Winterschlaf und damit wird er zur Ware, die einen Marktpreis hat. Dieser steigt, je näher das Winterlager der Eisenbahn und je größer die Fußspur des Bären ist. Anbieter sind reisende Agenten oder Bauern, die nach Petersburg fahren, Abnehmer sind das Jagdamt des Hofes, Diplomaten und ausländische Kaufleute. Zwischen Kauf und Jagd können Monate vergehen. Bezahlt wird, wenn der Bär liegen bleibt, bis es taut. Hat er die Höhle schon verlassen, wird nicht bezahlt.

In Petersburg folgt in diesem Jahr Fest auf Fest. Zweimal ist Johanna im Januar zu Bällen in den Winterpalast geladen, die so brillant sind, »wie meine unwissenden Augen sich dergleichen nimmer vorstellen konnten. Die Diamanten, mit denen ihre Majestät die Kaiserin geschmückt war, wurden von Sachverständigen auf 15 Millionen geschätzt«.

Die Damen tragen zu den Bällen duftige helle Seidenkleider mit weiten Stufenröcken über einer Krinoline, die Stufen sind wahre Kaskaden aus Spitze oder Voile, einem weichen fliegenden Stoff, den man auch für Schleier nimmt. Die Taille ist eng geschnürt und der Ausschnitt tief. Die Ärmel sind unterhalb der Schultern angesetzt und dreiviertellang, werden oft in Stufen weiter – alles an einer Dame bewegt sich, fliegt, ist zart und duftig. Die Frisuren sind eher streng, die Haare häufig in der Mitte gescheitelt und nach beiden Seiten geflochten oder leicht gebauscht nach hinten genommen und mit Perlenschnüren durchzogen oder mit Diamantensternen besetzt.

Johanna stöhnt wie alle Gesandtinnen über das stundenlange Stehen bei Empfängen und Bällen, über die Kälte in den Schlössern, über das Zeremoniell, das die Feierlichkeiten regelt und für jede Gelegenheit andere Kleider verlangt, über den finanziellen und zeitlichen Aufwand, den das erfordert. Stöhnen gehört in der Diplomatie dazu. Aber in Petersburg staunt sie auch über den exotischen Glanz der großen Welt.

Keudell gegenüber gibt sie das zu, ihrer Freundin Frau von Eisendecher dagegen – Kollegenfrau – versucht sie, wortreich zu versichern, dass nichts auf diesen Bällen sie beeindrucken könne, auch nicht die millionenschweren Diamanten, die der Kaiserin nachflimmern. 2500 Personen waren auf einem Ball: »Alle – Großfürstinnen und gewöhnliche Menschenkinder – wie 1000 Sonnen und Sterne, es war recht merkwürdig – aber ich blieb doch bei ganz klarer Besinnung!«

Auf allen Gesellschaften zieht man jetzt die Gesichter in künstlich getrübte Falten, wie Johanna sagt, und bedauert, dass die Bismarcks weggehen. Sie selbst wissen von nichts. Für Johanna wäre Berlin mit seinen Aufregungen in der Politik und am Hof für Ottos Gesundheit »das Schrecklichste der Schrecken«.

Mitte März besucht Keudell die Bismarcks noch einmal. Am Tag nach seiner Ankunft kommt Bismarck von einer Bärenjagd in 250 Werst – oder Kilometer – Entfernung zurück und ist so munter und frisch, wie Keudell ihn seit Jahren nicht gesehen hat. Er geht in einem Jägeranzug aus braunem Schafpelz, der auch mit Schafpelz gefüttert ist, im Salon auf und ab und erzählt von der verschneiten Waldwildnis, aus der er kommt: »Es geht nichts über Urwälder, in denen keine Spur von Menschenhänden zu finden.«

Abends kommen manchmal zwei kleine Bären in die

Wohnzimmer, über deren niedliche Bewegungen Familie und Gast sich freuen. Einmal setzt die Dienerin eine Schale mit Milch für eines der Tierchen auf die Türschwelle des Salons. Der kleine Bär beschnuppert die Schale, holt mit der rechten Tatze aus und schlägt von der Seite so heftig dagegen, dass sie an der nächsten Wand in Stücke springt. Alle müssen lachen. Später stellt sich heraus, dass die Milch sauer war.

Mit Herbert und Bill läuft Keudell Schlittschuh auf der Newa, bei hellem Sonnenschein und minus acht bis zehn Grad. Herbert und Kandidat Braune begleiten den Besucher auch zu Besichtigungen in die kaiserlichen Schlösser, und Bismarck führt ihn einmal in eine Gemäldegalerie – mehr aus liebenswürdiger Höflichkeit als aus einem besonderen Interesse für Bilder.

Am Abend des 11. März 1862 – an dem Tag, an dem in Berlin der König sich gegen eine weitere Zusammenarbeit mit den liberalen Ministern entscheidet – erhält Bismarck ein Telegramm, das seine Abberufung ankündigt. Er hat keine Ahnung, was der König mit ihm vorhat.

Sie müssen Abschied nehmen. Johanna macht täglich Visiten, nach vier Wochen hat sie fünfzig »überwunden« und noch neununddreißig vor sich. Eine angenehmere, bequemere Stellung werden sie nirgends finden, sie scheiden mit Wehmut, trotz der kalten Winter und der hohen Preise. Johanna wird Keyserling vermissen, »wenn ich mich in Paris oder sonst wo mit den langweiligsten Creaturen abquälen muß«.

Ausgerechnet an Ottos Geburtstag befiehlt Großfürstin Helene ihn und Johanna zu einem kleinen Diner. Auf Ottos Wunsch gibt es um drei Uhr nachmittags in der Gesandtschaft ein fröhliches Geburtstagsfrühstück mit sämtlichen Gesandtschaftsmitgliedern, Keyserling, Kindern und Lehrer, und um halb sieben fahren er und Johanna zu einer strahlend liebenswürdigen Helena. Sie versammelt ihre Gäste an einem kleinen runden Tisch um sich: die Bismarcks, Keyserling, Suworow – den Generalgouverneur von Estland, Lettland und Litauen – und ihre bevorzugte Hofdame Fräulein von Rahden. Johanna ist hingerissen davon, wie die Großfürstin eine so unbefangene, interessante, lustige Unterhaltung in Gang bringt, als wären sie alle der intimste Freundeskreis.

Der Abschied von der großen Welt wird glänzend und fröhlich. Johanna ist mit Otto in den Kaiserpalast zur Gratulationscour am Geburtstag des Zaren geladen und zum anschließenden Ball. Ihr ist es zu voll und zu heiß, aber sie lässt sich von angenehmen, bedauernden Abschiedsworten von rechts und links unterhalten und ihre Augen zum letzten Mal von den kaiserlichen Diamanten blenden. Der Zar drückt ihr und Bismarck wiederholt die Hand, der weiche herzliche Ton seiner wohlklingenden Stimme, mit dem er »aufrichtig lebhaft« bedauert, dass man sie nicht in Petersburg lassen will, rührt sie, und sein »Aber wir bleiben doch immer Freunde, nicht wahr?« ist herzlich und unwiderstehlich. Die Zarin ist »auch sehr freundlich mit huldvollster Umarmung, ebenso die Großfürstinnen Helene, Marie, Konstantine – es ging von einer Umarmung in die andere«.

Als Bismarck in Berlin eintrifft, am 10. Mai 1862, weiß er immer noch nicht, wohin der König ihn schicken wird. Gerüchte besagen, er sei als Ministerpräsident vorgesehen, aber Königin Auguste sei gegen ihn.

Bei den Landtagswahlen einige Tage vor seiner Ankunft haben die Liberalen 292 von 353 Sitzen gewonnen, die Konservativen nur noch elf. Das gefährdet die Heeresreform, an der dem König so viel liegt. Sein Kriegsminister Albrecht von Roon hat eine Gesetzesvorlage eingebracht, die eine Erhöhung des Militäretats vorsieht für eine Vergrößerung des stehenden Heeres, eine Verlängerung der Dienstzeit auf drei Jahre und für die Abschaffung der Landwehr. Liberale aller Richtungen sehen im geplanten Ende der Landwehr ein Zurückdrängen der Bürger im Staat und eine Stärkung von König und adligen Offizieren und lehnen das Gesetz ab. Die Verfassung sieht aber vor, dass der König und der Landtag Gesetze einvernehmlich beschließen. Niemand weiß, wie es weitergehen soll. Roon und andere Konservative wollen, dass Bismarck Ministerpräsident wird und den Liberalen entgegentritt. Er will das auch. Aber noch ist nichts entschieden.

Johanna ist mit Kindern, Personal und Gepäck von Ostpreußen allein nach Reinfeld gereist, er findet das tapfer von ihr. Die Pferde und die Bären wird ein Reitknecht mit dem Dampfer nach Stettin bringen, die Bären schenkt Bismarck dem neuen Zoo in Frankfurt. Vorsichtig stimmt er seine Frau darauf ein, dass er Minister in Berlin werden könnte. Zugleich wiegelt er ab: »Sollte ich Minister werden, so ist es eine günstige Fügung, daß wir möglichst viele Sachen nach Schönhausen bestimmt haben; denn länger als einige Monate würde das mit mir schwerlich dauern.«

Seine erste Audienz beim König zeigt ihm, dass man ernsthaft über seine Berufung verhandelt. Er führt Johanna ein Schrittchen weiter: »Unsre Zukunft ist noch ebenso unklar wie in Petersburg; Berlin steht mehr im Vordergrund; ich thue nichts dazu und nichts dagegen ...« Das stimmt nicht.

Doch Bernstorff, der Minister des Auswärtigen, will an einem Tag Minister bleiben, am nächsten ist er unentschlossen, und der König schwankt ebenfalls. Ein Ausweg wäre, Bismarck zum Minister ohne Portefeuille zu machen, ohne Geschäftsbereich, aber das lehnt er ab: Nichts zu sagen und alles zu tragen zu haben, in alles unberufen hineinstänkern und von jedem abgebissen, wo man wirklich mitreden will – nein, dem opfert er das Familienleben nicht, den Frieden und das »blaue Landleben«.

Er versucht, eine Entscheidung herbeizuführen und den König zu erpressen: Er verlangt vom König einen Posten oder seinen Abschied – und erhält drei Stunden später die Mitteilung, dass er Gesandter in Paris wird. Der König schafft ihn sich vom Hals. Allerdings höflich: Er ernennt ihn zum Major und teilt ihm am nächsten Tag bei einer Parade auf dem Tempelhofer Feld – beide sitzen zu Pferd – diesen Entschluss noch einmal persönlich mit und lässt durchblicken, dass die Berufung zum Minister damit nicht erledigt sei.

Der amtierende Ministerpräsident hat vor Bismarcks Abschiedsaudienz am 26. Mai einen Nervenzusammenbruch. In der Audienz sagt der König, Bismarck solle sich in Paris noch nicht fest einrichten, sondern abwarten. Bismarck versteht, dass er in wenigen Tagen oder Wochen telegraphisch zurückberufen wird. Noch am selben Tag reist er ab.

ABSTELLGLEIS PARIS

Otto von Bismarck ist verliebt. Er steht jeden Morgen im Hotel de l'Europe in Biarritz um sieben Uhr auf und schwimmt mit Catharina Orloff im Atlantik. Abends reiten sie am Strand, sehen die Sonne rot im Meer versinken und bewundern den Mond, der groß hinter den Bergen aufsteigt.

Bismarck hat sich in Paris gelangweilt. Das Telegramm, das ihn als Minister nach Berlin rufen sollte und das er in 8 bis 16 Tagen erwartet hatte, blieb aus. Er wusste nicht, was er mit sich anfangen sollte, die ersten Kollegen aus anderen Gesandtschaften fuhren schon in die Sommerferien. Er brachte es nicht fertig, Johanna zu gestehen, dass er darauf wartete, Minister zu werden. Sie fürchtet immer noch, Berlin werde seiner Gesundheit schaden. Nun log er, um ihren

Widerstand zu unterlaufen, taktierte: »Du kannst nicht mehr Abneigung gegen die Wilhelmstr. haben als ich selbst, und wenn ich nicht überzeugt bin, daß es sein m u ß , so gehe ich nicht. Den König unter Krankheitsvorwänden im Stich zu lassen, halte ich für Feigheit und Untreue.«

Er reiste zur Weltausstellung nach London. Wieder in Paris, beantragte er in Berlin einen längeren Urlaub, der bewilligt wurde – sechs Wochen. Ruhe in Reinfeld konnte er jetzt nicht ertragen, er war unruhig, wollte an den Atlantik, in die Normandie. Johanna war enttäuscht, drei Monate hatten sie sich nicht gesehen. Er erklärte ihr, er müsste sich auf der Reise nach Pommern in Berlin am Hof melden und dann, vielleicht wochenlang, auf die Erlaubnis des Königs zur Weiterreise warten – er könne die Stadt nicht verlassen, wann er wolle. Das war unbedacht von ihm: Johanna spricht jetzt vom »Wilhelmstraßen-Gefängnis«.

Er fuhr nach Norden, nach Trouville, und langweilte sich weiter. Er versuchte es mit dem Süden, reiste an die Loire, besichtigte Märchenschlösser, Chambord, Chenonceaux, reiste nach Bordeaux und trank berühmte Weine, reiste weiter nach Biarritz, nach San Sebastian – »jeder Balkon mit schwarzen Augen und Mantillen« –, dort kam er am 1. August an, an Bills Geburtstag. Er saß unter der Markise einer Bodega beim Rotwein und stellte sich sehnsüchtig vor, wie Johanna und die Schwiegereltern jetzt nach Tisch in der Vorhalle Kaffee tranken, und schilderte ihr das hohe wilde Gebirge im Baskenland und die wunderbaren Meeresbuchten und Felseninseln: »Ich wollte Dir ein Bild davon malen können, und wenn wir 15 Jahre jünger wären, so führen wir beide her.« Da er ja da war, musste das wohl heißen, dass er sie für eine solche Reise zu alt fand. Und wieder log er: »Von Berlin und Paris höre ich zu meiner Beruhigung kein Wort.« So ganz gefiel San Sebastian ihm nicht, obwohl er dort nackt baden konnte – er verabscheut das Gefühl eines nassen Badeanzugs auf der Haut –, und so kam er nach Biarritz zurück, in ein Eckzimmer mit Blick aufs Meer. Nun wollte er doch nach Pommern. Aber einen Tag vor seiner Abreise trafen die Orloffs ein: »Du kennst die Frau ja wohl aus Petersburg? Lustig, frisch und natürlich.«

Johanna verbringt den ganzen Sommer in »Reinfeld im blauen Ländchen«. Sie ist noch mit den Nachwehen des Umzugs beschäftigt. Die Wagen aus St. Petersburg sind in Stettin angekommen, sie korrespondiert mit der Speditionsfirma dort wegen fehlender Möbel und Kisten, muss vielleicht selbst hinfahren.

Sie schreibt Otto oft und liebevoll, und er antwortet ihr mit wunderbaren Schilderungen seiner Reisen, aber aus seinen Wünschen und Plänen wird sie nicht klug. Dürfte sie entscheiden, würden sie alle nach Paris gehen. Ihr gefällt es nicht, dass er allein durch Frankreich und in die Pyrenäen reist. »Ich finde mich äußerst tugendhaft, daß ich meinen lieben Bismarck nicht schleunig hergezogen, was mir wirklich recht schwer geworden, da wir schon so lange Wochen auseinandergerissen sind«, gesteht sie Marie Becker in Frankfurt, »ich glaube, mein Engel in Frankreich merkt die Uneigennützigkeit gar nicht, mit der ich ihm wohl thun wollte und mir weh!«

An dem Tag, an dem Otto Biarritz verlassen wollte, erzählt sie Keudell, zwei seiner sechs Urlaubswochen seien nun vergangen, und das Heimweh plage ihn so sehr, dass er die Badekur in Biarritz wohl ziemlich kurz halten werde.

Fürst Nikolai Orloff, der russische Gesandte in Brüssel, ist ein schöner dunkelhaariger Mann, liebenswürdig und charmant, sanft und herzlich. Er hat im Krimkrieg als junger Offizier ein Auge verloren und ist schwer am Arm verwundet worden. Er trägt eine schwarze Binde über der leeren Augenhöhle. Auch seine blonde Frau Catharina, eine geborene Fürstin Trubetzkoi, ist sanft, heiter und humorvoll. Sie ist in Frankreich aufgewachsen, spricht französisch, englisch, deutsch, kaum russisch, und ist eine gute Pianistin. Beide Orloffs möchten an der See ein einfaches sorgloses Leben führen.

Sie ist 22 Jahre alt und Bismarck, der jetzt 47 ist, verliebt sich sofort in sie. »Du weißt, wie mir das gelegentlich zustößt, ohne daß es Johanna Schaden tut«, schreibt er seiner Schwester Malle. Die Fürstin sei wie ein pommersches Fräulein mit der gleichen Abneigung gegen Hof und Salon wie Johanna, sei »ein Stückchen Marie von Thadden«.

Er verbringt jeden Tag mit den Orloffs und ihren Begleitern, der Gesellschaftsdame der Fürstin, ihrer alten Erzieherin, einem Freund der Familie und mehreren Hunden. Nach dem Schwimmen wandern sie über die Klippen und frühstücken in einer abgelegenen Schlucht hinter dem Leuchtturm. Sie sitzen unter Tamarisken im Gras, bei warmer stiller Luft, vor sich das Meer, »grün und weiß in Schaum und Sonne«, Orloff raucht und liest, Bismarck borgt sich von Catharina Briefpapier und schreibt Johanna, neben sich die »liebenswürdigste der Frauen bis auf Eine« – Johanna wäre von ihr begeistert. Am frühen Nachmittag um drei nehmen sie ein zweites Bad. »Nach jedem Bad fühle ich ein Jahr weniger auf dem alternden Haupte, und wenn ich es auf 30 bringen sollte«, erzählt er Johanna, »so siehst Du mich als Göttinger Studenten wieder.« Und: »Ich bin ganz Seesalz und Sonne!« Der Arzt sagt, wenn die Bäder wirken sollen, müsse er noch vier Wochen bleiben.

Um fünf isst er mit den Orloffs zu Mittag, und danach spielt die Fürstin ihm am offenen Fenster über dem Meer seine Lieblingsmusik vor, Beethoven, Schubert, Chopin. Abends reiten sie am Strand oder liegen im Heidekraut auf der Spitze der Leuchtturmklippe, über sich die Sterne, ringsum die schäumenden Wellen, die im Seeleuchten aufblitzen. Catty liebt den sonoren Ton der Brandung. Sie adoptiert ihn als ihren Onkel, er nennt sie Nichte, Katsch, Catty, und Orloff lacht darüber.

Bismarck erzählt Johanna nicht alles. Er weiß, wie sie sich aufregen kann.

Auf einem ihrer Ausflüge wollte Catty mit ihm auf einer mehrstöckigen römischen Wasserleitung über ein Tal gehen. Anfangs war es leicht, dann fehlte eine Steinplatte, die Mauer wurde schmal und unsicher. Als es gefährlich wurde, konnte Bismarck Catty gerade noch umfassen und mit ihr in die tiefe Wasserrinne springen. Beide fielen hin, verletzten sich aber nicht.

Beim Schwimmen an einem unbewachten Strand wären sie ertrunken, wenn der Leuchtturmwächter Pierre Lafleur sie nicht gerettet hätte. Eine starke Strömung zog sie hinaus ins Meer. Der Leuchtturmwärter sah sie, schwamm hinterher und holte die Fürstin an Land. Als er sie auf den Strand legte, war sie bewusstlos. Bismarck trieb weiter ab und fuchtelte mit den Armen um Hilfe. Lafleur schwamm wieder hinaus. »Es war nicht leicht, den fast leblosen Körper eines Mannes von 1,90 m Körpergröße und 100 Kilo Gewicht zu bergen«, steht seitdem in der Chronik des Komitees der baskischen Rettungsschwimmer.

Die Frau des Leuchtturmwächters, die Badefrau Jeanne, ist schwanger, und Bismarck und die Fürstin Orloff bitten darum, Paten des Neugeborenen zu werden. Ein Mädchen soll nach der Fürstin Cathérine-Anne, ein Junge nach Bismarck Othon-Edouard heißen. Die Geburt wird für Mitte November erwartet.

Als die Orloffs am 1. September aufbrechen, reist Bismarck mit ihnen. Sie wollen in den Pyrenäen reiten und die Welt vergessen. Die Nacht vom 4. auf den 5. September verbringen sie in Nebel und Schnee hoch oben auf dem Pic du Midi in einer Blockhütte. Der Ofen raucht und wird zu heiß, Orloff und Bismarck lesen abwechselnd Byron, das einzige Buch, das sie mitgenommen haben, und machen

Unsinn. Dann wickeln sie sich in Decken und legen sich auf den Boden. Bismarck hat seinen Urlaub eigenmächtig verlängert – wie als junger Referendar.

Johanna liest Ottos wunderbare Briefe, auch den mit den Initialen C.O. Er sieht alles, was sie auch so gerne sehen, unternimmt, was sie auch so gerne mit ihm unternehmen würde. Sie wird krank und elend, findet sich alt und hässlich und sagt laut, sie gönne ihm das unbeschwerte Glück. Keudell schreibt sie, »wenn ich Anlage zu Neid und Eifersucht hätte, könnte ich mich jetzt wahrscheinlich bis in tiefste Abgründe von diesen Leidenschaften tyrannisieren lassen. In meiner Seele ist aber gar kein Stoff dazu vorhanden, ich freue mich nur immer ganz ungeheuer, daß mein lieber Gemahl die reizende Frau dort gefunden ohne deren Gesellschaft er nimmer so lange Ruhe auf einem Fleck gehabt hätte und dann nicht so gesund geworden wäre, wie er's in jedem Briefe rühmt.« Als Braut hat sie versprochen, nie wieder eifersüchtig zu sein.

Aber sie ist tief gekränkt, und sie muss einen Weg finden, mit der Kränkung fertig zu werden und auch mit ihrer Wut. Sie hat sich einmal Frau von Eisendecher gegenüber erregt über »die Sittenverderbnis unserer Zeit mit dem steten Bedürfnis der Courmacherei. Wozu heirathen die abscheulichen Menschen eigentlich – wenn sie doch unmöglich mehr ihrem rechtlich angetrauthen Eheherrn die Treue bewahren können und wollen!« Ihre Erziehung verlangt von ihr Selbstbeherrschung, Verschwiegenheit und Frömmigkeit. Eine Frau soll ihre eigenen Wünsche und Ansprüche bescheiden und klaglos zurückhalten und Gott vertrauen. Er hat alles so gewollt.

Als Keudell für einige Tage zu Besuch nach Reinfeld kommt, findet er Johanna »verändert und recht gedrückt«. Sie versucht, sich nichts anmerken zu lassen, aber er fühlt, wie sie leidet. Es gibt Gerüchte, sie habe anonyme Zuschriften wegen der Liebelei ihres Mannes erhalten und einen Zeitungsausschnitt aus Biarritz, den der Badearzt geschickt haben soll.

Johanna wird unruhig, als von Otto keine Briefe mehr kommen, und schließlich schreibt sie ihm: »Deine C. Orlow hat Dich nun wohl verlassen und Du bangst Dich schrecklich, mein Ottochen – ich habe das tiefste Mitgefühl, weil ich weiß, wie gräßlich bangen nach lieben Menschen ist; aber ich freue mich doch auch so sehr, daß Du mit Gottes Hilfe nun bald bei uns sein wirst, daß eigentlich die Orlow's nicht sehr mein Herz beschwert. Ich danke es ihr herzlich, daß sie Dich so reizend unterhalten.«

Bismarck fährt mit den Orloffs nach Toulouse. Jetzt denkt er wieder an Berlin. Er will endlich eine Entscheidung und wendet sich an Roon, den Kriegsminister, der ihn als Ministerpräsidenten sehen will: »Meine Sachen liegen noch in Petersburg und werden dort einfrieren, meine Wagen sind in Stettin, meine Pferde bei Berlin auf dem Lande, meine Familie in Pommern, ich selbst auf der Landstraße.« Er sei zufrieden, Sr. Majestät Gesandter in Paris zu sein, und bitte nur um die Gewissheit, dies zwölf Jahre bleiben zu können. Außerdem wolle er seine Familie nach Paris kommen lassen.

Am selben Tag trifft ein Brief von Roon ein: Es stehe auf Biegen und Brechen, der König sehe nur die Wahl, ohne genehmigten Haushaltsplan zu regieren oder die Krone niederzulegen.

Bismarck fährt mit den Orloffs weiter nach Avignon, schickt Johanna nur ein kurzes Lebenszeichen. Catty pflückt für ihn zum Abschied einen Olivenzweig, den er in seine Zigarrentasche legt und immer bei sich tragen will.

Am 16. September ist er in Paris, und am 18. bekommt er ein Telegramm: »Periculum in mora. Dépêchez vous. L'oncle de Maurice Henning.« In Verzögerung liegt Gefahr. Beeilen Sie sich. Der Onkel von Moritz Henning – das ist

Roon: Der zweite Vorname von Moritz Blanckenburg lautet Henning.

Am nächsten Morgen sitzt Bismarck im Schnellzug und ist 24 Stunden später in Berlin.

Johanna hat seinen Gruß aus Avignon bekommen. Sie ist froh, daß er sich von den Orloffs getrennt hat, »ich gönnte sie Dir so sehr und freute mich fortwährend Deiner Freude dort, aber ich bin doch sehr glücklich, Dich wieder im Lande zu wissen. Einige Male war ich recht schrecklich elend und bangte mich so heiß nach Dir, in der Angst, daß ich sterben würde, ohne Dich noch einmal gesehen zu haben.«

Es sei wunderschön, dass er gesund sei und sich nett amüsiert habe, Gott möge ihm über den Abschiedsschmerz hinweghelfen, »es thut mir herzlich leid, aber es ist nichts dabei zu thun – und Du mußt Dich in dem Gedanken trösten, daß kein Glück auf dieser Erde vollkommen ist – «.

Wieder muss Bismarck auf Nachricht aus dem Schloss warten. Die führenden Konservativen sind bei ihm – Albrecht von Roon, Hans von Kleist-Retzow, Moritz von Blanckenburg und im Hintergrund, in Briefen aus Magdeburg, Ludwig von Gerlach –, Johannas Verwandtschaftskreis, die Erweckten aus Pommern.

Der Kampf um das Geld für eine Heeresreform hat sich verschärft und ist zum Verfassungskonflikt geworden, zum Kampf um die Verteilung der Macht in Preußen. Die Verfassung, die vorsieht, dass König und Landtag alle Gesetze einvernehmlich beschließen, sieht nichts für den Fall vor, dass König und Landtag sich nicht einigen. Alle Kompromisslösungen sind ausgelotet und verworfen worden. Der König will nicht nach dem Willen einer Landtagsmehrheit regieren, findet aber keine Minister mehr, die gegen den Parlamentswillen handeln wollen. Er hat seine Abdankung angedeutet und den Kronprinzen aus Thüringen zu sich gerufen. Der Kronprinz hat abgelehnt, unter diesen Umständen König zu werden, und Berlin wieder verlassen.

Der König ruft Bismarck am 22. September zu sich nach Babelsberg und spricht lange mit ihm allein – im Park, wo niemand zuhören kann. Er fragt, ob Bismarck bereit sei, als Minister für die Heeresreform zu kämpfen und sie selbst gegen die Mehrheit des Landtags durchzusetzen. Bismarck sagt ja, und der König sagt, dann sei es seine Pflicht, den Kampf weiterzuführen. Bismarck will für die Herrschaft des Königs kämpfen und eine Herrschaft des Parlaments verhindern. Er sagt: Wenn der König ihm Dinge befehlen sollte, die er nicht für richtig halte, wolle er ihm seine Meinung offen entwickeln, aber wenn der König auf seiner Meinung beharre, wolle er »lieber mit dem Könige untergehn, als Eure Majestät im Kampfe mit der Parlamentsherrschaft im Stiche lassen«.

Der König entscheidet sich noch am selben Tag, Bismarck zum Ministerpräsidenten zu ernennen, einen Mann, vor dessen Außergewöhnlichkeit er und seine Familie sich fürchten. Die königliche Familie weiß seit Mitte Juli, dass Wilhelm vielleicht Bismarck zum Minister macht. Kronprinzessin Viktoria hörte es zufällig, die Bismarck als »Schurken« und »Bösewicht« verabscheut, von ihr erfuhr es Kronprinz Friedrich Wilhelm, der ihn für einen »unwahren Charakter« hält, und er sagte es seiner Mutter, Königin Auguste: »Arme Mama, wie bitter wird sie gerade dieses Todfeindes Ernennung schmerzen!« Jetzt hat sie in einem langen Memorandum zusammengefasst, was gegen Bismarcks Ernennung spricht. Sie berichtet von seinem hochverräterischen Ansinnen im März 1848 und seinen Verbindungen zu allen reaktionären Kreisen, die gegen eine liberale Entwicklung Preußens arbeiten.

Bismarck hat die Königin nie verraten, die damals selbst regieren wollte, doch am Tag seiner Ernennung sagt er: »Ja, im Sattel sitze ich, aber – wie lange sie mich darin läßt, das ist die Frage!« Am 23. September wird er Ministerpräsident von Preußen und im Oktober soll er auch Minister des Auswärtigen werden. Sein Ziel ist in all seinen Abgeordneten- und Diplomatenjahren das gleiche geblieben: Adel und König stärken und Preußens Einfluss vergrößern.

Seine Ernennung steht schon in allen Zeitungen, ehe er Johanna schreibt. Er zeigt sich vor ihr nicht als Kämpfer, der stolz erreicht hat, wofür er jahrelang arbeitete, sondern als Opfer. Sie beide müssten tragen, was Gott von ihnen verlange, »unser« Elend. Er erschrecke jedes Mal darüber, wenn er morgens aufwache – einmal bislang –, aber »es muß sein«. Er könne ihr jetzt nicht mehr schreiben, er sei von allen Seiten umlagert mit Geschäften jeder Art. Wenn der erste Sturm vorüber sei, werde er sie bitten, herzukommen. »Jetzt muß ich ausfahren. Herzliche Grüße an Eltern und Kinder, und ergieb Dich in Gottes Schickung, leicht ist die Sache mir ohnehin nicht.«

Johanna informiert am selben Tag ahnungslos Keudell darüber, dass das Schicksal der Familie sich in diesen Tagen entscheiden werde. Bismarck habe ihr aus Berlin gesund, aber sehr missgestimmt geschrieben, weil er tobend fürchte, »am Ende ganz dort hängen zu bleiben, was ihm einen gleichen Schauder giebt wie mir. Gott mög's fügen, wie es heilsam für uns ist – man hat nach all' der langen Bummelei gar keinen Willen mehr, und ich flehe nur d r i n g e n d, daß es gut werde für Bismarck und die Kinder – ich bin wirklich sehr Nebensache und stets zufrieden, wo die V i e r glücklich und gesund sind. Das weiß Gott!«

Johanna, die sich durchgerungen hat, Nebensache zu sein, wird Mitte Oktober nach Berlin gerufen, weil Bismarck die künftige Wohnung mit ihr ansehen will. Sie hat »bitterwenig« von seiner Gesellschaft und fährt nach Reinfeld zurück, als er nach Paris reist, um sich bei Napoleon III. als Gesandter abzumelden.

In Paris besucht er die Eltern von Catharina Orloff, die etwas kühl zu ihm sind, und isst mit Nikolai und Cathy in der Stadt. Doch Johanna bekommt keinen der Stoffe, die sie für ein neues weißes Kleid haben möchte, das sie jetzt braucht – sie hat ihm, wie immer, ihre Wünsche genannt, die Aufträge einer Frau, die auf dem Land lebt und nicht lange genug in Berlin ist, um sich etwas Besonderes besorgen zu lassen: eine Krinoline in Eau de Nil, einem blassen Grün, einen schwarzen Kaschmirschal mit langen Fransen, zehn Ellen weiße Seide Moiré antique, zwanzig Ellen lichtweißen Damast ohne Muster und einen Fächer, der wirklich rasselt. Otto hat ihre Bestellung einem Attaché weitergegeben, aber zu spät, am Tag vor seiner Abreise waren alle Läden wegen Allerseelen geschlossen.

»Wie werde ich mich freuen, Sie endlich nach fast 4 Jahren wieder zu sehen«, schreibt Johanna Frau von Eisendecher. »Schreiben Sie mir bald bitte, bitte – nach Wilhelmstr. 76 Auswärtiges Ministerium.«

WILHELMSTRASSE NR. 76

FAMILIENLEBEN IM MINISTERIUM

1.

In Berlin hat sich die Bevölkerung verdoppelt, seit der Abgeordnete Bismarck-Schönhausen mit seiner jungen Frau hier lebte. Vom Land strömen Männer und Frauen in die Stadt und suchen Arbeit in den neuen Fabriken, im Maschinenbau, im Textil- und Bekleidungsgewerbe, unverheiratete Frauen auch in Haushalten. Die Bürger sind fleißig und erfindungsreich, und die Stadt wächst.

1862 wird ein neuer Bebauungsplan viel diskutiert. Baurat Hobrecht hat Straßen und Wohnungen für 1,5 bis 2 Millionen Menschen geplant, Trinkwasserleitungen und Kanalisation – in Kellerwohnungen und Adelspalästen lebt man noch beim Schein von Öllampen, das Trinkwasser kommt aus privaten Brunnen, und der Inhalt der Nachttöpfe landet im Unterlauf der Spree. Der König wünscht einen Ring von Prachtstraßen um die Stadt – Promenaden, auf denen die Bürger mit ihren Familien im Schatten von grünen Bäumen frische Luft genießen können. Hobrecht hat Boulevards vorgeschlagen, die Namen berühmter Generäle aus den Befreiungskriegen tragen sollen: Tauentzien, Kleist, Bülow, Yorck, Gneisenau. Zu diesem »Generalszug« gehören Plätze, die an die preußischen Siege von 1813/14 erinnern: Wittenbergplatz, Nollendorfplatz, Dennewitzplatz.

Überall in der Stadt sieht man Baustellen, Arbeiter mit Spaten und Schaufel, Maurer mit Lederschürzen. Lange Reihen von Pferdewagen bringen Baumaterial, die Kutscher fluchen und knallen mit den Peitschen, unten auf den Kanälen legen Lastkähne mit Bauholz an. In der Dorotheenstadt entstehen Universitätsinstitute, an der Französischen Straße ein dreistöckiges Haupttelegraphenamt, in der Zimmerstraße Bauten für Zeitungsverlage. Das größte Aufsehen erregt der riesige Neubau des Rathauses. Über 25 Häuser sind dafür abgerissen worden, es wächst aus Granit und rotem Sandstein im Stil der italienischen Renaissance, eines Zeitalters selbstbewusster Bürger, und sein 74 m hoher Turm wird das Schloss überragen.

Die Wilhelmstraße wird allmählich zur feinsten Adresse für die Reichen und die Einflussreichen. Fünf Ministerien liegen hier, Gesandtschaften, Paläste von Mitgliedern der königlichen Familie und von Großunternehmern, die durch Eisenbahnbau und Industrie reich geworden sind. Der Soldatenkönig Friedrich Wilhelm I., der die Straße in seiner neuen Friedrichstadt anlegen ließ, befahl damals, zwischen den Linden und der Leipziger Straße große Grundstücke abzustecken und sie Staatsdienern zuzuweisen – das war eine Gnade, die keiner ausschlagen konnte. Oberst Wolff Adolph von Pannewitz musste das Palais Wilhelmstraße 76 im Jahr 1737 bauen. Es liegt in einer Reihe mit anderen Adelspalais an der öden baumlosen Straße. Der Staat hat es als Haus für Staatskanzler Hardenberg gekauft, 1819, als Staatskanzlei und als Ministerium des Auswärtigen.

Das Auswärtige Amt ist das einfachste Haus in der Wilhelmstraße, findet Bismarck. Zwar hat der berühmte Oberlandesbaudirektor Karl Friedrich Schinckel es modernisiert, aber das ist auch schon über zwanzig Jahre her. Es hat einen erhöhten Keller, zwei Stockwerke und ein hohes barockes Dach. Jedes Stockwerk hat neun Fenster, vier Halbsäulen betonen die mittleren drei Fenster und stützen einen Schmuckgiebel. Die Eingänge liegen in zwei kleinen Seitengebäuden rechts und links vom Haus, hohe Doppeltüren mit Kandelabern, die linke führt zur Prunktreppe im Haupthaus und nach hinten zu den Büroräumen im Seitenhaus.

Von hinten ist das Haus entschieden reizvoller als von vorn. Die beiden niedrigen Seitengebäude bilden hier mit dem Haupthaus einen Hof, den ein großer Ahorn beschattet. Gestreifte Markisen in der Form kleiner Dachgauben schützen die Fenster auch seitlich vor der Sonne. An der Wand des linken Seitengebäudes gibt es einen Brunnen, eine Kellertür für die Lieferungen von Kohle, Holz, Kartoffeln, von Bierfässern und Weinkisten, und daneben Bismarcks »Depeschentür«, an der noch spät in der Nacht ein Reiter Depeschen abgeben kann. Hinter allen Palais auf dieser Straßenseite erstrecken sich lange schmale Gärten mit Spazierwegen in kleinen Rasenflächen, mit Obstbäumen, Blumen- und Gemüsebeeten – die Ministergärten. Das Auswärtige Amt hat ein Gärtnerhaus an der Mauer, die den Garten abschließt. Hinter der Mauer fahren Güterzüge der Berliner Verbindungsbahn von einem Kopfbahnhof zum anderen.

Auch im Innern merkt man dem Haus sein Alter an: Es hat keinen Flur. Im Erdgeschoss sind die Büros der Vortragenden Räte, Schreiberzimmer, Konferenzzimmer, im ersten Stock die Empfangsräume des Ministerpräsidenten und seiner Frau, sein Arbeitszimmer, ihr Salon. Die Anordnung der Räume betont die Einheit von adligem Amt und adliger Familie, von Arbeit und Repräsentation. Gäste kommen vom großen Treppenhaus in das ovale Chinesische Zimmer im Seitenhaus, links von der Straße aus gesehen. Seine gelben Seidentapeten mit Blumen streuenden Tänzerinnen sind kostbar, und kostbar sind auch die Möbel, die dem Staat gehören, es wird als festliches Speisezimmer für große Diners und als Sitzungszimmer genutzt. Daneben liegt ein kleines Speisezimmer, es folgen das Ministerratszimmer und Bismarcks Arbeitszimmer, ein eher kleiner Raum mit einem großen Mahagoni-Schreibtisch und einem geschwungenen Armstuhl – das Zylinderbüro aus St. Petersburg und ein neuer Schreibtisch aus Paris haben die Umzüge nicht überstanden. Hinter Bismarcks Arbeitszimmer und ebenfalls mit dem Fenster zur Straße liegen sein Schlafzimmer und sein Ankleidezimmer.

Für die Gäste der Ministerpräsidentin gibt es zur Gartenseite, wieder vom großen Treppenhaus aus gesehen, ein Vorzimmer, einen kleinen Salon, einen großen Salon – das Wohnzimmer – und das kleine Kabinett der Ministerpräsidentin. Von ihrem Kabinett aus geht es ein paar Stufen hinab in das rechte Seitengebäude zum Schulzimmer, in dem die Jungen Herbert und Bill mit Kandidat Braune arbeiten, und dahinter zu Schlafzimmern. Gäste erinnern sich später, wie Johanna zur Schlafenszeit mit ihrer weichen Stimme vom Salon aus »Jüngchen! Zu Bett!« in das Kabinett hineinrief, und die Herren erinnern sich an ernste Gespräche in Bismarcks Arbeitszimmer, bei denen sie das Toben der Söhne im kleinen Treppenhaus hörten.

2.

Das Gleichgewicht in der Ehe stimmt nicht mehr, seit Johanna auf ihren Mann wartete und er ihr von einer anderen vorschwärmte. Sie fühlt sich ihm verbunden in Zeit und Ewigkeit, und trotzdem verändert seine Verliebtheit in eine Frau, die ihr in vielem ähnlich ist und vieles besser kann als sie, ihr Verhältnis. Johanna sucht eine neue Rolle in ihrer Ehe, ein neues Verständnis ihrer Liebe zu ihm. Sie hat sich als Nebensache bezeichnet, aber das ist mehr ein Ziel ihrer pietistischen Selbsterziehung als eine Tatsache, ist ein Liebes- und Tugendprogramm. Ihre Religion und ihre Erziehung zielen auf Demut und Selbstverleugnung, doch damit hatte sie schon als Verlobte die größten inneren Schwierigkeiten. Sie ist stark in der Liebe, stark im Hass, stark in der Freude. Sie braucht in ihrer Ehe eine neue Gewichtsverteilung, die ihr wieder Bedeutung gibt. Doch sie hat jetzt wenig Muße zum Nachdenken. Das neue Leben mit seinen neuen Aufgaben überrollt sie beide.

Das Echo auf Bismarcks Ernennung zum Ministerpräsidenten ist vernichtend. Über dreißig Zeitungen erscheinen in Berlin und fast alle teilen die Meinung der Liberalen: Bismarck ist ein »wahrer aristokratisch-feudaler Unhold«, ein »serviler Landjunker«, »der schärfste und letzte Bolzen der Reaktion von Gottes Gnaden« und »ein Abenteurer von allergewöhnlichstem Schnitt«.

Am Tag seiner Ernennung hat das Abgeordnetenhaus mit 308 gegen 11 Stimmen den Etat für die Heeresreform endgültig abgelehnt. Edwin von Manteuffel, der Generaladjutant und Berater des Königs, will den Verfassungskonflikt mit dem Abschaffen der Verfassung lösen. Bismarck setzt auf einen Kompromiss. Er zieht den Haushaltsentwurf für 1863 zurück und kündigt an, ihn in der nächsten Sitzungsperiode mit einem neuen Gesetz zur Dauer der Dienstpflicht wieder vorlegen zu wollen.

Eine Woche nach seiner Ernennung spricht er im Haushaltsausschuss, am 30. September 1862. Er will die aufgebrachten Gemüter beruhigen und sagt, der Konflikt werde zu tragisch aufgefasst und von der Presse zu tragisch dargestellt. Die Regierung suche keinen Kampf – wenn die Krise mit Ehren beendigt werden könne, so biete die Regierung gerne die Hand dazu. An dieser Stelle holt er sein Notizbuch aus der Tasche und hält den Olivenzweig hoch, den Catharina Orloff für ihn in Avignon gepflückt hat. Aber dann sagt er: »Nicht auf Preußens Liberalismus sieht Deutschland, sondern auf seine Macht« und »nicht durch Reden oder Majoritätsbeschlüsse werden die großen Fragen der Zeit entschieden« – und jetzt folgt, was lange an ihm hängen bleibt: »sondern durch Eisen und Blut«.

Die liberale Presse stürmt vor Entrüstung. Bismarck glaubt, nur Selbstverständliches gesagt zu haben: Preußens Einfluss in Deutschland hänge nicht von seinem Parlament ab, sondern von der Größe seines Heeres. Nun heißt es, mit Bismarck drohe eine Gewaltherrschaft, die er auf außenpolitische Abenteuer stützen wolle, er sei ein Kriegstreiber.

Auch die konservativen Pietisten, die ihn ins Amt geschoben haben, sind außer sich – aus genau dem entgegengesetzten Grund: Er ist ihnen zu friedlich. Sie stört die Hoffnung auf Versöhnung, von der er im Landtag gesprochen hat. Gerlach und Kleist-Retzow wollen den Kampf gegen die Liberalen um die ungehinderte Regierungsgewalt des Königs weiter anheizen – Gott ist mit ihnen. Bismarck soll sich nicht auf seine eigene Klugheit verlassen, er soll in allen Stücken allein auf den Herrn sehen und täglich beten: »Herr, hilf mir«. Kleist soll jetzt über Bismarcks Gewissen wachen.

Bismarck erkennt, dass er seine Amtszeit mit einem Fehler begonnen hat. Nach der Rede beruhigt er Johanna und sich selbst: »Gott der Herr hat mich noch in keiner unerwarteten und ungesuchten Lage verlassen, und mein Vertrauen steht fest, daß Er mich auch auf dieser Stelle nicht wird zu Schanden werden lassen, auch an Gesundheit nicht.«

Ihm ist klar, dass er in Gefahr ist: Er ist erst vorläufig zum Ministerpräsidenten ernannt worden. Der König ist in Baden-Baden bei Königin Auguste, die Geburtstag hat. Als es heißt, er sei unterwegs nach Berlin, fährt Bismarck ihm bis Jüterbog entgegen, um ihn auf die Reaktionen auf die Rede vorzubereiten. Der neue Bahnhof ist noch nicht fertig, Bismarck sitzt im Dunkeln auf einer umgestürzten Schubkarre und wartet.

Der König fährt allein in einem Erste-Klasse-Abteil und ist bedrückt. Als Bismarck um die Erlaubnis zum Vortrag bittet, unterbricht er ihn: »Ich sehe ganz genau voraus, wie das alles endigen wird. Da, vor dem Opernplatz, unter meinen Fenstern, wird man Ihnen den Kopf abschlagen und etwas später mir.«

»Et après, Sire?«, sagt Bismarck, und danach?

»Ja, après, dann sind wir tot!«

»Ja«, sagt Bismarck, »dann sind wir tot, aber sterben müssen wir früher oder später doch, und können wir anständiger umkommen?«

Je länger er so spricht, umso lebhafter wird der König. Wilhelm fühlt sich in die Rolle des Offiziers hinein, der für Königtum und Vaterland kämpft. Bismarck schätzt ihn als idealen Typus des preußischen Offiziers ein, der dem Tod im Dienst mit einem einfachen »Zu Befehl« furchtlos entgegengeht, der aber Kritik fürchtet, wenn er auf eigene Verantwortung handeln soll.

Bismarck erreicht sein Ziel. Der König ernennt ihn am 8. Oktober endgültig – ihn, dem er nicht traut und gegen den seine engste Familie ist. Aber er hat keine andere Wahl mehr.

Bismarcks Versuch, sich mit dem Parlament zu verständigen, ist gescheitert, er geht jetzt auf Gegenkurs. Er vertagt das Abgeordnetenhaus und verkündet eine Regierung ohne genehmigten Haushalt. Er erklärt allerdings, er wolle die Verfassung nicht umstürzen, sondern gegebenenfalls die nachträgliche Genehmigung des Haushalts erbitten. »Aller Anfang ist schwer«, schreibt er Johanna nach Reinfeld, »mit Gottes Hilfe wird es besser werden und ist ja auch so recht gut; nur das Leben auf dem Präsentierteller ist etwas unbehaglich.«

Sie macht sich Sorgen um seine Gesundheit und ist wütend auf die Demokraten, die ihn so aufregen, dass er nicht schlafen kann. Auch der Pastor in Alt-Kolziglow macht sich Sorgen um Heinrich von Puttkamers Schwiegersohn und betet nach der Neujahrspredigt 1863 mit der Gemeinde um reichen Segen für den Gutsherrn Puttkamer, sein Haus und den König, damit der »demokratische revolutionäre Schwindel mit Gottes treuer Hilfe siegreich überwunden wird«.

Das Abgeordnetenhaus tritt Mitte Januar wieder zusammen. Johanna ist nun in Berlin. Cousinen und Freundinnen gegenüber ist sie in allem verschwiegen, was Politik auch nur streifen könnte, aber Keudell beschreibt sie ihren Ehealltag. »Diesen Schwirr von früh bis spät jeden und jeden Tag vertrage ich kaum. Ich werde allgemach unausstehlich dabei und die Sorge um Bismarck seufzt ununterbrochen in kläglichsten Molllauten durch mein Herz«, klagt sie ihm. »Man sieht ihn nie und nie – morgens beim Frühstück fünf Minuten während Zeitungsdurchfliegens – also ganz stumme Scene. Drauf verschwindet er in sein Kabinet, nachher zum König, Ministerrath, Kammerscheusal – bis gegen fünf Uhr, wo er gewöhnlich bei irgend einem Diplomaten speist, bis 8 Uhr, wo er nur en passant Guten Abend sagt, sich wieder in seine grässlichen Schreibereien vertieft, bis er um halb zehn zu irgend einer Soiree gerufen wird, nach welcher er wieder arbeitet bis gegen ein Uhr und dann natürlich schlecht schläft. Und so geht's Tag für Tag – Soll man dabei nicht elend werden vor Angst und Sorge um seine armen Nerven …« Und sie fügt hinzu: »Wie sich das Demokraten-Volk gegen meinen besten Freund benimmt, lesen Sie hinlänglich in allen Zeitungen. Er sagt, es sei ihm ›nitschewo‹, aber ganz kalt lässt es ihn doch nicht«.

Bismarck ist jetzt nichts ›nitschewo‹ – gleichgültig. Er muss seine Regierung verteidigen, das hat er dem König versprochen. Wieder hält er eine Rede im Abgeordnetenhaus und zieht die Abgeordneten Schrittchen für Schrittchen auf den Weg seiner Gedanken. Wenn ein Gesetz rechtsgültig zustande kommen soll, sagt er, müssen Krone, Herrenhaus und Abgeordnetenhaus ihm zustimmen. Die Verfassung sieht nicht vor, was geschehen soll, wenn eine dieser drei Gewalten nicht einverstanden ist. Die drei müssen sich also auf einen Kompromiss einigen. Wenn ein Kompromiss aber nicht zustande kommen kann, so wird aus dem Konflikt eine Machtfrage. Macht hat nur der König: »Wer die Macht in Händen hat, geht dann in seinem Sinne vor, weil das Staatsleben auch nicht einen Augenblick stillstehen kann.«

Die Abgeordneten sind empört. Das Parlament nimmt mit 255 zu 68 Stimmen eine Adresse an den König an, mit der es der Regierung Verfassungsbruch vorwirft.

Bismarck hat eine Einladung von Catharina Orloff zu einem Ball am Valentinstag, am 11. Februar, in Brüssel bekommen, und er bittet sie »um das Almosen eines kleinen Briefes, damit ich weiß, wie es Ihnen geht und daß Sie Ihren armen Onkel nicht völlig vergessen haben. Ich schleppe die Bleikugel meiner Amtsmisère mit so viel Anstand wie möglich.« Er war gerade zwei Tage zur Jagd und kann nicht zu ihrem Ball kommen, weil er an diesem Tag selbst einen Ball gibt, aber seine Gedanken sind oft in Brüssel, besonders wenn er seinen täglichen Ausritt macht: »Wenn die Seele wirklich die Fähigkeit hat, die man ihr zuschreibt, ihre Empfindungen durch die Weite des Raumes schwingen zu lassen, dann müssen Sie täglich wenigstens von 3 bis 4 Uhr fühlen, daß ich an Sie denke. Tausend Grüße an Nikolai. Ganz der Ihrige, meine liebe Nichte, küsse ich Ihre schönen Hände. v. Bismarck.«

Herr und Frau von Bismarck sind jeden Tag zu langen, üppigen Diners eingeladen und zu Bällen bei hohen Herrschaften. Die Festlichkeiten ermüden Otto, er verliert Zeit und Schlaf, die Papiere häufen sich auf seinem Arbeitstisch, und Johanna langweilt sich schnell unter zu vielen Leuten. Ihre Schwägerin Malwine von Arnim sieht es als ihre Aufgabe an, die Frau des Ministerpräsidenten gesellschaftlich zu erziehen, und Karl von Bismarck-Bohlen, ihr gräflicher Vetter und Ottos Mitarbeiter, der im Amt Karriere machen will, unterstützt sie dabei. Malwine ist perfekt, wunderbar angezogen, wie eine Zierpuppe, und sicher in allen Etikettefragen der Gesellschaft und des Hofs.

Johanna lässt den Kindern Karnevalskostüme schneidern, denn Wilhelm, der älteste Sohn des Kronprinzen, hat sie zu einem Maskenball eingeladen. Die Jungen gehen als Matrosen der englischen Marine – eine Verbeugung vor der Kronprinzessin –, und Mariechen trägt ein prachtvolles russisches Hofkostüm, von dem ihr stolzer Vater meint, es stehe ihr vorzüglich. Die Kinder kommen übermütig von diesem Ball zurück. Der Kronprinz selbst hat mit Marie einen Walzer getanzt, was man auch als kleine Verbeugung vor Bismarck sehen kann. Dieser Ball war also ein Erfolg.

Aber jede Einladung unter Erwachsenen, ausgesprochen oder angenommen, verursacht »geselligen Wirrwarr«. Der Ministerpräsident und seine Gattin laden zum Beispiel zu einem Ball am Valentinstag, einem Sonnabend, »Hof und Stadt« ein. Der König nimmt die Einladung an, aber dann will die Kronprinzessin am selben Tag einen Ball geben, was vorgeht, da ihr Rang höher ist. Bismarck muss seine Gäste also wieder ausladen, Johanna mit Koch, Dienerschaft und Musikern umdisponieren. Dann kommt eine neue Nachricht: Der König will verhindern, dass sein Ministerpräsident sich vor Hof und Stadt blamiert, und stellt ihm mit der Königin den nächsten Freitag zur Verfügung. Die Kronprinzessin soll jetzt Bismarcks zu ihrem Ball am Sonnabend einladen und am Freitag darauf der Wilhelmstraße 76 die Ehre ihrer Gegenwart geben. Aller Ehre ist nun gewahrt, aber der Bismarck'sche Haushalt in Unordnung. »Sie kennen das, wie es hier geht und wie man zuletzt ganz schwach davon wird, nicht leiblich sondern geistig«, schreibt Johanna ihrem Freund Keudell. Das Schlimmste für sie sei, wenn pommersche Verwandte und Bekannte bei ihr einfallen, sie sehen wollen und gekränkt sind, wenn sie nicht immer da sein kann.

Ihre offizielle Stellung als Frau des Ministerpräsidenten und Gastgeberin im Amt kostet viel Zeit. Sie versucht, das neue Leben behaglich einzurichten, ohne sinnlosen Prunk und verschwenderischen Luxus – sie hält an der einfachen und bequemen Lebensweise der Pietisten in Pommern fest. Bei Großfürstin Helene in St. Petersburg hat sie erlebt, dass Wohlgefühl und anregende Geselligkeit nicht von Pracht abhängen.

Aber kühl und unnahbar thront Malwine in Johannas Salon und findet Einfachheit nicht mehr angebracht. Für Keudell ist sie schön und geistvoll, sonst mag kaum jemand sie.

Doch bei Johanna fühlen die Menschen sich wohl. »Frau von Bismarck, eine Frau Anfang der Vierziger, groß, mit dunklem Haar und schönen braunen Augen, sehr einfach gekleidet, empfing uns sehr freundlich und ist in ihrem ganzen Wesen so zutraulich und einfach, daß wir uns sehr bald heimisch fühlten«, notiert Hildegard von Varnbüler in ihr Tagebuch, eine zwanzigjährige Politikertochter aus Württemberg, die mit ihrem Vater den preußischen Ministerpräsidenten besucht. »Später kam auch ihr Mann, ein sehr großer, hübscher Mann mit energischem, fast trotzigem Gesichtsausdruck. Sie scheinen offenes Haus zu haben.« Der ganze Ton des Hauses sei natürlich und vornehm.

Malwines Erziehungsversuche misslingen. Johanna will sich den steifen Umgangsformen der Berliner Adelswelt nicht anpassen. Es kommt zu schroffen Auftritten mit der Schwägerin, Johanna beschwert sich bei ihrem Mann. Der sagt, sie könne selbst bestimmen, was sie für richtig halte.

Johanna muss sich nicht verbiegen, um in den Salons die politische Karriere eines Ehemannes, eines Vaters oder Bruders zu fördern. Bismarck ist oben, und ob er Ministerpräsident und Außenminister bleibt, hängt von ganz anderem ab als von einer glatten gesellschaftlichen Angepasstheit seiner Frau.

Herrschaft des Parlaments oder Herrschaft der Krone – bei allen Beteiligten wächst die Erbitterung. Bismarck regiert ohne genehmigten Haushalt, und der König hat ihm einen Orden als Retter des Vaterlandes verliehen. Das Abgeordnetenhaus will nicht mehr mit der Regierung zusammenarbeiten, und das Ministerium lehnt die weitere Teilnahme an Parlamentssitzungen ab.

Bismarck durchkämmt die Verwaltung rücksichtslos. Er hasst Widerspenstige, lässt Richter und Staatsanwälte, die für die Liberalen im Abgeordnetenhaus sitzen, schikanieren, sie in die Provinz versetzen, einige sogar entlassen. Politische Zuverlässigkeit soll bei Beförderungen jetzt mehr zählen als das Dienstalter.

Die Angriffe der liberalen Presse auf Bismarck werden gehässiger. Bismarck strengt Hunderte von Beleidigungsprozessen an. Die Richter verhängen nur geringe Geldstrafen: Vor Gericht heißt es entweder, den Angeklagten seien mildernde Umstände zuzubilligen oder die Empörung über die Regierung sei berechtigt. Die Regierung Bismarck erlässt eine Notverordnung, die der Presse die freie Berichterstattung verbietet und ein hartes Vorgehen gegen unbotmäßige Journalisten erlaubt. In diesem Frühsommer ist Bismarck der wohl meistgehasste Mann in Preußen.

Im Mai bekommt er ein Holzkästchen mit dem Schreiben einer »Warschauer Henkerkommission«. Polen haben Anfang des Jahres für die Freiheit ihres aufgeteilten Landes gekämpft, und Preußen hat Russland seine Hilfe bei der Niederschlagung des Aufstandes zugesagt. In dem Kästchen liegt ein Strang mit einer schwarz-weißen Schleife – der Galgenstrang, zu dem Bismarck verurteilt sei.

Das Zusammenleben mit Bismarck wird schwieriger. Er ist seit Wochen angespannt, überarbeitet und gereizt. Da Arbeit und Familienleben im selben Stockwerk stattfinden und er Mitarbeiter und Besucher zum Essen mitbringt, bekommt Johanna jede Aufregung sofort mit. Er hat Wutausbrüche, ist entrüstet »über diese Knechtschaft«, wenn er morgens um sieben aufsteht, um eine Stunde reiten zu können, und dann bis nachts halb eins vor Arbeit nicht dazu kommt.

Um oben zu bleiben, braucht er genauso viel Kraft wie zum Aufstieg – oder mehr. Johanna versteht ihn gut, versteht sein wachsendes Misstrauen, ist selber misstrauisch gegen Fremde, die sein Vertrauen suchen. Immer wieder versucht sie, heiter zu sein, ihn zu beruhigen und abzulenken, immer wieder versichert sie ihm – ihren besten Freund nennt sie ihn jetzt –, wie liebenswert er sei. Er braucht ihre Versicherungen, und zugleich braucht er die Arbeit für den König und für Preußen, braucht den Kampf um die Macht, weil sein Leben ihm sonst schal und sinnlos vorkommt.

Ihr Interesse an Politik passt sich dem Maß an, das Bismarck für richtig hält. Politik ist Gesprächsthema im Amt, Tag und Nacht und in allen Briefen, aber Bismarck ist ein Alleinunterhalter, er ist wenig mitteilsam, wenn Johanna etwas fragt, und über das, was sie im Salon oder aus Tischgesprächen mit Ministern und Parteigrößen erfährt, muss sie schweigen. Alltägliche Einzelheiten und Personalintrigen, der Schwirr im Amt, interessieren sie sowieso wenig – was geht sie das an, sie will sich nicht als bloße Zuschauerin noch mehr aufregen als die Akteure. Sie hat kein Wahlrecht, kein aktives und kein passives, ihr Verstand ist nicht gefragt, und sie könnte nirgends etwas ausrichten, auch wenn sie es wollte. Als Zuhörerin ins Abgeordnetenhaus zu gehen, hat sie keine Lust, sie würde doch nur Angriffe auf Otto hören. Das niedliche Fräulein aus Schwaben, Hildegard von Varnbüler, war dort. Sie fand es »sehr interessant, einmal auf der Tribüne eines solchen Hauses gewesen zu sein, um so mehr, da bei uns der Zutritt den Frauen nicht erlaubt ist ...«.

Johanna hat in der Wilhelmstraße 76 nach innen die Zügel fest in der Hand, empfängt Besucher für Bismarck in ihrem Salon und unterhält sie, sorgt für Ordnung in Haus und Garten des Ministeriums, weist den Koch für Mittagessen und Diners an. Sie beaufsichtigt das Personal, eigenes und Lohndiener, und kümmert sich um die Kinder und ihren Unterricht. Seit zwei Wochen ist jetzt ihre Mutter bei ihr, sie ist krank, Fräulein von Reckow hat sie gebracht, die in Stolp im Stift wohnt und sofort kommt, wenn man sie braucht. Sie ist ein großer Trost für Johanna und ihre Mutter, »da sie mit ihrem wundervollen Gemüth uns immer zu erheitern weiß, wenn wir sehr melancholisch werden wollen über das viele Leiden«. Die Mutter ist elend und mager, dabei liebenswürdig und geduldig. Johanna ist niedergedrückt vor Sorge um sie, »und die Sorge um Bismarck und den König verläßt mich auch nicht«.

3.

Bismarck ist nicht mehr frei. Er muss den König auf seiner sommerlichen Badereise und seinen Besuchen bei der Verwandtschaft begleiten, ihm drei Monate lang täglich zur Verfügung stehen und dabei die Regierungsgeschäfte von Hotels aus führen. Er muss mit ihm essen, wenn er isst, mit ihm Tee trinken, wenn er Tee trinkt, und sich mit ihm langweilen, wenn es regnet und der König sich langweilt. Er darf ihn nicht verlassen, weil sonst die Einflüsse der königlichen Familie und der Hofbeamten gegen ihn arbeiten. Anfangs fesselt ihn das intensive Leben mit dem Hof, später beginnt es, ihm lästig zu werden. Es interessiert ihn, die Könige in Deutschland aus der Nähe kennenzulernen, aber er mag es nicht, wenn schöne Frauen mit ihm über Politik reden wollen. Vieles ist neu für ihn, er entfernt sich von Johanna und dem Familienalltag – ihm genügt es, das Licht der Familie in der Ferne zu sehen: Sie sind da, sie warten auf ihn, sie lieben und stützen ihn.

Im Juni ist er mit dem König in Karlsbad, wohnt im Weißen Löwen am Markt und schreibt Johanna jedes Mal, wenn der Feldjäger mit der Regierungspost abgeht – er rechnet noch mehr als früher damit, dass Briefe gestohlen und geöffnet werden. Er ist immer in Eile, hat zahlreiche Aufträge für sie: »Schicke mir mit dem nächsten Feldjäger französische Visitenkarten, auf denen steht *présid. du conseil et min. des a.-étr. de Sa M. le Roi de Prusse;* wenn keine Karten, so ist die Platte jedenfalls im Secretär in meinem Cabinet vorhanden, dann schicke die Platte.« Drei Tage später braucht er das Reisefutteral für seinen chapeau claque, den Zylinder. Nachtrag: »Bitte schicke mir 2 Dutzend Photographien von mir, in Civil, ich werde hier gebrandschatzt und bin nur in Milit(är) zu haben«, also in Uniform. »Mein Lieb«, heißt es schon am nächsten Tag: »Sind noch Photo von mir, so schicke, sie reißen mir die Rockschöße danach ab.«

Er beruhigt sie – Attentäter sind weit und breit nicht zu sehen –, und er dirigiert ihr Leben nach der Hofetikette aus der Ferne, jedenfalls als sie ihn – und nicht Malwine – fragt, was vor ihrer Abreise nach Pommern unbedingt notwendig sei: »Daß Du in Potsdam (Alexandrine, Königin Wittwe, Kronprinzessin, Friedrich Carl) Schritte thust, Dich zu verabschieden, ist wohl angemessen.« Sie soll den Hofdamen schreiben, sie ginge für einige Monate aufs Land, und fragen, ob Ihre K. Hoheiten sie zu empfangen die Gnade haben wollten, um sich zu verabschieden. »S e h r furchtbar ist es auch nicht, wenn Du nicht nach Potsdam kommst.«

Im Juli ist er mit dem König in Gastein. Vier Tage strömt kalter Regen vom Himmel, und so sitzt das königliche Gefolge stundenlang beim König und erzählt sich alte Geschichten. Bismarck arbeitet meist abends, denn er muss seine Arbeit vor dem König verbergen, man hat Ferien und kurt. Dann kommt Kaiser Franz Joseph zu Besuch und lädt König Wilhelm zur Teilnahme an einem Fürstentag in Frankfurt ein. Alle deutschen Souveräne würden sich dort treffen und auf Wunsch Österreichs über eine Reform des Bundestages beraten. Das elektrisiert Bismarck.

Auf der Reise nach Baden-Baden im August erwarten kaiserliche und königliche Verwandte seinen König auf den

Bahnhöfen: in Salzburg König Ludwig von Bayern und die Kaiserinmutter von Österreich, in München die Königin von Bayern mit mehreren Prinzen. Alle »wollen den König nach Frankfurt entführen, schicken Telegramme und Kuriere«, erklärt Bismarck seiner Tochter Marie in einem verspäteten Geburtstagsbrief. In Baden-Baden »kamen wir aber aus dem Regen in die Traufe; der König von Sachsen, der klügste aller Diplomaten, erwartete unsern Herrn schon, um ihm in aller Liebe die Österreichische Schlinge um den Hals zu werfen«.

In Baden-Baden gibt es den ersten Krach zwischen Bismarck und dem König. Zum ersten Mal droht Bismarck mit Rücktritt. Die grundlegende Reform des Bundestages, die Österreich wünscht, würde Preußen entmachten und die österreichische Führung festschreiben. Die meisten Bundesländer wollen ihre Stimme Österreich geben. Er sieht nur einen Ausweg: Wilhelm darf nicht nach Frankfurt. Ohne Preußen werden die Bundesländer nichts beschließen.

Wilhelm aber mag dem sächsischen Vetter nichts abschlagen. Das Gespräch mit seinem Ministerpräsidenten ist angespannt. Bismarck sagt schließlich, wenn der König nach Frankfurt fahre, werde er ihn begleiten, aber nicht als Minister nach Berlin zurückfahren. Erst um Mitternacht bringt er den König dazu, eine Absage zu unterschreiben. Als der sächsische Unterhändler hinausgegangen ist, zerschlägt Bismarck aufgebracht mit der Faust einen Teller mit Gläsern, der auf einem Tischchen steht. Der König liegt auf dem Sofa und hat Weinkrämpfe, und Bismarck ist so erschöpft und matt, dass er kaum auf den Beinen stehen kann. Er verlässt das Zimmer taumelnd und reißt die Türklinke von außen ab.

Das Leben mit dem König wird ihm zu viel. Er träumt davon, Catty wiederzusehen, die jetzt in Spa Ferien macht – vielleicht besucht er sie dort, das hat er Johanna schon angekündigt. Jetzt will der König in den ersten Septembertagen nach Berlin, vielleicht gewinnt er dann Zeit für einen Abstecher nach Spa. Er wünsche, schreibt er Johanna, der König würde ein anderes Ministerium ernennen, damit er dem ununterbrochenen Tintenstrom den Rücken drehen und still auf dem Lande bei ihr sein könne. Seit zehn Wochen lebe er im Wirtshaus, das sei kein Leben für einen rechtschaffenen Landedelmann, er sehe einen Wohltäter in jedem, der ihn zu stürzen suche. Bismarck folgt wieder einmal dem erprobten Muster: Er will sein Amt gar nicht, Gott, König und Vaterland drängen es ihm auf, er tut nur seine Pflicht, und Johanna muss ihm helfen, das Amt zu tragen und für seine Gesundheit – jetzt: in Spa – zu sorgen. Außerdem soll sie ihn bedauern.

Anfang September ist er endlich wieder in Berlin und wundert sich, dass sie ihm nicht schreibt. Es ist nicht schön im öden Haus. Er fühlt sich immer einsam, verlassen, fremd, wenn sie nicht da ist und er nicht wenigstens Briefe von ihr bekommt.

Johanna ist mit ihrer Mutter nach Reinfeld gereist und pflegt sie, sitzt Tag und Nacht an ihrem Bett. Am 5. September 1863 stirbt die Mutter.

Bismarck reist sofort nach Pommern, muss aber schnell zurück zum König. Er ist erschüttert. Auf einen so plötzlichen Tod seiner Schwiegermutter war er nicht gefasst. Seit den Kämpfen mit ihr um Johanna in den ersten Ehejahren fühlte er sich ihr innig verbunden.

Johanna ist froh, dass er da ist. Ihr geht es sehr schlecht. Sie dankt Gott, dass ihre Mutter sanft eingeschlafen ist, ohne den schrecklichen Todeskampf, aber sie kann sich vor der Beerdigung nicht von ihr losreißen. Verwandte und Freunde treffen ein. Litte wäre im Oktober 64 Jahre alt geworden, man begräbt sie im Park und erinnert sich an ihre Tugenden, an ihre Güte, ihre Originalität, an die Sparsamkeit der perfekten adeligen Gutsfrau alten Schlages. Einmal, es ist noch nicht lange her, hatten sich Gäste angemeldet, und sie hatte sich zur Mittagstafel schön ankleiden lassen und saß heiter und freundlich auf dem Platz der Hausfrau. Nach Tisch ging sie in ihr Zimmer und klingelte nach ihrer Zofe: »Mine, zieh mir das gute Kleid aus und bring' mir ein schlechteres! Ich will es schonen, denn nach meinem Tode soll's meine Schwägerin haben.« Sie hielt die alte Sitte noch hoch, nach der man feine Kleider vererbt.

Johanna bittet Gott, dass »wir einst wieder vor Seinem Thron mit unserem Engel vereinigt werden, der uns jetzt vorangegangen«. Sie vertraut dem himmlischen Erretter, wenn auch die Sehnsucht nach der Mutter oft groß und heiß ist. Als der Vater eine Traueranzeige an Frau von Eisendecher nach Frankfurt schickt, ist sie so erschöpft, das sie nichts hinzufügen kann. Fast zwei Wochen später schreibt sie der Freundin, die sie besuchen will: »Ach, wir sind immer so sehr beschämt, wenn sich jetzt lieber Besuch bei uns ankündigt – es ist ja so sehr sehr anders hier geworden – seit der helle Stern in Reinfeld erloschen, der die ganze Gegend so wunderbar verklärte. Es ist ein Riß in unseren Kreis gethan, der nie und nie zuheilen kann, sie war ja unser Allerschönstes und allerbestes und wir sind fast nichts mehr werth ohne unsere einzige, liebste süße Mutter! Gott erhalte Ihnen Ihre liebe Mutter noch recht lange – wenn d i e s e Liebe stirbt, ist alle andere gering im Vergleich mit d e m unergründlichen Schatz, mit d e r unerschöpflichen Quelle.«

Bismarck ist besorgt um Johanna und hält sie zugleich auf Distanz. Der Ton in seinen Briefen an sie verändert sich, wird leicht onkelhaft-wohlwollend, bleibt zwar liebevoll, aber doch scheint es, dass er in diesen Wochen oft mehr aus Pflicht schreibt und weniger aus Bedürfnis.

Er hat keine Zeit zum Trauern. »Ich habe manchmal Lust, krank zu werden, um eine legitime Ruhe zu genießen«, schreibt er Catty. In diesem Jahr wird er sie nicht wiedersehen. Er kann sich jetzt unmöglich für vier Tage frei machen, »und wenn ich es könnte, so wäre es beinahe grausam, nicht zu meiner Frau zu gehen, die sich noch nicht entschließen kann, ihren alten Vater in seiner völligen Einsamkeit zurückzulassen«. Auch von Catty entfernt er sich jetzt – er sehnt sich nach dem Meer und den Menschen, die sie beide in Biarritz waren, aber an jedem anderen Ort würde er nur die Fürstin O. finden. Catharina Orloff spürt, dass ihr seine Huldigungen entgleiten, und bettelt, sie sehe wohl ein, dass es seine Pflicht sei, zu seiner Frau zu gehen, aber ob er nicht trotzdem ein bisschen kommen könnte, nur für einen oder zwei Tage?

Bismarck besucht Johanna Ende September für zwei Tage. Sie ist noch sehr angegriffen, und er würde gerne länger bei ihr bleiben, muss aber schon wieder nach Baden-Baden zum König. Sie gibt ihm für die Reise Hase und Rebhuhn mit und etwas Wein.

Er ist ein vielbeschäftigter Egoist und zugleich kann er sehr feinfühlig für sie sorgen. Jetzt stellt er Robert von Keudell im Ministerium ein, der ihr Gesellschaft leisten kann und dessen Klavierspiel sie vielleicht trösten wird. Keudell, inzwischen vierzig Jahre alt und Oberregierungsrat in einem anderen Ministerium, hat Bismarck schon im Vorjahr um einen Posten im Ministerium des Äußeren gebeten. Nun bezieht er zwei Zimmer im Hinterhaus des Staatsministeriums, Wilhelmstraße 74.

Der Ministerpräsident lädt ihn zum Essen ein. Bismarck sieht blass und müde aus: »Es kommt mir vor, als wäre ich in diesem einen Jahr um fünfzehn Jahre älter geworden. Die Leute sind doch noch viel dümmer, als ich sie mir gedacht hatte.«

Der Minister des Innern Graf Eulenburg warnt Keudell, seine Stellung bei Bismarck werde schwierig sein: »Er ist ein gewaltiger Mensch und duldet keinen Widerspruch.

Wer mit ihm zu thun hat, den zwingt er zum Gehorsam, mag man dagegen ›strampeln‹ so viel man will.«

Keudell ist für alle an den Ministerpräsidenten persönlich gerichteten Gesuche zuständig. Er muss sich morgens um zehn beim Chef zur Besprechung der Post melden und ihm abends um sieben die Entwürfe für die Antworten vorlegen. Er staunt über die Geschwindigkeit, mit der sein Chef sie durcharbeitet, ändert – was ihn kränkt – und Fertiges unterschreibt, nichts bleibt 24 Stunden unerledigt. Wenn ein Bittsteller in wirklicher Not zu sein scheint, muss er ihm persönlich eine kleine Geldsumme bringen, die Bismarck privat zahlt.

Auch Johanna scheint heftige Auftritte zu befürchten, mit denen Otto seinen neuen Mitarbeiter verletzen könnte: »… lieber Herr von Keudell, ich freue mich, daß Sie da sind, wenn auch mit Zittern, und wiederhole stets: vereinigen und verwechseln Sie nie den Minister mit dem Freunde. Es sind gewiß zwei ganz verschiedene Menschen. Wenn der Minister verstimmt ist und Sie in solch unerquicklicher Laune anbrummt, weiß der Freund nichts davon und liebt Sie ungestört alle Zeit.« Sie bittet Keudell, in seinem Vertrauen und seiner Anhänglichkeit »nicht zu wanken, da Bismarck deren mehr bedarf, wie jeder Andere. Er hat ja fast keinen wahren treuen Freund – ich mißtraue ihnen Allen – wenn's darauf ankommt, lassen sie ihn Alle im Stich, bin ich überzeugt. Aber bitte, thun S i e es nicht, halten Sie aus, wenn er auch oft recht unfreundlich scheint. Innerlich ist er's bestimmt nie, das versichere ich Ihnen.«

4.

Anfang November kommt Johanna mit den Kindern aus Pommern nach Berlin zurück. Sie ist noch erschüttert vom Verlust ihrer Mutter, und Bismarck ist unverändert verhasst. Beide sind auf einem Tiefpunkt angelangt.

Für Bismarck haben Neuwahlen zum Landtag die Mehrheitsverhältnisse wenig verändert, das Parlament ist feindselig wie zuvor. Der Verfassungskonflikt lähmt seine Arbeit für Preußen.

Johanna findet sich nicht zurecht in ihrem Gefühl einer grenzenlosen innerlichen Einsamkeit. Sie ist dankbar für Mann und Kinder, aber das ist doch etwas ganz anderes als die Liebe ihrer Mutter, nach der sie sich unendlich sehnt »und deren Aufhören mich so dürr und trüb, so kahl und still und dumm gemacht, daß ich eben zu gar nichts mehr zu gebrauchen bin«.

Beide halten die Trauerzeit von einem Jahr streng ein. Johanna besucht keine öffentlichen Veranstaltungen und lädt nur Verwandte und engste Freunde in die Wilhelmstraße ein, manchmal Malwine mit Oskar und Tochter Sybille, Moritz von Blanckenburg und seine Frau Therese, Bismarcks Corpsbruder von Dewitz-Milzow, Keudell. Johanna oder Marie bereitet den Tee am runden Tisch zu. Einfache kalte Speisen stehen auf zwei oder drei Tischen, Wein und Bier, und jeder Gast bedient sich selbst. Bismarck kommt meist gegen elf dazu, isst etwas, manchmal nur eine dicke Milch, und nimmt ein Glas Bier – nie Tee oder Wein, weil er danach nur schwer einschläft. Er führt die Unterhaltung in heiterem Ton und streift das Thema Politik nur selten oder flüchtig. Keudell ist zwar darauf eingestellt, dass er jeden Augenblick einen amtlichen Auftrag bekommen kann, aber trotzdem ist es so, »als ob man sich in einem gemütlichen großen Landhaus befände«.

In der Neujahrsnacht wird die große Tanne im Esszimmer abgeschmückt. Bismarck trennt die Zweige nach und nach mit einem Hirschfänger vom Stamm und wirft sie in den Kamin und freut sich mit seinen Kindern und der Nichte Sibylle am Prasseln der Tannennadeln. Johanna bereitet den Silvesterpunsch zu – mit »eigentümlicher Anmut«, meint Keudell – und stellt die Bowle auf einen kleinen Tisch am Kamin, an dem Bismarck, Oskar und Keudell sitzen. Bismarck prüft den Punsch und sagt zu seinem Schwager in ruhigem Ton: »Die ›up ewig Ungedeelten‹ müssen einmal Preußen werden. Das ist das Ziel, nach dem ich steuere; ob ich es erreiche steht in Gottes Hand. Aber ich könnte nicht verantworten, preußisches Blut vergießen zu lassen, um einen neuen Mittelstaat zu schaffen, der im Bunde mit den andern immer gegen uns stimmen würde.«

Die »up ewig Ungedeelten« sind die Schleswig-Holsteiner: In einer Urkunde aus dem Jahr 1460 hat Christian I. von Dänemark versprochen, die Länder Schleswig und Holstein sollten ›auf ewig ungeteilt‹ bleiben.

Dies ist das erste und letzte Mal, dass Keudell Bismarck im Familienkreis ausführlich über die auswärtige Politik sprechen hört.

ZWEI KRIEGE

1.

Bismarck sieht eine erste Möglichkeit, die Macht Preußens und seines Königs zu erweitern. In Schleswig und in Holstein sind Krone und Politiker hoffnungslos zerstritten, Preußen könnte beide Herzogtümer übernehmen. Aber Österreich darf seine Absicht nicht merken, wenn es mit dem Bundesheer und Preußen Krieg gegen Dänemark führt, und England, Frankreich und Russland dürfen nicht eingreifen.

Die Möglichkeit beschäftigt ihn in Gedanken unablässig. Er analysiert die Ausgangslage, rechnet verschiedene wahrscheinliche Entwicklungen durch, kombiniert die einzelnen Phasen zu anderen Mustern und will es wagen. Das heißt nicht, dass er einen detaillierten und festen Plan hat:

Er sieht eine Chance, auf dem Weg zu seinem Ziel weiterzukommen, und er ergreift sie, nutzt die Fehler der anderen aus. Später, als es ihm geglückt ist, sagt er: »Man kann nicht selbst etwas schaffen; man kann nur abwarten, bis man den Schritt Gottes durch die Ereignisse hallen hört; dann vorspringen und den Zipfel seines Mantels fassen – das ist Alles.«

Die Herzogtümer Schleswig und Holstein haben seit Jahrhunderten zwei Landesherrn zugleich, den König in Kopenhagen, der in Personalunion Herzog von Schleswig ist, und den Herzog von Holstein-Gottorp. Jetzt hat das Parlament in Kopenhagen ein Grundgesetz verabschiedet, das auch für Schleswig gelten soll, und Christian IX., der neue König von Dänemark, verkündet: Schleswig soll ein Teil Dänemarks werden. Die Holsteiner haben sich schon um Hilfe gegen die Teilung der Herzogtümer an den Deutschen Bund gewandt, Preußen hat sich entrüstet und Österreich muss mitziehen, um seine Vorherrschaft im Bund zu behaupten. Außerdem steht die Regierung in Wien selbst unter dem Druck von Nationalisten, und Bismarcks Politik, die Einhaltung alter Verträge zu fordern, stützt sie.

Es gibt ein weiteres Problem. Die meisten Beamten in Kiel verweigern jetzt dem neuen dänischen König den Eid, er ist ein Prinz von Glücksburg, und sie wollen als Nachfolger des verstorbenen kinderlosen Königs lieber Prinz Friedrich von Augustenburg-Sonderburg sehen. Eine große internationale Konferenz in London hat aber schon 1852 den Prinzen von Glücksburg zum Nachfolger erklärt. Preußen erkennt Christian IX. also an, pocht aber weiter auf den alten Vertrag der »up ewig Ungedeelten« von 1460.

Am 1. Januar 1864 tritt die neue dänische Verfassung in Kraft, nach der Schleswig nun zu Dänemark gehört. Preußen und Österreich stellen ein Ultimatum: Diese Verfassung wird innerhalb von 48 Stunden aufgehoben, sonst gibt es Krieg. Die dänische Regierung glaubt, dass England,

Frankreich und Russland einen Angriff nicht zulassen. Bismarck hat das längst bedacht: Frankreich und Russland wollen sich nicht für Dänemark schlagen, und allein will England das auch nicht. Auch das Problem der Finanzierung des Krieges hat er gelöst. Der König wird den Krieg aus Erspartem vom vorigen Jahr und aus dem Staatsschatz bezahlen.

Am 1. Februar rücken preußische und österreichische Truppen in Schleswig ein, insgesamt über 60000 Mann. Die preußischen Truppen kommen mit der Eisenbahn, die dänischen zu Fuß – es kommen auch nur halb so viele Dänen wie Preußen und Österreicher. 12000 Dänen ziehen sich in die Düppeler Schanzen vor der Insel Alsen zurück, aber die neuen Krupp-Kanonen der Preußen schießen weit über die Flensburger Förde bis auf die Schanzen. Am 18. April stürmen die Belagerer die Schanzen, und die Verteidiger sterben in einem furchtbaren Blutbad.

Jetzt greifen die Staaten ein, die das Londoner Protokoll 1852 unterschrieben haben, und verlangen Friedensverhandlungen. Sie dauern zwei Monate.

Im Auswärtigen Amt in Berlin will Keudell in plötzlichem Nationalstolz, dass Preußen für das Recht des Herzogs von Augustenburg weiter Krieg führt: eine »herrliche Gelegenheit, an die Spitze der gewaltigen Bewegung der Geister in Deutschland« zu treten. Darüber hat er Bismarck einen Brief geschrieben. Auch weite Hofkreise, allen voran die Königin, teilen Keudells Meinung. Aber Bismarck will London nicht reizen und den Vertrag von 1852 einhalten, zudem würde der Augustenburger nur seine Annexionspläne für Preußen stören. Er wird sehr wütend und sehr laut, und alle Minister, die im Chinesischen Saal auf ihn warten, dürfen mit anhören, dass Keudell fälschlich zu glauben scheint, der Ministerpräsident könne nicht alles bedacht haben.

Keudell ist vollkommen geknickt, und Johanna richtet ihn wieder auf. Abends – mehrere Gäste sind schon in ihrem Salon versammelt und können es an die Minister weitergeben – sagt sie laut: »Eine reizende Eigenschaft von Otto ist, daß er gar nicht nachträgt. Wenn eine Meinungsverschiedenheit befriedigend ausgeglichen ist, so bleibt kein Schatten von Groll, ja kaum eine Erinnerung an den Streit in ihm zurück.«

Die Friedensverhandlungen in London scheitern an Dänemark, das immer noch mit englischer Hilfe rechnet. Ende Juni 1864 geht der Krieg weiter, aber englische Truppen bleiben aus. Die Preußen setzen auf die Insel Alsen über, und die Österreicher stehen am 14. Juli an der Nordspitze Jütlands. Dänemark sucht wieder um Frieden nach.

Bismarck ist mit dem König in Karlsbad und wird zu den Friedensverhandlungen nach Wien reisen, sein König fährt nach Marienbad. Viele Damen reichen ihm »riesenhafte Bouquets« in den Wagen, »Hoch, Hurrah und Rührung«. Der König dankt Bismarck, der sehr erleichtert ist, dass sein großes Spiel gut auszugehen scheint. Der Abschied war sehr bewegt, berichtet er Johanna: »Unberufen, Gott wolle uns ferner in Gnaden leiten und uns nicht der eignen Blindheit überlassen. Das lernt sich in diesem Gewerbe recht, daß man so klug sein kann wie die Klugen dieser Welt und doch jederzeit in die nächste Minute geht wie ein Kind ins Dunkle.«

2.

Johanna fühlt sich immer noch elend. Otto will in diesem Herbst 1864 wieder allein nach Biarritz, will zu Catharina Orloff, und Johanna versucht, ihn davon abzubringen.

Die Orloffs besuchen sie Ende Juni in Berlin. Sie sind unterwegs zu ihren Gütern in Russland und wollten Bismarck sehen, aber der ist mit dem König in Karlsbad. Er hat ihnen telegraphiert, er könnte sich mit ihnen in Schwarzenberg oder Altenburg treffen, aber Cathy hat abgelehnt. Johanna erzählt ihm von dem Besuch und versteckt dabei ihre Eifersucht hinter der Sorge für seine Gesundheit. Sie kann sich eine Abwertung der so gepriesenen Cathy, Katsch, Catty oder Kathy nicht verkneifen und auch nicht die kleine Spitze, dass die sich doch gar nicht so viel aus ihm mache. Sie rät ihm von einer großen Reise in den Süden für ein paar knappe Ferientage ab: »Vor einer solchen Hetztour ängstige ich mich deinetwegen und hätte es viel praktischer gefunden, beide Orloff's, die sehr jung, sehr gesund und gänzlich unbeschäftigt sind, wären zu Dir geeilt – da sie aber gar nichts zu denken scheinen, so wars schwer ihnen die Idee einzugeben, Kathi ist wirklich so sehr niedlich wie ein kleines süßes Mädchen. Sie war gestern früh mit der Cousine hier und will heute Abend wiederkommen – abermals mit der unvermeidlichen Cousine, die ganz charmant, aber doch steif und genant ist.« Die langweilige Cousine wäre in Biarritz immer dabei.

Bismarck lenkt ein, zumal die Absage der Orloffs ihn enttäuscht und kränkt. Er findet nun auch, Katsch hätte sehr gut nach Schwarzenberg kommen können, wer weiß, was im September sein wird: Das ist eine Andeutung, dass er vielleicht ja gar nicht reist, ein Friedensangebot an Johanna ohne feste Zusage.

Die Friedensverhandlungen mit Dänemark halten Bismarck in Atem. Anfang August ist er beim König in Gastein, speist mit ihm, trinkt Tee mit ihm und arbeitet nachts, die Geheimräte Abeken und von Keudell bereiten von morgens acht bis abends acht alles vor, was die Feldjäger aus Berlin und Wien gebracht haben. Er reist mit dem König nach Wien und erinnert sich in Schönbrunn, wie er und Johanna auf der Hochzeitsreise bei Mondschein durch einen dunklen Buchenheckengang bis zu der Glastür gewandert sind, hinter der er jetzt wohnt. Sein jüngster Sohn Bill schreibt ihm, die Mama sei sehr krank. Er muss nach Norden, nach Reinfeld.

König und Ministerpräsident reisen nach Frankfurt und steigen im Russischen Hof ab, wo man ihm einen Gruß von Cathy gibt, die zufällig auch hier wohnt: Sie fährt morgen nach Heidelberg zu einer Freundin und hat leider keine Zeit für ihn. Er nimmt sich einen Tag frei und fährt mit, wie ein verliebter Referendar, hofft auf einen gemeinsamen Tag in Heidelberg. Aber dann steigt er unterwegs doch wieder aus, in Weinheim, die Zugverbindungen sind schlecht, und er nimmt den Gegenzug nach Frankfurt. Am nächsten Tag fährt er nach Berlin und, »nach den nothdürftigsten Zänkereien mit den Ministern«, weiter nach Pommern.

Die Ärzte wissen nicht, woran Johanna leidet. Ihr Nervensystem ist angegriffen, aber einen Namen können sie ihrer Krankheit nicht geben. Sie leidet unter Herzklopfen, Ohnmachten, Schlaflosigkeit, Appetitlosigkeit, Beklemmungen, Hypochondrie – es ist ein ganzes »Arsenal von Elend«, findet Bismarck, »eine solche Verzagtheit, wie ich sie bei ihrem tapfern Gemüth unmöglich gehalten hätte«. Es beruhigt sie, dass er endlich da ist, und wenn er von Abreise spricht, geht es ihr schlechter.

Er bittet den König über Roon um zusätzliche Urlaubstage und lässt sich Arbeit aus Berlin schicken. Die Post ist langsam, ein Brief, der um 12 Uhr aufgegeben wird, ist erst dreißig Stunden später in Berlin, während ein Reisender die Strecke in zwanzig Stunden fährt. Bismarck ärgert sich sein Leben lang über die Post, ärgert sich über die Einkommensteuer und über Briefe ohne Datum von Johanna.

Er schreibt Catharina Orloff, er sei traurig nach Frankfurt zurückgekehrt. Seine arme Frau sei viel kränker gewesen, als man ihm gesagt hatte, und jetzt erst wieder gesund.

Morgen fahre er nach Berlin und ein paar Tage später nach Biarritz.

In Berlin läßt er den Feinkostladen Borchardt in der Friedrichstraße jeden zweiten Tag ein Kistchen Trauben an Johanna schicken. Er muss nach Baden und verschweigt ihr, dass er fest entschlossen ist, nach Biarritz zu fahren: »Ob von da nach Biarritz, werde ich erst erfahren; Paß dazu nehme ich mit, obs geht, weiß Gott.« Aus Baden schreibt er, er sei gestern hier mit dem Gedanken angekommen, morgen nach Biarritz zu fahren – seiner Gesundheit zuliebe, er sei von verschiedenen Seiten in dem Vorhaben bestärkt worden, wenn es auch nur für 14 Bäder sei, eine Woche. Ein gemeinsamer Bekannter sei gerade von dort zurückgekommen, »so dick und gesund, wie ich ihn niemals gesehn habe: er sagt, daß er sich schon nach 3 Bädern wie ein andrer Mensch gefühlt habe«. Er denke, »daß wir dann in der Zeit vom 21. bis 24. Oct. mit Gottes Hülfe ruhig und vor Allem gesund in unsrer Häuslichkeit zusammen sind«.

Am Vormittag des 7. Oktober trifft er in Biarritz ein. Er hat Engel, seinen Diener, bei sich und einen Chiffreur und er will die Rückreise am 21. oder 22. antreten – sein halbes Versprechen an Johanna, am 21. in Berlin zu sein, ist schon aufgehoben. »Da bin ich wirklich, mein Herz, es ist mir wie im Traum; vor mir das Meer, über mir arbeitet Kathsch an Beethoven, ein Wetter, wie wir es im ganzen Sommer nicht gehabt haben.« Alles wäre schön, wenn er nur erst Nachricht hätte, dass es ihr gut gehe. Er nimmt jetzt gleich sein erstes Bad im Meer – das Wasser hat 17 Grad, die Luft mindestens 25.

Er schreibt ihr jeden zweiten Tag. Er muss sich Sommerhosen kaufen, weil es so warm ist. Abends um zehn sitzt er noch mit Orloffs im Mondschein an der See. »Mir fehlt zum Behagen nur Nachricht von Dir.« Wenn sie freie Leute wären, würde er ihr vorschlagen, mit Kind und Kegel herzukommen und den ganzen Winter hierzubleiben. Für die Kinder schickt er einige Briefmarken – die sammeln sie wohl, genau weiß er es nicht. Endlich kommt ein Brief von ihr, er freut sich, dass ihr Arzt findet, es gehe ihr besser, und ist besorgt, weil sie sich nicht so fühlt: »Ich werfe mir vor, nicht bei Dir geblieben zu sein, denn gewiß wirkt die Trennung beunruhigend auf Deine Nerven; aber es wird Dich trösten, daß ich mit Gottes Hülfe hier wieder sehr gesund werden werde.«

Er und die Orloffs mit der unvermeidlichen Cousine leben noch einmal wie vor zwei Jahren, aber der alte Schwung ist hin. Er genießt Luft und Meer wie früher und die heitere internationale Gesellschaft aus gebildeten, eleganten Leuten, Leuten wie er selbst und keine pommerschen Junker, die sich um ihre Standesvorrechte sorgen und ihn zu Gott führen wollen auf ihrem, dem einzig rechten Weg. Johanna liebt ihn bedingungslos, aber alle anderen glauben doch, über ihn richten zu können und zu müssen – Kleist, Gerlach –, Männer, die nur ihren Parteienstreit sehen.

Doch er ist nicht mehr so sorglos wie früher. Er hat für Preußen ein großes Spiel begonnen und will keinen Fehler machen, er muss Depeschen und Briefe lesen und diktieren, an Roon, an den König, hat Besprechungen mit einem Rat des russischen Ministeriums des Auswärtigen und einem Abgesandten der dänischen Regierung. Er fühlt sich behaglich in Biarritz und hat doch »Gewissensunruhe über mein Nichtsthun«, hätte »fast Heimweh nach der Wilhelmstraße«, wenn Johanna und die Kinder dort wären. Er ist immer noch entzückt von Cathy, von ihrer Lebensfreude, aber nicht mehr so verliebt. »Sei sehr fröhlich mit der reizenden Kathi«, schreibt Johanna ihm. Ihr geht es wieder schlechter, und er antwortet: »Könntest Du gesund und fröhlich mit uns sein, wie würden dir Berg und Wasser gefallen, mein Liebstes! Gott gebe daß wir bald gesund, wenn auch ohne Berge, in der Wilhelmstr. sitzen; möge seine Hülfe mit Dir sein und Sein Schutz über ganz Reinfeld.«

Zum letzten Mal schreibt er ihr am 23. aus Biarritz –
»bei offenem Fenster, die sternklare Nacht vor mir« –, man
verlange in Berlin stürmisch nach ihm, er wäre gern noch
länger geblieben, noch lieber würde er sie und die Kinder
herholen, um hier den Winter ohne Eis und Schnee zu verleben. »Kathi spielt über mir zum Abschied noch b moll
Beethoven, ich höre jeden Ton durch.«

Zwei Tage später ist er in Paris, hat eine Audienz beim
Kaiser und der Kaiserin in St. Cloud und diniert mit dem
französischen Außenminister. Auf der Weiterfahrt verbringt er einen halben Tag in Essen, in der Kanonengießerei
der Firma Krupp. Im Zug liest er in der Zeitung, Johanna
sei in Berlin eingetroffen, aber als er ankommt, ist sie nicht
da, es geht ihr schlechter.

Er macht sich Vorwürfe, dass er nicht bei ihr geblieben
ist. Er würde sie jetzt gerne aus Reinfeld holen, aber er
hat Vortrag beim König, und der russische Premier Gortschakow ist in Berlin. Der Friede mit Dänemark wird am
30. Oktober in Wien unterzeichnet, Christian IX. tritt die
Herzogtümer Schleswig, Holstein und Lauenburg an Österreich und Preußen ab – Dänemark muss damit auf 40%
seines Staatsgebietes und 30% seiner Bevölkerung verzichten –, »nun aber gehen die Verhandlungen darüber, was mit
den Herzogthümern werden soll, erst recht los«.

König Wilhelm kommt ins Auswärtige Amt und unterschreibt den Frieden. Er gibt seinem Ministerpräsidenten
den Schwarzen-Adler-Orden und umarmt ihn herzlich. Dieser Orden ist die höchste Auszeichnung in Preußen, und
seine Verleihung zieht Bismarck am Hof in eine enge Nähe
zum Thron.

Als der König und seine Herren das Haus verlassen haben, tritt Jenny Fatio bei Bismarck ein, das frühere Kindermädchen aus der Schweiz, das nun Hausmamsell ist. Johanna hat sie vorausgeschickt. Jenny sagt, dass Johanna einen
Rückfall hatte und sich wieder sehr schwach fühle.

Bismarck hat Post von Catharina Orloff über den Klatsch in Biarritz: »Ich habe den beiliegenden Brief empfangen, er hat uns alle amüsiert, und Sie werden auch darüber lachen. Es scheint entschieden, daß man mich oft für Ihre Frau gehalten hat – zeigen Sie das Frau von Bismarck, es wird ihr Spaß machen!«

Johanna bedauert Otto, der ihr von der furchtbaren Arbeitslast geschrieben hat, die er bei seiner Rückkehr vorgefunden habe. Sie hat ihm wenig von ihrer Krankheit erzählt, er wollte nichts hören, was ihm Sorgen macht. Aber Lina von Eisendecher erzählt sie, was mit ihr los ist. Die Freundin hat ihr vor Monaten *Die Sperlingsgasse* des jungen Autors Wilhelm Raabe geschickt, einen Roman, der in Berlin spielt und den dort keiner kennt. Sie hat das Buch an zwei Abenden gelesen, konnte aber nicht früher schreiben, weil sie »so matt und schwach und lahm und welk war an Leib und Seele – das ganze lange Jahr hindurch«.

Sie leidet an Asthma, aber keiner glaubt ihr. Sie ist zu einem Homöopathen gegangen, aber der lachte nur, horchte sie ab und sagte, »nichts wie dünnes Blut«, und verordnete ihr für die innere Reinigung ihres Körpers Weilbacher Brunnen. Sie trank 19 Flaschen und brach zusammen, »zum Sterben krank«. Das Brunnenwasser habe ihr Blut verdünnt, es »wässerig, eisenlos« gemacht. Sie weiß nicht, ob sie sich jemals wieder erholen kann, »ich habe zu entsetzlich ausgestanden und bin zu sehr herunter gekommen!«.

Trotzdem verlässt sie jetzt ihr »armes trauriges Reinfeld«, und Otto holt sie besorgt in Stettin ab.

Im Sommer 1865 ist die Frage, was die Sieger über die gemeinsam eroberten Herzogtümer beschließen, immer noch nicht entschieden. Bismarck verliert langsam die Hoffnung auf eine friedliche Einigung. Roon und Moltke haben schon zum Krieg gegen Österreich geraten – »möglich, daß ich sehr bald nach Biarritz gehe«, teilt er Johanna aus Karlsbad mit, »dann leider ohne Kathsch, die erst im Oktober hingeht«. In Biarritz will Kaiser Napoleon Ferien machen, mit dem er am Strand zwanglos über eine wohlwollende Neutralität Frankreichs im Kriegsfall sprechen könnte. Doch nun will der Kaiser von Österreich nach Gastein kommen, und Bismarck reist mit dem König erst dorthin. Er kommt Tag und Nacht nicht zur Ruhe: »Mit dem Frieden sieht es faul aus, in Gastein muß es sich entscheiden.«

Johanna ist mit Mariechen in Bad Homburg zur Kur und will mit nach Biarritz. Bismarck hat nichts dagegen, aber er antwortet ungewohnt energisch: »Wenn aus Biarrits etwas wird, und Du mitgehst, so kann Dein Diener zwar zurückbleiben, da Engel mitgeht, ohne Jungfer aber geht es absolut nicht, auch nicht ohne Toilette, denn da Du das Unglück hast meine Frau zu sein, so werden die Zeitungen sich Deiner und Deines äußerlichen Auftretens auch gelegentlich annehmen. Das ist das Elend dieser Stellung, daß jede Freiheit des Privatlebens aufhört, und deshalb mahne ich auch daß Du in Homburg keine Sparsamkeiten übst die für die Preuß. Ministerpräsidentin außerhalb der Linie liegen könnte, die Dir das Publikum nicht nach Deinem Geschmack oder Vermögen, sondern nach Deinem Range unerbittlich vorzeichnet. Wir sind leider g e z w u n g e n 1000 Rthlr. (für) weniger anzusehn als die Kritik des äußeren Erscheinens, und die Rolle bescheidner Hausfrauen vom Lande ist Dir nicht mehr gestattet, wenigstens im Bade nicht.«

In Gastein schließen Österreich und Preußen endlich, nach fast einjährigem Verhandeln, am 14. August 1865 einen Vertrag: Sie wollen beide Herzogtümer gemeinsam besitzen, aber getrennt verwalten, Preußen verwaltet Schleswig, Österreich verwaltet Holstein. Österreich tritt das Herzogtum Lauenburg – dessen Stände sich schon vor vielen Monaten für den König von Preußen als neuen Herzog entschieden haben – für 2,5 Millionen dänische Taler an Preußen ab.

Die schöne Kaiserin Sissi lädt den preußischen König und seinen Ministerpräsidenten zu einem Festessen nach Ischl ein. Hier war Bismarck mit Johanna auf der Hochzeitsreise – »danke Gott mit mir für alles was er uns seitdem gutes gethan hat, daß ich aus der Wüste des politischen Lebens im Geiste nach dem häuslichen Herde blicken kann, wie der Wandrer in böser Nacht das Licht der Herberge schimmern sieht, Gott erhalte es so bis zu Einkehr!«.

Zum Dank für Preußens neue Provinzen erhebt der König Bismarck in den erblichen Grafenstand. Dieser Gnadenbeweis freut Bismarck und seine Frau wenig. Beide waren immer stolz darauf, alten Geschlechtern des altmärkischen und pommerschen Adels anzugehören, und der Zwang, dem alten Namen ein neues Prädikat hinzufügen, nennen beide – nur vertraulich – »eine nicht leicht zu überwindende Unannehmlichkeit«.

Johanna und Marie verlassen Berlin mit Bismarck »in hetzjagender Abreise«, aber Johanna vergisst ihre Verstimmung darüber, als sie im Coupé weiter und weiter durch die eisige Nacht fliegen. Die Morgensonne vor Düsseldorf bescheint weißbereifte Felder, und der Bahndirektor in Köln empfängt sie mit einem geheizten Zimmer und Frühstück.

Johanna hat als Reiselektüre *Witiko* von Adalbert Stifter mitgenommen, zu Bismarcks Belustigung, denn der neue Roman ist dick und sein Stil anspruchsvoll. Abends spazieren sie durch Paris und am nächsten Morgen reisen sie weiter bis Bordeaux durch eine Landschaft, die »so nach Jüterbog, Luckenwalde und dergleichen Sand- und Kiefernsteppen« aussieht, dass Johanna den halben *Witiko* liest – sie findet ihn »recht weitläufig, der ächte Ur-stifter, aber doch nicht uninteressant«.

Sie kommen am 3. Oktober in Biarritz an, und am 5. werden Gräfin Bismarck und ihre Tochter Kaiserin Eugenie vorgestellt, nachmittags bei den Klängen der Musikkapelle, die auf dem Strand vor der Villa des Kaisers spielt, wo sich alles trifft und der Hof oft im Halbkreis Platz nimmt. »Der Kaiserin sind wir vorgestellt und damit ist's nun gut«, findet Johanna, der Bismarcks Sinn für Höhergestellte immer noch fehlt. Sie freut sich auf die Landpartien, die sie mit Berliner Freunden machen wollen. Doch erst muss sie besser zu Atem kommen, sie schafft es noch nicht weiter als keuchend bis zum Strand hinunter oder einen kleinen Hügel hinauf, wo sie sich von der Seeluft durchwehen lässt.

Nach einer Woche reisen Kaiser und Kaiserin ab, und der Herbstregen setzt ein, es wird kalt, und Bismarck ärgert sich, weil Cathy nicht gekommen ist. Sie hat die Zimmer eine Woche vor seiner Abreise aus Berlin abgesagt, ohne ein Wort an ihn. Schließlich kommt ein Brief aus Torquay an der Südküste von England: Ihre Mutter sei gegen Biarritz gewesen, weil in Bordeaux angeblich Cholera herrschte. Sie habe ihm nicht Bescheid gegeben, weil unangenehme Nachrichten nie zu spät kommen könnten. Bismarck antwortet scharf: »Liebe Katharina! Es ist wahr, daß Sie mir einen Streich gespielt haben, der das Attribut ›méchante enfant‹ verdient, nur daß er von einer völlig erwachsenen und entwickelten Ungezogenheit war.«

Als Johanna Keudell berichtet, dass Orloffs nicht gekommen seien, spottet sie: »Wir haben das etwas übel genommen und mucken jetzt mit ihnen …«

Es regnet weiter, sie liest viel, fröstelt, hat Herzklopfen und Angstzustände und möchte lieber zu Hause sein. Bismarck und Marie baden trotz Wind und Regen und sind munter. Dann lässt ein gewaltiger Sturm die Fenster klirren. Der Schaum fliegt haushoch und schillert in Regenbogenfarben, und wenn er fällt, jagt der Sturm ihn in großen Flocken wie weiße Tauben ins Land hinein – Johanna ist überwältigt von dieser Pracht.

Am Tag vor der Abreise schreibt Bismarck Catharina Orloff, er zürne ihr nicht mehr, aber jetzt fange er an, Berlin Biarritz vorzuziehen. Er glaube nicht, dass er noch mal komme. Er sei, ohne sie, von seiner Täuschung geheilt, und nichts bleibe als Langeweile und Verdruss, schlechte Weine, schlechte Bedienung, schlechte Gesellschaft.

Dies ist das Ende seiner Verliebtheit in Cathy Orloff, die ihn bezaubert und gekränkt hat. Johanna hat den Kampf um ein neues Gleichgewicht in ihrer Ehe noch nicht gewonnen, aber der schöne Stein des Anstoßes, der ihn ausgelöst hat, ist einfach fortgerollt.

3.

Die Gefahr, dass Preußen und Österreich gegeneinander Krieg führen, wächst. Bismarck hat seinen Plan, Deutschland in zwei Interessengebiete zu teilen, noch nicht aufgegeben – den Norden für Preußen, den Süden für Österreich. Aber in Wien werden die Minister, die für einen friedlichen Ausgleich sind, von Hardlinern weggedrängt, die eine Vormacht über ganz Deutschland anstreben. Bismarck sitzt Tag und Nacht in seinem Arbeitszimmer.

Im großen Salon versammeln sich abends die Gäste am Kaminfeuer, und es herrscht die friedliche, heitere Stimmung der ersten Zeit in der Wilhelmstraße. Johanna geht es besser, sie ist wieder unternehmungslustig, geht manchmal in Konzerte, die so früh enden, dass sie kurz nach 9 Uhr am Teetisch sitzt. Sie möchte da sein, falls Bismarck sich unterhalten und entspannen will. Die Gräfin sei natürlich mit seinen Bestrebungen vertraut, meint Keudell im Gegensatz zu anderen Beobachtern, doch Bismarck versuche, ihr die Kenntnis der täglichen, oft unerfreulichen Zwischenfälle zu ersparen. Für ihn sei es eine Erholung, im Familienkreis kein Wort von Politik zu hören und von harmlosen Dingen zu sprechen.

In den ersten vier Monaten des Jahres 1866 nehmen die wechselseitigen Provokationen Österreichs und Preußens in Holstein und am Bundestag in Frankfurt zu. Ein Krieg scheint unvermeidlich zu sein. Frankreich ist bereit, sich herauszuhalten, aber Napoleon III. will dafür einen Teil des Rheinlands haben.

Bismarck geht ein Problem nach dem anderen an, das ist seine Stärke. Aber diese Monate kosten ihn Kraft, er ist überarbeitet, isst zu viel, hat heftige Magenkrämpfe, schläft schlecht, ist reizbar und dauernd verärgert. Er will nicht nur alles in der Hand behalten, er arbeitet auch allein – einsam, sagt Keudell. So weit er weiß, hat Bismarck »niemals irgend einen Plan in Gemeinschaft mit einem seiner Räte erwogen oder entworfen«. Keudell kennt seinen überreichen Geist schon lange, der ihm für jedes Problem mehrere Lösungswege und ihre Kombinationen bietet. Bei dieser rastlosen inneren Arbeit ist ihm der Rat anderer nur eine Störung.

Wenn Bismarck sich für eine Lösung entschieden hat, muss er den König von ihr überzeugen. Er hält ihm jeden Tag zwischen vier und fünf Uhr Vortrag in seinem Palais unter den Linden – der König will nicht im ungemütlichen Stadtschloss leben. Bismarck schätzt ihn immer mehr, beginnt, ihn zu verehren. Manchmal gibt es Reibereien zwischen ihnen, manchmal ernsten Streit. Der König lehnt Bismarcks Anträge selten völlig ab, meist gibt er ihnen eine etwas andere Richtung.

Doch oft hemmen Intrigen am Hof den König, Entscheidungen zu treffen. Jetzt ist die königliche Familie gegen den Krieg mit Österreich. Minister nennen Bismarcks Politik »gottlos«, Bürger spucken auf der Straße vor ihm aus, und die liberale Presse greift ihn an, eine süddeutsche Zeitung will den« Reichsverräter« am Galgen sehen.

Am 23. April 1866 entschließt der König sich zum Krieg. »Otto ist darüber fast gesund geworden«, schreibt Kriegsminister Roon seinem Neffen Moritz, »man kann wieder hoffen, daß es bald wieder gut mit ihm gehen werde, besonders, wenn er das nächtliche Arbeiten aufgeben wollte.« Roon bereitet den Krieg mit Generalstabschef Helmuth von Moltke ruhig vor, aber andere alte Freunde unter den Konservativen aus Pommern sind aufgestört. Ludwig von Gerlach warnt in einem zornesflammenden Artikel in der Kreuzzeitung vor Bismarcks gottloser Politik: »Deutschland ist nicht mehr Deutschland, wenn Preußen fehlt oder wenn Österreich fehlt.«

Für Bismarck gibt es nur bei Johanna Frieden. Major von Schweinitz, der Flügeladjutant des Königs, staunt Anfang Mai über einen Abend in ihrem Salon, wo alles heiter und gemütlich zuging wie gewöhnlich und nur manchmal ein General, Roon oder Alvensleben, kam oder ging.

Am Montag, dem 7. Mai, spaziert Bismarck um fünf nach dem Vortrag beim König die Linden entlang auf dem Fußweg zwischen den Bäumen nach Hause. Auf der Höhe der russischen Gesandtschaft hört er zwei Pistolenschüsse. Er dreht sich um und sieht vor sich einen kleinen Mann, der mit einem Revolver auf ihn zielt. Er packt ihn am Kragen und greift nach seiner rechten Hand, während ein dritter Schuss losgeht. Der Mann fasst den Revolver schnell mit der linken Hand, drückt ihn gegen Bismarcks Überzieher und schießt noch zweimal. Ein unbekannter Zivilist hilft Bismarck, den Mann festzuhalten. Schutzleute rennen herbei und führen ihn ab.

Bismarck geht nach Hause, wo Johanna mit Gästen auf ihn wartet. Er begrüßt die Gäste und sagt zu Johanna: »Erschrick nicht, mein Herz, es hat jemand auf mich geschossen, ich bin aber durch Gottes Gnade unverletzt geblieben.«

Ein Schuss hat nur den Rock verbrannt, aber ein anderer hat getroffen, Bismarck hat auf der Straße gefühlt, dass eine der Kugeln auf die Rippe aufschlug, die jetzt schmerzt. Wahrscheinlich hat sie gefedert, wie man beim Rotwild sagt, erklärt er seinen Gästen. Die sind in einer feierlichen

Stimmung, als hätten sie etwas Übernatürliches erlebt. Ein kleiner Wortwechsel wird später zur Anekdote. Johanna: »Ottochen, wenn ich einmal tot bin und die Himmelsleiter hinaufsteige, komme an der Höllentür vorbei und sehe den Kerl da stehen – dann geb' ich ihm einen Stoß, daß er ganz tief in die Hölle hineinfliegt.«

Otto: »Ach, Johannachen, wenn du in dem Augenblick noch so denken könntest, wärst du gewiß nicht auf der Himmelsleiter.«

Der König kommt mit den Prinzen und zahlreichen anderen Herren, die Bismarck beglückwünschen, weil er überlebt hat. Am nächsten Tag bringt der Diener Glückwunschschreiben und Telegramme, und abends öffnen Familie und Gäste sie im Salon und lesen sie, es sind auch Drohbriefe darunter. Der Diener meldet einen Menschenauflauf vor dem Haus, man geht in den Chinesischen Saal und öffnet die Fenster. Die Berliner rufen »Bismarck hoch!«

Der Attentäter hat sich im Gefängnis die Pulsadern aufgeschnitten. Er war Student, 22 Jahre alt, hieß Ferdinand Cohen-Blind und war nach Berlin gekommen, um Bismarck zu töten und damit den Bruderkrieg gegen Österreich aufzuhalten. Bismarck hat den Eindruck, dass die Presse für Blind Partei nimmt und die Polizei höhnische Karikaturen des Attentats in den Schaufenstern übersieht.

Aber der König ist jetzt zum Krieg entschlossen und fürchtet nicht mehr, was seine Vettern, die deutschen Fürsten, über einen Bruderkrieg sagen könnten. »Wenn sie sich dann gegen mich erklären«, sagt er zwei Tage nach dem Attentat zu Major von Schweinitz, »dann werden sie verschluckt.«

Der kleine Hans von Kleist-Retzow, der jetzt nicht mehr Oberpräsident ist auf Betreiben der Königin, sondern auf Gut Kieckow die Wirtschaft führt und in Berlin für den Familienverband der Kleists im Herrenhaus sitzt, hält die Errettung Bismarcks für ein göttliches Wunder. Er schenkt

Otto jedes Jahr zu Weihnachten ein Andachtsbuch, das zugleich Notizkalender ist und *Die täglichen Loosungen und Lehrtexte der Brüder-Gemeine* enthält. Jeden Morgen liest Bismarck mit Johanna den Bibelspruch, den die Herrenhuter Gemeinde für diesen Tag zum Trost und zum Nachdenken ausgelost hat, und abends betet er das Vaterunser. Am Abend nach Blinds Attentat sagt er zum Hauslehrer Braune: »Es wird mir doch recht schwer werden, heute mein Vater Unser zu beten« und meint damit die Zeile: »Vergib uns unsere Schuld, wie auch wir vergeben unseren Schuldigern.«

»Die Folge des Attentats war eine gehobene Stimmung Bismarcks«, berichtet Keudell. »Mehrmals hatte ich den Eindruck, daß er sich jetzt als Gottes ›auserwähltes Rüstzeug‹ fühlte, um seinem Vaterlande Segen zu bringen. Ausgesprochen aber hat er das nicht.«

Österreich beantragt beim Deutschen Bundestag in Frankfurt die Mobilmachung der Bundesarmee gegen Preußen, Preußen erklärt den Deutschen Bund für erloschen. Beide Gegner sammeln ihre Unterstützer um sich: Österreich 13 deutsche Länder mit den großen Königreichen Bayern, Hannover, Sachsen, Württemberg und Preußen 18 norddeutsche Mittel- und Kleinstaaten.

Johanna liest Otto Verse aus dem 9. Psalm vor, einem Lied des Königs David, in dem er dem Allerhöchsten dafür dankt, dass er seine Feinde zurückgetrieben hat: Sie »sind gefallen und umgekommen vor dir. 4. Denn du führest mein Recht und Sache aus; du sitzest auf dem Stuhl ein rechter Richter. 5. Du schiltst die Heiden und bringest die Gottlosen um; ihren Namen vertilgest du immer und ewiglich.« Das sind kräftige Gedanken in der kräftigen Sprache des Alten Testaments und Martin Luthers, und sie trösten Bismarck und ermuntern ihn.

Die Generale Roon, Moltke, Alvensleben und Tresckow treffen sich in der zweiten Junihälfte abends oft im Auswärtigen Amt, manchmal setzen sich auch Minister zu ihnen. Zwischen den Herren herrscht Harmonie, und sie sind von ihrem Sieg überzeugt.

Auch die Finanzierung des Krieges ist gesichert, obwohl das Abgeordnetenhaus, wie erwartet, kein Geld bewilligte. Bismarcks Bankier Gerson Bleichröder hat geraten, die Anteile des Staates an der privaten Köln-Mindener-Eisenbahn zu verkaufen.

Preußische Truppen besetzen am 17., 18. und 19. Juni 1866 Hannover, Sachsen und Kursachsen. Sächsische und österreichische Truppen stehen in Böhmen. Moltke hat sechs Eisenbahnlinien zur Verfügung und kann seine Truppen schneller zusammenziehen als der Gegner, der nur eine hat, und sie auch schneller an die Orte möglicher Schlachten schicken. Er lässt drei preußische Armeen von drei Seiten in Böhmen einrücken.

Im Auswärtigen Amt gehen die Räte jetzt erst gegen 22 Uhr nach Hause, nur Keudell hält sich bis vier Uhr morgens für Bismarcks Aufträge bereit, ebenso einige Beamte des Dechiffrierbüros, die einlaufende Telegramme entschlüsseln. Wenn Keudell nichts zu tun hat, ist er im Salon willkommen, in dem Johanna mit einigen Freunden die Nacht hindurch wartet, bis Bismarck schlafen geht. Er wird den König in den Krieg begleiten, und sein Vetter von Bismarck-Bohlen kauft drei zweispännige offene Wagen für ihn, Abeken, Keudell, Bismarck-Bohlen selbst und zwei Chiffrierbeamte.

Der Aufbruch des Großen Hauptquartiers wird zum 30. Juni befohlen. Am Abend vorher versammeln sich Tausende vor dem königlichen Palais unter den Linden und jubeln dem König zu, ziehen weiter in die Wilhelmstraße und bringen Bismarck Ovationen. Am 30. Juni verlässt auch er Berlin.

Er schreibt Johanna jeden Tag. Sie erlebt den Krieg in seinen Briefen mit, liest von Schlachtfeldern voller Leichen und toten Pferden und erledigt seine Aufträge: Zigarren für die Lazarette, Zeitungsabonnements für die Lazarette, für ihn einen Revolver von grobem Kaliber, Sattelpistole und einen Roman. Am 3. Juli reitet Bismarck in Königgrätz während der Kämpfe mit dem König und Moltke, Roon und Alvensleben über das Schlachtfeld. Die Generale bitten ihn, den König, der alles genau sehen will, von den gefährlichsten Stellen fernzuhalten. Bismarck sitzt 13 Stunden auf demselben großen starken Pferd. Über eine halbe Millionen Soldaten kämpfen gegeneinander. Die Preußen laden ihre modernen Hinterladergewehre im Liegen nach, die Österreicher mit den veralteten Vorderladern müssen dazu aufstehen. Die Schlacht ist blutig und endet mit einer schweren Niederlage der Österreicher. Der König ernennt Bismarck noch auf dem Schlachtfeld zum Generalmajor.

Im Chaos nach der Schlacht versucht Bismarck, Nachrichten über Verwandte und Freunde zu bekommen. Vier Tage lang lässt er Philipp suchen, den Sohn seines Bruders Bernhard. Gerhard von Thadden, sein Schwadronchef, meldet, Philipp sei durch einen Lanzenstich am Kopf leicht verwundet worden. Thadden ist selbst verletzt, er hat seine Schwadron mit einem Arm in der Binde in den Kampf geführt.

Kaiser Franz Joseph bittet König Wilhelm um Waffenstillstand und Frieden und Kaiser Napoleon III. um seine Vermittlung. Auch Bismarck will schnell Frieden schließen und damit der Einmischung weiterer Souveräne zuvorkommen – Russland hat schon eine internationale Friedenskonferenz vorgeschlagen. Aber König Wilhelm will glanzvoll an der Spitze seiner Soldaten in Wien einmarschieren und die schwarz-weiße preußische Fahne auf dem Stephansturm und der Hofburg wallen sehen, will Land haben von Österreich, Sachsen, Böhmen, Bayern. Einige Generäle wollen das auch, und Bismarck hat die undankbare Aufgabe, »Wasser in den brausenden Wein zu gießen«, und daran zu erinnern, dass die Preußen nicht allein in Europa leben, sondern mit anderen Mächten, die »uns hassen und neiden«. Es kommt zu einem heftigen Streit zwischen dem König und Bismarck.

Er sieht sich nach Bundesgenossen in Preußen um und beauftragt Johanna, mit dem Innenminister zu sprechen: »Warum werden eigentlich unsre Kammern nicht berufen? Frage Eulenburg danach und sage ihm, daß es d r i n g l i c h sei, das Parlaments-Corps in den Krieg eingreifen zu lassen, bevor die Friedensbedingungen ernstlich discutirt werden.« Offenbar wünscht er die Hilfe der liberalen Parlamentarier gegen die Ansprüche seiner Umgebung.

Konservative dagegen bitten Johanna, Bismarck in ihrem Sinne politisch zu beeinflussen. Sie weiß, wie er explodieren kann, wenn jemand ihm mit politischen Vorschlägen kommt, und unterrichtet vorerst nur Keudell, der kann entscheiden, was davon er Bismarck mitteilt: »Hier sorgen alle Konservativen sehr, daß wir zu mild sein könten gegen das feindliche volk überall, und bestürmen mich mit Bitten, zur Wut anzureizen. Daß wir nicht in Wien einziehen sollen, grämt mich übrigens auch sehr.« Auch die Söhne sorgen sich, dass ihr Papachen zu sanft verfährt. »Uebrigens ist mir alles eins – wenn ich nur endlich wüßte, daß Bismarck wieder ganz wohl ist.«

Keudell hält den Brief zurück. In Schloss Nikolsburg, wo das Große Hauptquartier jetzt ist, kommt es zu einer unerhörten Auseinandersetzung. Der König besteht auf Gebietsabtretungen – Teile von Schlesien, Egertal, Karlsbad –, Bismarck ist dagegen, und der König erregt sich so sehr, dass man die Sitzung abbrechen muss. Bismarck ist zum Rücktritt entschlossen, geht auf sein Zimmer, das Fenster ist offen, er überlegt, ob er sich hinunterstürzen soll, und bekommt einen heftigen Weinkrampf. Der Kronprinz klopft an die Tür, Bismarck weint über die harten Dinge, die der König ihm gesagt hat. Der Kronprinz versucht ihn zu beruhigen und verspricht, ihm zu helfen unter einer Bedingung: Er muss sich an die Verfassung halten und den Verfassungskonflikt beilegen.

Friedrich Wilhelm ist 34 Jahre alt, großgewachsen, hat als erster preußischer Thronfolger studiert – Jura in Bonn. Er leitet jetzt die zweite preußische Armee. Es heißt, dass er zwischen den liberalen Ideen seiner Mutter und seiner Frau und dem absoluten Königtum seines Vaters hin- und herschwanke. Nach einer halben Stunde kommt er zurück: Der König hat nachgegeben. Roon kommentiert, die »maßgebenden Nervensysteme« seien von Aufregung und Arbeit so überreizt, dass es »bald hier, bald da lichterloh zum Dachstübchen« hinaus brenne.

Bismarcks Friedensplan sieht die Annexion der Länder nördlich des Mains unter dem Dach eines Norddeutschen Bundes vor. Im Geburtstagsbrief an seinen Sohn Bill – »Ich hätte es so gern mit angesehn, wenn Du so plötzlich 14 Jahre alt wirst, mit Einem Ruck um 1 Jahr älter und verständiger« – erklärt er seine Gedanken: »Der Friede mit Oesterreich ist so gut wie fertig; nachdem es uns den Platz in Deutschland geräumt, haben wir es glimpflich behandelt; Holstein und 40 Millionen Thaler, wovon 20 Millionen für Gegenforderungen abgehen. Es ist wohlfeil, aber in der Politik muß man, wenn man viele Gegner hat, zunächst den stärksten außer Spiel setzen und die schwächern schröpfen, was im Privatleben eine sehr unritterliche Gemeinheit wäre. Was wir brauchen, ist Norddeutschland, und da wollen wir uns breit machen. Der Süden soll Geld bezahlen.«

Im Friedensvertrag verzichtet Preußen auf österreichische Gebietsabtretungen. Kaiser Franz Joseph erkennt die Auflösung des Deutschen Bundes an, stimmt einer Neugestaltung Deutschlands ohne Österreich zu und überträgt Preußen seine Rechte an Schleswig und Holstein.

Preußen hat auch ohne Gebiete im Süden sein Territorium um ein Fünftel vergrößert: Hannover, Kurhessen und

Nassau gehören jetzt zu ihm, die Städte Frankfurt, Hamburg, Bremen und Lübeck, Schleswig, Holstein und Lauenburg. Der französische Kaiser akzeptiert die Annexion ganz Norddeutschlands.

Auf der Rückfahrt nach Berlin bringt Bismarck den König dazu, auch mit dem Abgeordnetenhaus Frieden zu schließen. Wilhelm ist bereit, in der Thronrede, mit der er das Abgeordnetenhaus eröffnen wird, zu sagen, die Staatsausgaben der letzten Jahre hätten keine gesetzliche Grundlage gehabt, und er bitte das Haus, der Regierung Indemnität zu erteilen – ihre Handlungsweise nachträglich zu billigen.

Hans von Kleist-Retzow, Bismarcks alter Freund, kommt ihm gefährlich in die Quere. Er hat durch die Indiskretion eines Ministers von der Thronrede erfahren, mit der Wilhelm das Haushaltsrecht des Parlaments anerkennen soll, und verfasst eine Kampfschrift dagegen. Die schickt er Bismarck und gleichzeitig zahlreichen Konservativen, die Einfluss auf den König haben, und bittet sie um Hilfe gegen Bismarcks Absicht. Der König ist wieder unschlüssig, wieder gibt es Wortkämpfe, und fast wäre Bismarcks Plan, die Abgeordneten zu versöhnen, gescheitert, fast sein neues Verhältnis zum Kronprinzen verdorben worden. Bismarck verzeiht Kleist das nie.

Er kehrt mit dem König am 4. August nach Berlin zurück. Am 5. August eröffnet der König im Weißen Saal des Schlosses das Abgeordnetenhaus und trägt die Bitte um Indemnität vor. Bismarck hat richtig gerechnet: Vier Wochen später stimmt das Haus zu, und der Verfassungskonflikt ist beendet.

Die Aufregungen sind noch nicht vorbei. Der französische Botschafter Benedetti sagt sich bei Bismarck an und verlangt als Preis für die Anerkennung der preußischen Annexionen Gebietsabtretungen an Frankreich – das linke Rheinufer, Mainz – und freie Hand gegenüber Luxemburg und Belgien. Bismarck lehnt ab. Benedetti sagt, er werde Kaiser Napoleon III. raten, an seinen Forderungen festzuhalten, weil sonst seine Dynastie in Gefahr sei.

Bismarck beginnt sofort, mit den süddeutschen Staaten zu verhandeln. Seine Mäßigung als Sieger zahlt sich aus, denn es gelingt ihm, geheime Schutz- und Trutzbündnisse abzuschließen: Im Falle eines Krieges sichern die Vertragspartner sich gegenseitig volle Unterstützung zu, wobei der preußische König den Oberbefehl haben wird.

Der König stellt beim Parlament den Antrag auf finanzielle Belohnungen für seine Helfer, und das Haus bewilligt 1,5 Millionen Taler, die er selbst verteilt. 250 000 gibt er Moltke, 300 000 Roon und 400 000 Bismarck. Beim feierlichen Einzug der siegreichen Regimenter durch das Brandenburger Tor reitet Bismarck zwischen Moltke und Roon vor dem Wagen des Königs. Die Berliner stehen dicht an dicht unter den Linden und lassen sie lautstark hochleben. Sechs Tage danach reist Bismarck erschöpft in die Ferien nach Karlsburg in Pommern.

4.

»Wir haben viel Angst und Schmerzen seitdem gehabt, mein Herz«, hat Johanna ihm am 27. Juli zur Erinnerung an ihren Hochzeitstag vor 19 Jahren nach Nikolsburg geschrieben, »aber doch noch viel mehr Freude und dafür wollen wir dem Herrn von ganzer Seele danken.«

Sie reist ihm mit den Jungen nach, die nun auf das Gymnasium gehen und auf den Beginn ihrer Schulferien warten mussten. Unterwegs erhält sie die Nachricht von einem Zusammenbruch Bismarcks. Je näher sie Karlsburg kommen, einem Schloss im Kreis Greifswald, das dem älteren Bruder von Karl von Bismarck-Bohlen gehört, umso größer wird ihre Angst um Otto, und als er dann doch nicht mehr im Bett liegt, ist sie erleichtert, es geht ihm nicht schlechter als vorige Woche. Gespräche über Politik machen ihn wehmütig oder ärgerlich, aber wenn er still sitzt, in den blauen Himmel und über die grünen Wiesen sieht und in Büchern mit Bildern blättert, fühlt er sich einigermaßen gut. Sie setzen ihre Ferienreise nach Rügen fort.

Doch im Gasthof in Putbus bekommt Otto nachts einen Magenkrampf. Er hat große Schmerzen, Johanna lässt einen Arzt holen, aber erst als der Opium spritzt, lassen die Schmerzen etwas nach. Im Gasthof geht es laut zu. Die Türen schließen nicht richtig, und vor den klapprigen Fenstern rasseln Pferdewagen vorbei.

Fürst Putbus lässt sich melden, ein freundlicher Mann Anfang dreißig. Er besteht darauf, dass die Familie in das Gartenhaus im Park seines Schlosses übersiedelt. Das Haus liegt im Park zwischen Hecken und herbstlichen Rosen, und aus den Fenstern sehen sie das Meer. Der Fürst schickt Johanna einen Koch, Diener und Mädchen und kommt jeden Tag mit seiner schönen Fürstin, und beide prüfen, wie sie Johanna das Leben weiter erleichtern könnten. Bismarck liegt blass, matt und traurig im Bett, und Johanna möchte stundenlang weinen.

Herbert und Bill machen einen Ausflug nach Stubbenkammer, der Fürst lädt sie auch in sein Jagdschloss ein, aber dann sind die Schulferien zu Ende. Johanna fällt es schwer, sie reisen zu lassen, besonders Bill mit seiner unverwüstlichen guten Laune muntert sie auf. Bismarck sieht entsetzlich elend aus und kann noch lange nicht reisen. In der Wilhelmstraße 76 wird jetzt renoviert, und sie bittet Keudell, dem Tapezierer zu sagen, er solle die grüne Streifentapete in Bismarcks Arbeitskabinett abreißen und eine graue Tapete ankleben. In Bismarcks Schlafzimmer komme ein Kamin. Sie hat noch eine Bitte: Könnte Keudell, wenn er nicht eingeladen ist, »immer um 6 Uhr in 76 speisen? Sie wären solche herrliche Respektsperson für die Jungen, die mit Jenny natürlich machen, was sie wollen, wenn sie sich nicht gar mit ihr zanken.« Sie schickt ihm die vielen Briefe, die Bismarck jetzt bekommt, darunter recht taktlose und zudringliche, damit er sie im Ministerium erledigen lässt. Täglich gehen mehrere Magenmittel ein, Rezepte, Tropfen und gute Ratschläge.

Mitte Oktober fängt Bismarck an, Johanna Briefe zu diktieren. Er liest Zeitungen und kritisiert die Artikel, lässt den Redakteuren ausrichten, was sie über den Krieg, seine Gründe und Folgen schreiben sollen und was nicht.

Es wird kalt im Gartenhaus, Johanna hätte gern ein Öfchen im Salon, der erste Herbststurm fegt über das Meer und durch den Park. Als das Öfchen kommt, ist sie zufrieden, denn es schafft bei zwei richtigen Wintertagen mit Reif und kalten Winden 16 bis 18 Grad Wärme.

Bismarck mag weder Zigarren noch Wein. Fürst Putbus schleppt alles herbei, was denkbar ist: leichten Mosel, leichten und schweren Rheinwein, allerbesten Bordeaux – Johanna trinkt gerne Château d'Yquem –, Portwein, Sherry, Champagner – nichts schmeckt ihm, und Johanna findet das bedenklich, weil der Arzt es nicht erklären kann. Aber Ende Oktober fährt Bismarck mit einem Förster ins Dickicht und schießt einen Zehnender. Er kann nun im Park spazieren gehen, drei Stunden lang, isst besser und schläft gut, raucht aber nur zwei Zigarren, was Johanna beunruhigt.

Die Briefe, die er ihr diktiert, werden länger, und seine Aufträge an Keudell zahlreicher. Herbststürme und Regen setzen am Ende der ersten Novemberwoche richtig ein. Bismarck will bald abreisen, teilt Johanna nach Berlin mit, weil die Insulaner »rappelltoll« nach seinem Anblick sind und den Fürsten »halb todt um Diners mit Bismarck quälen, wovon heute eines losgeschossen wird.«

Sie fühlen sich nicht mehr wohl im Gartenhaus, wissen aber nicht, wohin sie reisen sollten. In Berlin müsste er gleich arbeiten, wozu er noch keine Kraft hat, Schloss Karlsburg mit seinen langen Fensterreihen und unbeheizbaren Galerien ist jetzt viel zu kalt, und wenn Malwine und Oskar ihr Kröchlendorf für den Winter geschlossen haben, bleibt doch nur das Ministerium in Berlin.

Johanna ist Bismarcks Pflegerin, seine Sekretärin und Vertraute, die einen Brief an den französischen Gesandten Benedetti selbst nach Berlin bringt. Er ist jetzt so erholt, dass er den Vortragenden Rat Lothar Bucher nach Putbus kommen lässt und mit ihm an einer Verfassung für den neuen Norddeutschen Bund arbeitet. Bucher, ein kleiner stiller Mann, wurde 1848 als Revolutionär verurteilt, floh nach London und kehrte erst vor wenigen Jahren bei einer Amnestie zurück. Das alles stört Bismarck nicht: Bucher – Büchlein nennt Johanna ihn – ist absolut zuverlässig, verschwiegen und so unabhängig vom Hof wie Johanna. Auch Karl von Bismarck-Bohlen muss Mitte November kommen, Diktate aufnehmen und Anweisungen an die leitenden Mitarbeiter in Berlin schicken. Bismarck hält alle im Haus auf Trab. Der Vetter schließt einen Brief mit: »Diese Zeilen schmiere ich an einem runden Tisch im Salon um 11 Uhr; rechts sitzt der Chef schmökernd, links die Chefesse, an Zitelmann schreibend.« Carl Zitelmann ist Vortragender Rat. Die Chefesse schreibt Keudell am selben Tag, Bismarck habe jetzt vier Bestimmungen für den Verfassungsentwurf diktiert, und der Vetter schickt wenige Tage später eines der langen Diktate des Chefs zur neuen Verfassung an Keudell.

Bismarck will für den Reichstag des Norddeutschen Bundes das gleiche Wahlrecht für alle Männer haben. Damit ermöglicht er eine Parlamentsmehrheit der Liberalen – er will den neuen Bund aus 22 Mitgliedsstaaten mit den Nationalliberalen und den Freikonservativen aufbauen. Er sieht ein Bundespräsidium mit dem König von Preußen an der Spitze vor und einen Bundeskanzler, der vom Reichstag und vom Bundespräsidium unabhängig ist.

Am letzten Abend auf Rügen gibt Fürst Putbus für den Ministerpräsidenten ein Diner. Ein Verwandter des Hausherrn beschreibt später die Gräfin Bismarck: »Eine ältere Dame im einfachen grauen Seidenkleid; das dichte schwarze Haar schlicht gescheitelt, ohne jeden Kopfputz; heiteres Auge und eine Art, die viel Hausmütterlichkeit ausstrahlte, dazu anspruchslos im Auftreten bei verhaltener Energie.« Die ältere Dame ist erst 44 Jahre alt, aber das Besondere an der Beschreibung ist die Beobachtung von verhaltener Energie.

Als der Diener Leberpastete herumreicht, gibt sie ihm ein Zeichen, Bismarck nichts vorzulegen. Der Fürst sagt, sie wäre wohl die Einzige außer dem König, die dem Premier befehlen dürfe. Bismarck hält eine Tischrede: »Die Frau ist des Mannes Mutter, auch des Mannes Schicksal.«

Er übernimmt die Geschäfte in der Wilhelmstraße am Abend des 1. Dezember. In der Woche vor Weihnachten hat er wieder Sitzungen und Diners beim König und beim Kronprinzen, aber am zweiten Feiertag fährt er zur Jagd.

Am letzten Tag des Jahres schreibt Johanna ihm auf die letzte Seite der Herrnhuter Losungen des Jahrgangs 1866: »Selig seid Ihr, wenn Euch die Menschen um meinetwillen schmähen und verfolgen und reden allerlei Uebels wider Euch, so sie daran lügen (Matth 5,11)« und: »Ob tausend fallen zu Deiner Seite und zehntausend zu Deiner Rechten, so wird es Dich doch nicht treffen. Denn der Herr ist Deine Zuversicht; der Höchste ist Deine Zuflucht (Ps 91, 7 u. 9).«

Sie fühlt sich leicht. Bismarck hat ihr eine neue Rolle bestätigt, sie ist die Hüterin seiner seelischen und körperlichen Gesundheit, ihre Ehe ist in einem neuen Gleichgewicht.

Das Jahr 1866 geht fröhlich zu Ende, alle Familienmitglieder schlafen gut und sie kann am Neujahrsmorgen »voll dank und guter Zuversicht« in die Kirche gehen.

HOF UND SALON

1.

Bei einem Diner, das der Bundeskanzler und preußische Ministerpräsident Otto von Bismarck und seine Gattin am 28. November 1867 geben, kommt es zu einem Eklat. Über vierzig Gäste sind anwesend: der Oberpräsident der Provinz Hannover, der Oberpräsident der Provinz Schleswig-Holstein, die Vorstände des Preußischen Herrenhauses und des Abgeordnetenhauses, fast alle Minister. Die Gastgeberin verliert die Selbstbeherrschung und greift Christian Lutteroth an, Vorstandsmitglied des Abgeordnetenhauses und Vertreter des Kreises Stormarn in Holstein.

Er hat sich ihr vorstellen lassen, sie erinnert sich an seine Familie in Frankfurt und sagt plötzlich auffallend laut: »Aber sagen Sie mir, sind Sie nicht nahe verwandt mit jener alten Frau Lutteroth, die uns so grimmig hasst?«

Die Herren verstummen und kommen näher. Lutteroth sagt, er habe dort eine Tante, die das allgemeine Gefühl über das harte Schicksal teilen mag, das Frankfurt im vorigen Jahr betroffen hat.

Die Gräfin wird noch lauter: »Aber nicht allein Ihre Tante, ihre ganze Familie verfolgt meinen Mann und mich mit Hass, ohne dass wir Ihnen je etwas zu leide gethan hätten. Nur allein die Frau Metzler-Lutteroth könnte ich hiervon ausnehmen.« Die Umstehenden murmeln entsetzt, der Abgeordnete sagt: »Ich hoffe, Frau Gräfin, dass Sie noch eine zweite Ausnahme zugunsten Ihres gehorsamsten Dieners gestatten werden.« Er verbeugt sich und geht.

Seine Tante ist Marianne Lutteroth-Gontard, die Mutter von Emma Metzler, die zum Freundeskreis der Bismarcks gehörte. Sie hat aufgeschrieben, was sie beim Einmarsch der Preußen im vorigen Jahr erlebt hat, die Bismarcks kennen die Broschüre.

Die alte Freie Reichsstadt Frankfurt ist jetzt eine preußische Kreisstadt. Sie ist nicht dem Bündnis gegen Österreich beigetreten, obwohl Preußen mit Annexion drohte. Am Montag, dem 16. Juli 1866, abends um halb sieben, besetzten Kürassiere und Husaren die Bahnhöfe in Frankfurt. 78 000 Einwohner hatte die Stadt, 20 000 Soldaten marschierten ein. Preußen forderte sechs Millionen Gulden Kriegskontributionen. Acht Bahnwaggons mit 1500 Zentner Silber fuhren nach Berlin ab, und die Preußen verlangten weitere 25 Millionen. Bürgermeister Fellner weigerte sich, die Vermögen der reichsten Frankfurter aufzulisten, und erhängte sich an einer Kastanie in seinem Garten. Die Preußen schlossen sechs Zeitungen und brachten die Journalisten ins Gefängnis.

Alle Häuser bekamen Einquartierung. Frau Lutteroth musste drei Offiziere, sechs Unteroffiziere und 44 Soldaten verköstigen. Die Offiziere verlangten bessere Stuben, rauchten und hatten Hunde bei sich. Als ihnen nicht sofort alle Zimmer zur Auswahl geöffnet wurden, zogen sie die Klinge und drohten mit Prügel. Sie schlugen Kolben in die Marmorwände der Beletage zum Aufhängen der Tornister und ließen es sich wohl sein an den bekannten runden Tischen, an denen der König, mehrere Prinzen, sämtliche seit fünfzig Jahren hier anwesenden preußischen Gesandten und viele Generäle getafelt haben. »Kein Jahr ist verflossen, seit Frau und Fräulein v. Bismarck mit aller erdenklichen Rücksicht auf einer Soirée dort empfangen wurden und ihrer Aeusserung nach sich wohl fühlten in dem Kreis früherer Bekannten und Freunde.«

Frau Lutteroth hat Napoleons Heere und seine gefürchteten Marschälle erlebt, aber nie einen »Terrorismus« und eine »Säbelwirtschaft« wie diese. Für sie war es ein Donnerschlag, als Frankfurt annektiert wurde: »Ich werde mich nie freiwillig Untertanin eines Staates nennen, der jedes Recht der Gewalt hintansetzt. Mag Preussen seine Intelligenz rühmen, Heere organisieren und Schlachten gewinnen, die Herzen der Ueberwältigten zu gewinnen, versteht es nicht.«

Bismarck ist seit Juli 1867 Bundeskanzler. Der Norddeutsche Bund ist ein erweitertes Preußen, die Mitglieder haben ihre Souveränität verloren, und er versucht, die Gemüter zu beschwichtigen. Wenn ein Politiker aus den neuen Ländern im Kanzleramt so unwillkommen ist wie Lutteroth, wird entweder dieser Politiker wenig Einfluss in Berlin gewinnen oder, wahrscheinlicher, der Kanzler öffentlich angegriffen, und die Angriffe könnten seiner Selbstinszenierung am Hof und im eigenen Salon schaden.

Gleich am nächsten Morgen schickt Bismarck einen Diener mit einer Einladung zum Diner in Lutteroths Hotel. Lutteroth versteht, dass Bismarck die möglichen Eindrücke nach der heftigen Szene verwischen will, und sagt zu. Am nächsten Donnerstag kommt der Kanzler ihm mit ausgestreckter Hand entgegen und führt ihn zur Gräfin, die ihn mit freundlichem Lächeln begrüßt. Diesmal ist es ein parlamentarisches Diner für sechzig Abgeordnete aus allen Fraktionen. Nach dem Kaffee nimmt Bismarck Lutteroth am Arm, sagt, er wünsche sich noch über verschiedene politische Fragen zu unterhalten, führt ihn ins Rauchzimmer und bietet ihm den Platz neben sich an. Die Gräfin kommt mit Zigarren, Lutteroth greift zu und sagt, »nehmen wir an, Frau Gräfin, dies sei eine Friedenspfeife«, Johanna lächelt. Lutteroth wird von nun an häufig ins Kanzlerpalais eingeladen und bemerkt zufrieden, dass Herr und Herrin des Hauses ihn immer mit der größten Liebenswürdigkeit aufnehmen.

Der Hof mit seinem Zeremoniell und seinen Rangfragen hält den Bundeskanzler, seine Frau und seine Tochter in Atem. Für Bismarck ist Wilhelm König von Gottes Gnaden, und selbst ein königlicher Prinz ist für ihn noch ein ganz besonderer Mann. Johanna ist weniger ehrfurchtsvoll. Sie fühlt sich auch wohl, wenn die königliche Gnadensonne selten auf sie fällt. Sie geht zum Hof, wenn Bismarck es wünscht oder wenn sie eingeladen wird, und ist schon lange nicht mehr unsicher, aber sie hat Asthma und fühlt sich nicht gut in überfüllten Räumen. Doch jetzt ist es ihre Pflicht, ihre Tochter Marie in die erste Gesellschaft einzuführen: Der Hof ist der große Heiratsmarkt des preußischen Adels. Natürlich heiratet man aus Liebe, aber Johanna muss dafür sorgen, dass Amor seine Pfeile in der gewünschten Rangklasse abschießt.

Marie entspricht ebenso wenig wie Johanna dem Schönheitsideal ihrer Zeit. Aber ihre blauen Augen sind klar und klug, sie hat schönes dunkles Haar, ist gut gewachsen und schlank, und jeder sieht sie gern. In ihrem Wesen ist sie so natürlich wie Johanna, doch viel sanfter. Wenn ihr Vater zornbebend explodiert, versucht sie, ihn zu beruhigen, statt wie Johanna ihm Recht zu geben und mit ihm zu schimpfen.

Johanna freut sich auf die Bälle mit ihrer Tochter. Aufregende Vorbereitungen gehören dazu, beide brauchen Hofkleider aus Seide, Damast, Samt mit langen Schleppen und passende Schuhe, brauchen Schmuck, Fächer, Handschuhe. Marie muss den Hofknicks üben, Verbeugungen, Tänze, und sie muss eine »Visitentournée« bestehen, nämlich alle Hofdamen besuchen, die sie durch ihre Lorgnetten mustern und ihr Benehmen prüfen.

Dann kommt die erste Cour – der große Empfang der Königin, der die Ballsaison eröffnet. Wer zu Maskenbällen, Konzerten, Diners der Königin, der Prinzen und Prinzessinnen eingeladen werden möchte, muss dorthin. Um neun Uhr abends fahren die Wagen von allen Seiten zum Schloss, die Kutscher liefern sich Wettrennen zu den angegebenen Portalen. Zeremonienmeister stellen die Geladenen nach ihrem Rang in den langen Sälen mit den prächtigen hohen Gemälden auf. König und Königin gehen von einem Saal zum anderen und begrüßen die Gäste, sprechen manche an – das ist eine Sprech-Cour. Es gibt auch eine Defilier-Cour, bei der das Königspaar auf den Thronen sitzt und zuerst alle Damen einzeln dem Rang nach vorbeigehen und sich verneigen, dann die Herren. Der Rang der Frauen richtet sich nach dem Rang ihrer Männer oder Väter. Bismarck verlangt als Bundeskanzler für sich und seine Frau den ersten Rang nach den höchsten Hofbeamten, was er erst nach Streitigkeiten durchsetzt. Je nach Art der Cour müssen Johanna und Marie ihre Schleppen auf besondere Weise tragen und ihre Handschuhe anbehalten oder ausziehen. Die Herren erscheinen ebenfalls in größter Gala, in roten oder blauen goldbestickten Fräcken und in weißen Kniehosen.

Der Cour folgt Maries erster Hofball. Weit über tausend Gäste sind geladen. Die Zeremonienmeister teilen sie in zwei Gruppen, die hochrangigen für den Weißen Saal, den große prächtige Kronleuchter erhellen, die anderen für die Bildergalerie. Eltern, Verwandte, Tänzer und Tänzerinnen beobachten genau, wer mit wem wie oft und welchen Tanz tanzt. Die drei wichtigsten Tänze sind der erste Walzer, der Tanz nach dem Souper und der Kotillon. Wird eine Dame von einem Tänzer zu einem oder sogar mehreren dieser Tänze gebeten, ist das höchst bedeutungsvoll. Tanzt sie mit ihm, hat sie ihn ermutigt. Ein Herr ohne ernste Absichten darf höchstens zweimal mit einer jungen Dame tanzen.

Marie tanzt bis in den frühen Morgen, und Johanna wartet mit anderen Müttern, denen die Augen vor Müdigkeit oft »kreuzweise zusammenklappen«. Mancher Vater fürchtet eine zweite Einladung, was neue Ausgaben für Hofkleider bedeutet, denn wer ein Ballkleid zweimal trägt, könnte in finanziellen Schwierigkeiten stecken.

Die Damen stöhnen über den Kleideraufwand, das Stehen mit der schweren Schleppe auf dem Arm, die Hitze in den überfüllten Räumen und die Langeweile. Doch jede Einladung ist Befehl und hohe Ehre zugleich. »Man ist dankbar, wenn man in Ruhe gelassen wird. – Aber viel Geschrei, wenn keine Einladungen erfolgten«, erklärt Johanna ihrem Vater, der zurückgezogen in Reinfeld lebt.

Nach ihrer Einführung am Hof geht Marie fast täglich zu Gesellschaften befreundeter Familien, zu Wettrennen und Korsos, Johanna veranstaltet kleine Tanzrunden im Auswärtigen Amt, Hausbälle oder Croquetspiele im Garten. Marie ist auch in Johannas Salon dabei und bei den großen Einladungen in der Wilhelmstraße 76.

Für Bismarck ist der Salon seiner Frau ein Ort der Politik. Wenn er Leute sprechen oder unkompliziert etwas mit ihnen regeln will, sieht er sie in Johannas Salon. Hier treffen sich Politiker, Diplomaten und Freunde in zwangloser Geselligkeit.

Die Abende sind oft lebhaft und lustig. Johanna führt kein offenes Haus, Otto ist dafür zu bekannt, sie hat Angst vor Attentaten. Ohne Anmeldung können nur die Verwandten und Freunde aus Pommern kommen und einige Freunde der Söhne wie Philipp zu Eulenburg und Fritz von Holstein. Auch Hildegard von Varnbüler hat sich wieder gemeldet, sie ist jetzt verheiratet und eine Baronin Spitzemberg, ihr Mann ist der Gesandte Württembergs am Bundestag. Sie ist eine hübsche elegante Frau mit einem schmalen Gesicht und dunklem Haar, lebhaft, unterhaltend und sicher im Umgang. Sie führt ein Tagebuch, aus dem sie manchmal vorliest – ein halböffentliches Tagebuch über einen halböffentlichen Salon. Mal sind Botschafter und ihre Frauen da, mal Herren vom Ministerium, mal Eisendechers und der Bremer Afrikareisende Gerhard Rohlfs. Bismarck hat sein krankes Bein, das ihn seit Russland immer noch plagt, häufig hochgelegt und ist bester Laune.

Johanna veranstaltet auch größere Soireen, Abendgesellschaften, meist mit einem Essen und Musik – Klavierspiel und Gesang. Zur ersten Soiree nach dem Sieg über Österreich erschienen auch Königin Auguste und Kronprinzessin Viktoria. Johanna trug ein gelbes Kleid aus Crêpe und dunkelrote Rosen und war heiter wie immer – das ist ihr Ziel: Alle sollen sich wohl fühlen.

Das ist auch Bismarcks Ziel. Er lädt gemeinsam mit seiner Frau die Abgeordneten des norddeutschen Reichstags ein, sie vom 24. April 1869 an jeden Sonnabend ab 21.00 Uhr während der Dauer der Reichstagssession zu besuchen. Er will den Meinungsaustausch unter ihnen befördern. Alle kommen bis auf die wenigen neuen Sozialdemokraten, die kaum eine Rolle spielen.

Herr und Herrin des Hauses empfangen die Gäste gemeinsam, der Kanzler reicht jedem Herrn die Hand und stellt ihn der Gräfin vor. Die Gäste strömen in die Gesellschaftssäle, wo Diener Maiwein und Starkbier reichen. In einem Saal steht ein kaltes Büfett. Bismarck inszeniert sich vor den Abgeordneten aus allen Teilen Norddeutschlands als Pommer. Es gibt pommersche Leberwurst, Braten, Schinken, Eier und Dickmilch, allerdings auch Lachs und Kaviar – Johanna kauft 15 kg Kaviar im Monat. Wenn das Gros der Gäste da ist, geht Bismarck von einer Gruppe zur anderen, sagt überall etwas Lustiges und bricht drohenden Streitereien durch einen Spaß die Spitze ab. Zuletzt setzt er sich an einen der kleinen Tische, die vor dem Büfett stehen. Um elf geben alle ihm die Hand und verabschieden sich zufrieden. Man ist sich einig: Dies sind ungewöhnlich angenehme und anregende Gesellschaften.

Auch im Jahr darauf lädt Bismarck den Reichstag wieder auf sonnabends ein – »was nicht zu den Scherzen des Lebens gehört«, gesteht Johanna ihrem Vater – und lädt auch einige Damen dazu, weil Johanna und Marie nicht so verloren unter Hunderten von Herren sein wollen, die es nicht wagen, die »Frau Bundeskanzler« anzusprechen, oder die kein Wort aus Kanzlermund verpassen wollen. Der gesellschaftlich gewandte amerikanische Gesandte bemerkt besonders eine große Herzensgüte an Johanna und hält sie für eine der liebenswertesten Frauen, die es gibt.

2.

Der König hat Bismarcks Belohnung nach dem Sieg über Österreich für den Kauf von Land bestimmt: Er will den Land besitzenden Adel stärken, denn die Zahl der adligen Besitzer von Rittergütern geht seit Jahren zurück. Roon kauft von seiner Dotation Gütergotz in Brandenburg, Moltke Kreisau in Schlesien und Bismarck Varzin in Hinterpommern, mitten im Gebiet der Puttkamers.

Ende Juni 1867 reitet er tagelang auf seinem neuen Besitz umher. Varzin hat 22 500 Morgen Land, über die Hälfte davon ist Wald. Der Boden ist schlecht, der Vorbesitzer hat den Wald vernachlässigt, aber nur dieses Gut in passender Lage und passender Größe stand zum Verkauf.

Johanna soll kommen. Sie soll Betten schicken und Geschirr, soll aus Schönhausen Gläser kommen lassen, die roten, und die geschnitzten Stühle und einen verschließbaren Sekretär, besser zwei. Hier sind ein Speisesaal, zwei Salons, vier Schlafzimmer, drei Gästezimmer zu möblieren.»Ich finde mich schon einsam hier sehr behaglich, wie nett wird es erst mit Dir sein.«

Das Herrenhaus ist marode, es ist Teil einer alten dreiflügeligen Hofanlage, rechts und links stehen langgestreckte Wirtschaftsgebäude, hinten liegt quer das Haus. Hinter dem Haus gibt es zwei künstliche Terrassen, von der oberen fließt ein Bächlein in einen Teich mit Goldfischen und Karpfen auf der unteren Terrasse, zu der eine weiße Brücke führt. Der Park ist riesig. Alte Eichen stehen auf dem hügeligen Gelände, hohe Buchen und Kiefern, kleine Pfade schlängeln sich zu Aussichtspunkten mit griechischen Tempelchen und zu Getreidefeldern, hinter denen der große Wald liegt, in dem die Wipper munter fließt.

Bismarck ist so guter Laune wie seit langem nicht. »Komm doch nur schnell her und laß die Jungen allein folgen ...« Johanna schickt Kisten mit Glas, Porzellan und Lampen, und Adelheid Harder schickt Betten aus Reinfeld, das nur drei Stunden entfernt liegt. Jetzt fehlen noch weiße Gardinen, für 24 Fenster.

Johanna hat auf den Beginn der Schulferien gewartet. Sie fährt mit Marie und den Söhnen mit der Eisenbahn nach Köslin, durch ein Land aus Sand und Torf, und dann mit Postpferden zwei Stunden durch den Wald. Varzin kommt ihr wie eine Oase in einer langweiligen Wüste vor. Das Haus findet sie ziemlich scheußlich, »ein altes verwohntes Ungethüm mit 10000 Kammern und Winkeln, schiefen Decken und Fußböden, so daß man Versenkung und Einstürze auf Schritt und Tritt befürchtet«. Doch der Park ist »wunderreizend«, das Wetter schön, und sie dankt ihrem Cousin Gustav auf Versin, der ihnen Pferde und Wagen geborgt hat, sie fahren mit seinen »hübschen Rappen auf unserer neuen Scholle spatzieren«.

Dann regnet es, das Haus ist noch nicht behaglich, und alle werden melancholisch. Sie bittet Keudell in Berlin, die tägliche Depeschenüberschwemmung abzustellen, alles wegzusteuern, was kitzlig und ärgerlich ist – Intrigen, Zank zwischen Ministern –, »Sie kennen ja unseren großen Staats-Schiffer hinlänglich und wissen, was ihn peinigt und was ihm ›Wurscht‹ ist«.

Bismarck beschäftigt sich weiter mit dem Gut. Fünf verpachtete Güter mit Gutsdörfern gehören zu Varzin, und der Güterkomplex liefert nur geringe Reinerträge. Die Güter müssen an regionale und überregionale Getreide-, Holz- und Viehmärkte angebunden werden, die Pächter kennen sich mit den Märkten nicht aus. Er will Varzin mit drei tüchtigen Männern hochbringen: seinem Bankier Gerson

Bleichröder, dem Rechtsanwalt Gustav Wilmowski und dem Förster Ernst Westphal.

Bleichröder hat ihm die 22 500 Taler zinsfrei geliehen, die Varzin über die 400 000-Dotation hinaus kostete, Bismarck trägt die Schuld durch den Verkauf von Wertpapieren ab. Er kam an Bleichröder auf Empfehlung von Rothschild in Frankfurt, und Bleichröder hat ihm geholfen, seine hohen Schulden aus seinen Ausbildungsjahren mit dem Kauf und Verkauf von Eisenbahn- und Bankaktien loszuwerden. Bleichröder berät ihn auch auf Varzin. Bismarck kauft noch zwei Dörfer und mehrere bäuerliche Grundstücke dazu – er verkauft Kniephof an seinen Neffen Philipp – und besitzt am Ende 32 000 Morgen. Der Bankier ist ein frommer Jude, und Bismarck dankt ihm, in dem er ihm gesellschaftliche Anerkennung verschafft. Der Kanzler und sein Bankier sind in den kommenden Jahren über die Wirtschaftlichkeit der Güter nicht immer einer Meinung, denn Bleichröder ist die Rendite zu gering, aber Bismarck will den Wert des Besitzes für die nächsten Generationen steigern und forstet stark auf.

Gustav Wilmowski ist Rechtsanwalt in Schlawe, dem nächsten Städtchen, und Bismarcks Verbindung zu den lokalen Institutionen. Er schließt für ihn Verträge ab, hilft bei der Personalsuche und stellt ihm den jungen Förster Westphal aus Stolp vor.

Ernst Westphal gefällt Bismarck sofort, und nach zwei Jahren erfolgreicher – nicht immer konfliktfreier – Zusammenarbeit, ernennt er ihn zum Generalbevollmächtigten. Westphal übernimmt nach und nach die gesamte Verwaltung der Güter. Er stellt einen Hauungs- und Forstkulturplan auf und einen Landwirtschaftsplan, legt Fichten- und Kiefernschonungen an, entwässert und bewässert Felder, kauft Tiefpflüge. Er lässt Winter- und Sommerroggen anbauen, Buchweizen, Kartoffeln für die Schnapsbrennerei, Roggen, Hafer, Gerste. Dann geht er an die Verbesserung des Viehbestands, es gibt Rinder- und Schafherden, der Schweinestall liegt längs der Dorfstraße. Auf Varzin arbeiten »Deputanten«, Leute, die gegen Deputat – Naturalien – oder Wohnung mit ihrem Gespann kommen und arbeiten. Westphal schlägt vor, eine Holzschleiferei zu bauen – das ist der Anfang der Varziner Papierindustrie, die schließlich zu drei großen Papierfabriken führt, die Bismarck verpachtet.

Er ist ein kraftvoller Unternehmer, überwacht alles mit Sachkenntnis und Sorgfalt, lässt sich jeden Monat Berichte vorlegen. Die Pachteinnahmen aus den Land- und Forstwirtschaften und den Fabriken machen den größten Teil der regelmäßigen Einnahmen in Varzin aus, sie sind unter seinen Einnahmen der zweitgrößte Posten von 8000 Talern nach dem Gehalt des Ministerpräsidenten von 12000 Talern.

Bismarck bleibt jedes Jahr länger in Varzin, und Johanna führt das große Haus für Gäste fast wie ein Hotel. Eine Mamsell, ein Koch, ein Küchenmädchen helfen ihr, zwei Stubenmädchen, ein Diener, zwei Kutscher, ein Gärtner und der Gärtnerbursche. Otto will anfangs keinen Besuch haben, aber sie findet es ohne Gäste zu einsam. Sie einigen sich, dass er seiner Wege gehen kann und ihre Gäste wie Lina von Eisendecher mit Tochter Christa nur zu Tisch sieht. Wenn Verwandte und Freunde kommen oder seine engsten Mitarbeiter, stehen sie beide zum Empfang auf der Freitreppe.

Einmal berichtet sie amüsiert von einem Besuch ihrer Verwandten auf den umliegenden Gütern: »Er hat den Sonntag mit zwölf Verwandten, worunter drei taube und viele sehr laut schreiende immer im Chor sprechende Stimmen, ganz gut überstanden. Dabei brillirte er in so großer Liebenswürdigkeit gegen Jeden, daß Alle, halb ohnmächtig vor Entzücken, erst Abends um ½ 11 Uhr nach Hause strebten.«

Die adligen Gäste bestaunen zuerst die Pferdeställe,

dann den Park, den Wald. Die Männer und Marie reiten, Johanna und ältere Herrschaften lassen sich von einem Kutscher mit hohem Hut und weißen Handschuhen durch den Wald fahren. Nachmittags trinkt man Tee am unteren Teich und bewundert Johannas Rosengarten, abends hört man Musik und unterhält sich. Johannas Vater sitzt still dabei, er hat das Sprechen fast aufgegeben.

Keudell und Bismarck-Bohlen helfen, unergiebige Gäste zu unterhalten, und reiten täglich mit Bismarck und Marie aus. Sie passen sich den Arbeitszeiten des Chefs an und erledigen Chiffrierarbeiten und Reinschriften. Einmal bringt Keudell aus Berlin einen Schreiber mit, aber der biedere Mann stört Bismarck und seine Vorstellung von adeligem Landleben. Auch ungebetene Gäste kommen nach Varzin, um die kümmert sich Geheimpolizei-Wachtmeister Wilm, der sich im Dorfkrug einquartiert hat.

Überdeckt von der Idylle vollziehen sich weitere Kräfteverschiebungen im Eheleben. Johanna hat eine Freundin gefragt, wie sie ihren Mann bei guter Laune hält, und die sagte, sie gebe ihm immer wieder ein Glas Kognak. Johanna tut noch mehr. Otto ist ein guter Esser, nun beginnt er, von ihr angefeuert, für drei zu essen. Sie überfüttert ihn, stopft ihn zum Staunen der Gäste. Große Käse kommen auf den Frühstückstisch, Bienenwaben, kalte Koteletts, Kiebitzeier, dicke Würste aus Rügenwalde, Butter in Blöcken, geräucherter Aal und Flundern, Gänsebrust, dazu Bier und Schnaps. Zwischen den Meißner Schüsseln und Tellern mit Zwiebelmuster stehen Vasen mit Blumen und klebrige Hüte mit toten Fliegen – man ist auf dem Lande. Abends gibt es vier massive warme Gänge und zum Abschluss noch Périgord-Trüffeln, in Champagner und Butter gedünstet, zu denen Bismarck Burgunder trinkt. Wenn er zufrieden ist, läuft das häusliche Leben friedlicher. Aus dem gut gebauten, kräftigen Mann wird ein unbeweglicher Koloss, häufig krank und von ihr abhängig.

Er versucht, umgekehrt, Johanna durch seine Krankheiten an sich zu binden – als seine Pflegerin, seine Sekretärin, seine Mutter, die Frau, die für ihn da sein soll. Sie verspottet ihr enges Verhältnis manchmal. Bei einem Ausflug mit Gästen fragt er an einem See, ob sie weiterfahren oder heimkehren wolle, und sie antwortet ironisch: »Wir folgen dir gern überall hin, tue nur, was dir lieb ist; du weißt, ich habe keinen anderen Willen, als den deinigen.« Als er die junge Frau fragt, die zu Gast ist, wird die verlegen und sagt, die Mehrheit solle entscheiden. Johanna bestimmt: »Laßt uns weiterfahren.«

Auch dem König gegenüber setzt Bismarck seine Krankheiten ein. Urlaub für Varzin bekommt er nur, wenn er einen triftigen Grund nennt: Krankheit. So ist er mal heimlich-krank und mal wirklich-krank, und das ist nicht immer gut zu unterscheiden. Meist ist er verärgert über den König, die Königin, die Minister, die seine Absichten nicht verstehen oder durchkreuzen, ist überarbeitet und überreizt, leidet auch in Varzin an Schlaflosigkeit und wandert nachts im Park oder in den Zimmern umher, ist schwermütig und traurig.

Er stellt im November 1868 beim König ein Gesuch um Urlaubsverlängerung wegen Krankheit, im Februar 1869 reicht er ein Entlassungsgesuch ein. Zwischen Wilhelm und ihm hat es Meinungsverschiedenheiten gegeben, Bismarck spricht von »Harems-Intriguen«. Er habe nicht die Kraft, gegen die Gegenströmungen am Hof anzukämpfen, erklärt er, und nicht gegen die Unzufriedenheit des Königs mit ihm. Er glaube nicht, dass er lange leben werde, und möchte sich vom Dienst zurückziehen. Der König lehnt das Gesuch ab: »Vor allem aber zweifeln Sie nie an meinem unveränderten Vertrauen und an meiner unauslöschlichen Dankbarkeit.«

Einige Monate später gibt es erneut Ärger. Sofort geht es ihm wieder schlechter. Johanna stellt sich auf seine Seite, schimpft mit ihm auf die Politik. Sie predige ihm »täglich Biarritts vor«, und es sei möglich, dass er plötzlich Varzin verlasse, kündigt sie Keudell an: »lange vorher entschließen ist bei uns nicht, wie Sie wissen, ebensowenig Bereden, weshalb man keine Stunde voraus bestimmen kann, was sein soll oder sein wird«.

Gegen seine Feinde ist sie unversöhnlich. Die Damen Bismarck, meint Keudell, teilen die Leute nur in zwei Klassen: für und gegen Bismarck.

Otto und Johanna verbringen den größten Teil des Jahrs 1869 in Varzin. Er reitet aus, trifft Entscheidungen mit Westphal und liest nachmittags im Garten französische Romane, abends nach dem Essen spielt er eine halbe Stunde Billard, nachts arbeitet er. Sie liest Turgenjew und Dickens. Ihre Bücher »müssen zum Aufbrennen fesselnd sein, so daß man eß- und Schlafstunden drüber vergißt und gereizt wird, wenn Einer mit gewöhnlichen Alltäglichkeiten dazwischen redet«, erklärt sie Eugenie, der Frau von Gerhard von Thadden, die ihr ein Buch leihen will, »und wenn D e i n Schmöker solch' Knall-roman ist – dann nur her damit, mein Schatz! Besonders jetzt, wo's regnet, wie Sündfluth und kalt wie Eis dabei ist!«

Bismarck will bis Dezember bleiben.

Aber Johanna lässt sich nicht von seinem Hang zum Landleben täuschen. Im vorigen Jahr, als der Frühling so schön war und Otto am liebsten ganz in Varzin bleiben wollte, um immer durch Feld und Wald zu streifen, hat sie überlegt: »Ob er's auf die Dauer ertrüge? Nur beschaulich und naturschwärmerisch zu existiren? Ich glaube es nimmer. Auf Wochen, auf Monate wohl, aber für immer ganz aus allen politischen Geschäften heraus zu treten und nur Schonungen anlegen und Wiesen zu rieseln – das hielte er bestimmt nicht aus – wenn er gesund wäre, wie jetzt Gottlob und so bliebe ...«

Die Abgeschiedenheit Varzins wird für Johanna unerträglich, als im November 1869 aus Bonn die Nachricht kommt, Herbert sei bei einer scharfen Mensur schwer verletzt worden – er studiert jetzt Jura und ist Mitglied im Corps Borussia. Eine Woche muss sie warten, bis sie weiß, was genau passiert ist. Herbert hat drei Schmisse, einen am Mund, einen über der Stirn und einen über den Kopf. Sie fährt sofort nach Bonn. Sein Gegner ist für sie ein Hund, ein Esel.

Herbert liegt in seiner Wohnung in der Bahnhofstraße in dem Haus, in dem auch die Borussenkneipe ist. Oben gibt es einige möblierte Zimmer für Studenten, von denen eins leer steht, und Johanna bezieht es kurz entschlossen. Die Wunden sind nicht gefährlich, aber Herbert hat eine Blutvergiftung und ist in Lebensgefahr. Als es ihm besser geht, bekommt er eine Kopfrose. Bismarck und Marie fahren zu Weihnachten nach Bonn und wohnen im Hotel Stern am Markt. Mitte Januar bringt Johanna ihren Sohn nach Berlin. Er und Bill sind zu einem Dragonerregiment versetzt worden. Sie setzt es durch, dass ihre Söhne in Berlin dienen und dass eine Reform des Mensur-Comments eingeleitet wird, was beides nicht überall gebilligt wird.

Sie will nicht wieder aufs Land. In Berlin hat die Saison begonnen, Marie hat schon fünfmal getanzt, beim Kronprinzen und in verschiedenen Gesandtschaften, und Johanna will ihre Tochter noch oft begleiten. Sie hat gerade erst die Visiten am Hof geschafft, und am letzten Sonntag im Januar ist Keudells Polterabend, an dem Marie mitwirken soll.

Robert von Keudell hat sich im Oktober mit Hedwig von Patow verlobt, Johanna war überrascht und verletzt. Sie hat nicht mehr damit gerechnet, er ist 46 Jahre alt, die Braut sehr jung, und er steht ihr nun nicht mehr so zur Verfügung wie bisher, stellt ihr zu ihren Geburtstagen keine großen Orchester mehr in den Chinesischen Saal, spielt und singt nicht mehr für sie. Für den Polterabend hat Geheimrat Abeken Verse gedichtet, und Graf Harrach hat sich die Bilder und die Kostüme ausgedacht. Zwei junge Damen stellen die Liebe dar, eine dritte die Politik und Marie die Musik. Sie soll in einem blauen Gewand erscheinen, aber Johanna findet, dass ihr die rote Seide besser steht, die sie gerade von einigen Chinesen als Geschenk bekommen hat. Den Schluss soll ein Nixenbild mit einer großen Muschel bilden, der eine weitere junge Dame als Amor entsteigt. Sie proben die Lieder zu den Bildern, und die Freundin Hedwig von Olfers notiert in ihr Tagebuch: »Gräfin Marie Bismarck wirklich wundervoll in köstlichem Scharlach. Alle bei den Proben immer sehr vergnügt.«

Gesellschaftlich ist alles wie in den vergangenen vier Wintern, findet Johanna, aber Marie findet in diesem Jahr alles schöner und hat keine Lust, die Hälfte der Saison in Hinterpommern im Wald zu sitzen. Im Juni werden sie wieder für sechs bis sieben Monate nach Pommern ziehen, und diesmal denkt Johanna nach der Angst um Herbert im vorigen Jahr »mit wahrem Grauen« daran und schätzt Berlin, wo jetzt ihre beiden Jungen sind, ebenso sehr wie Marie. Außerdem ist Bismarck doch viel gesünder und heiterer als im vorigen Jahr.

Doch Ende März hat er bei einem Hofbankett Magenkrämpfe und muss sich erbrechen. Der Arzt verordnet Morphium in Pulverform, wonach es ihm besser geht, aber dann will er den Arzt nicht mehr sehen. Er ist sehr blass und sehr sanft, eine Stimmung, die Johanna hasst. Er will unbedingt nach Varzin, »worüber ich ganz verzweifelt bin«. Mitte April gibt sie nach, sie reisen, die Kinder bleiben in Berlin. Herbert und Bill wohnen in der Baruther Straße in der Nähe ihrer Kaserne, kommen aber zu Tisch oder gleich danach zu Marie und Jenny in die Wilhelmstraße.

In Varzin erkrankt Otto an Gelbsucht. Johanna sitzt bei ihm, mit einem Buch oder einer Handarbeit, und wenn er sich besser fühlt, fährt sie mit ihm in den Wald. Roon muss beim König eine Verlängerung des Urlaubs erwirken. Sie schreibt fleißig Briefe, frische und entschiedene an die Cousinen, seelenvolle an Frau von Eisendecher über »die ewige Angst um sein geliebtes Leben« und ihre Hoffnung, dass »freudvolle Ruhe« bei ihnen einkehre, damit ihre Tochter und sie Varzin ebenso lieben lernen wie er. Ihr gehe es nicht gut, sie sollte nach Bad Nauheim fahren. Von Tag zu Tag, von Woche zu Woche hoffe sie auf die Rückkehr in die Wilhelmstraße.

Am 8. Juli 1870 liest Bismarck am Frühstückstisch in der Zeitung von der drohenden Rede, die der französische Außenminister Gramont zwei Tage zuvor in Paris gehalten hat. Das ganze Frühjahr über waren die Zeitungen voll von Artikeln über die Kandidatur Leopolds von Hohenzollern für den spanischen Thron. Bismarck hatte nichts gegen eine Kandidatur, als die Spanier bei König Wilhelm als Chef des Hauses Hohenzollern anfragten, aber die Franzosen waren strikt dagegen. Preußen ist ihnen zu groß geworden, sie fühlen sich bedroht und eingekreist. Jetzt hat Leopold den Antrag der Spanier angenommen.

Die Kutscher bringen zahlreiche Depeschen von der Post ins Herrenhaus, und Johanna muss Bismarcks Diktate aufnehmen, weil seine Mitarbeiter im Sommerurlaub sind. Bismarck dechiffriert und chiffriert selbst. Der König will ihn sehen, weil Benedetti, der französische Botschafter, in Bad Ems erschienen ist, und er verlässt Varzin am Morgen des 12. Juli im offenen Wagen, schweigsam, aber heiter.

Als er in den Hof der Wilhelmstraße 76 fährt, bringt ein Kanzleidiener ein Telegramm aus Ems: Leopold hat die Kandidatur zurückgezogen. Bismarck lässt Johanna telegraphieren, übermorgen sei er wieder in Varzin. Doch als er mit Roon und Moltke am nächsten Abend zu Tisch sitzt, bringt der Diener wieder ein Telegramm aus Ems: Benedetti hat den König auf der Promenade angehalten und eine Garantie verlangt, dass er für immer eine Kandidatur des Prinzen verhindern werde. Das will Wilhelm, der nie für die Kandidatur war, nicht, und er bittet Bismarck, den Entwurf der Ablehnung durchzulesen und sie, wenn er es für richtig halte, an die Presse zu geben.

Bismarck kürzt den Text, wie jeder Redakteur ihn kürzen würde, und gibt ihn an die Presse. Aber Außenminister Gramont informiert bereits in der Nacht vom 13. auf den 14. Juli die internationalen Botschafter in Paris über die französische Forderung und kann daher auf die unwirsche Reaktion des Königs auf der Promenade von Ems offenbar nur noch mit Härte reagieren: Am 14. Juli, dem Nationalfeiertag, beschließt das französische Kabinett die Mobilmachung, um die Ehre Frankreichs zu retten. Der Wortlaut der Depesche spielt dabei keine Rolle, aber als sie schließlich in den Zeitungen erscheint, ist ganz Frankreich empört über den barschen Ton des Königs von Preußen seinem Kaiser gegenüber und gibt Bismarck die Schuld am Krieg.

Bismarck ruft Johanna und Marie nach Berlin. Am 19. Juli wird in Berlin die offizielle französische Kriegserklärung übergeben. Bismarck schreibt seinem Bruder zu dessen Geburtstag, alle wünschen einen Sieg »über die große Räuberbande«, die vermutlich morgen über unsere Westgrenzen hereinbrechen wird.

Die süddeutschen Staaten fühlen sich von Frankreich bedroht, Bismarck hilft diesem Gefühl mit Silbertalern nach, und Könige und Herzöge telegrafieren nach Berlin, daß sie ihre Streitkräfte dem Oberbefehl des Königs von Preußen unterstellen – wie es die Geheimverträge von 1866 vorsehen, die Bismarck vorausschauend geschlossen hat.

Der Norddeutsche Reichstag bewilligt die Kriegskredite am 21. Juli, und zahlreiche Banken beteiligen sich an der fünfprozentigen Kriegsanleihe des Bundes. Sie und ihre Kunden glauben an den Sieg Preußens und wollen mitverdienen am Krieg.

Johanna und Marie begleiten Bismarck zum Anhalter Bahnhof. Am 31. Juli geht er mit dem König zur Front.

3.

Bismarck fährt mit dem Großen Hauptquartier am 11. August 1870 bei Saarbrücken über die französische Grenze. Im ersten Krieg gegen Dänemark hat er Berlin für ein paar Tage verlassen, im zweiten Krieg gegen Österreich für fünf Wochen, im dritten Krieg gegen Frankreich zählt Johanna 32 Wochen, bis er wieder in Berlin ist. Er schreibt ihr alle zwei, drei Tage.

Drei deutsche Armeen bewegen sich rasch von der Pfalz aus nach Frankreich, eine drängt die französische Rheinarmee von 150000 Mann in die Festung Metz zurück und schließt sie ein.

Am 17. August reitet Bismarck mit dem König über das Schlachtfeld von Mars la Tour. Seine Söhne Herbert und Bill, zwanzig und ahtzehn Jahre alt, haben mitgekämpft. Herbert ist schwer verwundet, Bills Pferd ist tot. Bismarck will Johanna nicht aufregen: »Herbert ungefährlicher Schuß durch die Lende, Knochen unverletzt. Er wird heute Abend hergefahren zu mir. Dann werde ich ihn auf Nauheim dirigieren, damit Du endlich hingehest!«

Am 18. August begleitet er den König in die Schlacht von Gravelotte. Fast jeden Tag schreibt er ihr aus einem anderen Ort. Er hat die Legationsräte Abeken, Keudell, Hatzfeldt und Bismarck-Bohlen mitgenommen, den Journalisten Moritz Busch, einen Geheimsekretär, Chiffreure, Kanzleidiener, Boten, Koch, seinen Diener, den Reitknecht Joseph und Röschen, seine ausdauernde Stute. Die Mitarbeiter wohnen bei ihm, Bleichröder versorgt ihn und seine Leute mit den feinsten Delikatessen, wenn es irgend geht, und Johanna schickt Pakete. Bismarck schläft mit dem Revolver neben sich.

Johanna wechselt sich tief besorgt mit Marie an Herberts Bett ab. Ein Militärarzt hat ihn auf einer Bahre mit der Bahn nach Bad Nauheim gebracht. Herbert hat große Schmerzen, aber der Arzt versichert, es bestehe keine Lebensgefahr mehr.

Bill schreibt nicht. Sie weiß, dass die Franzosen Eisenbahnzüge anhalten und preußische Feldjäger mit Posttaschen herausholen. Ein Brief Ottos an sie erscheint in einer Pariser Zeitung. Sie weiß auch, dass Bill schreibfaul ist und sich gern von der Familie zurückzieht, aber sie ist voller Wut – auf ihn, auf die Franzosen: »Ach, es ist zu traurig, wenn man sein Liebstes in solcher Gefahr weiß, in den Krieg gegen solch hundemäßiges Vieh-Volk schicken muß und nie nie ein Wort von seinen geliebtesten Kindern bekommt – ob sie leben, ob sie gesund sind.«

Ihr alter Hass auf Franzosen, zu dem sie erzogen wurde, steigert sich. An Moritz Blanckenburg und ihren Vater schreibt sie von der »Höllenbrut«, die sie verfluche. Der Vater hat bei Jena gegen Napoleon I. gekämpft, ihre Verwandten sind damals verarmt, jetzt sind ihr Sohn und ihre Neffen in Lebensgefahr. Johanna ist ohne Maß – mit der Wildheit und dem Hass der Ohnmächtigen. Sie ist auch wütend, als Bills Regiment trotz vieler Gefallener wieder in die Schlacht geschickt wird – »ich bin natürlich wütend – wenn ich nur erst wüsste auf wen«. Sie hofft, dass Bismarck den Franzosen keine Gnade erweisen wird. Als er das in Hatzfelds Gegenwart liest, sagt er: »Meine Frau wird mich noch dazu bringen, daß ich den Franzosen Gutes tue.«

Eine französische Armee, bei der Kaiser Napoleon sich aufhält, versucht, Metz zu entsetzen. Zwei deutsche Armeen drängen sie ab und schließen sie bei Sedan ein. Sie ergibt sich am 2. September, 100000 Mann und Kaiser Napoleon gehen in Gefangenschaft.

»Es ist ein weltgeschichtliches Ereignis«, schreibt Bismarck an Johanna, »ein Sieg für den wir Gott dem Herrn in Demuth danken wollen, und der den Krieg entscheidet, wenn wir auch letztern gegen das kaiserlose Frankreich noch fortführen müssen.« In Paris wird die Republik ausgerufen, Kaiserin Eugenie flieht, und ein ›Gouvernement de la défense nationale‹, eine Regierung der nationalen Verteidigung, führt den Krieg weiter.

Der König ernennt Herbert zum Leutnant und Bill zum Fähnrich, und der Vater gratuliert seinen Söhnen und dankt Gott, der beide in diesem Blutbad bewahrt habe. Roons Sohn hat eine Gewehrkugel in den Unterleib getroffen, zwei Tage später ist er gestorben: »Wenige Familien bei uns werden ohne Trauer sein.«

Das Aktiengeschäft an den Börsen ist lebhaft. Dank der Siege der deutschen Armeen können die Banken die Kriegsanleihe schnell verkaufen, ebenso 5%ige Bundesanleihen und 5%ige Bundesschatzanweisungen, die Kurse steigen.

Deutsche Truppen schließen Paris am 19. September ein. Bismarck will den Krieg rasch beenden. Kriegsminister Roon ist für eine Beschießung von Paris, aber der Große Generalstab ist dagegen. England und die hohen Frauen in Berlin, meint Bismarck böse, seien für das als human geltende System der Aushungerung.

Die Generalstabsoffiziere boykottieren den Kanzler, sie wollen ihr Handwerk ausüben, ohne dabei Rücksicht auf die Politik nehmen zu müssen. König und Kronprinz sind auf ihrer Seite. »Hätte ich die wundervolle Basis der Religion nicht, so wäre ich dem ganzen Hofe schon längst mit dem Sitzzeug ins Gesicht gesprungen«, sagt Bismarck zu seinen Vertrauten.

Eine Woche später hat er sich in einem kleinen Haus in Versailles eingerichtet. Johanna verlangt von ihm, dass die Söhne Eiserne Kreuze bekommen, und er mahnt sie, nicht zu klagen, die Söhne leben. Auszeichnungen gebe es nur, wenn ein Vorgesetzter sie beantragt, »und die Dragoner hatten eben niemand der Anträge für sie stellte, weil ihre Stabsoffiziere und Rittmeister todt waren. Ich für mein Theil kann für meine Söhne nichts fordern, verdient haben sie es beide ohne Zweifel. Nun genug davon«. Er lässt sich von niemandem zu etwas drängen, auch nicht von seiner Frau.

Für Stunden schüttelt er Verwaltung und Streitereien ab, »um in der weichen stillen Herbstluft durch Louis XIV. lange grade Parkgänge, durch rauschendes Laub und geschnittene Hecken, an stillen Teichflächen und Marmorgöttern vorbei, Röschen eine Stunde zu galoppiren, und nichts Menschliches als Joseph's klappernden Trainsäbel hinter mir zu hören ...«. Johanna vermisst ihn in diesen Tagen so sehr, dass sie »vor Sehnsucht fast vergangen wäre«.

Sie gehen in den Briefen aufeinander ein, sind sich näher als in der Brautzeit. Er sieht jeden Morgen, wenn sein Diener Engel zum ersten Mal hereinkommt, vom Bett aus auf Engels Hand, ob ein Brief von Johanna darin ist. Er ist von Feinden seiner Politik umgeben, die Herren vom Militär machen ihm die Geschäfte schwer, sie reißen sie an sich, verderben sie, und ihn trifft die Verantwortung. Er hat niemanden, der ihm zuhört, wenn er Zukunftsgedanken entwickelt. Alles ist jetzt so gekommen, wie er es vor Jahren ausgerechnet hat – vor allem das Schutz-und Trutzbündnis mit den süddeutschen Staaten war richtig, und nun will er in Gesprächen vor einem klugen Zuhörer entwickeln, ob und wie die süddeutschen Staaten dem Norddeutschen Bund beitreten könnten, aber es ist niemand da. Er fühlt sich einsam inmitten seiner Herren. Oft kommt er noch gegen Mitternacht aus seinem Büro und trinkt mit ihnen und spricht über alles Mögliche, aber für politische Kombinationen sind sie ihm weder phantasievoll noch verschwiegen genug.

Auch Johanna sieht morgens vom Bett aus als Erstes, ob ihre Jungfer Post von Otto bringt. Mit niemandem kann sie so ungehemmt reden wie mit ihm. Sie liebkost ihn mit Worten, versichert ihm, wie wunderbar sie ihn finde, immer wieder, sie zeigt ihm, wie Gott zu ihm halte – er schreibt nie so gefühlvoll-zärtlich wie sie, aber er schreibt ihr warm und sorgt sich um sie. Er lebt in einer rücksichtslosen und schwierigen Umgebung, aber Politik macht ihm Spaß, er ist gesund wie lange nicht. Und doch braucht er Zuspruch, und sie bestärkt ihn und gibt ihm Sicherheit. Sie führen eine zärtliche, sehnsuchtsvolle Fernbeziehung, idealisieren sich, fühlen sich einander nahe und geben sich Kraft. In ihren Briefen sind sie wieder ein ideales Paar, ohne die Reibereien des Alltags und die ehelichen Machtkämpfe.

Ende Oktober kommen die Minister der süddeutschen Staaten zu ihm nach Versailles, »um das neue 1000jährige Reich zu beraten«. Bismarck rechnet damit, dass er noch lange in Versailles bleiben muss, »das Belagerungsgeschütz ist nicht heran, und vor November werden wir wohl keinen Schuß auf die Wälle thun«.

Johanna ist jetzt mit Marie und Herbert in Berlin. Die Damen der Gesellschaft kommen im Krieg aus ihrer erzwungenen Passivität heraus. Der Vaterländische Frauenverein – eine Gründung Königin Augustes – kümmert sich um Verwundete und die Familien von Gefallenen.

Bismarcks Cousine Hedwig arbeitet unter der Leitung von Gräfin Roon im Lazarett auf dem Tempelhofer Feld. Das Kriegsministerium, der Frauenverein und die Stadt Berlin unterhalten dieses Lazarett aus 25 Baracken, einem Operationssaal, Apotheke, Kapelle, Verwaltungsbüros, Küche, Räumen für Personal und Helferinnen. Kurz bevor die ersten Verwundeten eintrafen, rief Gräfin Roon etwa vierzig Damen der ersten, der hoffähigen Gesellschaft zusammen, die die Stationen leiten sollten. Sie kommen jeden Morgen mit dem Pferdeomnibus aus der Innenstadt. Hedwig leitet die Hauswirtschaft – die Herren haben das einer Dame nicht zugetraut, aber Minister Roon hat sie durchgesetzt. Die Königin erscheint manchmal zum Sonntagsgottesdienst in der Kapelle.

Johanna sammelt Geld für Verwundete, Witwen und Waisen. Begeistert schreibt sie Otto, sie habe bei Vereinssitzungen und mit Bleichröders Hilfe über 12000 Taler eingenommen. Mit Wohltätigkeit beweist die Elite ihre soziale Eignung. Königin und Prinzessinnen veranlassen Basare und übernehmen die Schirmherrschaft. Jedes Mal, wenn ein neuer Basar angekündigt wird, geht ein »allgemeines Seufzen durch die Gesellschaft«: Damen wie Johanna und Marie seufzen, weil sie nun wieder neue Handarbeiten machen oder zum Verkauf geeignete Gegenstände kaufen müssen, und Herren seufzen wegen der Angriffe auf ihre Börse – entziehen kann sich niemand und letztlich amüsiert man sich.

In Johannas Salon treffen sich wieder Verwandte, Freunde und Diplomaten, wenn auch nicht in so großer Zahl und seltener als bei Bismarcks Anwesenheit. Sie pflegt ihr pommersches Netzwerk, will die alten Freundschaften durch die dumme Politik nicht verlieren, lädt wiederholt Moritz von Blanckenburg ein, ihr Morchen, ihr Altchen. Er bittet sie, ein Treffen mit Baron Spitzemberg zu arrangieren, dem württembergischen Gesandten. Er und andere Konservative sind erschreckt über den Eintritt von Hessen, Württemberg, Bayern, Baden in den Norddeutschen Bund. Noch mehr Demokraten werden ins Parlament kommen, die Mehrheit wird liberal sein, was Spitzemberg ihm bestätigt. Für Blanckenburg ist die politische Zukunft Preußens finster.

Johanna und ihre Freundin Amélie Dönhoff, eine Hofdame der verwitweten Königin Elisabeth, geraten in den Mittelpunkt der Kritik des Hofes, weil sie sich für die Bombardierung des Sündenbabels Paris einsetzen. Johanna drängt Otto: »Tod und Verderben Allen, allen – Jung und alt – nur die Wiegenkinder ausgenommen. Die Würmer können ja nichts dafür, daß sie so scheußliche Eltern haben.« In Johannas Sprache zeigt sich die ungehemmte Wut der Waffenlosen, und jeder Mann, der sie hört, ist entsetzt.

Der Kronprinz in Versailles hat den Eindruck, dass es in Berlin zu einer Manie wird, die Beschießung von Paris zu verlangen. Er hört, dass die Gräfin Bismarck-Schönhausen aller Welt gegenüber behaupte, er verhindere die Beschießung. Vierzehn Tage später meint er, es sei jetzt an der Tagesordnung, seine Frau als Hauptursache der aufgeschobenen Bombardierung zu verleumden. Man sagt, sie handele im Auftrag ihrer Mutter, der Königin Victoria von England, worüber er sich sehr ärgert. Gräfin Bismarck und die Hofdame Gräfin Amélie Dönhoff hätten dies offen ausgesprochen.

Auch die Baronin Spitzemberg gehört zu den kriegerischen Damen und notiert in ihrem Tagebuch: Ein »Jubelschrei wird in der Armee und ganz Deutschland ertönen, wenn die erste Vierundzwanzigpfünder in das übermütige Babel hineinkracht!«. Johanna übertrifft sie noch. Als Bismarck telegraphiert, Paris werde jetzt bombardiert, antwortet sie: »Nun lege Gott der Herr seinen reichen Segen in jede Bombe, daß sie furchtbare Trümmerhaufen bringen, daß kein Stein auf dem anderen bleibe.«

Bismarck verhandelt vor Paris ununterbrochen mit deutschen Fürsten und hat Erfolg: Die süddeutschen Staaten treten dem Norddeutschen Bund bei, und die Verfassung des Bundes wird zur Verfassung eines neuen Deutschen Reiches. Als auch der Vertrag mit Bayern unterschrieben ist, sagt Bismarck zu seinen Mitarbeitern: »Die deutsche Einheit ist gemacht, und der Kaiser auch.«

»Ach, könnte ich doch nur einmal eine halbe Stunde zu dir herüberfliegen«, schreibt Johanna, und er antwortet: »Mich friert und ich sehne mich, bei dir zu sein und mit dir in Einsamkeit auf dem Lande.« Wenn man zu lange Minister ist, »und dabei nach Gottes Fügung Erfolg hat, so fühlt man deutlich wie der kalte Sumpf von Mißgunst und Haß einem allmählich höher und höher bis ans Herz steigt«.

Er muss sich mit Rangfragen der zahlreichen deutschen Fürsten herumschlagen und mit dem Zeremoniell der Kaiserproklamation, mit »Kinkerlitzchen«, während Paris bombardiert wird und er auf den Beginn der Friedensverhandlungen wartet. Er bringt den bayerischen König Ludwig II. dazu, Wilhelm die Kaiserwürde anzutragen – gegen 100 000 Mark jährlich aus dem Reptilienfonds, Bismarcks Geheimkasse, in der Gelder aus dem Privatvermögen des Königs von Hannover und des Kurfürsten von Hessen liegen, die Preußen 1866 beschlagnahmt hat. Ludwig kann sie für seine Schlösser gut brauchen.

Wilhelm will »Kaiser von Deutschland« werden. Den anderen souveränen Königen und Herzögen geht das zu weit, sie wollen ihn »Kaiser der Deutschen« nennen. Bismarck, der keinen Fürsten eines neuen Bundeslandes verärgern will, hält »Deutscher Kaiser« für angemessen.

Bei der Kaiserproklamation am 18. Januar 1871 in der Spiegelgalerie des Schlosses Versailles spielen die gewählten Vertreter des Volkes keine Rolle. Bismarck behandelt die Abordnung des Norddeutschen Reichstags unter ihrem Präsidenten Professor Dr. Eduard Simson höflich, der als Präsident der Frankfurter Nationalversammlung 1848 einem preußischen König die Kaiserkrone angetragen hat. Aber dies ist eine Proklamation der Militärs, und deren Reaktion auf die Anwesenheit der Abgeordneten lautet rüde: »Was wollen die Kerle hier!«.

Die Zeremonie beginnt, obwohl der Konflikt um den Titel des neuen Kaisers nicht gelöst ist. Großherzog Friedrich von Baden, der Schwiegersohn Wilhelms, bringt deshalb nur ein Hoch auf »Kaiser Wilhelm« aus. Der neue Kaiser geht an Bismarck, der ihm gratulieren möchte, vorbei – er lässt ihn einfach stehen.

Bismarck ist erbittert. Er hat zustande gebracht, was keiner der Anwesenden geschafft hätte. Er ist noch angespannt, weil er nicht sicher ist, ob die Nachbarn des nun vereinten Deutschlands die Reichsgründung ruhig hinnehmen, und gerade die Männer im Hauptquartier, die ihm das größte Ansehen verdanken, hassen ihn.

Johanna preist »in grenzenloser Liebe« die Reichsgründung: »Im Chor lassen wir dich leben, beugen uns vor Deiner Klugheit, umarmen dich zärtlich und sind gewaltig stolz, daß du das Beste, Liebste, Klügste, Geistreichste und Energischste uns zu eigen gehörst! Liebling ohne gleichen!« Auch am weiblichen Hof in Berlin ist man Bismarck jetzt sehr wohl gesinnt. Kronprinzessin Viktoria befiehlt Johanna zu sich – »was sie will, weiß Gott – Liebe gewiß nicht« –, und als sie Kaiserin Augusta – ab jetzt Augusta statt Auguste – einen großen Strauß Hyazinthen von Bismarck überreicht, ist die neue Kaiserin so gerührt, dass sie Johannas »ganz nette Azaleen« gar nicht ansieht.

In Versailles sucht der französische Außenminister Jules Favres Bismarck auf, um mit ihm einen Waffenstillstand auszuhandeln, denn in Paris werden die Lebensmittel knapp. Bismarck verhandelte mit ihm und Adolphe Thiers, dem Chef der Exekutive. Militärs und Höflinge um Kaiser Wilhelm sind erbittert, als er auch bei den Friedensverhandlungen genau das macht, was er langfristig für das Beste hält. Bismarck hat sich in den letzten Jahren geändert. Jetzt meint er, man müsse dem Vaterland dienen, wie es die Umstände forderten, und politische Meinungen und sogenannte Prinzipien zurückstellen. Albrecht von Stosch, Generalleutnant im Kriegsministerium, berichtet: »Ich habe Gelegenheit gehabt, Bismarck in Aktion zu sehen, und muß sagen, daß ich die Energie seiner Anschauungen und Handlungen bewundere. Eigentümlich war, daß er bei allen entscheidenden Verhandlungen ängstlich jede Person von seiner Seite entfernte, wo er nicht gerade, wie in meinem Fall, eines technischen Beirates bedurfte. Er saß ganz allein dem Gegner gegenüber und zerzauste ihn.«

Die Friedensbedingungen sind bitter. Frankreich muss Elsass-Lothringen mit seinen Bodenschätzen abtreten und fünf Milliarden Francs Kriegsentschädigung zahlen.

49 000 deutsche Soldaten sind gefallen und 139 000 französische.

Bismarck trifft am Morgen des 9. März in Berlin ein. Johanna und Marie holen ihn am Anhalter Bahnhof ab. Er sieht wohl aus.

Alle Glocken in der Stadt läuten, als ein paar Tage später der König als Kaiser zurückkommt, und die Kanonen schießen Salut. Johanna steht auf der Ehrentribüne vor dem königlichen Palais unter den Linden. Das Brandenburger Tor ist mit Girlanden geschmückt, und als Bismarck an der Seite des Kaisers hindurchreitet, brechen die zahlreichen Zuschauer in Beifallsgeschrei und Hochrufe aus.

Bismarck, der Reichskanzler, macht wie nach jeder Abwesenheit seine Visitentournee bei den Diplomaten – immer höflich bis zur letzten Galgensprosse, sagt er.

Zur Reichstagseröffnung im Weißen Saal des Schlosses hat der Hof für den neuen Kaiser den 800 Jahre alten Thron Kaiser Heinrichs III. aus der Pfalz in Goslar nach Berlin bringen lassen. An diesem Tag erhebt Wilhelm Bismarck in den Fürstenstand. Das gefällt weder Bismarck noch seiner Frau. Sie wären lieber die ersten pommerschen Grafen geblieben, als Nr. 13 und damit die Letzten in der Rangklasse der Fürsten geworden. Seine Anrede ist jetzt Durchlaucht, ihre ebenso – Esde und Ide kürzen die Räte im Amt unter sich ab, Seine Durchlaucht und Ihre Durchlaucht. Er freut sich nicht, weil er nicht genug Geld hat, um als Fürst standesgemäß leben zu können, er wäre lieber ein reicher Graf als ein armer Fürst. Als man ihn am Abend dieses Tages im Schloss nach dem Befinden der Fürstin fragt, sagt er verständnislos: Welcher?

Die Rückkehr der Helden in die Salons begeistert Johanna wenig. Weibliche Wesen »giebt's ja bei uns recht viele nette – nur die Männer sind meistens ziemlich schlimmdumm; langweilig, albern, eingebildet, arrogant und noch viel Böses – was mir zu weitläuftig zum notiren ...«, teilt sie ihrer Freundin Eisendecher mit, die nun wieder in Oldenburg lebt. Über die Folgen des Fürstentitels für ihren Salon berichtet sie: »Unsere Theezimmer sind jetzt allabendlich überfüllt von allen Möglichen, die nie da waren und sich verpflichtet fühlen, zum Fürsten zu gratuliren, den ich jeden Augenblick vergesse und immer ganz verblüfft drein schaue, wenn die wohlgesetzten Phrasen von Stapel gelassen werden.« Sie sind Fürsten ohne Land, und ihre Kinder sind keine Fürsten, nur Herbert wird es sein, wenn Bismarck tot ist. Das Beste an der Sache war der persönliche Empfang durch den Kaiser mit Umarmen und Küssen.

Sie gehören nun zur »hohen Aristokratie« und nicht mehr zum heimischen Landadel im Herrenhaus, das bekümmert sie. Auch ihre Freundin Baronin Spitzemberg lässt sich von einem bloßen Titel nicht benebeln: Jetzt müsse noch eine Dotation folgen, ein Vermögen, damit der Titel kein Danaergeschenk wird, denn ein Fürst muss aufwendig leben, sonst ist er kein Fürst, sondern lächerlich.

In der Wilhelmstraße 76 ändert sich durch den neuen Titel nichts. Fürst und Fürstin Bismarck laden zur ersten Reichstagssoiree auch die Baronin ein: »Zum Schlusse soupierten wir wie gewöhnlich en petit comité, wo es sehr heiter zuging; ich saß neben Bismarck, der äußerst gut aufgelegt war.« Was ihn freut: Er ist jetzt Generaloberst der Kavallerie im Range eines Feldmarschalls und Ehrenkommandeur der Magdeburger Kürassiere.

Nach der Rückkehr der preußischen Truppen und ihrem feierlichen Einzug in Berlin im Juni 1871 schenkt der Kaiser ihm Friedrichsruh im Herzogtum Lauenburg: 2000 Morgen Ackerland und 25 000 Morgen Wald – den Sachsenwald.

IM REICHSKANZLERPALAIS

DER »MÄCHTIGE DIENER« DES KAISERS

I.

Der Reichskanzler und seine Familie leben inmitten von Baustellen, denn das neue Deutsche Reich braucht eine Verwaltung, braucht Ministerien. Manche entstehen aus Abteilungen der preußischen Verwaltung, andere wachsen aus der Reichskanzlei hervor, alle brauchen Büros. In der Wilhelmstraße, am Wilhelmplatz, wo sich die Ammen aus dem Spreewald mit den Kinderwagen treffen, in den Nachbarstraßen entstehen Bauten mit gewaltigen Fassaden in allen Baustilen der Vergangenheit, mit Türmchen, Säulen, Statuen, prachtvoll, üppig, knorpelig.

Der neue Reichstag braucht ein »Reichstagshaus«. Die ersten Sitzungen im März 1871 finden im Preußischen Abgeordnetenhaus statt, im April beginnen die Debatten über einen Neubau. Eine Reichstagsbaukommission entscheidet im Juni, ein provisorisches Haus auf dem Grundstück Leipziger Straße 4 zu bauen. Schon am 16. Oktober ist es fertig: Zum ersten Mal haben Ingenieure eine Baustelle nachts mit elektrischem Licht beleuchtet. Nun beginnt die Suche nach einem Platz für einen würdigen Neubau, es gibt Diskussionen über seinen Stil, Architekturwettbewerbe. Nach fünf Jahren, 1876, ist die Planung bei einem Prachtforum des Deutschen Reiches angelangt, einem großen feierlichen Rechteck mit Reichskanzleramt, Ministerien, Reichskanzlerpalast.

Viele der neuen Ministerien sind nun bezogen, doch ihre Aufgaben im Reich wachsen weiter, und kaum ist ein

Gebäude fertig, fehlen schon wieder Büros. Grundstücke werden knapp, die Wilhelmstraße hat eine fast geschlossene Häuserfront, und so bieten die Ministergärten sich für Anbauten und Neubauten des Staates an. Auch Bürger zieht es weiter in die Wilhelmstraße. Industrielle und Finanziers neuer Eisenbahnlinien bauen sich Paläste und fordern weithin sichtbar einen Platz in der Gesellschaft des Kaiserreichs. Albert Borsig, der wie sein Vater weltberühmte Dampflokomotiven herstellt, gibt ein Palais im Renaissancestil in Auftrag, einen großen Kasten mit Gerichtslaube und Nischen im ersten Stock, in denen Statuen stehen – neue Götter der Technik, des Fleißes und des Erfindergeistes.

Bismarcks erster Versuch, ein angemessenes Reichskanzlerpalais zu kaufen, scheitert. Die Erben des Vossischen Palais wollen verkaufen, und er befürchtet, dass auf dem riesigen Grundstück Mietshäuser entstehen. Doch der geforderte Preis ist für die Reichsverwaltung viel zu hoch, und die Erbengemeinschaft verkauft an den Berliner Bankenverein. Eine Baugesellschaft lässt das alte Palais abreißen und das Gelände mit einer Stichstraße erschließen – der Voßstraße – und es in Parzellen aufteilen. Auf den Grundstücken entstehen Geschäftshäuser, Wohnhäuser, Botschaften und ein Erweiterungsbau für das Handelsministerium.

Bismarck verachtet Grundstücksspekulanten, die gewachsene Strukturen zerstören, um Geld zu verdienen. Er bedauert den Verlust der alten Adelspaläste und verabscheut Neo-Renaissance, Neo-Barock und sonstiges Neo des aufgeplusterten Historismus. Er liebt Einfachheit und Klarheit – wie in seiner Sprache. Er verfolgt die Entwicklung der Stadt und hat den Bau einer Prachtstraße anstelle des Reitwegs von Charlottenburg zum Grunewald angeregt: den Kurfürstendamm. Die Stadt greift seine Idee auf und plant eine 25 m breite Straße, doch Bismarck setzt eine Breite von 53 m durch.

Sein zweiter Versuch, ein Palais zu kaufen und damit zu retten, glückt. Als die Fürsten Radziwill ihr Grundstück Wilhelmstraße 77 einer Baugesellschaft nach dem Muster der Voßstraße anbieten, spricht er persönlich mit der Fürstin, die für die Familie die Verhandlungen führt. Auch dieses Palais stammt aus der Entstehungszeit der Wilhelmstraße. König Friedrich Wilhelm I., der Soldatenkönig, hatte dem Generalmajor von der Schulenburg 1736 ein besonders großes Grundstück zuteilen lassen, und der hatte sich ein repräsentatives barockes Palais gebaut – eine dreiflügelige Anlage um einen Ehrenhof, mit hohen gestuften Mansardendächern über einem Stockwerk mit hohen Sälen. Vier gewaltige Doppelsäulen betonen den Mittelbau.

Die Fürstin Radziwill ist bereit, an das Reich zu verkaufen, doch wieder ist der Preis sehr hoch. Bismarck sichert sich das Vorkaufsrecht und bringt im Reichstag den Antrag ein, das Palais als Regierungs- und Wohnsitz für den Reichskanzler zu kaufen. Das Reich könne immer noch selbst parzellieren und die neuen Grundstücke gewinnbringend verkaufen, sagt er. Das leuchtet den Abgeordneten ein, sie stimmen dem Kauf zu, und die Umbauarbeiten im Innern beginnen 1875.

Mit diesem Kauf hat Bismarck die unbehaglichen Pläne für ein monumentales Prachtforum unterlaufen. Aus der vornehmen altpreußischen Wilhelmstraße wird die »Straße der Macht«.

Für die Gesetze, mit denen Bismarck Deutschland und seine Wirtschaft modernisieren will, braucht er eine Mehrheit der Reichstagsabgeordneten: Deutschland ist jetzt eine konstitutionelle Monarchie, in der vier Kräfte sich einigen müssen – der Monarch, die Regierung mit dem Kanzler an der Spitze, der Bundesrat mit den deutschen Fürsten und der Reichstag mit den vom Volk gewählten Vertretern der politischen Parteien. Bismarck selbst hat die Verfassung strukturiert. Er ist der einzige verantwortliche Minister des Kaisers und will nicht, dass seine Regierung von Parteien abhängig wird. Der Bundesrat mit den Vertretern der Landesfürsten erweist sich als überraschend friedlich. Doch ohne Zustimmung des Kaisers geht gar nichts, und Wilhelm unterschreibt ein Gesetz nur, wenn er wirklich überzeugt davon ist. Der Kaiser und sein Kanzler sind die entscheidenden Männer in der deutschen Reichspolitik.

Bismarck denkt viel über sich nach. Im ersten Jahr seiner Reichskanzlerschaft macht er vor seinem Bruder eine kleine Bilanz seines Lebens auf. Er lebe gern: »Es sind nicht die äußern Erfolge, die mich befriedigen und fesseln, aber die Trennung von Frau und Kind würde mir erschrecklich schwer werden.« Frau und Kinder halten ihn am Leben.

Der größte Segen Gottes für ihn sei »die friedliche Wohlfahrt im Hause« und das Gedeihen der Kinder. Seine amtliche Stellung dagegen, bei allem äußern Glanze, sei dornenvoller, als alle wissen, »und meine körperliche Fähigkeit, alle die Galle zu verdauen, die mir das Leben hinter den Coulissen ins Blut treibt, ist nahezu erschöpft, meine Arbeitskraft den Ansprüchen nicht mehr gewachsen«.

Aber er arbeitet weiter und wartet auf die Anerkennung des Kaisers, die, wenn sie kommt, doch nie ausreicht. Er ist unersättlich und erklärt sich seine Ausdauer mit einer Macht, die hinter dem Kaiser stehe. Im Abgeordnetenhaus sagt er im März 1875: »Ich glaube Gott zu dienen, indem ich meinem Könige diene.«

Über sein Verhältnis zum König und Kaiser denkt er sein Leben lang immer wieder nach. Der König sei der Herr, und er sei der Diener dieses Herrn. Dies sei aber nur möglich, wenn zwischen Herr und Diener ein gegenseitiges Wohlwollen herrsche, »wie unser Lehnrecht die ›Treue‹ auf beiden Seiten zur Voraussetzung hatte«.

Der Vergleich mit der Treue greift tief in eine vergangene Zeit zurück, in der Staaten noch nicht ausgebildet waren.

In der europäischen Welt des 19. Jahrhunderts wirkt das Muster der Machtverteilung zwischen König und Adel in einem mittelalterlichen Lehnswesen wie der Griff in eine Märchenwelt, in eine literarische Traumwelt, in der ein Sultan einen klugen Wesir zum Freund hat. Das ist auch Bismarck klar: Beziehungen, wie er sie zu Kaiser Wilhelm hat, »sind nicht ausschließlich staatsrechtlicher oder lehnsrechtlicher Natur; sie sind persönlich, und sie wollen von dem Herren sowohl wie von dem Diener, wenn sie wirksam sein sollen, erworben sein«.

Er schreibt: »Es ist eine Eigenthümlichkeit royalistischer Gesinnung, daß ihren Träger, auch wenn er sich bewußt ist, die Entschließungen des Königs zu beeinflussen, das Gefühl nicht verläßt, der Diener des Monarchen zu sein. Der König selbst rühmte eines Tages (1865) gegen meine Frau die Geschicklichkeit, mit welcher ich seine Intentionen zu errathen und – wie er nach einer Pause hinzusetzte – zu leiten wüsste. Solche Anerkennung benahm ihm nicht das Gefühl, daß er der Herr und ich sein Diener sei, ein nützlicher, aber ehrerbietig ergebener. Dies Bewusstsein verließ ihn auch dann nicht, als er bei erregter Erörterung meines Abschiedsgesuchs 1877 in die Worte ausbrach: ›Soll ich mich in meinen alten Tagen blamiren? Es ist eine Untreue, wenn Sie mich verlassen …‹.« Wilhelm habe das königliche Gefühl gehabt, dass er es nicht nur vertrug, sondern sich gehoben fühlte bei dem Gedanken »einen angesehenen und mächtigen Diener« zu haben.

2.

In der neuen Reichshauptstadt halten immer mehr Mitglieder der guten Gesellschaft die Bismarcks und ihre nun erwachsenen Kinder für eine sonderbare Familie – der eindrucksvolle Kanzler, die pietistisch-bescheidene Mutter, die verzogenen Kinder. Man redet über sie, wenn sie in Berlin sind, und redet über sie, wenn sie monatelang auf ihren Gütern leben.

Bismarck spricht häufig über sein nahes Ende und seine Erschöpfung, die Frau von Spitzemberg manchmal für »Schulkrankheit« hält und über die sie sich wundert: »Aber jahrelang mittags 2 Uhr aufstehen, von da bis abends dreimal aufs reichlichste essen und trinken, dazwischen aufregende Staatsgeschäfte bis 11½, dann rauchen und Leute sehen bis nachts 1, 2 Uhr, natürlich darauf schlaflos im Bette liegen bis gegen morgen und die Nachtruhe untertags nachholen. Es ist zu unsinnig! Aber auch darin, wie in allem andern, ist dieses Haus anders als die übrige Menschheit und wundert sich, wenn es ihm geht wie andern Sterblichen, d. h. wenn die Kräfte ausgehen.«

Johanna zeigt Munterkeit und gute Laune, um Otto aufzuheitern und mit ihm klarzukommen. Sie behandelt ihn immer mehr wie einen Löwen, dem man besser nicht in die Quere kommt. Er nimmt nach wie vor viel Platz in der Ehe ein, und sie will sich immer noch behaupten, wie eine Katze, die schnell und leise doch tut, was sie nicht soll, wenn der andere gerade nicht hinguckt. Bismarcks Mitarbeiter Holstein – der kleine Holstein aus Petersburg – meint, Bismarck nehme sie nicht wichtig, er lasse ihr Verhalten oft nur aus Menschenverachtung zu.

Johanna sieht in der Ehe »die nicht ganz leichte Aufgabe des stets guten Einklanges« in einer unvollkommenen Welt. Harmonie im Haus – das ist ihr Ziel, und dafür verausgabt sie sich manches Mal.

In diesen 1870er Jahren ist ihr Leben oft schwer. Er ist überlastet, der Regierungsapparat wächst, trotzdem will der mächtige Diener des Kaisers alles in der Hand behalten – und der Kaiser ist oft anderer Meinung als er. Diese Spannungen lässt er zu Hause aus, wird jähzornig. Sie geht sogar so weit, Mitarbeiter vor ihm zu warnen. Sie sind kein Turteltaubenpaar mehr.

Viele kritisieren Johanna – Holstein sowieso, auch die Baronin Spitzemberg, die sie für eine Freundin hält. Nur eine, Marie von Olfers – die Schriftstellerin, deren Schwester mit Geheimrat Abeken verheiratet ist –, erkennt, wie schwer die Fürstin es hat, es ist »zu viel für eine Frau, die immer nur der leidende Teil ist«.

Der dänische Schriftsteller Georg Brandes sieht Bismarck zum ersten Mal Anfang der siebziger Jahre im Reichstag. Er findet ihn ernst, streng, hat sich seine Gestalt nicht so stolz und riesenhaft vorgestellt. Man sehe ihm an, dass er sportlich ist, ein tüchtiger Reiter, Fechter und Schütze. Sein großes Gesicht kommt Brandes ungeschlacht und packend zugleich vor: die schweren Züge, die dicken Haarwülste auf den Augenbrauen, die kahle Stirn, der Schnurrbart – er hat ein wenig von einer Bulldogge, ein wenig von einem Löwen. Noch ist sein Gang so leicht und elastisch wie bei einem Tanzlehrer.

Bismarcks Politik wirkt sich stark auf sein Privatleben und besonders auf Johanna aus: Ihre Verwandten wenden sich von ihr ab. Das wichtigste Thema seiner Außenpolitik ist jetzt die Sicherung des neuen Deutschen Reichs und des Friedens in Europa durch Bündnisverträge mit Russland und Österreich, das wichtigste Thema seiner Innenpolitik ist der Ausbau des Reiches im Innern, das Vordringen staatlicher Behörden in viele Lebensbereiche. Dazu gehört auch eine neue Kreisordnung in Preußen.

Johannas Onkel Hugo von Kleist-Retzow und Heinrich von Below-Hohendorf, die auf ihren Gütern wie kleine Könige herrschen, reisen nach Varzin und warnen Otto, an der lokalen Herrschaftsordnung etwas zu ändern: Die Bauern sind in der Überzahl und werden, wenn sie Stimmrecht in den Kreistagen bekommen, ohne Rücksicht gegen die großen Gutsbesitzer stimmen. Bismarck hört nicht auf sie.

Die Kreisordnungsreform von 1872 bringt den Dörfern das Recht, ihre Gemeindevorsteher zu wählen. In den Kreistagen stimmen nun gewählte Vertreter der Bauern, Städter und Grundbesitzer darüber ab, was im Landkreis geschehen soll. Die staatliche Bürokratie beansprucht, anstelle der Rittergutsbesitzer die Landräte auszuwählen. Als auch die Provinzialverwaltung reformiert wird, kommen endlich der Bau von Straßen, Kleinbahnen, Kanälen und das Trockenlegen von Land voran.

Aber die alten Freunde unter den Konservativen ziehen sich von Bismarck zurück, zumal er nun im Reichstag mit den Liberalen zusammengeht. Johanna verliert den engen Kontakt zu Verwandten und Freunden aus ihren Kindertagen. Ihr schweigsamer Vater, der seine Heiterkeit seit dem Tod der Mutter verloren hat, ist im November 1871 in Reinfeld gestorben. Jetzt, ein Jahr später, streichen die alten Freunde sie aus ihrem Leben. Sie kommen nicht mehr in ihren Salon, grüßen sie kaum auf der Straße, sagen ab, wenn sie mit ihr zusammen eingeladen werden.

Otto untersagt ihr, Hans von Kleist-Retzow zu sehen.

Nur die Verbindung zu ihren Vettern Gustav und Bernhard von Puttkamer bleibt bestehen. Johanna hat Reinfeld geerbt, das vom Geld ihrer Mutter gekauft wurde, die Güter Viartlum, Reddies und Seelitz können nach den Resten eines alten Lehnsrechts in Pommern nur Männer erben und sind an die Vettern in Versin gefallen.

Auch Otto fühlt sich vereinsamt. Als er Moritz von Blanckenburg zum preußischen Landwirtschaftsminister machen will, lehnt Moritz ab. Er legt auch sein Reichstagsmandat nieder. Moritz meint, Otto habe in Pommern jede Brücke zu den alten Freunden, die Moritz ihm hätte bauen können, zerstört. Bismarck reagiert verbittert: Das Eintreten für die konservative Partei sei bei Moritz größer als seine Hingabe für König und Vaterland. Er spricht von Fahnenflucht der Junker von Thron und Evangelium. Ende

1873 fühlt Bismarck sich von allen verlassen und glaubt, nicht mehr lange am Leben zu bleiben.

Im November 1873 verunglückt Gerhard von Thadden tödlich.

»Wir alle in der guten Gesellschaft können Bismarck nicht leiden.« Das hört Bernhard von Bülow nun oft in Berlin. Bismarcks Bruch mit den Konservativen, das schonungslose Vorgehen, mit dem er sich in Regierungsgremien als Kanzler durchsetzt, und der Kampf gegen den Einfluss der katholischen Kirche im Staat schaffen ihm zahlreiche Feinde.

Dieser »Kulturkampf« begann im Dezember 1871 mit dem Verbot für alle Geistlichen, in Predigten staatliche Angelegenheiten zu kritisieren. 1872 wird der Jesuitenorden aufgelöst, ab 1873 müssen angehende Priester ein staatliches »Kulturexamen« ablegen, und ab 1875 ist nur die auf einem staatlichen Standesamt geschlossene Ehe verbindlich.

Robert Lucius von Ballhausen, Reichstagsabgeordneter und guter Freund Bismarcks, beobachtet besorgt die Wirkung der Widerstände auf Bismarck. Den Kanzler quält, dass der Kaiser sein eigener »Minister des Auswärtigen und des Krieges« sein will, er klagt über die ewigen Schwierigkeiten bei Hof: »Mein Öl ist verbraucht, ich kann nicht mehr. Es ist zu viel, allein mit solchen Kollegen und gegen den Einfluß der Königin zu arbeiten. Man hat in zehn Jahren gezeigt, was Deutschland sein könnte, und nun dieses Auftreten des Parlaments in der Salzsteuer, in dem Militärstrafgesetzbuch, dieses Verkennen der Verhältnisse! In ein paar Jahren schießen die Soldaten nicht mehr. Wir machen jetzt in Europa die Ereignisse, und tun wir nichts, so geschieht nichts.«

Bismarck denkt ernsthaft über seinen Rücktritt nach. Aber als der Kaiser ihm zur Silberhochzeit gratuliert und ihm eine Vase nach Varzin schickt, hört sich alles wieder etwas anders an. Die »Worte der Anerkennung« seien für kranke Nerven wohltuender als ärztliche Hilfe. Er danke Gott, zum Dienst eines Herrn berufen zu sein, dem er freudig und mit Liebe diene, weil bei ihm »die angestammte Treue des Unterthanen« nicht mit dem Gefühl für die Ehre und das Wohl des Vaterlandes in Konflikt geraten könne – womit er etwas gewunden sagt, dass das im Prinzip sehr wohl der Fall sein könnte.

Im Dezember 1872 tritt er als preußischer Ministerpräsident zurück: Das Vertrauen des Kaisers in ihn nehme ab, die Zahl der Intriganten zu, er finde es unwürdig, sich mit dem preußischen Botschafter in Paris über seine Rechte als Minister streiten zu müssen, der sich über seinen Kopf hinweg an den Kaiser wende und eine andere Politik als der Kanzler treiben wolle. Er will Außenminister bleiben, sonst nichts. Der Verlust aller alten Freunde und Verbindungen entmutigt und lähmt ihn, und er sorgt sich um seine kranke Frau.

Johanna berichtet ihrem Sohn Bill von »schwierigsten Eigensinnigkeiten in höchsten Regionen«, sie wäre froh, »wenn er ginge – sie machen ihm sein Leben zu schwer«.

Ein halbes Jahr später klagt er, der Kaiser behandele ihn wie einen aufrührerischen Vasallen, wenn er Widerspruch leiste. Der Oberhofmeister der Kaiserin erwidert seinen Gruß nicht mehr. Alexander von Schleinitz, der einflussreiche Minister des Königlichen Hauses, der den Besitz der Hohenzollern verwaltet, ergeht sich am Hof in giftiger Opposition gegen ihn. In beiden Häusern des preußischen Landtags lehnen seine alten Freunde das Gesetz über die staatliche Schulaufsicht ab. Bismarck unterstellt ihnen Neid, weil er nun Fürst ist.

Der Ärger über Feinde und Freunde grämt Bismarck, und Johanna fühlt sich mit angegriffen, schreibt ihrer Freundin von Eisendecher, die anderen könnten ihr gestohlen bleiben: »Wenn sie sich so widersacherig gegen uns stellen und so schnell von uns abfallen – so mögen sie's doch gern thun – wir können reizend ohne sie leben – ich namentlich ungeheuer und wüthe über jeden Seufzer, zu dem sie meinen geliebten Bismarck veranlassen durch ihr grenzenlos berücktes Gebahren!!« Sie glaubt, wenn Bismarck zurücktrete, werde er wieder gesund.

3.

Das »ganze feindliche Lager schäumt und intriguiert. O, es ist ein Elend! Und dabei die Attentats-Ängste von allen Seiten! Ich bin so mürbe und niedergeschlagen und so wuthentbrannt nach allen Direktionen hin, daß ich am Leben verzagen möchte«, klagt Johanna zwei Jahre später. Politische Gegner verschiedenster Richtungen sind sich einig im Widerstand gegen Bismarck, und zudem muss er immer wieder darauf pochen, dass der Kaiser den Dienstweg einhält und nicht an ihm vorbei mit Botschaftern und Souveränen verhandelt. Der stete Druck von außen versetzt Johanna und Otto in eine solche Anspannung, dass der gute Einklang in ihrer Ehe gefährdet ist.

Bismarck stellt in den Jahren von 1874 bis 1877 Entlassungsgesuche, die der Kaiser ablehnt, und er spricht mit Johanna häufig über Entlassungsgesuche, die er dann doch nicht stellt. Er versetzt sie in immer größere Aufregung, weil auch seine schlechte Gesundheit und sein in Kürze zu erwartender Tod zu seinen wiederkehrenden Themen gehören.

Ihr geht es von Jahr zu Jahr schlechter – Bäder, Pulver, Heilwässer, Salben, die der Arzt verschreibt, mindern ihr Asthma nicht. Vor Bismarck verbirgt sie ihr Elend.

Er liegt im Frühjahr 1874 wochenlang im Bett. Der Arzt Dr. Struck stellt die Diagnose: anormaler Gichtanfall, anfangs Venenschwellungen, Entzündungen, später enorme Ausscheidungen von Sedimenten, Harnsäure, schwacher

Puls, schwacher Herzschlag. Er führt alles auf die alte Beinverletzung in Russland zurück und empfiehlt regelmäßige Besuche der Kurbäder im Sommer.

Johanna missfallen die Bulletins, die der Arzt über die Gesundheit des Kanzlers herausgibt: »Man müsse betonen, daß der Schlaf nur nach Anwendung von Morphium eintrete, sonst glaube alle Welt, er sei kerngesund und affektiere nur Krankheit. Diese Gerüchte würden bei der Kaiserin ausgeheckt und von dort in Umlauf gesetzt.«

Dr. Struck verspricht, die Berichte anders zu formulieren, will aber das Wort Morphium vermeiden und lieber von beruhigenden Medikamenten schreiben, um die medizinische Welt nicht bedenklich zu machen. Er gebe sowieso nur winzige Mengen Morphium, hauptsächlich zur psychischen Beruhigung des Patienten, der auf die kleinsten Dosen merkwürdig prompt reagiere.

Zu Beginn der Krankheit wog Bismarck 240 Pfund, als er wieder aufstehen kann, ist er magerer geworden, klagt aber, er sei nun so schwach, dass er nicht ohne Hilfe aufs Pferd komme. Er fängt sofort wieder an, tüchtig zu essen – Lachs, Räucheraal, Forellen, Braten – und trinkt reichlich Burgunder.

Im Juli 1874 ist er mit Johanna in Kissingen zur Kur. Er sitzt im offenen Wagen vor dem Hotel, als jemand aus der Menschenmenge, die den Wagen umringt, auf ihn schießt und ihn am Daumenballen der rechten Hand trifft. Der Attentäter ist ein 20-jähriger wandernder Böttchergeselle, Eduard Kullmann, Mitglied des katholischen Gesellenvereins Salzwedel in der Altmark, als Motiv gibt er Rache für die Gesetze gegen die katholische Kirche an.

Johanna ist erleichtert, als sie Varzin erreichen: »Da wären wir wieder! Gott sei 100000 Mal gepriesen! Ich sehe mit solcher Wonne ins kleine Höfchen hinein, daß ich vor Überseligkeit fast laut gejauchzt hätte, und wie fortwährend habe ich auf ganzem Wege immer gefleht, daß Gott uns glücklich herführen möge, und innigst gedankt bei jeder Stunde, die uns dem lieben Varzin näher rückte.«

Noch ist nichts ausgepackt, sie sind vor zwei Stunden angekommen und »bloß mal durch's Haus und die nächsten Baumgänge geflogen, Mittag gegessen, geliebten Bismarck ans helle Kaminfeuer placiert«, und nun findet sie auf dem Schreibtisch einen Brief an Marie Becker, die nun Frau Meister ist, den sie vor sechs Wochen angefangen hat, und schreibt weiter von der furchtbaren Zeit, die sie in den letzten Wochen hatte: »Niemand kann es ausdenken – was ich für Qualen der Todesangst und glühsiedenden Wuth ausgestanden ... auf die Feinde m e i n e s Engels ... Es war und ist zu schaudervoll, immer und immer um das Leben des geliebtesten Menschen in solcher Bangigkeit sein zu müssen – in jedem unbekannten Kerl einen Mörder zu wittern – und daß ich bis jetzt lebendig dabei geblieben, ist mir fast unbegreiflich! – Die Polizei griff ja in Kissingen noch ein Satansvieh, einen sächsischen Bäckergesellen, mit großem Messer, – wozu braucht ein Bäcker ein langes Messer? – der stundenlang auf der Brücke gelauert, die Bismarck passiren mußte – und hat dieses Biest nach Schweinfurt abgeführt und eingesperrt – in Berlin sitzt ein dritter Teufel, der auf dem Bahnhof gegriffen, als der Kaiser anlangte, und eine genaue Beschreibung von Bismarck und unserem Haus in seiner schmierigen Tasche getragen ...«

Der bayerische Minister Graf Holnstein schenkt Bismarck die Dogge Sultan. Johanna ist die riesige schwarze Dogge unheimlich, aber sie beschützt Otto. Der wird von nun ab von Geheimpolizisten bewacht. In den Kurbädern werden seine Spazierwege für die Öffentlichkeit gesperrt. Die Polizei meldet immer wieder Todesdrohungen und verhinderte Attentate – sogar in der Wilhelmstraße lauert ein Attentäter ihm auf. Bismarck beginnt, sich aus der Öffentlichkeit mehr und mehr zurückzuziehen. Seine Bekanntheit ist ihm verhasst, seit er zum ersten Mal in Wien im Volksgarten nicht in Ruhe sein Bier trinken und der Musik zuhören konnte, sondern angestaunt wurde wie ein neues Nilpferd für den zoologischen Garten. Diese Existenz auf der Schaubühne ist ihm immer noch unbehaglich. Jetzt protestiert er beim *Hamburger Fremdenblatt* dagegen, dass über sein Privatleben Artikel erscheinen, die »auf einer im hohen Grade indiskreten Beobachtung und Auskundschaftung« seines täglichen Lebens beruhen.

Auch im folgenden Jahr, im Mai 1875, berichten die Zeitungen von einem Attentäter, den die Polizei gefangen hat, ein »Schweinebiest« nennt Johanna ihn und fragt, wo die anderen Mörder seien: »Ach, daß ich von all der Wuth, die seit 16 Jahren fast ununterbrochen in mir kocht, nicht längst geplatzt bin, ist doch eins der allergrößten Wunder – und die stete Athemlosigkeit kommt gewiß davon, daß all dies Gift in mir sitzt und immer unterdrückt werden muß!«

Ihre Briefe an Frau von Eisendecher sind jetzt hastige Selbstgespräche, stürmische Versicherungen von Freundschaft und Liebe, manchmal selbstironisch, immer ist sie Chronistin der Leiden des großen Staatenlenkers Bismarck und dabei nur begrenzt offen. Für jede Adressatin ihrer Briefe wählt sie einen anderen Ton und andere Themen. Frau von Eisendecher, die sie nach über zwanzig Jahren Freundschaft nun Lina nennt, erfährt das meiste über Johannas eigene Krankheiten und Sorgen – das liebe Merlchen, Marie Becker, wird überschüttet mit Liebe: reizend, geliebt, innig –, die Cousinen ermuntert sie. Sie will ihnen allen wohl, will sie sehen, pflegt die Beziehungen mit Briefen, Geschenken, Einladungen. Lina erwartet sie im September in Varzin – am 2. Juni wollen Bismarck und sie »fröhlich nach Varzin abziehen«.

Dort ist Bismarck nach ihrer Einschätzung am sichersten. In Friedrichsruh gibt es nur ein kleines Forsthaus für sie, und wenn es draußen kalt ist, lassen sie die beiden Zimmer heizen, die Öfen haben, und frieren in den anderen.

Das große Haus, das ein früherer Besitzer sich gebaut hat, ist inzwischen ein Gasthaus. Wenn sie öfter hier sein wollen, müssen sie sich ein Schlösschen bauen, aber sie gehen lieber nach Varzin.

Frau von Eisendecher kommt im September nicht nach Pommern, sie ist krank und muss in den Süden. Johanna macht sich die größten Sorgen um sie: »Ach, überhaupt: das Grämen, Ängstigen, Sorgen hört in diesem Jahre nie auf, und daß ich dabei noch so bin, wie ich bin, ist eigentlich ein kolossales Wunder.«

Am 26. Oktober 1875 stirbt Lina von Eisendecher.

In diesem Herbst wird die warmherzige Marie von Bismarck still und traurig. Sie hat auf einem Bazar des Frauengroschen-Vereins, in dessen Leitung Johanna sich engagiert und der sich für bedürftige Wöchnerinnen einsetzt, den Grafen Wend zu Eulenburg kennengelernt. Sie verliebten sich ineinander, sahen sich häufig, tanzten auf Bällen, er kam nach Varzin, und doch war es für ihre Familie eine Überraschung, als sie sich verloben wollten.

Johanna hat oft gesagt, dass sie ihre Tochter mit Polypenarmen festhalten wolle – wie ihre Mutter sie. Otto ist sehr angetan von Wend, von dem er meint, dass er, auch ohne Schwiegersohn eines Ministers zu sein, eine glänzende Karriere machen werde.

Am 5. September 1875 wird die Verlobung offiziell bekannt gegeben. Weihnachten soll Hochzeit sein. Glückwünsche kommen ins Haus, auch Moritz von Blanckenburg schreibt, und Johannas Sehnsucht nach den alten Freunden bricht auf: »Haben Sie tausend herzinnigen Dank für Ihren l i e b e n   l i e b e n Brief, mein altes Morchen!« Sie ist so froh und glücklich, dass er schreibt, und es ist »unsäglich tröstlich, daß Sie mich verstehen – mein Morchen – dafür verstehe ich wieder Alles – was Sie von Trieglaff sagen – ach w i e   s e h r – und kurz – Ihr Brief kam recht warm aus

Ihrer lieben treuen Seele und ging wundervoll tief in meine bänglich trübe ein und besonders freut mich die Wiedersehens Möglichkeit, die Sie in Aussicht stellen. Kommen Sie nur sicher sobald Sie mögen und können in unsere stets offenen Arme.«

Vier Wochen nach der Verlobung erkrankt Wend an Typhus. Dr. Struck hält das Fieber für bedenklich hoch. Nach drei Wochen geht es etwas zurück. Marie wird blass und dünn, Johanna sorgt sich um sie. Bismarck tröstet seine Tochter und ist ganz angegriffen von dem Elend. Mitte November ist Wend wieder in Lebensgefahr, erholt sich wieder, und zum 5. Dezember laden Kanzler und Gattin guter Dinge zu einer parlamentarischen Soiree ein. Am Tag darauf stirbt Wend. Bismarck empfindet tief mit Marie, die vier Wochen Glück mit zwei Monaten Angst büßen musste, wie er klagt, und nun in tiefer Trauer über ihr Unglück brütet.

Bismarck ist immer noch am liebsten in Varzin. Er mag nur nicht ohne Johanna dort sein. Ohne sie ist ihm wie früher zumute, als ob alle Menschen tot wären und nur er noch am Leben sei.

Das Herrenhaus hat jetzt einen unschönen Anbau mit großen behaglichen Räumen, ist für den Geschmack vieler Hausgäste zwar bequem, doch für eine Durchlaucht zu schlicht eingerichtet. Die Fußböden haben wohl Parkett, aber die Zimmerdecken sind einfach weiß gestrichen, und vergoldete Stühle mit Seidenbezügen und Tischplatten aus Marmor gibt es nur im Salon und im Zimmer der Fürstin. Im Saal vor den Gästezimmern im Haupthaus können die Gäste noch die alte Einfachheit pommerscher Landsitze bestaunen: In jeder der vier Ecken steht ein großer, oben offener Schrank mit einem Toilettenstuhl. In diesem Stockwerk wohnen die handverlesenen Mitarbeiter, die sich in Varzin abwechseln.

Das Auswärtige Amt, dem sie angehören, auch wenn sie für Bismarck in seiner Funktion als Reichskanzler oder – jetzt wieder – Ministerpräsident von Preußen arbeiten, ist ein Intrigennest, jeder macht jedem das Leben schwer, missachtet die Kollegen und klagt über die Missachtung, die er selbst erfährt. Im Amt geht es immer um Posten – Wechsel, Tausch, Aufstieg. Bismarck ist selbst ein Intrigant und heizt die Gerüchteküche noch an. Er duldet keinen Widerspruch, und es heißt, im Amt werde Gehorsam zu Unterwürfigkeit.

Johanna interessiert sich nicht für diese ermüdenden Intrigen, obwohl sie gerne über andere klatscht, zumal mit denen, die wochenlang bei ihr wohnen. Friedrich von Holstein, der seine Laufbahn in St. Petersburg begann, hat sie in Rio de Janeiro fortgesetzt und ist nun in Berlin. Seine Beziehung zu Bismarcks war anfangs sehr herzlich, bis eine Verstimmung Johannas dem ein Ende setzte: Sie hörte, er wolle fort von Berlin, weil sie ihn angeblich als Ehemann für ihre Tochter wünsche. Sie war verärgert. Die Spannung glich sich mit der Zeit aus, er verkehrte wieder in ihrem Salon, war im Herbst 1872 monatelang in Varzin und 1873 ebenfalls. Doch als er an die Botschaft nach Paris ging, schrieb er Herbert: »Sie hat mich nie gemocht.«

Holstein pflegt seine Freundschaft mit Herbert, um an Johanna vorbei beim Kanzler Einfluss zu gewinnen. Im April 1876 wird er Legationsrat in der Politischen Abteilung des Auswärtigen Amtes. Er erlebt die Folgen des Kulturkampfes für den Kanzler mit, Johannas Salon ist leerer als früher, oft kommt niemand. Die Gegensätze zwischen Bismarck und den Konservativen haben sich zugespitzt, denn 46 Altkonservative haben in der *Kreuzzeitung* eine Erklärung gegen Bismarck abgegeben. Holstein kommt zu dem Schluss, dass die Gründe für die Entfremdung des Kanzlers von der Gesellschaft weniger in der Politik als in seiner persönlichen Gereiztheit liegen. Dazu habe die Schimpferei der Familie, besonders der Fürstin, mehr als er selbst beigetragen. Sage der Kanzler, jemand habe etwas falsch gemacht, so wiederhole der Familienchor, ja, der ist ein Rindvieh. Das Resultat sei, dass der Mann allein stehe und sich verlassen fühle.

Holsteins Kritik an Johanna greift noch weiter: Sie lasse es an der kleinen fortgesetzten Sorgfalt fehlen, mache sich nur, wenn er schwer krank ist, durch unsinnige Nachtwachen selbst krank. Sie könnte, und nur sie, auf seine Diät einen günstigen Einfluss haben. Er sieht, wie sie Bismarck stopft, mit Essen, Alkohol, Nikotin, sieht das auch als eine Grenzüberschreitung Gästen gegenüber an und lehnt jahrelang Einladungen in die Wilhelmstraße ab.

Er mag sie nicht, und sie mag ihn nicht. Sie sei froh, wenn Tiedemann ihn in Varzin ablöst, schreibt sie Eugenie von Thadden: »Holstein segelte Montag von dannen, faselte noch recht viel, hatte dann auch lichte verständige Augenblicke, in denen ich ihm gern einen Spiegel vorhielte, um ihm zu zeigen wie 1000 Mal besser ihm die natürlichen Gewänder und Manieren stehen, wie dies ewige läppische Wesen, was mir häufig stark auf die Nerven fällt.«

Christoph Tiedemann ist Bismarck im preußischen Abgeordnetenhaus aufgefallen. Am 18. Januar 1875, vormittags, erhielt er ein Billet: Er möge sich um 21 Uhr in der Wilhelmstraße 76 zu einer vertraulichen Besprechung einfinden. Er war Abgeordneter und Landrat des Kreises Mettmann in der Rheinprovinz, knapp vierzig Jahre alt, Jurist, in Schleswig geboren und Vater von sechs Kindern.

Die Dogge Sultan beroch ihn, dann erfuhr er, dass es um die neue Kreisordnung für die Rheinprovinz ging, die der Innenminister vorgelegt hatte. Der Historiker Sybel hatte Bismarck geschrieben, er wolle Veto einlegen, und Bismarck wollte sich nun durch einige Abgeordnete der Rheinprovinz informieren lassen. Tiedemann war für die neue Kreisordnung und begründete das. Um Viertel vor elf ging er gehobener Stimmung nach Hause: Es war ein großes Ereignis, mit Bismarck zu reden. Ein paar Tage später bekam er eine Einladung zum Diner, traf dort die Familie, den Grafen Lehndorff – den Flügel-Adjutanten des Kaisers – und Professor Heinrich von Sybel.

Er lernte zum ersten Mal Bismarcks »eigentümliche, wunderbar bestechende Art der Causerie« kennen, mit der er die Unterhaltungen bei Tisch beherrschte: »Er liebte es, im ungezwungensten Tone scheinbare Paradoxen aufzustellen, hinter denen sich aber fast immer eine tiefe Wahrheit verbarg.« An diesem Abend variierte Bismarck das alte Thema von Liebe und Hass. Er behauptete, Goethe habe Unrecht, wenn er meint, nur die Liebe verschönere das Leben. Der Hass sei ein ebenso großer Lebenserhalter wie die Liebe: »Mir sind sie unentbehrlich: für die Liebe meine Frau, für den Haß – Windthorst.« Windthorst war der einflussreichste katholische Abgeordnete der Zentrumspartei.

Nach Kaffee und Zigarren bat Bismarck Sybel und Tiedemann in sein Arbeitszimmer, und dort entwickelte sich ein Rede-Duell zwischen beiden mit Bismarck als Unparteiischem. Ein Jahr später berief Bismarck Tiedemann erst als Hilfsarbeiter und dann als Vortragenden Rat ins Staatsministerium. 1876 ist er zum ersten Mal in Varzin.

Bismarck pflegt nun mittags zwischen zwölf und eins zum Frühstück zu erscheinen. Danach reitet Tiedemann mit ihm aus. Um sechs wird diniert, immer vier Gänge mit Sekt, Tischwein und Portwein. Man geht in den großen Salon, der Fürst zündet sich eine Pfeife an, und für Tiedemann beginnt die interessanteste Stunde des Tages: Am Varziner Kamin »enthüllte er seine geheimsten Gedanken, hier fühlte er sich von jeder Rücksicht frei und empfand das Bedürfniß, sich auszusprechen. Unerschöpflich war er in Mitteilungen aus seiner parlamentarischen und amtlichen Vergangenheit«.

Um neun Uhr abends zieht Bismarck sich in sein Arbeitszimmer zurück, und nun beginnt Tiedemanns Arbeit. Kurz nach Mitternacht ist Postschluss, die Diener erscheinen und siegeln die Briefe, Bismarck und Tiedemann gehen ins Zimmer der Fürstin zur Teestunde. Bismarck liest Zeitungen und zieht sich um zwei Uhr nachts zurück, alle anderen bleiben gemütlich beisammen, musizieren oder plaudern oder lesen aus der Zeitung vor. Herbert und Tiedemann lassen sich noch einen Wein bringen, sie haben freie Auswahl in Bismarcks Keller, vor vier Uhr kommt man selten zur Ruhe.

Tiedemann kann sich nichts Behaglicheres vorstellen als das Leben in Varzin. Der Fürst will nichts anderes sein als ein einfacher Landedelmann, dem es eine Freude ist, seinen Gästen das Leben angenehm zu machen. Sein Benehmen ist immer gleich, egal, ob er einen Minister oder Gutsnachbarn an der Haustür empfängt oder ob er die Pastorin aus Wussow oder eine geborene Prinzessin zu Tisch führt – immer ist seine Haltung gleich vornehm und verbindlich. Von der Fürstin sagt Tiedemann, sie sei eine herrliche Frau.

Johanna und Marie mögen ihn sehr. Er hat Humor, ist gut erzogen, spielt Klavier und singt sogar Studentenlieder mit ihnen. In Berlin macht seine Frau Luise der Fürstin ihre Aufwartung und wird zwei Tage später zu einer Soirée eingeladen. Johanna will ihre Kinder kennenlernen und besucht sie zu Hause.

Über Bismarck notiert Tiedemann: »Eine Löwennatur, ritterlich, großartig, stolz, kann aber auch kratzen.«

In Berlin sitzt Johanna viermal in der Woche mehrere Stunden lang in einer pneumatischen Glocke, um ihr Asthma zu kurieren. Diese Glocke ist eine Unterdruckkammer, mannshoch mit einer Tür und Fenstern und Platz für drei Personen. Durch das Einatmen der verdichteten Luft führe man den Lungen eine größere Menge Sauerstoff zu als gewöhnlich, heißt es, und ziehe zugleich die erweiterten Blutgefäße der Schleimhaut zusammen.

Die Baronin Spitzemberg genießt ihre Stellung als Freundin des Hauses. Sie kommt sogar ins Schlafzimmer des großen Kanzlers, weil Johanna ihr ein Bild der Dogge Sultan zeigen will. Das Bild interessiert die neugierige Baronin überhaupt nicht: Sie sieht ein riesiges Doppelbett mit Nackenrollen und Kissen, Tierfelle auf dem Boden, auf Tischchen Bücher und Papiere, einen riesigen grünen Lichtschirm, Flaschen und Gläser – »wäre ich Reporter, wie gut würde solch eine Skizze nach dem Augenschein bezahlt!«

Bismarck äußert am 1. April 1877 – er wird 62 Jahre alt – wieder Rücktrittsabsichten und erregt großes Aufsehen damit. Im Billardzimmer liegen Blumensträuße, Delikatessen, Geschenke, und im Chinesischen Saal macht die Kapelle des 2. Garderegiments ohrenzerreißend laut Musik. Am Frühstückstisch sitzt der Kronprinz mit anderen Gratulanten und isst Ostereier und Kuchen. Bismarcks Schwester Malwine bestätigt, dass ihr Bruder von der bevorstehenden Kur in Kissingen nicht zurückkommen wolle – er werde seinen Abschied nehmen. Frau von Spitzemberg kann es nicht glauben, mag sich das neue Reich ohne Bismarck nicht vorstellen, doch sie hört schon Gespräche mit an über das Verschicken der Familienbilder nach Schönhausen.

Abends beim Geburtstagsdiner sagt Bismarck ihr, es falle ihm schwer, aus Haus und Amt zu gehen, und streichelt mit feuchten Augen ihre Hand. Sie ist erschüttert: »Ich kenne so gut ihrer aller große Schwächen, unsere Ansichten gehen oft himmelweit auseinander, aber wie lieb ich sie alle habe, wie dankbar und ergeben ich ihnen bin, das merke ich an der tiefen Wehmut, mit der mich ihr Scheiden erfüllt ...« Das »Geschmeiß seiner Feinde wird frech werden, sobald der Löwe den Rücken wendet – oh weh!«.

Das schriftliche Entlassungsgesuch liegt dem Kaiser vor, und der britische Botschafter Lord Russell unterrichtet den Außenminister in London: Bismarck ist durch den Mangel an Unterstützung, an dem seine Politik von Seiten des

Kaisers und des Parlaments leidet, moralisch gekränkt. Er schreibt das dem feindseligen Einfluss der Kaiserin auf den Kaiser sowie dem Einfluss des Papstes auf die katholische Partei im Parlament zu, »anstatt es einfach auf seine unangenehmen Umgangsformen mit seinem König und seinen Gehilfen und auf die Gewalttätigkeit im Verkehr mit seinen Gegnern zurückzuführen«. Bismarck will die Macht haben, seine Kollegen aus dem Kabinett hinauszuwerfen, die der Kaiser ihm aber nicht zugestehen wird. Der Kaiser sagte zu Russell, dass er Bismarck so viel Urlaub wie er wolle, aber nicht seine Entlassung geben würde. Die Kaiserin sagte, dass Bismarck lernen müsse, seinen Herrschern zu gehorchen. Der Kronprinz sagte, er könne nichts tun, da sein Vater ihn nie um Rat frage. Die Kronprinzessin sagte, dass sie alles in fünf Minuten in Ordnung bringen könnte, wenn man sie nur ließe. Die Fürstin Bismarck sagte, der Kaiser könne nicht erwarten, dass Bismarck durch Überarbeitung Selbstmord beginge. Russell: »Andere gut unterrichtete Leute meinten, dass Bismarck wahrscheinlich den Urlaub annehmen und im nächsten Winter wie gewöhnlich in sein Amt zurückkehren würde.«

Bis zu Johannas Geburtstagsempfang am 11. April, bei dem die Räume überfüllt sind wie immer, hat die Kanzlerkrise sich erledigt: Bismarck geht auf unbestimmte Zeit in Urlaub, bekommt aber keinen Stellvertreter und wird weiter die Gesetze gegenzeichnen, die der Kaiser erlässt. Diese Lösung gefällt keinem seiner Freunde und auch der Fürstin nicht. Aber Bismarck sagt, der Kaiser habe geweint wie ein Kind, deshalb habe er nicht auf seiner Entlassung beharren können. Keiner glaubt ihm. Frau von Spitzemberg notiert in ihr Tagebuch, man glaube, er habe das gemacht, um sich durchzusetzen, was aber seine Autorität bei der von ihm geplanten großen Änderung in Steuer- und Wirtschaftsfragen beschädige.

Die Diskussion im Reichstag über Bismarcks Urlaub

endet mit einem allgemeinen Vertrauensvotum für den Reichskanzler, und Bismarck fährt nach Friedrichsruh. Tiedemann: »Seit er fort ist, kommt mir das Leben langweilig vor.«

Ende Mai ruft Bismarck ihn nach Kissingen, wo er mit Johanna, Marie und Herbert kurt. Als es einmal ein großes Unwetter gibt, muss Bismarck seinen Spaziergang aufgeben und »rennt wie ein brüllender Löwe, einen großen Hut auf dem Kopf, im Saale auf und nieder. Ich setze mich an den Flügel und spiele auf Wunsch der Komtesse den Kilianwalzer. Plötzlich hören wir ein eigentümliches Geräusch hinter uns und erblicken den Fürsten und die Fürstin, die sich feierlich im Walzertakte drehen.«

Im Oktober 1877 bekommt Bismarck in Varzin einen solchen Wutanfall, dass er auf Jahre hinaus über sich entsetzt ist.

Sultan war ein wilder junger Hund, als er nach Varzin kam. Er lief weg, streunte tagelang durch die Wälder und jagte Rehe. Bismarck meinte schon, er sei zum Wolf geworden und müsse erschossen werden. Doch dann wuchs eine große Liebe zwischen Herr und Hund. Nun läuft er wieder weg, und als er zurückgebracht wird, verprügelt Bismarck ihn in unbeherrschter Wut, und der große Hund stirbt.

Tiedemann, Herbert und Holstein arbeiten nach dem Abendessen und hören um 23 Uhr, wie es unten laut wird. Es heißt, Sultan, der gerade nach Hause gekommen sei, liege in den letzten Zügen. Bismarck sitzt auf dem Fußboden, hat den Kopf des sterbenden Hundes im Schoß, weint und flüstert ihm liebkosende Worte zu. Kurz darauf ist der Hund tot, Bismarck geht in sein Zimmer.

Marie schreibt sofort an Frau von Spitzemberg, Sultan sei schwer krank aus dem Park zurückgekommen, habe sich an den Kamin gelegt und sei gestorben, er habe ohne

Zweifel etwas Giftiges gefressen. Damit versuchen Johanna und ihre Tochter alles, was ihnen in der Eile möglich ist, um diese Version in Berlin zu verbreiten. Die Post geht kurz nach Mitternacht ab, und der Brief ist am nächsten Morgen, am 27. Oktober, in Berlin.

In Varzin geht es zu wie in einem Trauerhaus. Bismarck hat nicht geschlafen. Die Obduktion des Hundes zeigt, dass Sultan an einem Herzschlag gestorben ist. Bismarck glaubt, er habe den Tod durch seine Schläge verursacht. Er nennt sich jähzornig und brutal, sagt, er bereite jedem Schmerzen, der mit ihm in Berührung komme. Dann macht er sich wieder Vorwürfe, dass er über den Tod eines Tieres so tief trauere. Holstein sagt, der Fürst habe einen Freund verloren und fühle sich vereinsamt.

Johanna erhält auch in diesem Jahr anonyme Drohbriefe. In ihrer Angst um Otto hat sie oft schreckliche Träume, aus denen sie mit Entsetzen aufwacht. Nach zwei Wochen kommt die Dogge Tyras in Varzin an, wie Sultan ein Geschenk des Graf Holnstein in Bayern.

Ende des Jahres rechnet Tiedemann wieder mit dem Rücktritt des Fürsten. Bismarck will einige Personen in den höchsten Beamtenstellen auswechseln und Reichsbehörden neu organisieren: »Er ist es müde, sich jeden Schritt von rechts oder links durchkreuzen zu lassen.« Fast täglich werden diese Fragen nach allen Seiten erörtert, und die Fürstin bietet »alle Mittel weiblicher Überredungskunst auf, um ihn in seinen Rücktrittsgedanken zu bestärken«.

Mitte Dezember reisen Johanna und Marie von Varzin für einige Tage nach Berlin, um Weihnachtseinkäufe zu machen. Auch Tiedemann sehnt sich nach Berlin, nach seiner Frau und seinen Kindern. Am 20. Dezember darf er reisen. Er war 65 Tage in Pommern, und täglich gab es Spickgans zum Frühstück, gepökelte geräucherte Gänsebrust, eine berühmte Spezialität.

In Berlin geht der dänische Schriftsteller Georg Brandes durch die Wilhelmstraße und sieht zum ersten Mal seit langem wieder Licht hinter den vertrauten Fenstern des Palais Nr. 76. Die Fürstin ist da, und die Berliner hoffen, dass der Fürst bald selbst kommt. Auf den Plätzen der Stadt locken Weihnachtsmärkte Kinder und Erwachsene mit Musik und dem Duft gebrannter Mandeln und gerösteter Kastanien. In den Läden läuft das Weihnachtsgeschäft, und Brandes wundert sich, wie wenig Bücher zu Weihnachten gekauft werden. Dafür spielen hier Leihbibliotheken eine Rolle wie in kaum einem anderen Land, das er kennt. Selbst Fürstin Bismarck leiht fleißig in Nicolais großer Leihbibliothek, und die Kaiserin von Deutschland kauft die Bücher nie, die sie sich vorlesen lässt – ihr Vorleser leiht sie sich von seinen bürgerlichen Bekannten.

Die Fürstin zieht mit ihren Einkäufen wieder weg, und die Hoffnung, Bismarck könne zurückkommen, sinkt.

Tiedemann ist Mitte Januar 1878 wieder in Varzin. Es herrscht eine heitere, eine gehobene Stimmung in der Familie, die auch ihn ansteckt – trotz des schauderhaften Wetters. Er notiert das Menü am 22. Januar: Austern, Kaviar, Wildsuppe, Forellen, Krammetsvögelpastete – Krammetsvögel sind Wacholderdrosseln –, Morcheln mit Spickgans, Wildschwein mit Cumberland-Sauce, Rehrücken, Apfelbeignets, Käse und Brot, Marzipan, Schokolade, Äpfel. Kaviar beziehen sie durch Vermittlung der Botschaft in Petersburg: Jeden Mittag wird ein neues Fässchen geöffnet.

Die allgemeine Abreise nach Berlin wird auf Montag, den 11. Februar, festgesetzt. Sonnabend geht das Gepäck in unzähligen Kisten und Kasten voraus, auch ein ganzer Berg von Akten, Sonntag sollen die Pferde und ein Teil der Dienerschaft vorwegreisen. Johanna würde lieber hierbleiben. Ihr graut vor Berlin, sie weiß nicht, wie sie, schwach wie sie ist, alles ertragen soll – die Unruhe von morgens bis in die

Nacht, die Gesellschaften, die Einladungen an den Hof. Es ist nicht die Abneigung gegen die Stadt, sondern gegen ihre Pflichten, denen sie sich nicht gewachsen fühlt. Wie immer verschiebt die Abreise sich, aber am 14. Februar kehrt die Familie nach Berlin zurück.

Im April 1878 nimmt das neue Zentralbüro des Fürsten seine Arbeit auf, der Reichstag hat den Etat gebilligt. Es erhält den Namen Reichskanzlei, und Christoph Tiedemann wird sein erster Chef. Außer ihm arbeiten noch ein Bürobeamter, ein Kanzleisekretär und ein Kanzleidiener in der Reichskanzlei.

Bismarck kauft den alten Gasthof in Friedrichsruh, und Johanna schreibt ihrem Sohn Bill: »Das liebe Berlin lerne ich recht schätzen bei so einem forcirten verfrühten Landaufenthalt im kalten, öden, arg ungemütlichen Hause, dem ich Papachens Krankheit jedenfalls zu schreibe, wenn das Liebe sie auch stets auf die Berliner Nervenanstrengung, Abspannung usw. schiebt. Das Wohnen unten, Schlafen oben – durch kalte Flure hinauf, hinuntergehen, vertragen so alte, durchgemaserte, abgehärtete Creaturen wie ich wohl«, aber das empfindliche Papachen nicht. »Ach mein Billchen, wenn der Himmel meines alten Herzens doch e i n m a l ganz schön blau würde und nicht ewig ewig so grau und dick bewölkt sein müßte!«

Bismarck muss bald »zurück in's schmierige Berlin zum dussligen Reichstag, der ihn bestimmt wieder Tag und Nacht quälen und ärgern wird, was mich jetzt schon in hellste Wuth bringt, wenn ich dran denke«. Sie wütet gegen ihre Machtlosigkeit. Wenn er sich über den Reichstag ärgert, muss sie seine Laune ertragen.

Anfang Juni soll ein politischer Kongress in Berlin stattfinden, weshalb »die chiffres athemlos auf und nieder fliegen«. Wie Papachen das Berliner Leben »mit mögl. Conferenzen aushalten will, ist mir eben äußerst unklar, da er noch immer so matt und angegriffen von Allem ist, daß man ihn schonen muß wie viele rohe Eier«.

Dann kommt die Nachricht, auf den Kaiser sei ein Attentat verübt worden.

4.

Der Kaiser fuhr am 11. Mai 1878, nachmittags um halb vier, mit seiner Tochter im offenen Wagen die Linden entlang, als Schüsse fielen. Keiner hat ihn getroffen, aber die Aufregung ist groß, die Berliner sorgen sich um den alten Herrn. Der Attentäter Max Hödel ist ein Klempnergeselle aus Sachsen.

Bismarck liegt in Friedrichsruh mit einer Gürtelrose im Bett, doch er lässt im Reichstag ein ›Gesetz zur Abwehr sozialdemokratischer Ausschreitungen‹ einbringen, das drei Jahre gelten soll. Die Sozialdemokratische Arbeiterpartei hat Hödel zwei Tage vor dem Attentat ausgeschlossen, aber das kümmert Bismarck nicht. Doch die liberalen Abgeordneten wollen den Grundsatz der Rechtsgleichheit aller Bürger nicht durch ein Ausnahmegesetz unterlaufen und lehnen das Gesetz am 24. Mai ab.

Am Sonntag, dem 2. Juni, schießt Dr. Karl Nobiling, Landwirt aus Posen, aus einem Fenster des Hauses Unter den Linden 18 zweimal auf den Kaiser und verletzt ihn mit dreißig Schrotkugeln schwer im Gesicht, am Arm und an der Hand. Eine ungeheure Erregung ergreift die Öffentlichkeit, die Zeitungen schüren Sozialistenfurcht. Bismarck erhält ein Telegramm: keine unmittelbare Lebensgefahr, aber Zustand ernst. Er reist mit Johanna nach Berlin und ruft die preußischen Minister zusammen. Er will, dass der Kronprinz den Kaiser vertritt und den Reichstag auflöst. Abends besucht er den Kaiser und hat Tränen in den Augen, als er in Johannas Salon von ihm erzählt.

In alldem Unglück sieht er eine Chance für seine Politik. Die Attentate geben ihm einen Vorwand, Neuwahlen ausschreiben zu lassen. Er braucht jetzt ein Parlament, das seinen neuen Zollgesetzen zustimmen wird, er braucht die Konservativen wieder. Der Reichstag wird am 11. Juni aufgelöst.

Während dieser aufregenden Tage ziehen der Kanzler und seine Familie in das barocke Palais Wilhelmstraße 77 um, das Reichskanzlerpalais. Im Haupthaus links liegen im Erdgeschoss die Büros der neuen Reichskanzlei, rechts ist die Suite des Kanzlers mit Arbeitszimmer, Konferenzzimmer, Gartenzimmer, Ankleidezimmer und einer kleinen Küche. Der Salon seiner Frau – ihr offizielles Arbeitszimmer – liegt genau über seinem Arbeitszimmer inmitten von weiteren Salons, Speisezimmern, Empfangszimmern. Die Privatzimmer der Familie sind im rechten Seitenflügel – Schlafzimmer, Bad, ein kleines Speisezimmer und ein großes privates Wohnzimmer. Im linken Seitenflügel sind Diener- und Gästezimmer und der Pferdestall.

Zentraler Raum im ersten Stock ist ein riesiger Tanzsaal mit einer zwölf Meter hohen Decke, an der ein gewaltiger Kronleuchter mit hundert Gasflammen hängt. Unter ihm steht ein großer Hufeisentisch für den Berliner Kongress, den der Kronprinz am 13. Juni 1878 mit einem Diner im Schloss eröffnet.

Russland hat Bismarck gebeten, den Friedenskongress der europäischen Großmächte in Berlin zu leiten. Er ist ungern darauf eingegangen und sieht sich nur als ehrlichen Makler, der einen europäischen Krieg verhindern will. Im vorigen Frühjahr hat Russland der Türkei den Krieg erklärt und sie besiegt. Aber das neue großbulgarische Fürstentum, das Russland nun schaffen will, lehnen Österreicher und Engländer ab, die ihre Interessen in Südosteuropa davon bedroht sehen.

Auf dem Reichskanzlerpalais weht die weiße deutsche Kriegsflagge – das Deutsche Reich hat mit Rücksicht auf die Bundesländer keine Reichsfahne, nur eine Handelsfahne und eine Kriegsfahne. Bismarck leitet den Kongress auf Französisch. Die Salons neben dem Kongresssaal sind für vertrauliche Besprechungen vorgesehen, im Kongressbüro bieten die Herren des Auswärtigen Amtes Hilfe an, im Wintergarten gibt es ein stattliches Büfett von Borchardt mit frischen Austern und exzellenten Weinen, was großen Anklang findet. Geheimpolizisten wachen über die Sicherheit der Gäste, von denen einige es ihnen nicht leicht machen, wenn sie in stillen Nachtstunden die Abenteuer der großen Stadt suchen.

Der Kanzler ist die treibende Kraft des Ganzen, meinen seine Herren: »Nur durch seine gewaltige Autorität wurde durchgezwungen, was sonst kaum zu überwinden gewesen sein würde.« Die versammelten Staatsmänner verteilen die Länder auf dem Balkan neu und vermeiden so einen europäischen Krieg. Alle sind voll des Lobes für Bismarck, nur Russland ist enttäuscht, weil es keinen Zugang zum Mittelmeer erhalten hat, und gibt Bismarck die Schuld.

Ein Vorfall auf dem Kongress schenkt Deutschland den Begriff »Reichshund«. Der russische Kanzler sitzt bei Bismarck im Arbeitszimmer, als ihm plötzlich Tyras unter dem Tisch hervor an die Beine fährt. Erschrocken zieht Gortschakow die Füße in die Höhe: »O, mon Dieu! Et moi, qui étais venu avec les meilleurs intentions«, o mein Gott, und das mir, der ich mit den besten Absichten gekommen bin! In der Zeitschrift *Kladderadatsch* erscheint über die zerrissene Galahose das Spottgedicht ›An den Reichshund‹. Gortschakow ist der Erste in einer langen Reihe von Besuchern, die von der Dogge erschreckt werden und Kleidungsstücke zum Kunststopfen tragen müssen.

Die Wahlen von 1878 bringen den Konservativen Stimmen, und im Reichstag sitzen so viele grundbesitzende Adelige wie nie zuvor. Hans von Kleist-Retzow ist für den Wahlkreis Halle-Herford in Westfalen wiedergewählt worden und hält im September eine stürmische Rede gegen Sozialdemokraten: Sie bereiten Hochverrat vor, sie untergraben die Fundamente der Staatsordnung. Otto steht vom Regierungstisch auf und reicht Hans bewegt die Hand. Kleist dankt ihm zwei Tage später schriftlich: »Mit großer Freude erkenne ich darin den Ausdruck Deines Wunsches, das alte Freundschafts- und Verwandtschaftsband und den früheren häuslichen Verkehr zwischen uns wiederherzustellen.«

Die Konservativen und viele Nationalliberale nehmen das ›Gesetz über die gemeingefährlichen Bestrebungen der Sozialdemokratie‹ am 30. Oktober 1878 an. Es verbietet sozialdemokratische, sozialistische oder kommunistische Vereine, Versammlungen, Druckschriften, Geldsammlungen. Sozialdemokraten dürfen sich zwar an Reichstagswahlen beteiligen, aber nicht mehr politisch arbeiten.

Zu Bismarcks offenem Bruch mit den Nationalliberalen kommt es ein Jahr später, als der Reichstag gegen ihre Stimmen seinem Gesetz über die Einführung von Schutzzöllen zustimmt. Die neuen Interessenverbände der Industrie und der Landwirtschaft haben die Zölle gefordert und den Kanzler bearbeitet: Einfuhr ohne Zölle beraube die deutsche Industrie der Existenz. Die Großgrundbesitzer in Preußen wünschen Einfuhrzölle für Getreide – amerikanische und russische Exporteure drängen auf den deutschen Markt. Bismarck wünscht ebenfalls Zölle – aus anderen Gründen: Er will das Reich von den Bundesstaaten unabhängiger machen und ihm eigene Einnahmen verschaffen. Steuern muss der Reichstag bewilligen, Zölle kann das Reich selbst erheben. Das Haushaltsrecht ist das vornehmste Recht des Parlaments, und er will den Reichstag schwächen. Die Liberalen fordern jetzt sogar Reichsminister, die dem Reichstag verantwortlich sind. Er sieht im Schutzzoll eine Waffe gegen die Liberalen.

Das Zentrum, die Partei der Katholiken, hat am Vorabend der Zolldebatte bekräftigt, für Schutzzölle stimmen zu wollen. Der Parteiführer Windthorst, ein ernster kleiner Mann mit Brille, erscheint mit anderen Zentrumsabgeordneten auf der Reichstagssoiree am 3. Mai 1879, und die Abgeordneten der anderen Parteien staunen, als Herr und Herrin des Hauses sich ihm gegenüber benehmen, als habe es nie einen Kulturkampf gegeben. Der Kulturkampf ist beendet, und Bismarck beginnt Gesetze zurückzunehmen.

Hans von Kleist-Retzow besucht Johanna und Otto wieder wie früher und gratuliert auch seiner Patentochter Marie zu Verlobung und Heirat: Sie heiratet im November 1878 Kuno zu Rantzau, einen Mitarbeiter im Auswärtigen Amt. Doch die alte Harmonie stellt sich nicht wieder ein.

Johanna ist nachtragend. Von Kaiserin Augusta heißt es, sie führe eine Liste mit Bismarckfreunden, die sie nicht einlade, und Johanna hat auch eine Liste: Die 46 Konservativen, die sich vor Jahren öffentlich für die *Kreuzzeitung* eingesetzt haben, als sie Artikel gegen Bismarck druckte, lädt sie nicht ins Reichskanzlerpalais ein.

Wieder kommt es zu einem Streit zwischen Bismarck und dem Kaiser. Russland hat nach dem Berliner Kongress den Dreikaiserbund von 1873 aufgekündigt, und Bismarck will einen Zweibund abschließen, in dem Deutschland und Österreich sich bei einem russischen Angriff Beistand zusagen und Neutralität, falls eine andere Macht angreift. Wilhelm sieht darin einen Verrat an seinem Neffen, dem Zaren. Bismarck geht auf Wilhelms Bedingung ein, Russlands Namen im Vertrag nicht zu nennen.

Aber als er aus Wien zurückkommt, findet der Geheime Legationsrat von Radowitz ihn auffallend nervös, erschöpft und verärgert. Die Fürstin sagt ihm besorgt, »sie habe ihn seit 32 Jahren nicht so reizbar gesehen, wir möchten ihn soviel als möglich mit Geschäften verschonen«. Dem Kanzler ist es nicht gelungen, die Bedingung des Kaisers durchzusetzen, man hat in Wien auf der Nennung von Russland bestanden. Nun steht ihm wieder ein Kampf mit dem alten Herrn bevor. Es quäle ihn körperlich, meint Radowitz, ein neues Zerwürfnis durchfechten zu müssen, wenn er auch nicht damit zögere, sobald er es für unumgänglich nötig halte. Es kommt, wie der Rat voraussieht: Bismarck erpresst den Kaiser abermals mit einer Rücktrittsdrohung, und der Kaiser, der Bismarck niemals gehen lassen will, gibt nach.

Bismarck ist niedergeschlagen und hat wieder Todesgedanken. Er erwarte mit Ungeduld den Augenblick, schreibt er Nikolai Orloff, an dem es ihm erlaubt sein werde, »ins Privatleben zurückzukehren und die kurze Zeit, die mir noch bleibt, meiner Familie, meinen Freunden und meinen Gütern zu widmen, die unter meiner Abwesenheit leiden; aber nach dem Verbrechen, dessen Opfer mein alter Herr wurde, kann ich ihn nicht gegen seinen Willen im Stich lassen. Im März wird er 83 Jahre alt!«

5.

Der »mächtige Diener« des Kaisers hat im ersten Jahrzehnt des Deutschen Reichs mit Unterstützung der Liberalen den Staat im Innern entwickelt, modernisiert und gefestigt. Es gibt zahlreiche neue Gesetze, die im ganzen Reich gelten, und Behörden und Gerichte, die für das ganze Reich zuständig sind. Statt 33 Notenbanken und sieben Währungen gibt es nun eine Reichsbank und die Reichsmark.

Doch Otto und Johanna von Bismarck können sich nicht freuen. Bei ihr verdrängt die Wut auf seine Gegner die unbefangene Freude. Diese Wut ist so groß, dass sie ihre schweren Atemprobleme darauf zurückführt – sie kann nicht mehr frei atmen. Er leidet unter krankhafter Nervosität, Schlaflosigkeit, Schwermut.

Der dänische Schriftsteller Georg Brandes hat Bismarcks Aussehen zu Beginn des schweren Jahrzehnts beschrieben, und er beschreibt es an seinem Ende. Bismarck sehe »beängstigend schlecht« aus, seine Gesichtsfarbe sei gelblich weiß, das Gesicht habe etwas Schlaffes, und wenn er sich im Reichstag erhebt, sei seine ungeheure Körpermasse schon erstaunlich. Nach seiner Rede lässt er sich ein großes Glas Kognak bringen.

In den 1870er Jahren ist es den Bismarcks nicht sehr gut ergangen, jedenfalls fühlen sie sich so.

In den 1860ern war es stets vorwärtsgegangen, und sie wussten, weshalb sie unter Arbeitsüberlastung, langen Trennungen, Aufregung litten: Bismarck setzte Preußens Großmachtanspruch in drei Kriegen durch und erhöhte seinen König von Gottes Gnaden zum Kaiser. Seine Frau fühlte sich in den ersten Jahren etwas abgehängt, war eifersüchtig, fand sich aber rasch in ihre Rolle als Pflegerin, Hauswirtschafterin großen Stils und unentbehrliche beruflich-gesellschaftliche Ergänzung.

In den 1870ern ließ der außenpolitische Druck dank Bismarcks Geschicklichkeit nach, doch der innenpolitische stieg. Den politischen Widerstand im Reichstag steckte Bismarck im Ganzen gesehen weg. Aber Widerstand des Kaisers und der kaiserlichen Familie erbitterte ihn zunehmend, bis ohnmächtige Wut ihn krank machte – ihn und seine Frau. Ohnmächtige Wut gefährdete die Harmonie der Ehe, den Einklang, an dem beiden so gelegen war, und richtete sich gegen die Partner selbst, veränderte ihre Persönlichkeiten oder verstärkte Eigenschaften, die sie mildern wollten – bei ihm zum Beispiel den Jähzorn, der in Gewalttätigkeit ausarten konnte und den er seit Jahren mit Reue und Gebeten bekämpfte, bei ihr den Dauerzorn, der sich in Schimpftiraden äußerte. Beide wurden immer kränker, objektiv und subjektiv. Sie fühlten sich schwach, ausgeliefert, ohne Freunde.

Ihr Verhältnis verzerrte sich weiter – in den 1860ern hatte sich das schon angekündigt. Sie überfütterte ihn, sorgte für Morphium, schaltete ihn stundenweise aus und saß bis spät in die Nacht ohne seine raumgreifende Gegenwart in geselliger lustiger Runde. Trotzdem blieb das Wichtigste für sie sein Wohlergehen: Sie versuchte nur, sich etwas Erleichterung von dem Druck, den er ausübte, zu verschaffen.

Er war ein Egoist. Wenn er nicht selbst auf Reisen ging, wollte er, dass sie im Haus war. Ohne sie fühlte er sich verlassen, verödet, und hatte Angst um sie. Er suchte bei ihr und in ihrer Frömmigkeit Zuspruch und die Bestätigung, Gottes Werkzeug zu sein – jedenfalls die Sicherheit, zu tun, was Gott ihm aufgegeben hatte. Wenn er das glauben konnte, fühlte er sich geborgen. Er war unersättlich in seiner Angst vor Verlassenheit. Er lebte auf einer abwärtsführenden Spirale aus Überarbeitung, Nervosität, Krankheit.

Bismarck klagte schon in den 1860ern, er diene zwar seinem König gern, aber in der Enge der sommerlichen Kurbäder wäre das Hofleben oft unerträglich. In den 1870ern hatte er oft einfach die Zeit nicht mehr, dem Kaiser die Zustimmung zu jedem Gesetz, das er dem Reichstag vorlegen wollte, oder zu einer Maßnahme, die er einleiten wollte, oder zur Einstellung oder Entlassung eines Diplomaten in unendlich langen Gesprächen abzuringen. Bismarck fehlte zunehmend die Langmut, einen Gesetzentwurf so abzuändern, dass der hartnäckige Kaiser ihm doch noch zustimmte, um dann kurz darauf festzustellen, dass der Kaiser unter dem Einfluss der Kaiserin seine Meinung geändert hatte und alles von vorne losgehen musste.

Die Politik war aufwendiger und schwieriger geworden. Anfangs ging es nur um Preußen, jetzt war da ein großes Reich inmitten mächtiger Nachbarn, mit einer Bevölkerung, in der immer mehr Menschen politische Mitsprache verlangten, mit einer Industrie, die rasant wuchs, und einer Wirtschaft, der es besser gehen sollte, mit einer adligen Elite, die sich trotz der für sie reservierten Führungspositionen im Beamtentum, im Militär und in der Diplomatie vom Niedergang bedroht fühlte.

Auch der Kaiser war unzufrieden. Ihm gefiel seine Stellung als Monarch, der sich nach einer Verfassung und einem Kanzler richten musste, wenig. »Im Staat habe ich ja nicht mehr zu sagen als ein Geheimrat zweiter Klasse«, war eine seiner Lieblingswendungen. Er kannte die Verfassung und die Verwaltungsgesetze nur ungenau, ging manchmal von falschen Voraussetzungen aus und ließ sich nur schwer von einer Meinung abbringen. Bismarck behauptete, dass er während seines Vortrags beim Kaiser immer merkte, ob Wilhelm mit Augusta gefrühstückt hatte oder nicht – der Kaiser hätte Angst vor seiner Frau, dem Feuerkopf, und wiederholte deshalb ihre Argumente.

Trotzdem bettelte Bismarck manchmal geradezu um seine Anerkennung. Der mächtige Diener des Kaisers lebte vom Zuspruch seines Herrn, der ihm intellektuell unterlegen war und dessen Gedächtnis nachließ, und litt zugleich unter der Ungerechtigkeit, die er darin sah.

Einmal erzählte er dem Geheimen Legationsrat von Radowitz, dass er nach einem Erfolg innerlich nie zufrieden gewesen wäre, sondern dass »immer das Gefühl des Ärgers über die unberechtigten Hindernisse, die man ihm in den Weg gelegt habe, nach dem Erfolge noch stärker gewesen sei, als die Freude daran«.

DIE »LIEBE GUTE FÜRSTIN«

1.

Kein Mann in Berlin macht sich zu Beginn der 1880er Jahre so rar wie der Reichskanzler, und in keinen Salon ist der Zutritt schwerer als in den der Fürstin Bismarck. Kaiser,

Kronprinz oder Generalfeldmarschall Moltke kann man fast täglich unter den Linden sehen, jedenfalls bei schönem Wetter, und zu Audienzen am Hof kann man sich anmelden. Doch Bismarck fährt in der Stadt meist in geschlossenem Wagen. Zu Hoffesten kommt er nur noch selten, Einladungen von Ministern oder Diplomaten nimmt er nicht an. Seine Abneigung gegen neue Bekanntschaften verstärkt sich. Seine Zeit ist ihm zu kostbar für Gespräche, für die er keinen politischen Grund sieht. Wenn die Fürstin fragt, ob sie nicht diesen oder jenen zu Tisch laden solle, sagt er: »Ich kann auch ohne ihn glücklich werden.«

Die Fürstin müsse einen kulturell glänzenden Salon aufziehen, sagen Frau von Spitzemberg und Herbert Bismarcks Freund Philipp zu Eulenburg. Die besten Künstler, die erfolgreichsten Schriftsteller, die klügsten Wissenschaftler würden sich um Einladungen reißen. Aber Johanna weiß, dass Otto kein Bedürfnis nach Unterhaltungen mit Geistesgrößen hat, deren Interessen nicht auf politischem Gebiet liegen. Er will keine kulturelle Anregung, wenn er abends müde in den Salon kommt. Er will seine behagliche Ruhe mit Leuten, vor denen er sich keinen Zwang auferlegen muss.

Johanna nimmt ihm mehr ab als früher, vertritt ihn bei Gelegenheiten, zu denen sie früher gemeinsam erschienen sind – zusätzlich zu ihren eigenen Pflichten wie der Cour zu Kaisers Geburtstag, bei der sie die gratulierenden Damen in blauer Seide anführt. Sie geht mit den Kindern zur Beerdigung von Generalfeldmarschall Roon in die Garnisonskirche von Potsdam, wo sich 3000 Personen mit Kaiser und Kaiserin, Prinzen und Prinzessinnen, Offizierkorps, Staatsminister, Botschaftern einfinden – Bismarck hat sich mit Krankheit entschuldigt. Sie stützt Bleichröders Stellung in der Gesellschaft, indem sie seine Bälle besucht – er ist der erste geadelte gläubige Jude in Deutschland, und die Hofgesellschaft lässt es ihn büßen –, und sie geht auch zur Beerdigung seiner Frau Emma. In Varzin und Friedrichsruh fährt sie mit Ministern, Botschaftern und anderen Besuchern durch die Wälder, zeigt ihnen alles und unterhält sie.

Sie verbirgt ihre schlechte Gesundheit vor Otto. Ihr Keuchen kann er hören, aber ihren Tinnitus nicht: »Dieses Ohrensausen ist eine der schrecklichsten Plagen – die ägyptischen waren gewiß sämmtlich minder schlimm – ich kenne dies Brausen und Klingen und Singen und Zischen ja seit Jahren gründlich – danke Gott täglich, wenn es geringer wird und bin ziemlich verzweifelt, wenn es sich steigert ...«

Das Hauswesen im Reichskanzlerpalais leitet sie unverändert achtsam. Bei einem großen Diner vergleicht der amerikanische Journalist Sidney Whitman sie mit einem kommandierenden General. Sie beherrsche die Tafel, sehe alles und lasse einen Diener ihre Befehle in die Küche bringen: »Geh und laß den ›Chef‹ sofort noch ein paar Wachteln braten und heraufschicken.« Wenn in der Unterhaltung eine Delikatesse der Saison oder eine neue Speise erwähnt wird oder ein Gast eine Lieblingsspeise nennt, kommt die bei der nächsten Gelegenheit auf den Tisch.

Der Journalist ist beeindruckt von der Würde und ruhigen Sicherheit, mit der sie ihre Repräsentationspflichten erfüllt. Aber er meint, dass sie nie mit ihrem Herzen bei der Sache sei: Nicht einmal das Bewusstsein, dass Bismarck der Mittelpunkt all dieses Glanzes ist, könne ihren Glauben ändern, dass dies nur eine vergängliche Scheinwelt sei, eine Welt, in der das Echte kaum festen Fuß fassen kann.

2.

Johanna liebt Gespräche, Musik, Geselligkeit. In ihrem Salon sind die Freunde ihrer Kinder willkommen – die stören Otto nicht. Nach dem Essen raucht er im Salon, liest Zeitung, und wenn es etwas zu lachen gibt – »Ottochen, höre doch bloß!« –, lacht er mit. Alle bemerken den liebevollen

Ton zwischen ihr und Ottochen, den sie »unser großer Steuermann« nennt. Sie ist für Bernhard von Bülow »die gute und liebe Fürstin Johanna«, Pastor Dryander von der Dreifaltigkeitsgemeinde spricht von »der lieben und gütigen Fürstin«, für die Baronin Spitzemberg ist sie »die liebe, gute Fürstin« und für Philipp zu Eulenburg eine »gütige Frau«.

Er kennt sie seit seiner Kindheit, seine Eltern waren mit Bismarcks befreundet, seine Schwester Ada und Marie Freundinnen. Aber Bismarcks Kampf gegen die katholische Kirche verletzte seine Mutter und sie vermied es, die Fürstin zu sehen. Jetzt ist ›Phili‹ Offizier, Dr. iur. und arbeitet im Auswärtigen Amt, wo Herbert nun als Legationssekretär dem Kanzler zugeteilt ist und wo der Kanzler Eulenburg als zu unpolitisch für eine große Karriere hält. Eulenburg freut sich an Johannas Lachen, mag ihren Humor und bedauert ihr Asthma. Ehe er zu ihr geht, überlegt er sich Geschichten, kleine erheiternde Vorkommnisse, um sie zum Lachen zu bringen – sie lacht, bis sie anfängt zu husten. Sie bringt ihn zum Lachen, wenn sie in ihren Geschichten Leute nachahmt. Er kommt viel herum in den Salons von Berlin, und meint spöttisch, Heiterkeit werde nirgends so hoch geschätzt wie an diesem Teetisch als Ausgleich für die böse Politik.

Meist kommt er so spät abends in den Salon, dass er Bismarck antrifft. Die lange Tabakspfeife im Mund, den schwarzen Tuchrock bis zum Hals zugeknöpft, wo das weiße Leinenhalstuch hervorblickt, den schwarzen Reichshund zu seinen Füßen, so sitzt er auf dem großen Lehnstuhl, einige Zeitungen vor sich auf dem runden Tisch. Marie ist da, vielleicht Herbert oder Bill, vielleicht der eine oder der andere Freund des Hauses – es ist einsam an dem Tisch geworden, findet Eulenburg. Für ihn ist eine zurückgehende Anzahl von Gästen ein Zeichen von alarmierendem gesellschaftlichem Misserfolg. Nur den »kleinen buckligen Obernitz«, den Bruder eines Adjutanten des Kronprinzen, trifft er oft. Obernitz ist der intimste Freund der Fürstin und darin Nachfolger von Keudell: gebildet, heiter, herzensgut. Eulenburg kann sich nicht erinnern, ob er ein Amt bekleidet. Ihn rührt die seltene Liebenswürdigkeit und die feine gütige Art, in der Obernitz die Bäche der Bitterkeit, mit der die Fürstin bisweilen diesen oder jenen überschüttet, in ein stilleres Wasser zu lenken sucht. Eulenburg findet es verständlich, dass viele sich aus dem Salon Bismarck vorsichtig zurückziehen. »Das boshafte Geklatsche ist nicht zu ertragen« – diesen Satz habe er oft gehört.

Die Fürstin kommt ihm abgehetzt, verängstigt und müde durch das Leben neben dem unruhigen großen Geist Bismarck vor. Einmal haben er und Herr von Spitzemberg einen Wutanfall Bismarcks miterlebt, den ein Diener auslöste, der nicht sofort wusste, wo Bill war. Der Fürst zitterte vor Wut, war weiß im Gesicht, schwankte und schrie seinen Sohn an. Der gehorchte, selbst zitternd, und folgte seinem Vater, der keuchend nach Atem rang und die Tür dröhnend hinter sich zuwarf. Er kam an diesem Abend nicht an den Teetisch. Die Fürstin war unruhig und gedrückt. Sie ahnte nicht, dass Eulenburg und Spitzemberg Zeugen dieses Ausbruchs geworden waren. »Bismarck ist wieder gar nicht wohl«, sagte sie, und die beiden empfahlen sich bald.

Eulenburg lehnt die Bismarcks zunehmend ab, weil sie seine Gedichte und Skaldengesänge nicht schätzen. Sie schätzen auch nicht, und das empört ihn, Richard Wagners Musik. Er gibt Bismarck die Schuld, als Graf Heinrich Lehndorff, der vornehme Flügeladjutant des Kaisers, von der Nibelungen-Trilogie sagt, »daß diese ganze Geschichte höchstens wirken könne, wenn sie im Zirkus geritten würde«.

Hildegard von Spitzemberg bemüht sich um die Bismarcks. Er ist unterhaltsam und küsst gerne junge Frauen, und sie freut sich, wenn sie am Tisch neben ihn gesetzt wird. Diese Freundschaft hebt ihr Ansehen in der Gesellschaft, und sie nützt den Politikern in ihrer Familie. Ihre Freundschaft mit der Fürstin ist auch eine Art Berufs-Freundschaft. Higa geht mittags zu ihr, klatscht, erzählt ihr, was Bismarck wissen soll, und Johanna läuft zu Otto, der im Schlafrock kommt und mit Higa spricht. Das Tagebuch der Frau von Spitzemberg ist auch ein politisches Instrument – sie liest bei kleinen Tees manchmal daraus vor und verbreitet so die Kunde von ihrer Nähe zum großen Kanzler.

Wie Phili findet Higa den Geschmack im Reichskanzlerpalais bedauerlich – für ihn sind die Möbel in Johannas rotseidenem Salon »nichtssagend, grauenhaft, konventionell«, und für sie ist die gesamte Inneneinrichtung des Palais »recht schablonenhaft und oft geschmacklos«. Man spottet in der Gesellschaft über Johannas Hang zur Schlichtheit.

Auch ihre Kleidung findet selten den Beifall der Baronin. Im Reichskanzlerpalais braucht niemand für das Diner besondere Toilette zu machen, die Damen gehen nicht ausgeschnitten und Herren nicht im Frack. Die Fürstin zieht bequeme Moden vor, selbst wenn sie überholt sind. Sie fröstelt leicht und trägt oft einen weichen warmen Schal oder einen langem Kragen aus grauem Pelz. Die Baronin ist da ganz anders. Als sie nach der Geburt ihrer Tochter zu einem großen Diner eingeladen wird, sagt sie ab, »da ich mich noch nicht getraute, im ausgeschnittenen Kleide zu gehen«. Aber dann kommt ein Zettelchen des Kaisers an den Gastgeber, »demzufolge ich denn auch das Essen in hohem Kleide mitmachte«. Der Kaiser befreit sie von der Pflicht zum tiefen Ausschnitt und führt sie zu Tisch. Die Tiefe eines Dekolletés ist zur Kaiserfrage geworden.

Der Hof wird exklusiver. Viele Adelige fühlen sich durch erfolgreiche wohlhabende Bürger bedroht und grenzen sich von ihnen ab. Wenn die Baronin Spitzemberg deren Feste besucht, kritisiert sie die Herren als »äußerst unelegant und spießbürgerlich« und die Frauen als »meist sehr häßlich und unschön angekleidet«. Eine Fürstin Bismarck, die das

Einfache betont, ist allein schon dadurch eine Feindin des Hofes. Johanna, die fromme Pietistin, hatte immer schon Probleme mit dem Dekolleté. Jetzt, wo es darum geht, die Bürger abzuhängen, ist die richtige Tiefe eines Dekolletés ein Gradmesser der Vornehmheit.

Die Kaiserin legt größten Wert auf Kleidung und Etikette. Doch durch die moderne Textilindustrie können sich viele Bürgerliche elegante Stoffe oder erlesene Roben leisten, und die »vornehme Welt« muss kunstvollere Formen ersinnen, um sich von der Allgemeinheit abzusetzen. Sie lässt bei exklusiven Schneiderinnen arbeiten, die besondere Stücke für alle nur denkbaren Gelegenheiten fertigen: Morgentoiletten und Stadttoiletten, Kleider für verschiedenartige Empfänge und Besuche, Theaterkleider, Opernkleider, Ballkleider, Kleider für Landpartien, für Pferderennen, für den Strand. Wirkliche Damen können sich dort kaum noch rühren, denn enge Mieder betonen Busen und Hüften und zwingen der Trägerin eine steife Haltung auf. Zum Frühstück erscheint die Dame in schwerem Stoff und hochgeschlossen, zum Diner ebenfalls, sofern weniger als vierzig Gäste geladen sind – bei über vierzig Gästen ist sie dekolletiert. Zur kleinen Soiree ohne Tanz kommt sie in einem hellen Kleid und hochgeschlossen, zur großen Soiree mit Tanz und zum Ball immer dekolletiert. Ins Schauspielhaus geht sie hochgeschlossen, in der Oper erscheint sie im Rang mit allergrößtem Ausschnitt, im Parkett dagegen hochgeschlossen.

Beim Essen wird der Klassenkampf mit Messer und Gabel geführt. Die Tafeln biegen sich unter der Last verschiedenster Teller, Gläser, Bestecke – die kleinste Unsicherheit bei der Wahl eines Glases oder einer Gabel verrät sofort niedrigste Herkunft.

Johanna, die sich früher mehr Sicherheit bei der Wahl der Garderobe gewünscht hat, ist die gesteigerte Raffinesse bei der Selbstrepräsentation gleichgültig. Als Fürst und Fürstin einmal zum Hofdiner befohlen werden, notiert

Frau von Spitzemberg in ihr Tagebuch, sie »möchte nur den alten Lappen sehen, den die teure Frau aus ihrem Kleiderspinte dazu hervorsucht und seelenvergnügt antut!«.

Auch die Ehe der Bismarcks gefällt ihr nicht. Sie meint, ein solcher Mann brauche doch das verständnisvolle eheliche Gespräch über seine beruflichen Kämpfe.

Aber Bismarck will sich bei Johanna ausruhen, will nicht die alltäglichen Intrigen weiter drehen und wenden. Er sagt es der Spitzemberg selbst: Es sei gut für ihn, zu Hause in eine andere Sphäre zu kommen. Hier liebt man ihn, ohne dass er sich anstrengen muss. Hier muss er niemanden unterhalten. Er kann es, wenn er möchte, aber er darf auch Zeitung lesen, während die anderen reden.

Aber alle Kritik ist vergessen, als Higas Mann jung stirbt, und Fürst und Fürstin sie liebevoll trösten, streicheln und küssen. Der Fürst sagt, nun breche er eine Tür in die Gartenmauer – sie wohnt in der Voßstraße –, damit sie in seinem Park spazieren gehen könne. Sie notiert: »besonders dieser Freund- und Nachbarschaft halber ist mirs wertvoll, daß ich hier wohnen bleibe«.

Christoph Tiedemann steht nicht im Wettbewerb der Hofgesellschaft. Bismarcks kluge Herren, die I.D. – Ihre Durchlaucht – auch auf den Gütern erleben, finden sie wunderbar und sind von ihr bezaubert. Keinen von ihnen stört es, dass sie sich um Politik und staatliche Interessen nicht im Geringsten kümmert. Tiedemann geht nach der Arbeit spätnachts noch schnell zu ihr in den Salon. S.D. – Seine Durchlaucht – schläft dann schon. Man trinkt Tee oder ein Glas Wein und redet.

Als Tiedemann Chef der Reichskanzlei wurde, begann »ein Leben für mich, wie es interessanter, aber auch aufreibender nicht gedacht werden kann«. Zum Vortrag muss er Gesetzesentwürfe von mehr als hundert Paragraphen in zehn Minuten referieren können – die Vorbereitung dazu dauert Stunden. Der Fürst erfasst sofort die wichtigen Punkte. Das Erteilen von Anordnungen ist seine Stärke, nicht die Zusammenarbeit. Tiedemann muss Konzepte schreiben und wird dabei bis zu zehnmal in einer Stunde von Bismarck unterbrochen, der Auskünfte verlangt und eilige Aufträge an Minister hat – ein bespannter Wagen, die Reichsdroschke, steht dafür vor dem Reichskanzlerpalais bereit. Das ist das Aufreibende an diesem Dienst: Alles geht im Galopp und für keine Arbeit gibt es die nötige Muße. Selbst die stärksten Nerven, meint Tiedemann, gehen dabei allmählich in die Brüche.

Nur in Bismarcks Familienleben herrscht gemütvolle Lässigkeit. Tiedemann, der monatelang in Varzin war, lernt auch das Leben in Friedrichsruh kennen. Den Expresszug Berlin-Hamburg lässt der Kanzler für Gäste und Mitarbeiter in Friedrichsruh halten. Tiedemann kommt spätabends an, die Fürstin hat seine Lieblingsgerichte in der Küche bestellt, und während er isst, sitzt der Fürst neben ihm und erkundigt sich nach Luise, den Kindern und nach Mohr, Tiedemanns Hund. Auch die Fürstin fragt lebhaft nach seinen Töchtern und seinem Sohn, der beim Kadettenkorps ist und dem sie zum Geburtstag Körbe mit leckeren Lebensmitteln schickt.

Für Tiedemanns Begriffe ist das Haus voller Menschen, Botschafter, Legationssekretäre, jeden Tag kommen Besucher, abends trifft Tiedemann drei, vier Fremde zu Tisch. Im Zimmer verbreiten Moderateurlampen – altmodische Öllampen – in Meißner Zwiebelmuster warmes wohltuendes Licht. Das Diner besteht aus sechs schweren Gängen: »Gegessen wird hier nach wie vor, daß die Wände krachen.«

Der Kanzler plant jetzt Anbauten an das ehemalige Wirtshaus und lässt eine Ziegelmauer entlang der Eisenbahn und der Landstraße hochziehen, damit die Hamburger, die am Wochenende im Wald spazieren gehen, ihn nicht beobachten können. Unten im Haus liegen große Salons und ein

Speisezimmer, im ersten Stock und unter dem Dach kleine, meist einfenstrige Zimmer, über deren Türen noch die alten Zimmernummern stehen. Personal und Gäste wohnen Tür an Tür, und morgens schleicht alles in Filzpantoffeln umher, um den Fürsten nicht zu wecken.

Die politischen Geschäfte nehmen täglich zu, Tiedemann arbeitet an einer Arbeiterversicherung, fährt zwischen Friedrichsruh und Berlin hin und her, hat lange Unterredungen mit dem Fürsten. Der wird immer »staatssozialistischer«, meint Tiedemann und fasst schon die Ausdehnung des Versicherungsgesetzes für den Fall der Invalidität durch Alter ins Auge.

Tiedemann kommt nur noch mit Schlafmitteln zur Ruhe. Er sieht Frau und Kinder oft wochenlang nicht. 1879 hat er von Januar bis Juli 133 Mal bei Bismarck gespeist und nur zwei Abende bei seiner Familie – davon einen nur, weil seine Frau ihm während des Abendessens im Reichskanzlerpalais eine gedruckte förmliche Einladungskarte schickte, mit der sie ihn auf acht Uhr zum Tee einlud. Bismarck amüsierte sich sehr darüber, aber an der Situation änderte sich nichts. Im Frühjahr 1881 bittet er den Kanzler, ihm den Rücktritt zu gestatten. Bismarck macht ihm eine wütende Szene, gibt aber dann nach und verabschiedet ihn wehmütig. Tiedemann wird Regierungspräsident in Bromberg und wenig später geadelt.

Es ist etwas Großes, in einen großen Mann sich einzuleben, meint Tiedemann: »Die eigne Individualität aber geräth dabei in Gefahr, zerrieben zu werden.«

3.

Herbert von Bismarck hat weniger Glück mit seinem Anspruch, die »eigne Individualität« zu bewahren. Er will die Fürstin zu Carolath-Beuthen heiraten und muss als Beamter seinen Vorgesetzten, den Kanzler, um die Erlaubnis dazu bitten. Der schlägt ihm die Bitte ab.

Herbert ist jetzt 31 Jahre alt und arbeitet in der Politischen Abteilung des Auswärtigen Amtes. Fürstin Elisabeth zu Carolath-Beuthen, geb. Gräfin von Hatzfeld zu Trachenberg, ist zehn Jahre älter als er und hat sich gerade scheiden lassen, um ihn zu heiraten. Sie ist eine schöne, witzige und elegante Frau und für ihre Spielsucht bekannt – sie hat ein Erbe von 110000 Talern oder 330000 Reichsmark an einem Abend verspielt.

Die Eltern Bismarck sehen nur Gründe, die gegen eine Ehe sprechen, die immer noch eine Verbindung von Familien und Vermögen ist. Trotzdem ist die Entscheidung nicht einfach, sie lieben ihren Sohn, und Bismarck geht wie ein unruhiger Löwe in seinen Zimmern auf und ab und lässt jeden seine Wut spüren. Er hat auf Drängen des Königs und trotz wirtschaftlicher Bedenken aus Friedrichsruh einen Fideikommiss gemacht, der nur als Majorat weitervererbt werden kann.

Ein Fideikommiss ist ein Familienvermögen, das nicht zersplittert werden darf, weder durch Verkäufe noch durch Erbteilungen, und das nur ein Familienmitglied nutzt. Dieser Besitzer zu treuen Händen darf nur über einen bestimmten Ertrag des Vermögens verfügen. Der Grundbesitz soll erhalten bleiben und Söhne versorgen können, die der König im Heer, in der Verwaltung und in der Diplomatie braucht. Nur 0,1 % der Bevölkerung sind adelig, und der König ist besorgt um die Vorherrschaft des Adels in Preußen und versucht so, die Struktur der Gesellschaft zu bewahren. Majorat heißt das Ältestenrecht, nach dem Friedrichsruh vererbt wird: Herbert, der älteste Sohn, soll es erben, und nach ihm wieder der älteste und sofort, solange die Geschlechterkette besteht.

Zwischen Vater und Sohn kommt es zu erregten Szenen. Nach den Bestimmungen des Majorats für Friedrichsruh ist ein Sohn enterbt, der eine geschiedene Frau heiratet. Einen Pflichtteil gibt es nicht. Herbert schüttet Philipp zu Eulenburg sein Herz aus: Pflichtteil oder nicht sei ihm ganz egal, »wo ich doch in keinem Fall nach der Heirath lange leben könnte, denn der Bruch und das Verderben meiner Eltern würde mich umbringen; bin ich aber nach der Heirath todt, so hat die Fürstin dadurch nur die Hälfte der Rente verloren, die der Fürst Carolath ihr zahlen muß, so steht es im Vertrage, und dann hätte sie gar dazu nicht genug zum Leben. Für mich wäre es doch auch eine entsetzliche Lage, von dem Gelde mitzuleben, daß der geschiedene Mann ihr zahlt – Es ist eben jeder Ausweg genommen, und so bitter, wie mein Vater sich jetzt über die arme Fürstin äußert, ist gar kein Gedanke, daß er mir dann Geld geben würde – er sagt, wenn die Fürstin seinen Namen trüge, würde ihn das zum Selbstmörder machen!«

Die Fürstin ist geschieden, wird vermutlich keine Kinder mehr bekommen, ist katholisch, und ihre Familie gehört zu den Gegnern Bismarcks. Eine ältere Schwester von ihr ist mit Walter von Loë verheiratet, einem katholischen Generaladjutanten des Kaisers, der Bismarcks Kirchengesetze scharf bekämpft hat, und ihre Halbschwester Mimi von Schleinitz ist die Frau des Hausministers der Hohenzollern, deren Salon in der Wilhelmstraße Treffpunkt der Bismarck-Gegner ist. Hinzu kommt, dass auch die Mutter der Fürstin geschieden ist und der Rechtsanwalt, der ihre Tante in deren Scheidungsprozess vertrat, Ferdinand Lassalle war, der Mitbegründer der Sozialdemokratischen Arbeiterpartei. Dieses alles ist für Bismarck und vor allem für Johanna zu viel – wie sollen sie mit diesen Leuten bei Familienfesten zusammensitzen oder irgendwann füreinander eintreten?

Herberts Lebensführung wird gelenkt durch Familiengesetze und Statussicherung: Er muss sich der Familie fügen und auf seinen »Eigensinn« verzichten, sein Wachsen als Individuum. Dafür ist er als Erstgeborener weit bevorzugt. Am stärksten benachteiligt in der adeligen, von Männern dominierten Welt sind die Töchter. Marie, obwohl sie die Älteste ist, kann niemals erben wie ihre Brüder – Bill soll Varzin bekommen – und über ihr Erbe verfügen wie ein Mann, und wenn sie einen Bürgerlichen geheiratet hätte, wäre sie sogar aus dem Adel ausgeschlossen worden – im Gegensatz zu ihrem Großvater, der eine Bürgerliche heiraten konnte, die durch ihn adelig wurde. Bismarck hat in seinem Testament 1879 auch Frau und Tochter bedacht. Johanna wird als seine Witwe lebenslang jährlich den Reinertrag der Papierfabrik Hammermühle sowie eine Summe aus dem Güterkomplex Friedrichsruh bekommen. Marie ist erst nach ihren Brüdern und deren Söhnen erbberechtigt: Wenn Herbert ohne Söhne stirbt, erbt Bill, und wenn Bill ohne Söhne stirbt, erben – über Marie – Maries Söhne.

Die Fürstin Carolath wartet in Venedig auf Herbert, aber er sieht ein, dass die Heirat unmöglich ist. Er ist Johannas Sohn: Er kann sich ein Leben ohne seinen Vater nicht vorstellen, will für ihn leben und arbeiten. Sein Freund Philipp stützt ihn darin, sagt, die Pflichten gegen seinen Vater seien auch Pflichten gegen sein Vaterland.

Ausschlaggebend für Herbert ist jedoch schließlich: Er kann das Leben seiner Eltern nicht aufs Spiel setzen. Die Ärzte haben ihm gesagt, dass seine herzkranke Mutter eine schwere seelische Erschütterung nicht überleben würde.

Johanna hat mehr zu Bismarcks Ablehnung der Fürstin Carolath beigetragen, als Herbert vielleicht ahnt. Als Dr. Struck ihr rät, im Sommer wegen ihrer Herzschwäche sechs Wochen ins bayerische Kreuth zu gehen, während Bismarck mit Herbert in Kissingen ist, lehnt sie das ab. Sie sagt Otto, Herbert habe sich das nur ausgedacht, um mit dem Vater in Kissingen allein zu sein und ihm dann die Zustimmung zur Heirat mit der Carolath zu entreißen.

Dr. Pank, der neue Pastor der Dreifaltigkeitsgemeinde, pflegt die Abendmahlsfeiern im Reichskanzlerpalais zu leiten. Bismarck geht schon lange nicht mehr in die Kirche, weil er nicht angegafft werden will. Doch bei dem großen Streit in der Familie des Kanzlers weiß Pastor Pank in diesem Jahr lange nicht, ob in der Karwoche eine gemeinsame Abendmahlsfeier möglich sein wird. Am Gründonnerstag bekommt er die Mitteilung, er werde gewünscht. Als die Feier beendet ist, wendet der Fürst sich seinem ältesten Sohn zu und ergreift seine Hand. Er sieht ihm lange tief in die Augen, umarmt und küsst ihn. Dem Küster, der dabeisteht, treten vor Rührung die Tränen in die Augen. Tyras zerreißt dem guten Pastor den Talar.

Johanna sträubt sich lange gegen die Reise nach Kreuth, aber schließlich reisen im Juni Herbert mit dem Vater nach Kissingen und Bill mit der Mutter nach Kreuth. Alles ist, wie es vorher war. Nur Dr. Struck hat die Bismarcks gebeten, sich nicht länger als seine Patienten zu betrachten, weil er den Aufregungen in dieser Familie nicht mehr gewachsen sei.

Herbert stürzt sich in Arbeit. 1881 geht er an die deutsche Botschaft in London, 1883 nach Petersburg, wird Gesandter in den Niederlanden, kehrt Ende 1884 nach Berlin ins Auswärtige Amt zurück. Im Mai 1885 wird er Unterstaatssekretär und im Mai 1886 Staatssekretär des Auswärtigen – Reichsaußenminister. Seine Freunde – auch Holstein, der bis zu Herberts Ernennung der einflussreichste Berater im Amt war – versuchen weiter, über ihn an Bismarck heranzukommen, um ihre Karriere zu fördern, aber er schirmt seinen Vater ab und gilt deshalb als schroff und verletzend. Wie sein Vater arbeitet er allein. Er arbeitet viel und trinkt viel.

Sein Bruder Wilhelm versucht, dem Vater zu entkommen und sich zurückzuziehen. Der Vater lobt seine Arbeit im Amt nicht, dankt nicht, und die Mutter tröstet ihn damit, dass sie früher darüber genauso betrübt gewesen sei wie er jetzt und dass der Vater ihn trotzdem »ganz furchtbar lieb« habe. Bill will raus aus der Familie, will unabhängig werden, glaubt aber nicht, dass er das erreichen kann. Er empfindet sich als energielos. Über seinen Vater meint er: »Anderer Wünsche pflegen S.D. sehr gleichgültig zu sein; wenn sie mit den seinigen nicht harmonieren, begreift er sie überhaupt nicht.« Bill ist sehr dick und leidet an Gicht. Keyserlings Sohn hat bei einem Berlin-Besuch über die Portionen gestaunt, die Bismarck und seine Kinder essen: »Der leibhaftige Löwe mit seinen Jungen!« Herbert und Johanna bleiben schlank, aber Bismarck, Bill und Marie nehmen zu.

Marie verträgt sich gut mit ihrem Mann und bringt drei Söhne zur Welt. Die junge Familie hat nur eine kleine Wohnung gemietet und hält sich meistens im Reichskanzlerpalais auf. Viele schätzen Kuno von Rantzau nicht, meinen, er sei nicht der Klügste und grob im Umgang. Es heißt, seine tägliche Lieblingsfrage sei: Was sind heute für Schweine oder Hunde zum Essen? Der Kanzler verachte ihn zwar, trotzdem habe er einen schädlichen Einfluss auf ihn durch Frau und Schwiegermutter. Andere meinen, er plane nichts Böses und sei zumindest willig im Amt.

Auch die freundliche und warmherzige Marie verliert Sympathien in der Gesellschaft, es heißt nun, sie sei lästig, dumm, unordentlich. Die Baronin Spitzemberg unterhält sich einmal mit Bismarck über seine Tochter, und er sagt, eine Tochter zu erziehen sei schwerer, als man denke: »Bei einer Frau geht es noch eher, aber bei einer Tochter ists ein großes Kunststück. Ich bin mit Marie oft hart zusammengeraten, sie hat für ihren natürlichen Verstand einen merkwürdig engen Interessenkreis: Mann, Kinder, wir erfüllen sie, aber sonst fast kein Mensch, geschweige die Menschheit interessieren sie. Sie ist innerlich essentiell faul, darin liegt es.« Frau von Spitzemberg sagt, sie wundere sich, dass Marie so wenig die Interessen des Vaters teile, obwohl sie ihn doch so liebe. Bismarck: »Das ist ja bei meiner Frau auch so, es hat dies auch sein Gutes gehabt, ich war daheim ganz in einer anderen Luft.«

Bismarck teilt, trotz seiner großen Liebe zu Johanna, die Frauenverachtung des 19. Jahrhunderts, in dem Frauen entwertet und durch Gesetze von der modernen Gesellschaft ausgeschlossen werden. Aufgabe eines Ehemanns ist für ihn auch die Erziehung seiner Frau, die ihm immer noch vor Gott Gehorsam schuldig ist, und nicht einmal die fehlenden Interessen seiner Tochter bringt er mit den wenigen Bildungs- und Berufsmöglichkeiten zusammen, die ihr offenstehen. Sie hat das Lernen nicht gelernt. Der geistige Abstand zwischen ihm, der alle Möglichkeiten eines Mannes wahrnehmen konnte, und Johanna, die keine Schule besuchen durfte, keine ausgebildeten Lehrer bekam und die zur Fügsamkeit erzogen wurde, um das Prekäre ihrer Existenz als adlige Frau nicht herauszufordern, macht sich in seiner Ehe jetzt stärker bemerkbar. Er hat auch darüber nachgedacht und sich seine Ehe ohne Kinder vorgestellt: »Eine kinderlose Ehe macht für beide Ehegatten das Vorhandensein bedeutender Ressourcen nötig, wenn Langeweile vermieden werden soll. Eine Frau muß eigentlich immer etwas zum Spielen haben; selbst wenn sie Großmutter ist.« Eine Frau ist für ihn immer auch ein Kind.

Als Holstein einmal vorschlägt, Rantzau, den die Arbeit beim Kanzler überfordert, einen kleinen Gesandtenposten – Karlsruhe, Darmstadt – zu geben, sagt Herbert: »Das geht nicht, dann hat meine Mutter gar nichts mehr, was ihr Freude macht.«

Herbert liebt seine Mutter sehr. Er ist bekümmert, weil er machtlos mit ansehen muss, »wie meine Eltern, denen es, wenn es in der Welt gerecht herginge, besser gehen müsste als irgend welchen anderen Leuten, eigentlich so gar keine Freude am Leben haben und wegen ihrer schlechten Gesundheit und aus anderen Gründen so einsam dahinleben«.

4.

Der langjährige Hausarzt hat sich zurückgezogen, und der schwierige Kranke Bismarck ist aufbrausend, schlechtgelaunt, ruppig, seine Frau beschwichtigt ihn, besorgt auch mal ein Rezept für Morphium, damit er schlafen kann. Aber das ist keine Therapie. Zu der überredet ihn erst Dr. Ernst Schweninger, ein Bayer mit dicken schwarzen Augenbrauen, Glatze und üppigem schwarzem Bart, Anfang dreißig und eine Zeitlang Arzt am neuen Kreiskrankenhaus in Lichterfelde.

Der Sohn Bill bringt ihn ins Haus. Bill ist so dick und gichtkrank, dass er mit dreißig Jahren im Rollstuhl gefahren werden muss. Wenn er nicht bald aus Bett und Rollstuhl herauskomme, werde er sterben, sagen seine Ärzte. Graf Podewils, Vortragender Rat an der preußischen Oberrechnungskammer, empfiehlt ihm Schweninger. Der übernimmt die Behandlung, nachdem Bill sich verpflichtet hat, mindestens zehn Monate lang seine Vorschriften streng zu befolgen. Bill nimmt zum Staunen seines Vaters dreißig Kilo ab, kann wieder gehen und reiten und fühlt sich gesund.

Der Vater dagegen schleppt sich müde und alt durch den Frühlingsgarten hinter dem Reichskanzlerpalais. Er geht jetzt abends früher schlafen, steht morgens früher auf, aber er fühlt sich unverändert elend.

Schweninger kommt im Herbst 1882 nach Varzin. Er findet den Fürsten ungezwungen, ohne jede Pose. Die Familie scheint in bemerkenswerter Harmonie, in seltener Liebe und gegenseitiger Fürsorge miteinander zu leben. Erst kurz vor Schweningers Abreise ist der Kanzler zu einer ernsten Aussprache bereit. Er wiegt 124 Kilo und ist körperlich wie seelisch in einem schlechten Zustand durch Schlaflosigkeit, Nervenverfall, Gesichtsschmerz. Schweninger sagt, er könne noch eine Zeitlang so »fortwursteln«, aber dann käme ein Zusammenbruch, über dessen Ausgang er Bedenken habe. Wenn er ihm helfen solle, müsse Bismarck seine Lebensweise ändern.

Dazu kann Bismarck sich nicht entschließen. Aber als im Mai 1883 mehrere Ärzte ihm voraussagen, er werde wohl nur noch ein Jahr leben, akzeptiert er Schweningers Bedingungen: Der Kanzler müsse sich ihm rückhaltlos anvertrauen, Einflüsse von dritter Seite müssen ausgeschlossen bleiben, und wenn das nicht durchführbar sei, dürfe Schweninger seine ärztlichen Versuche freundschaftlich beenden. Der Arzt zieht ins Reichskanzlerpalais und die Behandlung beginnt.

Schweninger hat nie einen verbindlicheren, höflicheren, erfreulicheren Patienten gehabt und bewundert den stolzen und vornehmen Mann. Der Arzt ist vielleicht kein besserer Mediziner als andere, aber offenbar ein besserer Psychologe, denn Bismarck tut, was er sagt, statt sich wie bislang gegen alle ärztlichen Vorschriften zu sträuben. Schweninger trennt alle Tätigkeiten – Essen, Trinken, Bewegen, Ruhen, Arbeiten, Schlafen – und stellt die Zeit- und Arbeitseinteilung des Kanzlers um, bestimmt die Arbeits- und die Schlafenszeit. Bismarck muss früh zu Bett und früh aufstehen, was nicht einfach für ihn ist. Er steht jetzt um acht oder neun Uhr auf und sitzt von zehn bis 17 Uhr am Schreibtisch. Dann folgen eine Stunde Bewegung und die Mittagstafel um 18 Uhr. Abends soll er nicht mehr arbeiten, was jedoch nicht einzuhalten ist, wenn Depeschen kommen. Doch meist zieht er sich um 22 Uhr in sein Schlafzimmer zurück, während Gäste und Familie noch bis zwölf, halb eins zusammensitzen.

Bismarck bekommt keine beruhigenden Mittel mehr, und Johanna ist manchmal verzweifelt, weil Schweninger jedes Medikament ablehnt. Er verordnet der ganzen Familie eine leichtere Ernährung, Tee oder Milch, Eier, etwas Fisch oder Braten, mittags kein Gemüse, nachmittags um vier dicke Milch. Sie sollen alle weniger essen, dafür öfter, und nichts, was bläht. Schon nach wenigen Tagen hat Bismarck keine Magenschmerzen mehr. Doch er kann ohne Morphium nicht einschlafen. Schweninger fürchtet, er könnte süchtig werden, und ersetzt die bisherige Pulverdosis durch eine Injektion, deren Stärke der Patient nicht prüfen kann.

Mehrfach fügt Bismarck sich den Anordnungen nicht, und die Söhne sind entrüstet, weil er nicht diszipliniert ist, die Fürstin ist tieftraurig und hat Mitleid mit Ottochen, jammert und steigert ihn in seiner Wehleidigkeit, bis Arzt und Kinder nicht wissen, was sie tun könnten. Schließlich macht Schweninger ihm einen feuchten Leibwickel, gibt ihm Baldrian, setzt sich in einen Lehnstuhl und nimmt eine Hand in seine Hände. Bismarck schläft ein. Als er morgens aufwacht, sitzt der Arzt immer noch da. Von da ab hat Bismarck Vertrauen zu ihm.

Johanna lehnt Schweninger ab, seine Nähe zu Otto. Zwar ist sie froh, dass er Otto helfen will, doch zugleich wehrt sie sich gegen den Arzt, der sie enthront. Einmal erwischt er sie mit einem Kognak, den sie Otto gerade geben will, öffnet wütend das Fenster und gießt das Glas aus: »Wenn Sie Ihren Mann umbringen wollen, dann geben Sie ihm den Schnaps weiter!«

Sie sieht aber auch, dass dieser Arzt ihnen tatsächlich hilft. Ihre Beschwichtigungen durch gutes Essen und reichlich Alkohol haben Otto und sie in eine gefährliche Sackgasse geführt. Nach einiger Zeit bittet sie Schweninger, den ganzen Sommer über bei Bismarck zu bleiben. Der Arzt reist mit ihm nach Friedrichsruh, begleitet ihn zur Kur nach Kissingen, nach Bad Gastein. Bismarck nimmt 23 Kilo ab, seine Kleider flattern, sein Gesicht wird faltiger, aber sein Gang leichtfüßiger. Er geht wieder zu Fuß in den Reichstag oder ins Schloss und reitet wieder im Tiergarten. Trotzdem hat er noch Gliederschmerzen, Ischias, Venenentzündung, Gicht und Gesichtsschmerz.

Ärzte in Berlin feinden Schweninger als Scharlatan und Mann von unsittlichem Lebenswandel an, und die Presse greift das auf, als Bismarck ihm eine außerordentliche Professur an der Berliner Hochschule verschafft. Seine Anwesenheit im Palais ist noch lange nötig, um die Diät des Kanzlers zu überwachen.

Schweninger hält Johanna für weit kränker als den Kanzler, obwohl sie jetzt nicht mehr nachts im Reichskanzlerpalais umhergeistert, um an einer Tür – manchmal auch an mehreren – zu horchen, ob ein Patient schläft oder ihre Hilfe braucht. Sie ist gehetzt und ruhelos, überfordert sich. Jede Reise auf eines der Güter ist ein kleiner Umzug, den sie organisiert, mit drei Dutzend Koffern und Kisten, sieben bis acht Hausangestellten, den Anordnungen für die Pferde, die großen Hunde. Alles muss immer rasch gehen, der Kaiser kann jede Planung umwerfen, Bismarck seine Absichten ändern, politische Ereignisse können dazwischenkommen – alles kann sich innerhalb einer Stunde verschieben. Sie ist immer außer Atem. Sie sieht jämmerlich aus, hat Magenschmerzen, isst wenig, hat im Sommer über zwanzig Kilo abgenommen und ist kraftlos.

Der Arzt redet ihr zu, Bismarcks Forderungen abzustreifen und etwas für sich zu tun, auszugehen. Aber gerade dieser Arzt verdrängt sie ja, sie muss jetzt noch mehr als früher alles an sich ziehen, sich aufreiben, dienen, nur um dabeibleiben und mitbestimmen zu können. Im März 1884 bekommt sie eine Rippenfellentzündung, die so schwer wird, dass man das Schlimmste befürchten muss. Täntchen kommt aus ihrem Fräuleinstift, die Priorin von Reckow aus Stolp, die immer noch erschrickt, wenn ein Fremder sie anspricht. Holstein, Johannas alter Verehrer, der sich zu einem Feind der Familie wandelt, ist empört: »Die Pflege der Fürstin ist gleich null. Nachts ist sie ganz allein. Die Tochter wanderte mit dem Gatten in ihre Wohnung in der Dorotheenstraße und eine Pflegeschwester hat man nicht angeschafft, obschon es deren unter der eigenen Verwandtschaft der Fürstin gibt.« Sie fragt Schweninger, ob sie sterben müsse, und Schweninger sagt, solange sie sich ruhig verhalte, sei keine Gefahr. Als an Bismarcks Geburtstag zahllose Gratulanten die Säle füllen und Musiker ihm Ständchen bringen, sitzt Schweninger an Johannas Bett und hütet sie, die sich »ganz zahm« seinen Vorschriften fügt.

Schweninger verwandelt die parlamentarischen Abende für die Reichstagsabgeordneten in Frühschoppen, die noch feucht-fröhlicher ausfallen als die Abende. Johanna ist wieder gesund, und als am 20. Juni die meisten Gäste fort sind und die Militärkapelle einen frischen Walzer spielt, fordert Bill Frau von Spitzemberg auf: »Als ich zögerte, legte die liebe, gute Fürstin selbst los, und nun folgte ein Tanz dem anderen bis gegen 3 Uhr!«

Johanna nimmt am 9. Juli 1884 trotz des regnerischen Wetters an der Grundsteinlegung des Reichstagsgebäudes teil. Die Feier dauerte eine halbe Stunde, der Kaiser, der Hof, die preußischen Minister, die Generäle, die Bundesräte, die Botschafter sind da. Bismarck liest die Urkunde laut vor, danach schlägt jeder dreimal mit einem Hammer auf den Grundstein. Robert von Lucius, der Vizepräsident des Reichstags berichtet: »Auch die Fürstin Bismarck war da, recht elend aussehend, aber lebhaft in ihren Bewegungen. Die Familie ist lange nicht so guter Gesundheit in ihrer Gesamtheit gewesen.«

Den Sommer verbringt die Familie in Varzin, im Herbst geht Bismarck mit Bill nach Friedrichsruh, und Schweninger rät Johanna, sich etwas zu zerstreuen. Sie will so gern *Eine Nacht in Venedig* sehen, die neue Operette von Johann Strauß, die im *Neuen Friedrich Wilhelmstädtischen Theater* uraufgeführt wurde, doch die wird gerade nicht gespielt. Der Vortragende Rat Arthur Brauer, Bismarcks junger Mitarbeiter im Auswärtigen Amt und Corpsbruder aus Karlsruhe, spricht mit dem Direktor, und bei der Aussicht, dass die Fürstin Bismarck »mit Gefolge« erscheinen werde, setzt er das Stück auf den Spielplan. Zum Dank lädt Johanna Brauer zum Tee ein – das ist sein Entree in ihren Salon, und er wird bald zu einem ihrer Bewunderer. Bis in den Oktober hinein geht sie fast jeden Abend ins Theater, immer in Begleitung von Marie und Kuno, und auf dem vierten Stuhl in der Loge sitzt oft Brauer. Sie bevorzugt Operetten, Schwänke, Possen, will keine künstliche Aufregung, will Harmonie, eine bunte Traumwelt. Als der Fürst zurückkommt, hört das lustige Leben auf.

Bismarck nimmt weiter ab, bis er 90 kg wiegt. Seine Reizbarkeit bleibt. Er will dann niemanden zu Tisch haben und leidet zugleich unter Einsamkeit.

Schweninger sieht, dass Bismarcks Ungezwungenheit etwas anderes ist als Offenheit: »Auf sich allein gestellt und in sich abgeschlossen und beschlossen, wie der ganze Mann zeitlebens war, blieb auch sein Inneres zeitlebens ein Buch mit sehr vielen Siegeln. Die Mehrzahl seiner Zeitgenossen hat keinen Blick hineintun können.« Die Einzige, »der er sich vollkommen erschloß, der er sich in voller Offenheit gab, der er die Fülle« seines reichen Gemütes und »die ganze überraschend große Wärme seines Herzens offenbarte war seine Frau, seine Johanna. Es war seine Überzeugung, daß sie ihm dazu an die Seite gesetzt sei, und sie verstand ihn auch ganz.«

5.

Bismarck kann sich in den 1880er Jahren nicht länger auf eine Mehrheit im Reichstag stützen. Er muss für jedes einzelne Gesetz um Stimmen kämpfen, scheitert häufig oder muss Kompromisse eingehen. Was immer er in Angriff nimmt, fordert Hunderte von Abgeordneten, Interessenvertretern und Journalisten der einen oder anderen Seite heraus.

Sein wichtigstes innenpolitisches Projekt ist eine Sozialversicherung. Er will die Lage der Industriearbeiter verbessern und »die Ursachen des Sozialismus, insoweit ihnen eine Berechtigung beiwohnt«, beseitigen: Die neuartigen Gesetze sollen eine konservative Gesinnung bei den Arbeitern hervorrufen und sie an Monarchie und Obrigkeitsstaat binden. Reichstagsabgeordnete aller Parteien schwächen die Vorlagen der Regierung ab. Doch eine Pflicht-Krankenversicherung kommt 1883, eine Unfallversicherung 1884, und die Arbeit an einer Alters- und Invaliditätsversicherung hat begonnen.

Außenpolitisch kann er freier handeln. Er ist immer gegen den Erwerb von Kolonien gewesen, aber vor der Reichstagswahl 1884 glaubt er, die öffentliche Meinung verlange Kolonien. Täglich treffen im Auswärtigen Amt Briefe von Leuten ein, die überall auf der Welt Land, das ihnen gar nicht gehört, zum Blühen bringen wollen und ihn nur um ein paar Regimenter Infanterie bitten. Das Reich nimmt Südwestafrika in Besitz, Togo, Kamerun. Doch das Kolonialthema mobilisiert kaum Wähler, die Oppositionsparteien gewinnen die Wahl, und Bismarck lässt es wieder fallen. Er verständigt sich mit London auf einen Interessenausgleich im Pazifik und hält zur allgemeinen Abkühlung im Reichstag einige Reden über Kolonialpolitik und europäische Beziehungen, sagt, das Reich sei von Freunden umgeben, kein Wölkchen trübe den Horizont.

Viel wichtiger ist für ihn die Frage der Einnahmen des Reichs, ist eine Finanzreform. Die aber kommt nicht zustande. Immer wieder muss er im Reichstag um Geld für weitere Mitarbeiter betteln, oft vergeblich. Bei der Beratung des Etats des Auswärtigen Amtes am 15. Dezember 1884 lehnen Fortschritt, Zentrum und Sozialdemokratie seine Bitte um eine zweite Direktorenstelle nach höhnischem Widerspruch ab. Bismarck ist erregt wie nie zuvor.

Auch die Öffentlichkeit ist empört. Aus ganz Deutschland kommen Briefe mit Geld nach Berlin, und Bismarck lässt seinen Dank in die Zeitungen setzen. Der Kaiser freut sich über die Briefe. Wilhelm I. ist immer noch der höfliche, gütige Mann mit strengen und pünktlichen Gewohnheiten. Mit ihm kann Bismarck gegen Parlamentsmehrheiten regieren, so wie in ihrer Anfangszeit, aber der Kronprinz glaubt nur an Mehrheiten. Der Kaiser ist jetzt 88 Jahre alt, und viele denken darüber nach, was wird, wenn er stirbt.

Am 5. März 1885 bewilligt der Reichstag die Anstellung eines zweiten Direktors.

Bismarcks 70. Geburtstag am 1. April 1885 wird groß gefeiert. Schon am Nachmittag davor sperren Polizisten die Wilhelmstraße, und die Kriegervereine marschieren mit Fahnen und Musik zum Reichskanzlerpalais. Als es dunkel wird und der Mond aufgeht, folgt ein langer Fackelzug. Ein Sängerchor mit Fackeln und Fahnen führt ihn an, in vierspännigen Wagen folgen Studenten mit Fackeln, dann Innungen und Vereine aller Art, auch phantastische Triumphwagen, die acht Schimmel ziehen und denen King Bell, der König des Duala-Volkes in Kamerun, auf einem Kamel folgt. Tanzende Afrikaner in safrangelben Fräcken mit Federbüschen und Lanzen begleiten ihn. An allen Straßenkreuzungen und Fenstern drängen sich die Zuschauer, auf dem flachen Dach des Palais von Prinz Carl stehen sie schwindelerregend dicht am Rand und zeichnen sich wie Statuen vom dunkelblauen Nachthimmel ab. Der Kongresssaal ist noch hell erleuchtet vom Diner der Kürassiere, dichter Qualm füllt die Luft, Bismarck und Johanna sehen von Fenstern aus zu. Frau von Spitzemberg schätzt den Zug auf über 10000 Menschen. Als die letzte Fackel vorüber ist, stellt sich der Sängerchor noch einmal auf und singt ›Lang soll er leben‹, und Bismarck bringt ein Hoch auf Kaiser Wilhelm aus. Spätabends sieht man das Kamel müde zum Zoologischen Garten zurückwandern.

Am Geburtstagsmorgen kommt der Kaiser mit den Prinzen durch die großen weit geöffneten Flügeltüren, gratuliert und schenkt Bismarck eine kleine Kopie von Anton Werners Gemälde der Kaiserproklamation in Versailles. Ihm folgen in Galauniformen und goldbestickten Hofkleidern Generäle, Bundesräte, Minister aller Bundesländer, eine dichte Menge drängt sich in den großen Räumen, Frauen in Besuchsroben, Hofbeamte, Diplomaten und Offiziere, Reporter, Künstler, Studenten in Wichs, und in den Vorzimmern spielen Musikkapellen. Der Kanzler in der Uniform der Halberstädter Kürassiere überragt alle und geht von einem Gratulanten zum andern, Tyras und eine neue mausgraue Dogge, Sultans Enkeltochter, folgen ihm.

Ein Komitee mit dem Präsidenten des preußischen Herrenhauses an der Spitze hat als Geschenk eine Bismarckspende gesammelt. Sie war anfangs für ein Schloss in Friedrichsruh gedacht, aber Bismarck will nicht für den Rest seines Lebens neben einer Baustelle wohnen. Das Komitee kaufte ihm daraufhin Schönhausen 2 zurück.

Abends, als Bismarck nach dem Geburtstagsdiner zu Bett gegangen ist, teilt Johanna im Salon die Verlobung von Bill mit seiner Cousine Sybille, der Tochter von Bismarcks Schwester Malwine, mit. Niemand mag das Mädchen, dazu die nahe Verwandtschaft – man begreift Bill nicht. Aber er hat sich durchgesetzt.

Zwei Tage nach dem Geburtstag, am Ostersonnabend, hält Pastor Dryander im Gartensaal die Abendmahlsfeier. Er spricht über den 36. Vers im 18. Psalm: »... und wenn du mich demütigst, machst du mich groß.« Demütigung, sagt er, wird hier als der einzige Weg zur wahren Größe gepriesen. Bismarck rollen die Tränen über das Gesicht.

Am Sonntag kommen immer noch Gratulanten, das ganze Auswärtige Amt und auch Fritz von Holstein. Er merkt, dass die Fürstin sich freut, ihn zu sehen. Spät am Abend begegnet er Herbert auf der Straße, der betrunken ist.

Herbert ist jetzt sein Vorgesetzter, und Holstein beobachtet verschärft das Haus Bismarck. Im Winter schmerzt die alte Beinverletzung den Kanzler wieder, und Holstein findet ihn älter und schwächer als beim vorigen Besuch. Er beobachtet Anzeichen seelischer Depression und eine abnehmende Fähigkeit, die Geschäfte unter Kontrolle zu halten. Bismarck schaffe es nicht mehr, hindere aber andere an ihrer Arbeit, außer Herbert, der ihn tyrannisiere: »Ich glaube, Bleichröder hat recht, wenn er sagt, daß der Kanzler, der es früher offen aussprach, daß er niemandem, nicht dem Kaiser, nicht seiner Frau, Einfluß gestatte, jetzt unter dem Drucke Herberts leidet.« Herbert, fürchtet Holstein, leite den Vater schon jetzt in der auswärtigen Politik.

Das Aufsehen, das der Kanzler und seine Frau in der Öffentlichkeit erregen, wird jedes Jahr größer. Im Sommer 1886 geht es beiden recht gut, sie sind munter und gesprächig. Als Eulenburg mit ihnen nach Kissingen reist – wo Johanna bleibt, während Otto in Gastein Kaiser Wilhelm, Kaiser Franz Josef und den österreichischen Außenminister trifft – und mit ihnen durch die endlose Halle des Münchener Bahnhofs geht, gellen ihm die Hurrarufe in den Ohren. Morgens um sieben schon ist das Hotel in München voller Unruhe, diesmal von Bismarcks Leuten, die geschäftig umherlaufen: ein Wachtmeister mit vier Polizisten, die den Fürsten immer begleiten, zwei seiner Diener, zwei Diener des preußischen Gesandten in München, Eulenburgs Diener, der Chef der Reichskanzlei Rottenburg, ein Chiffreur, der Kanzlist der Gesandtschaft und zwei Hoflakaien, die zum Dienst am Wagen gekommen sind. Als Bismarck am Vormittag Besuche macht, folgen ihm in einer Droschke zwei Polizisten in Zivil.

Der polizeiliche Wachtdienst ist seit Jahren organisiert. Im Reichskanzlerpalais wechseln die Polizisten sich nachts alle drei Stunden ab und patrouillieren in Strümpfen auf dem Flur, um nicht zu stören. In Varzin sind fünf Konstabler und ein Oberkonstabler stationiert, wenn der Kanzler da ist. Einer steht immer vor dem Herrenhaus, einer auf der Parkseite. Seit der Reichsgründung kommen Touristen in Scharen – Amerikaner, Engländer, Russen, Türken – und steigen in dem kleinen Dorfkrug ab. Viele bitten um Audienz oder versuchen, Bismarck bei seinen Spaziergängen zu sehen. Fliegende Händler ziehen durch Pommern und bieten in den Dörfern Bismarckmesser, Bismarckseife, Bismarckhemden, Bismarckbilder an. Der Kanzler reitet nie ohne Geheimpolizisten aus, die ihm in angemessener Entfernung folgen – er will sie nicht sehen –, und er trägt immer einen Revolver in der Tasche. Ihm ist das alles unbequem, aber er fügt sich einem Wunsch des Kaisers, und Johanna ist beruhigt.

Auf der Rückreise von Kissingen werden sie in Regensburg »mit ungefähr demselben Trala« empfangen, berichtet Johanna. Sie wohnen im Goldenen Kreuz, wo es ein Bett gibt, das für Otto lang genug ist. »Bei der Abfahrt wieder dasselbe Hurrah-Gebrüll und halb Regensburg auf dem Bahnhof – « Johanna werden auf Bahnhöfen Rosensträuße gereicht und sie vergleicht sich mit »einer alten Tänzerin auf Reisen!«. Gottlob sieht Bismarck recht wohl aus »und schimpft gar nicht mehr«.

Er steigt Treppen nur noch mit Mühe, aber Schweninger will, dass er Treppen steigt, und es kommt vor, dass er sich abends im Reichskanzlerpalais auf die Stufen setzen muss und glaubt, er müsse die ganze Nacht dort sitzen bleiben. Johanna hat Mühe mit den »infamen Treppen« auf Bahnhöfen und der »ächzenden Ankleidestunde« in ihrem atemlosen Elend: »Das alte dumme Asthma nimmt leider immer zu und Gott weiß, was daraus wird – Manchmal bin ich wohl schon recht verzagt!«

Aber sie reist. Sie hält es oft nicht aus in Friedrichsruh, will nach Berlin. Dort sind ihre Freundinnen, dort sind Geschäfte und die Leihbibliothek, dort organisiert sie mit jungen Frauen im Winter für arme Wöchnerinnen den Bazar des Frauengroschenvereins, dessen Vorsitzende sie ist, dort möchte sie Weihnachten 1886 feiern. Aber Herbert und Schweninger haben es durchgesetzt, dass sie in Friedrichsruh bleiben, »und nachher wahrscheinlich noch bis in alle Puppen!«. Ihren Cousinen schreibt sie, wie glücklich sie hier sei, aber Bill erfährt die Wahrheit: Sie ist unglücklich und könnte heulen. Jedes Mal, wenn von Berlin die Rede ist, stelle Schweniger sich wie »der allerverveitstanzte Zappelphilipp« an: Wenn Papa auf dem Lande »namentlich in diesem überirdisch kostbaren Friedrichsruh bliebe, könne er noch ganz lange ganz schön leben. Berlin – dies verjauchte Haus und Nest wäre aber Gift für ihn, Reichstag unmöglich.« Alles dort sei angeblich unmöglich, »und so frage ich ganz einfach: Warum nehmen wir nicht heute noch Abschied und bauen kranke Kartoffeln und säen dünnen Roggen – und leben endlich in Ruhe irgendwo ganz fest ungerührt – ohne Schimpfen und Klagen! Ach, mein Billchen!!«

Johanna wartet bis kurz vor Weihnachten, dann fährt sie nach Berlin, kauft Geschenke und packt wie jedes Jahr für Familie Westphal in Varzin eine ihrer Weihnachtskisten, die fast immer nach dem Fest ankommen, weil sie nicht mehr schafft, was sie sich vornimmt: Kleidchen und Schürzchen für den Kleinsten und blauen Kleiderstoff für die Tochter und Anzugtuch für den ältesten Sohn und eine Lampe mit mildem hellen Licht für Westphal. Sie bittet ihn oft, Lebensmittel vom Gut als Geschenke an Verwandte und Bekannte zu schicken, und lässt sich von ihm mit Spickgänsen versorgen und mit Flume – nicht ausgelassenes, durch ein Sieb gestrichenes Gänsefett mit Majoran und Zwiebeln, von dem Bismarck und die Söhne nicht genug bekommen können –, sogar mit Eiern, weil sie besser und billiger seien als in Berlin.

Sie überanstrengt sich, Herbert will, dass sie sich vor der Rückreise nach Friedrichsruh noch erholt, will Weihnachten zwei, drei Tage verschieben und steckt sich hinter den Vater. Der sucht Hilfe beim Wetter. In diesem Jahr schneit es stark, und er telegraphiert ihr zweimal sehr besorgt aus dem Sachsenwald, sie solle die Rückreise aufschieben, sonst bleibe sie im Schnee stecken, er verschiebe die Bescherung, bis sie komme.

Johanna freut sich über Herberts Besuche in Friedrichsruh und ist zugleich eifersüchtig auf die Gemeinsamkeit von Vater und Sohn, die es interessanter finden, miteinander über die neusten politischen Entwicklungen zu sprechen als mit ihr. Sie fühlt sich ausgeschlossen. Sie verbirgt das hinter der Sorge um beider Gesundheit.

Auch Herbert hätte es nötig, »mal wieder ein Weilchen ohne die infame Politik zu leben – die hierher ja auch immer mitkommt, wo Papa und er sich dann so in's Feuer reden, über Russland, England« und beide »mit heißen Köpfen zu Bett gehen und nicht schlafen können, was bei Dir nicht sein würde mein Billchen. Du würdest ihm schon allerlei hübschen Spaß erzählen, der ihn ins fröhliche Leben zurückbrächte und die alte nichtswürdige Nr. 76/77 der Wilhelmstraße mit 100 Riegeln verschlösse.« Politik darf für sie als Frau immer noch kein Thema sein. Bismarck hat klare Ansichten zu Frauen und Politik: »Die Frauen haben Musik und Theater und alle Dichter, sie haben sogar die Küche. Von der Politik sollen sie die Finger lassen.«

Sie darf dabei sein, wenn er diktiert, aber er beachtet sie nicht. Sie kommentiert Namen, aber er antwortet nicht. Er behandelt sie dann wie einen putzigen kleinen Hund, der neben Tyras auf dem Sofa sitzen darf, etwas eigensinnig ist und nicht tun will, was für ihn gut ist. Sie soll bei ihm sein, ihn aber nicht stören.

Sie lädt Leute ein nach Friedrichsruh, bettelt geradezu um Besuch, aber die dürfen nur kurz bleiben – er will oft niemanden sehen, und sie sitzt den ganzen Tag und den

Abend bis Mitternacht allein. Es wird ihr schwerer, seine Depressionen zu ertragen. Sie liebt ihn und sie verliert an Bedeutung.

Sie will ihre Herrschaft im Haus behaupten, verteidigt sie. Sie leitet den ganzen Haushalt jetzt allein, führt die Bücher selbst, bezahlt die Rechnungen, die gesamte Korrespondenz mit Lieferanten ist ihre Sache, die Beziehungen zu den Dienstboten – »alles ruht auf ihr allein«, sagt Herbert. Sie sieht das als ihren »Dienst« an. Mit diesem Dienst gibt sie sich Bedeutung und bestimmt über das Leben der anderen.

Herbert will ihr das Leben erleichtern, weiß aber nicht genau wie. Früher, als sie noch jung und gesund war, hatte sie die Gouvernanten, die ihr manches abnahmen, und immer auch eine Gesellschafterin zur Verfügung. Jetzt, wo sie alt und schwächlich ist, will sie alles allein bewältigen. Er sieht nur einen Ausweg: Seine Mutter braucht mindestens einmal im Jahr einen Urlaub, muss ins Bad reisen. Aber das will sie nicht.

Er sucht bei seinem Schwager Rantzau Unterstützung: »Weil sie nur aus Pflichtgefühl und Selbstverleugnung zusammengesetzt ist, hat sie sich Zeit ihres Lebens zu viel zugemutet: sie hat sich den Wahn konstruiert, als sei sie nur dazu da, ihren Mann und ihre Kinder zu bedienen, sie hat sich ja künstlich sozusagen eine Kammerjungfern-Rolle gegenüber uns allen geschaffen, und sie hat das Gefühl, als ob sie einen Raub begehe, wenn sie je an sich denkt ...« Sie liebt das Theater, geht aber nur selten zu einer Aufführung, weil sie glaubt, sie könnte damit eine Pflicht versäumen und nicht zu Hause sein, wenn Papa ihr gerade etwas sagen will. Sie hat das Bedürfnis, Opfer zu bringen, und wenn sie kein Opfer bringt, hat sie die Empfindung, als täte sie etwas Unrechtes. Mama braucht Anregung, doch »Papa ist selbst erschöpft und ruhebedürftig, er hat zuviel im Kopf, um mit Mama die üblichen Themata – Berliner Klatsch, pommersche Verwandte, Alt-Frankfurt etc. so zu besprechen, wie Mama das gern mit ihren ladies-friends stundenlang tut«.

Rantzau gibt diesen Brief Bismarck. Der findet alles, was Herbert schreibt, »durchaus richtig«. Es sei aber doch nicht so leicht, die Mama zu einem notwendigen Kuraufenthalt in Homburg zu bewegen, sie breche in Tränen aus, wenn man davon spreche. Rantzau vermutet, »daß ihre Tränen dem Papa gegenüber nur deshalb so lose sitzen, weil sie weiß, daß er dem schwer widerstehen kann und weil sie ihren Willen darauf gesetzt hat, nicht nach Homburg oder anderswohin zu reisen ...«.

Herbert sorgt sich, und der Vater zeigt ihm, dass er in allem, was der Sohn aufzählt, nichts sieht, was die Harmonie der Ehe stören könne. Johanna dient und herrscht zugleich, aber Otto steht im Mittelpunkt allen Geschehens, und ihre abendlichen Versicherungen, sie liebe ihn und Gott liebe ihn, geben ihm innere Ruhe.

Doch Herbert, den ihre Bemerkung beunruhigt, sie werde sowieso nicht mehr lange leben, gibt nicht auf und setzt schließlich eine Kur in Homburg durch, zu der er sie begleitet. Er und Bill, der jetzt Landrat in Hanau ist, besuchen mit ihr Frankfurt, und sie ist »vergnügt und ganz unternehmend«.

Das Jahr 1887 geht friedlich zu Ende, Weihnachtsgäste treffen in Friedrichsruh ein. Das Frühstück um die Mittagszeit soll nach Schweningers Vorschrift nur aus zwei Gängen bestehen, aber Johanna lässt nun immer auch die Reste des vorigen Tages sowie Spickgans, Leberwurst, Flume aus Varzin und essbare Geschenke auf den Tisch stellen. Bismarck kostet davon »versuchsweise« zwischen den Gängen, und Johanna siegt über den fernen Schweninger. Täglich kommen Liebesgaben und Ehrengeschenke – Bücher, Bilder, Weine, Schnäpse, Obst, warme Handschuhe, Stöcke und Mützen, viele mit rührenden Schreiben.

Zu Silvester kommt Hildegard von Spitzemberg. Es freut sie, »von den alten Herrschaften so warm und innig geliebt zu werden«, und sie studiert »das Eigentümliche dieser Familie«, die ganz anders ist als sie selbst. Der Kanzler ist ihr »gewaltiger Freund«, und die Widersprüche seiner machtvollen Persönlichkeit sind für sie von einem Zauber, der sie stets aufs Neue bestrickt. Bei ihm breite das Genie über alles, auch die Fehler und Unarten, seinen verklärenden Schimmer, und bei ihr, der Fürstin, sei die Treue und Güte ein Ersatz für das Unzusammenhängende und Maßlose ihrer Natur. Bei den Kindern, »die bloß von den Alten Licht und Glanz erhalten«, kann sie sich nur schwer mit der »rücksichtslosen Genusssucht aussöhnen, der brutalen Handhabung des Rechtes des Stärkeren, dem Mangel an Verständnis für alles feinere, gebildetere, maßvolle Wesen«.

Als Herbert am letzten Abend des Jahres kommt, ist sie gerührt, wie weich und sanft Bismarck wird, wie zahm »der alte Löwe« aussieht.

Bismarck geht um halb elf ins Bett. Die Diener servieren Punsch, Pfannkuchen und Heringssalat, der im neuen Jahr Geld bringen soll, und die Fürstin erwartet mit Kindern und Gästen die ersten Stunden von 1888. Die Baronin vermutet um Mitternacht, dass sie in Gedanken bei allen ihren Lieben ist. Die übrigen Anwesenden und sie selbst schreiten »ziemlich resolut und unbedenklich in das Dunkel des neuen Jahres hinein«.

HASS

Bismarck hält am 6. Februar 1888 im Reichstag eine Rede, aus der ein Satz berühmt wird: »Wir Deutschen fürchten Gott, aber sonst nichts in der Welt ...« Aber der Satz ist noch nicht zu Ende. Seine zweite Hälfte gerät lange in Vergessenheit, weil die Männer, die Bismarck ablösen, sie nicht brauchen können: »... und die Gottesfurcht ist es schon, die uns den Frieden lieben und pflegen lässt.«

Am 9. März 1888 stirbt Kaiser Wilhelm, fast 91 Jahre alt, der Sohn der Königin Luise und damit das letzte lebende Symbol einer Welt, die nun endgültig versinkt. Ganz Deutschland betrauert ihn tief. Drei Monate später, am 15. Juni 1888, stirbt sein Sohn und Nachfolger Kaiser Friedrich III. an Kehlkopfkrebs, sein Enkel Wilhelm II., 29 Jahre alt und ohne großes Wissen, ist nun Kaiser. Bismarck hält das für ein Unglück, denn Wilhelm »sei Schmeichlern zugänglich und könne Deutschland in einen Krieg stürzen, ohne es zu ahnen und zu wollen«. Als der alte Kanzler dem jungen Kaiser seine Aufwartung macht, hält Wilhelm ihm die Hand zum Huldigungskuss so niedrig hin, dass der mächtige Diener seines Großvaters sich tief hinabbeugen muss.

Mit Wilhelm II. drängt sich eine Clique von Männern nach oben, von denen viele unter Bismarck groß geworden sind und die mit Ende dreißig ihre Aufstiegschancen versperrt fanden: Bismarck dankte nicht ab und setzte ihnen seinen Sohn Herbert vor die Nase, den sie schon als kleinen Jungen kannten und als ungehobelten Erwachsenen und Alkoholiker nicht mehr mögen. Sie lassen – allen voran Eulenburg und im Hintergrund Holstein – beide Bismarcks ihren Hass spüren.

Bismarck kann den jungen Wilhelm anfangs gut leiden, aber bald heißt es, Wilhelm wolle allein herrschen und ihn loswerden. Kaiserin Augusta, seine Großmutter und Bismarcks alte Feindin, bittet Bismarck, dem unerfahrenen Enkel beizustehen, und auch dessen Mutter, die Kaiserin Friedrich, bislang ebenfalls eine Feindin, verlässt sich auf Bismarcks klugen Einfluss. Sie hält ihren Sohn für dumm und gefährlich.

Bismarck antwortet auf den Hass, der ihm entgegenschlägt, mit Hass, und auch Johanna findet hasserfüllte Worte, was für diejenigen, die darauf brennen, sich der neuen Sonne zuzuwenden, eine willkommene Entschuldigung für ihren Abscheu vor dem Kanzler und seiner Frau ist.

Ein Knäuel von Beschuldigungen, Missverständnissen, Rechtfertigungen, ernsthaften politischen Meinungsverschiedenheiten, von Intrigen, Eitelkeiten und mutwilligen falschen Behauptungen zahlreicher Männer aller Altersstufen bauscht sich in den nächsten beiden Jahren auf. Wilhelm brennt darauf, alleine zu regieren. Er lässt den Verkehr im Haus des Reichskanzlers polizeilich überwachen, und Bismarck hat nicht mehr die Kraft, den Kaiser abzuwehren – sein Sohn Bill sagt: »Es fehlt meinem Vater der alte Hammerschlag.«

Der Anlass, aus dem Wilhelm II. Bismarck am 15. März 1890 morgens um acht aus dem Bett holt, ihn heftig zur Rede stellt und ihm befiehlt, am selben Tag sein Rücktrittsgesuch einzureichen, wirkt im Vergleich zu den vorherigen Meinungsverschiedenheiten gesucht: Bismarck hat, ohne die Erlaubnis des Kaisers einzuholen, mit dem Reichstagsabgeordneten Windthorst gesprochen – für Gespräche mit Abgeordneten um Erlaubnis bitten zu müssen hält der Kanzler für absurd. Aber hier geht es nur noch um eine letzte Machtprobe, und die muss Bismarck bei den Befugnissen des Kaisers nach der Verfassung, die er selbst diktiert hat, verlieren.

Er schreibt zwei Tage lang an dem Rücktrittsgesuch und übersendet es am 18. März. Der Kaiser steht in dem Schreiben nicht sehr gut da und verbietet, es zu veröffentlichen. Am 20. März erhält Bismarck seine Entlassung.

Der Kaiser ernennt General Caprivi zum Reichskanzler und preußischen Ministerpräsidenten, Bismarck muss das Reichskanzlerpalais überstürzt räumen, Wilhelm setzt ihn und seine Frau innerhalb weniger Tage auf die Straße. Die

Umstände seiner Entlassung verletzen Bismarck mehr als die Entlassung selbst.

Am 29. März 1890 fahren Bismarck und seine Familie in zwei Wagen zum Lehrter Bahnhof. Tausende winken an den Straßenrändern mit Hüten und Tüchern, werfen Blumen in die Wagen, weinen und rufen »Auf Wiedersehen! Auf Wiedersehen!« Alle Minister, alle Botschafter, zahlreiche Generäle sind zum Abschied auf den Perron gekommen. Der Kaiser kommt nicht.

Viele Politiker und Beamte freuen sich auf eine neue Zeit: Bismarck war 20 Jahre Reichskanzler und 28 Jahre Ministerpräsident in Preußen. Einigen Beobachtern ist beklommen zu Mute – ›Dropping the Pilot‹ steht am selben Tag in der englischen Zeitung *Punch* unter einer Karikatur, auf der ein riesiger Dampfer den großen Lotsen Bismarck absetzt, während ein kleiner Kaiser oben an der Reling zusieht.

»Er sagt ja darüber kein Wort«, hat Johanna berichtet, »aber ich weiß, was ihm am Herzen nagt, das ist das Schicksal seiner Schöpfung des deutschen Reiches, und der Gedanke schnürt auch mir die Kehle zu, wenn ich ihm in rosigen Farben unser Stilleben auf dem Lande ausmalen will.«

DIENER AUSSER DIENST

1.

Bismarck fühlt sich »die Treppe hinuntergeworfen« und wie »ein Bedienter weggejagt«. Er erkennt, dass der Kaiser und seine Freunde seit Monaten auf seine Entlassung hingearbeitet haben. Sie haben ihm ins Gesicht gelogen, und er hat nichts gemerkt.

Johanna hat den Zauber des Kaisers nie gespürt. Sie hält ihn für einen Krakeler, der es als seine einzige Aufgabe ansieht, »forsch zu sein und der sich in dieser knabenhaften Idee immer mehr verrennt, so daß er schließlich nicht mehr schwarz von weiß unterscheiden kann«.

Niemand besucht ihn. Bismarck wird isoliert. Die neuen inoffiziellen Berater des Kaisers – allen voran Philipp Eulenburg, Fritz Holstein, Generalstabschef Graf Waldersee – sind besorgt, er könne wiederkommen. Holstein will den Neutralitätsvertrag mit Russland nicht verlängern. Die Clique der Räte hat Angst um ihren Einfluss auf den Kaiser.

Bismarck schießt aus allen Rohren, die er noch hat, Richtung Berlin – »Pseudopolitik« nennt Herbert das, denn die Rohre sind klein: Zeitungsinterviews und Zeitungsartikel.

Herbert ist als Staatssekretär zurückgetreten. Der Besitzer der *Hamburger Nachrichten* bietet Bismarck an, seine Kommentare zur Politik zu veröffentlichen, und der Redakteur der Blattes, Hermann Hofmann, kommt von nun an regelmäßig nach Friedrichsruh. Ein französischer und ein russischer Journalist interviewen Bismarck, die Interviews erscheinen Ende Mai, und es wirbelt viel Staub auf in Berlin, dass Bismarck gesagt hat, wenn das Vaterland ihn einmal rufe, so werde er dem Ruf folgen.

Ende Mai kommt Frau von Spitzemberg in den Sachsenwald. Sie hat Caprivi gleich nach seiner Ernennung geschrieben und sitzt jetzt bei großen Diners neben ihm. Sie nimmt mit ihrer Jungfer morgens um halb sechs den Zug nach Friedrichsruh. Die Schutzleute am Tor fehlen, nur Lothar Bucher und Sybille mit ihren kleinen Töchtern sind da: »Die beiden alten Leutchen empfingen mich liebevoll wie immer; er lag auf seinem Ruhebett, rauchend und lesend, sieht gut aus.«

Das ist ein Wechsel der Wahrnehmung und des Ausdrucks: Sie ist herablassend wohltätig – nun ehrt der nächste Kanzler sie. Den alten lässt sie nicht im Stich, aber aus ihrem »gewaltigen Freund« ist für sie ein altes Männchen geworden. Sie fragt ihn, welche Verbindung er zu dem Hamburger Blatt habe. Er sagt, man könne nicht verlangen, dass er nichts mehr sage. Es bekümmert sie, dass Bismarck gegen seinen Willen weggeschickt wurde, aber sie ist entsetzt, dass er Journalisten empfängt.

Caprivi schickt ein Rundschreiben an die deutschen Botschafter und Gesandten im Ausland und erklärt, alles, was der Fürst Journalisten sage, hätte rein privaten Charakter und mit der Reichspolitik nichts zu tun.

Keyserling besucht Bismarck und sieht, dass er seinen Sturz wie ein Begräbnis bei lebendigem Leib empfindet und sich schwer daran gewöhnen kann, nicht mehr im Dienst zu sein. Er hat nichts zu tun, langweilt sich. Keyserling rät ihm, seine Memoiren zu schreiben. Als er abreisen will, bittet Johanna ihn, doch noch eine Woche zu bleiben. Er spricht mit Bismarck über Religion. Bismarck sagt, leider sei er während der Kämpfe der letzten Jahre dem Herrn ferner gerückt. Er habe Gott gebeten, ihn nicht von der Erde zu nehmen, ohne ihm den Glauben wiedergegeben zu haben. Hier, in der Zurückgezogenheit und im engen Zusammensein mit Johanna, hoffe er, den alten kostbaren Besitz wiederzuerlangen.

Auch Schweninger ermuntert Bismarck, Memoiren zu

schreiben – sein Patient braucht eine Tätigkeit. Alfred Kröner vom Verlag Cotta hat offenbar bereits angefragt, denn am 6. Juli 1890 schon unterzeichnet Bismarck einen Vertrag über 100000 Mark Honorar pro Band. Bismarck wird Bucher diktieren.

Mit Arthur Brauer, jetzt Badischer Gesandter in Berlin, kommt im Juli der erste Besucher aus dem politischen Berlin. Unbekannte Diener empfangen ihn am Tor. Die alten, außer dem treuen Kammerdiener Pinnow, sind auf und davon, seit die reichen Trinkgelder der Gäste wegfallen. Brauer hat das Haus noch nie ohne mindestens ein halbes Dutzend Tischgäste gesehen. Jetzt sitzt das Ehepaar allein beisammen.

Der Fürst geht mit ihm im Sachsenwald spazieren. Damen überreichen Blumen, Herren grüßen, Brauer hört Hochrufe. Dies ist ein gewöhnlicher Wochentag – ist das immer so? Ja, sagt der Fürst. Am Waldrand wartet ein Dr. Simon, Redakteur bei der New Yorker Handelszeitung, Bismarcks Sekretär Dr. Chrysander stellt ihn vor. Der Journalist darf ein Stück mitgehen, bespricht nur »gleichgültige Dinge«. Brauer sagt, dass manche von Bismarcks Freunden nicht verstehen, weshalb er sich mit der Presse abgebe, statt vornehm zu schweigen. Bismarck sagt: »Ich habe das Recht, mich zu wehren, und die Pflicht, meine Ansicht zu äußern, wenn ich sehe, daß die gegenwärtigen Machthaber falsche Wege wandeln. Soll ich mir einen Maulkorb anhängen lassen? Ich habe fast 30 Jahre lang die Geschäfte leidlich besorgt und eine Menge Erfahrung gesammelt. Darf ich diese nicht verwerten im Interesse des Reichs?«

Johanna überredet auch Brauer, länger zu bleiben. Er fährt mit ihr allein in den Sachsenwald und bittet sie, mit ihren leidenschaftlichen Äußerungen über den Kaiser zurückhaltender zu sein, jedes Wort werde ihm hinterbracht. Sie vergrößere die Kluft zwischen Kaiser und Fürst und schade damit vielleicht Bismarcks Gesundheit. Johanna verspricht es. Zurück in Berlin, hört Brauer nichts mehr von gehässigen Äußerungen der Fürstin, wie sie gleich nach dem Sturze eifrig herumgetragen wurden. Vielleicht hält sie ihr Versprechen, vielleicht sind die dem Kaiser hinterbrachten wütenden Worte nie gefallen: »Es wurde ja schamlos gelogen in jener aufgeregten Zeit. Ich selbst habe jedenfalls aus dem Munde der Fürstin keine stärkeren Ausdrücke über den Kaiser gehört, als damals in Berlin in sehr hohen und konservativen, selbst militärischen Kreisen in der verhofften Verschwiegenheit der vier Wände häufig zu vernehmen waren.«

Bismarck ist klar, dass man ihn nicht nach Berlin zurückholt, und er erkennt, dass Johanna und er dort nicht als Privatleute leben könnten. Sie würden Freunde, die sie besuchen, in Gefahr bringen, denn der Kaiser könnte auch sie verfolgen. Die kleinen Rohre, aus denen er schießt, werden zielgenauer, denn er sammelt eine Gruppe von publizistischen Profis um sich: außer seinem rührigen Privatsekretär Rudolf Chrysander und dem Redakteur Hermann Hofmann auch Moritz Busch, Horst Kohl und Heinrich von Poschinger. Der Diener außer Dienst arbeitet an seiner Legende und mischt das politische Berlin durch anonyme Zeitungsartikel auf.

Sie besuchen ihre Nachbarn in den Landhäusern, wohlhabende Hamburger Kaufleute, und fangen an, sich einen Bekanntenkreis in Hamburg aufzubauen. Bismarck kennt hier viele Leute aus den stürmischen Zeiten der Schutzzollpolitik und der Kolonienfrage. Er und Johanna besuchen Albertus von Ohlendorff, der mit Guano aus Peru reich geworden ist, und den alten Bürgermeister Petersen, Bürgermeister Versmann, Bürgermeister Mönckeberg und Bürgermeister Burchard. Sie werden zu einer Rundfahrt durch den neuen Hamburger Freihafen eingeladen und zu einem Besuch auf dem Schnelldampfer ›Bismarck‹ der Hamburg-Amerikanischen Packetfahrt-Aktien-Gesellschaft. Die Hamburger Herren und ihre Damen laden sie zu Diners ein und erhalten Gegeneinladungen nach Friedrichsruh. Doch die Geselligkeit entwickelt sich nur langsam, zumal Bismarcks im Sommer in Kurbäder reisen und im Herbst nach Varzin. Er reist immer noch mit zehn Angestellten.

Kurz vor Weihnachten sind sie zurück und nehmen den Kontakt zu ihren Hamburger Bekannten wieder auf. Aber auch außerhalb von Berlin kann es gefährlich sein, Bismarck einzuladen. Der Kommandierende General des IX. Armeekorps von Leszcynski lädt Fürst und Fürstin im Januar 1891 zu einem kleinen Diner nach Altona ein. Daraufhin wird er gezwungen, seinen Rücktritt einzureichen. Die offizielle Version von Waldersee: »Der General gab in Altona einen Ball, auf dem Fürst und Fürstin Bismarck erschienen, die bei dieser Gelegenheit von der Bevölkerung sehr gefeiert wurden, so daß das Ganze den Charakter einer Demonstration getragen haben soll.« Leszcynski habe nichts ferner gelegen, als gegen den Kaiser zu demonstrieren, »diese Absicht hat allein der Fürst gehabt, dem es völlig gleichgültig ist, ob jemand dadurch in Schwierigkeiten gerät«. Nur: Caprivi brauchte ein freies Generalkommando, um Waldersee fern von Berlin unterzubringen, und nutzte die Gelegenheit, den Kaiser gegen Leszcynski und gegen Bismarck einzunehmen.

Das nationalliberale Wahlkomitee Bremerhaven-Lehe stellt Bismarck zu den Reichstagswahlen auf. Bevölkerung und Politikern ist das gleichgültig, aber in den Regierungskreisen in Berlin verbreiten sich erneut Furcht und Schrecken vor Bismarcks Rache, der sie alle um ihre schönen Posten bringen wird.

Higa von Spitzemberg kommt Anfang März 1891 zum zweiten Mal »zu meinen alten Bismarcks«. Otto und Johanna fragen sich spöttisch, ob sie Caprivi heiraten wolle – ihr Bruder Axel Varnbüler ist ein enger Freund Eulenburgs.

Ihr ist etwas beklommen zumute, weil in der Gesellschaft wieder von vielfachen Reibungen zwischen Fürst und Kaiser die Rede ist, sie aber nichts sicher weiß. Sie fragt ihn, ob er sich mit dem Kaiser nicht wieder »in bessere Beziehungen« bringen könne. »Nein«, sagt er: »Der Kaiser hat mich wie einen Bedienten weggejagt; ich habe zeitlebens einen Edelmann in mir gespürt, den man nicht ungestraft beleidigt; dem Kaiser gegenüber kann ich keine Genugtuung fordern, so bleibe ich eben ferne, und von all' denen, die glauben, ich suche wieder ans Ruder zu kommen, weiß keiner, wie unaussprechlich gleichgültig mir jetzt Hof- und Fürstengunst sind.« Auch die Baronin gehört zu denen, die sich von Bismarck entfernt haben, und notiert abwertend, sein Hass habe sich zu tief gefressen. Es sei traurig, statt des großen Mannes in ihm nun den kleinen Menschen zu erblicken.

Als der russische Botschafter Schuwalow Bismarck besucht, hört Waldersee, der Kaiser habe gesagt: »Das werde ich Schuwalow schon anstreichen.« Waldersee meldet sich in Friedrichsruh an. Bismarck empfängt ihn in Uniform auf dem Bahnhof. Auch die Fürstin nimmt ihn sehr freundlich auf, und als er mittags wieder abreisen will, lädt sie ihn zum Diner ein. Er findet Bismarck ruhig, nicht verärgert »aber doch noch tief verbittert«.

Bismarck gewinnt sein Reichstagsmandat knapp, aber er fährt nie nach Berlin. Der Kaiser hält Bismarcks Zeitungsartikel für Angriffe auf seine Person und so beleidigend, dass er im Sommer 1891 wutschäumend mit Festungshaft droht. »Wenn Fürst Bismarck in der bisherigen Weise fortfahre«, soll er vor den Generälen erklärt haben, »sei seine Geduld bald zu Ende und er werde nicht davor zurückschrecken, ihn unter Umständen einfach nach Spandau zu schicken.« Holstein und Eulenburg sorgen weiter für Missverständnisse und setzen neue Gerüchte in die Welt.

Die Hamburger gratulieren Bismarck zum Geburtstag mit einem Fackelzug, und zu Johannas Geburtstag kommen

Bürgermeister Petersen und seine Tochter. Bismarck hat seiner Frau einen neuen Rasen geschenkt und ein Rosenbeet – was er nicht haben wollte, sie sich aber wünschte –, und auf ihrem Geburtstagstisch liegen ein schwarzseidenes Kleid mit eingewirkten roten Rändern und Elfenbeinschmuck. Sie spürt die alte Lebensfreude. Als die Frau Oberpostdirektor Kühl mit ihrer Tochter zum Gratulieren erscheint, stellt sie vor: »Die weibliche Post!«

Hans von Kleist-Retzow kommt im Juni 1891. Er gibt Bismarck die Hauptschuld an seiner Entlassung und freut sich über den neuen Kanzler Caprivi, doch er hat in der Zeitung gelesen, Johanna sei leidend und Bismarck klage, dass seine alten Freunde nicht zu ihm kämen. »Er war sehr freundlich und lieb«, berichtet Kleist später. »Ich habe keine Spur von Erbitterung bei ihm gefunden. Daß er das Tischgebet schon seit Jahren aufgegeben hat, tut mir weh.« Sie sehen sich nicht wieder.

Im Sommer ist Bismarck wie gewohnt in Kissingen, Johanna in Homburg. Er leidet unter der Trennung: »In meinem Alter wird man geizig mit solchen Erschwerungen des Lebens, weil es täglich unsicherer wird, wie lange man einander noch sehen wird«. Sein Freund Keyserling ist gestorben, die Tochter Helene hat ihn und Johanna besucht und von den letzten Tagen des Vaters erzählt. Sie hat um das Urteil Schweningers gebeten, und Johanna schreibt ihr vor der Abreise nach Varzin, dass »nichts versäumt oder unrichtig behandelt wurde, Sie sich also nicht mehr mit Vorwürfen quälen dürfen. Die Traurigkeit, das ewige Sehnen bleibt ja immer und wird nie vergehen – aber ohne Vorwürfe, meine Theure, und in Hoffnung auf dereinstiges Wiedersehen. – «

In Varzin meldet sich der amerikanische Journalist Sidney Whitman an, ein alter Bekannter. Er sieht aus dem Zugfenster, wie Bismarck in scharfem Trab unter den Bäumen Richtung Bahnhof Hammermühle reitet. Später zeigt Bismarck ihm sein Schlafzimmer: eine einfache hölzerne Bettstelle, eine Badewanne, eine Brückenwaage und ein Turnapparat – das Ganze durchweht ein Hauch außerordentlicher Sauberkeit und fast spartanischer Einfachheit, meint Whitman. Auf dem Schreibtisch im Arbeitszimmer liegt eine aufgeschlagene Bibel, Buch Hiob, Kapitel 29, Vers 2: »O, daß ich wäre wie in den vorigen Monden, in den Tagen, da mich Gott behütete.«

Whitman lernt zwei Cousinen Johannas kennen, und alle drei Damen sind sehr stolz auf eine Nichte, die Schriftstellerin ist. Allerdings muss sie als Frau unter einem männlichen Pseudonym – Hans Werder – schreiben. Johanna hat Whitman einen Zettel mit den Namen der Damen zugesteckt – Frau von Barschall und Frau von Besser, beide geborene von Puttkamer – und so erfährt er ein Geheimnis: Bismarck erkennt schon seit Mitte der sechziger Jahre Menschen schwer wieder. Er behilft sich damit, dass er viele mit Graf anredet. Seinen Mitarbeiter Brauer hat er jahrelang für zwei Männer gehalten. Johanna schiebt ihm Zettelchen mit Namen zu, und wenn er im Gespräch den Faden verliert, was leicht geschieht, überspielt sie das durch einen Einwurf und knüpft an der richtigen Stelle wieder an.

Der Journalist, der Johanna vor zehn Jahren zum ersten Mal gesehen hat, ist wieder entzückt von ihr. Sie ist immer noch fröhlich und hat noch die Neigung, sich selbst zu verspotten. Sie ist jetzt eine unansehnliche kleine Frau, dürr, gelblich, fast immer kränkelnd. Aber wenige Menschen können herzlicher lachen als sie, und ihr Lächeln erhellt immer noch ihr ganzes Gesicht wie mit strahlendem Licht. Whitman erinnert sie an die Puritanerinnen seiner Heimat. Der Journalist Maximilian Harden behauptet, sie habe die alte nordostdeutsche Junkerhärte, oft bis zur Grobheit schroff und lutherisch fromm bis zum blinden Aberglauben. Aber für den Amerikaner ist sie eine Frau von ungewöhnlichem Scharfsinn. Man habe gesagt, dass ihre starken

Neigungen und Abneigungen diesen hin und wieder beeinträchtigten, »aber ich weiß davon nichts«. Er hat im Gegenteil verschiedene Beweise für ihre klare Einsicht.

Anfang Dezember kehren Otto und Johanna aus Varzin zurück, er wird in Hamburg zu einem Diner bei Baron von Schröder erwartet. Jetzt kommt so viel Besuch nach Friedrichsruh, dass Johanna erst in der Woche vor Weihnachten nach Hamburg zum Einkaufen fahren kann und die Weihnachtskiste nach Pommern so spät wie nie abschickt. In diesem Winter gelingt es ihr wieder, große Runden einzuladen und eine heitere, unbeschwerte Atmosphäre zu schaffen – wenigstens solange die Gäste da sind. Bill, jetzt Regierungspräsident in Hannover, und der Maler Franz Lenbach helfen ihr. Einmal, während Bismarck nach Tisch mit Bürgermeister Petersen über berühmte Staatsmänner in der Geschichte spricht – Johanna: »Er ist ganz Petersen!« –, lässt der Hauslehrer der jungen Grafen Rantzau muntere Walzermelodien auf dem Ariston ertönen, einer kleinen Drehorgel, und alles tanzt, auch die Fürstin. Die jungen Grafen tanzen mit vollendeter Grazie, meint Petersens Tochter, und ihre Mutter Marie tanzt mit großer Leichtigkeit. Johanna pflegt jetzt nach Tisch eine Asthma-Cigarette zu rauchen – Huflattich und Stechapfel unterdrücken die Beschwerden und bewirken auch, dass ein Hustenanfall ihr ganz egal wäre.

Der Maler Lenbach findet, das es bei Tisch oft sehr »drollig« zugehe. Jeder ist willkommen, der gerade im Haus ist, ein Fotograf, ein Inspektor, der wegen einer Hagelversicherung da ist, ein Förster. Bismarck spricht mit dem ihm Unbekannten, schenkt ihm Wein ein, und wenn der Mann fort ist, fragt er: »Wer war denn der Kerl eigentlich?« Der Maler bemerkt Bismarcks außergewöhnliches Zartgefühl, seine Einsamkeit und Entfremdung, die bei aller Leutseligkeit manchmal niederdrückend ist.

Johanna hat im Sachsenwald nun eine Freundin, die schöne junge Frau des Bankiers von Merck, die sie nachmittags in ihrem Landhaus besucht, eine Frau mit anmutigem, schlichten Benehmen und Frohsinn – so wie es dem Frauenideal aus Johannas Jugend entspricht. Bismarck führt sie immer selbst zu Tisch. Sie interessiert sich für wissenschaftliche Fragen, und Bucher beobachtet mit ihr die Sterne.

Bismarck arbeitet jeden Vormittag mit Bucher an seinen Memoiren. Er hat seit Jahren in Kalendern notiert, wen er im Lauf eines Tages gesehen hat. Johanna hat die Kalender gesammelt und sucht sie jetzt hervor. An Hand der Notizen erzählt er, was geschehen ist, kommentiert es, diktiert Betrachtungen über Politik, fügt Episoden an, die ihm dazu einfallen, charakterisiert Personen. Bucher stenographiert mit, überprüft Daten und arbeitet das Diktat anschließend aus, das Bismarck dann noch einmal korrigiert. Der Geheimrat ist jetzt ein dürrer, mürrisch dreinschauender kleiner Mann mit gebeugter Haltung in seinem schlecht sitzenden pfeffer- und salzfarbenen Anzug. Seine würdevoll schweigende Zurückhaltung fällt Gästen auf und die Zuneigung, die Johanna ihm zeigt. Das Schreiben der Memoiren ist eine schwere Aufgabe für ihn, denn Bismarck scheint wenig Interesse daran zu haben. Bucher will ein gediegenes historisches Werk schaffen, Bismarck höchstens sein Selbstbild polieren und weiter kämpfen. Bucher muss ihn immer wieder zum Diktieren auffordern und ihm vorhalten, dass er diese Arbeit sich und dem deutschen Volk und der Nachwelt schuldig sei. Im Mai 1892 ist die erste Fassung fertig, und Bucher fährt in Urlaub an den Genfer See.

2.

Bismarcks Isolierung verschärft sich. Herbert von Bismarck, dreiundvierzig Jahre alt, hat sich im Frühjahr 1892 mit Marguerite Hoyos verlobt, einundzwanzig Jahre alt und Tochter von Graf und Gräfin Hoyos aus Ungarn. Die

Eltern der Braut und das junge Paar laden die Eltern des Bräutigams zur Hochzeit im Juni nach Wien ein.

Die geplante Reise nach Wien stört Holstein und Kanzler Caprivi auf und dann, über Eulenburg, den Kaiser. Der ehemalige Reichskanzler muss Kaiser Franz Joseph einen Höflichkeitsbesuch abstatten, und Holstein sieht darin den lange gefürchteten ersten Schritt von Vater und Sohn Bismarck zu Rückkehr und Rache an ihm. Er bringt es fertig, dass Caprivi dem deutschen Botschafter in Wien Fürst Reuß und dem Botschaftspersonal per Erlass verbietet, an der Hochzeit teilzunehmen, und dass Wilhelm II. Kaiser Franz Joseph beschwört, den »ungehorsamen Untertanen« nicht zu empfangen.

Herbert erhält einen »in ersichtlicher Erregung geschriebenen Brief« der Fürstin Reuß: Er möge die Hochzeit anderswo stattfinden lassen, auf jeden Fall solle sein Vater aus Wien wegbleiben, damit Reuß nicht in Gefahr käme, seinen Posten zu verlieren, weil er Bismarcks Reise nicht verhindert habe. Stunden später kommt ein Brief des Fürsten Reuß, der bittet, die Indiskretion seiner Frau für sich zu behalten, denn natürlich könne die Hochzeit nicht mehr verlegt werden, »so lästig das *für ihn* auch sei!« Das Botschaftspersonal muss die Einladungen absagen.

Bismarck streicht in den *Loosungen* das Wort an: »Die mich ohne Ursache hassen, deren ist mehr, denn ich Haare auf dem Haupte habe.« Er fürchtet, dass es auf der Reise Demonstrationen gegen ihn geben wird. Aber er will nach Wien fahren und sich, wie es sich gehört, bei Kaiser Franz Joseph in Uniform melden.

Am Mittag des 18. Juni reisen er und Johanna ab. Auf dem Anhalter Bahnhof in Berlin werden sie von zahlreichen Menschen begrüßt. Sie kennen Caprivis Erlass aus den Zeitungen und sind empört über die Einmischung in eine private Feier, über diese Verfolgung und unerhörte Kränkung. Auf den Ruf »Silentium für den Fürsten Bismarck!« fragt

Bismarck: »Ich soll doch nicht reden?« Als ihm von allen Seiten »Ja« entgegentönt, antwortet er: »Meine Aufgabe ist – schweigen!«

Sie fahren weiter nach Dresden, wo sie König Albert von Sachsen besuchen, und weiter nach Wien. Auf allen Bahnhöfen warten Menschen und grüßen sie stürmisch.

Die Hochzeit findet am 21. Juni im Palais des Grafen Palffy statt. Kaiser Franz Joseph hat es abgelehnt, Bismarck und Herbert zu empfangen. Caprivis Erlass wird am 7. Juli im Reichsanzeiger veröffentlicht gemeinsam mit dem Erlass vom 23. Mai 1890, mit dem Caprivi die deutschen Botschafter ermächtigt hat, Äußerungen Bismarcks im Ausland als inoffiziell zu entschärfen.

Die Rückreise über München nach Kissingen wird zu einem Triumphzug. Johanna berichtet Bill gerührt über die »vielen schönen Ovationen« und ihre und Ottos Freude darüber. »In München zogen wir mit Fackelbeleuchtung unter ›frenetischem‹ Gebrüll um 2 Uhr Nachts durch die halbe Stadt bis Lenbach's«, schreibt sie. »Ich hätte nicht geglaubt, daß wir alten Würmer es so gut durchhalten würden. Frühstück bei Holnstein's, Diner bei Lenbach's, Hofbräu-Allotria, Rathaus-Besuch, Visiten außerdem – Abends Fackelzug, Serenade, ganze Stadt geflaggt, und wo man fuhr immer die Straßen voll Menschen und Hurrah geschrieen zum taub werden, und in Augsburg, o Himmel! Es ist nicht auszudenken und auszusagen, w i e wunderschön, und die ganze Fahrt bis Abends hierher auf allen Bahnhöfen zahllose Menschen mit Fahnen, Blumen, Hurrah – ohne Ende.« Das tat Otto gut, den »die letzten Berliner Hetzereien und Nichtswürdigkeiten mit Franz Joseph« doch sehr erbittern. Jetzt dürfen Offiziere Visitenkarten bei ihm abgeben, aber keine Einladungen von ihm annehmen.

Ihre Cousine Laura Lasius bittet sie um Fotos – Johanna: »Was Photo's betrifft, so werden wir B e i d e nie berauschend – sehen gewöhnlich höchst gelangweilt oder unglücklich, missvergnügt aus.«... – und Otto hält Reden über das, was ihn bewegt. In Kissingen sagt er: »Wenn sie den tätigsten Mitarbeiter an der Entstehung des Reiches und seiner inneren Einrichtungen in dieser Weise herabsetzen, so vergessen sie, daß sie auch dessen Werk beschimpfen und alle, die an demselben mitgearbeitet haben.« In Jena warnt er vor Universitätsangehörigen davor, heutzutage absolutistischen Ideen in der Mitte von Europa zuzustreben, und macht auf dem Marktplatz die Ratgeber des Kaisers auf die deutsche Verfassung aufmerksam und fordert eine Stärkung des Reichstags. Der Beifall ist jedes Mal groß. Die Kritik am Kaiser nimmt allgemein zu, man schüttelt den Kopf über seinen Hofstaat aus 4000 Personen und über die neuen Hofuniformen der Minister mit Kniehosen aus weißer Seide und mit Dreispitz auf dem Kopf.

In Schönhausen, im alten Schloss an der Elbe, erwarten Johanna und Otto die Hochzeitsreisenden. Herbert bewirtschaftet das Gut jetzt. Die Eltern kehren nach Friedrichsruh zurück, und im November streicht Bismarck in den *Loosungen* an: »Wie kann ich zusehen dem Übel, das mein Volk treffen würd!«

Lothar Bucher ist in Genf gestorben, Bismarck und Johanna sind voller Wehmut und vermissen ihn. Kröner drängt auf die Veröffentlichung von Bismarcks Memoiren, aber der verweist auf den Vertrag: Sie dürfen erst nach seinem Tod erscheinen.

Frau von Spitzemberg möchte mit ihrer Tochter Hanna, die Johannas Patenkind ist und bald konfirmiert wird, zu Besuch kommen und fragt an, ob es im März 1893 passt. Im Vorjahr hat sie eine Absage bekommen, und sie fürchtet, dass sie bei der Fürstin durch Tratsch »etwas ins schwarze Register« gekommen sein könnte, und will alle Verdächtigungen zerstreuen. Auch sie ist nicht mehr begeistert von

Wilhelm II., sie hält ihn jetzt für einen von Hass und Eifersucht verblendeten jungen Herrn.

Johanna antwortet, sie möge ihr das Patchen bringen, und so reisen sie: »Ganz allein fanden wir das alte Pärchen daheim, beide weiß geworden, sie jammervoll asthmatisch.« Sie fragen sich gegenseitig nach Freunden und Bekannten aus und sprechen über eine Dame, die unerwartet starb, während ihr schwerkranker Mann, der niemanden mehr erkennt, weiter lebt. Bismarck hat schon häufig darüber nachgedacht, »ob es zwischen uns unvollkommenen Menschen und der höchsten Gottheit nicht Zwischenstufen gibt, und ob der große Gott, bei seiner Allmächtigkeit, nicht noch Wesen zur Verfügung hat, auf die er sich bei der Verwaltung des unermeßlichen Weltsystems stützen kann«. Er hat oft das Gefühl, dass »unser Schöpfer und Herr nicht immer alles selbst tut, sondern die Führung gewisser Gebiete andern, seinen Ministern und Beamten überlässt, die dann Dummheiten machen«.

Er könne nicht mehr weit gehen und reiten, sagt er, er werde fauler und arbeitsunlustiger und sei froh, mit seinen 78 Jahren keine Verantwortlichkeit mehr zu haben. Frau von Spitzemberg findet ihn ruhiger als vor zwei Jahren, gleichmütiger und gleichgültiger, sein Gesicht ist kleiner geworden, und in der Unterhaltung wiederholt er sich mehr als früher.

Herbert, der im Juni 1893 für die Deutsche Reichspartei in den Reichstag gewählt wird, glaubt nicht mehr an eine gemeinsame Rückkehr mit dem Vater nach Berlin. Er selbst wird im Reichstag niedergeschrien, seine Frau ist auf der Besuchertribüne. »Ich hätte mit Stuhlbeinen geworfen«, sagt seine Mutter. Sie liest seit Jahren kaum noch Zeitung, weil sie Angriffe auf Otto nicht erträgt.

Herbert und seine Frau Marguerite nennen ihre kleine Tochter nach der Großmutter Hannah. Sie ist Johannas siebtes Enkelkind: Bill hat drei Töchter und Marie drei

Söhne. Rantzau ist Gesandter Preußens in München, doch Marie ist oft bei den Eltern.

Bismarck erkrankt im August 1893 in Kissingen an einer lebensgefährlichen Lungenentzündung. Johanna muss die Herbstreise nach Varzin absagen – sie hat schon alle Anordnungen an Westphal gegeben, Dienerschaft und Pferde sind bereits in Varzin, Fräulein Harder hat sich aus Reinfeld angesagt, die Mamsell ihrer Mutter, die jetzt über achtzig ist und am besten weiß, was in Varzin wo zu finden ist. In Berlin sagen Berater zum Kaiser, er müsse sich mit Bismarck aussöhnen, denn wenn er ohne Aussöhnung sterbe, werde die Öffentlichkeit dem Kaiser das nie verzeihen. Wilhelm bietet Bismarck eines seiner Schlösser in Mitteldeutschland für einen Genesungsaufenthalt an. Bismarck lehnt ab.

In Friedrichsruh erscheint beim Frühstück am 22. Januar 1894 ziemlich aufgeregt der lange Johann, der Diener, und meldet den Flügeladjutanten seiner Majestät Graf Kuno Moltke. Moltke übergibt Bismarck einen Brief und eine Flasche Rheinwein in Allerhöchstem Auftrag. Der Kaiser schicke diesen besonderen Wein, weil er gehört habe, dass Bismarck nur langsam gesund werde. Er möge am 27. – am Geburtstag des Kaisers – auf seine Gesundheit trinken, und der Kaiser werde am selben Tag auf Bismarcks Gesundheit trinken. Er hätte den Wein am liebsten selbst gebracht, nur die Besorgnis, Störung in den gewohnten Haushaltsgang zu bringen, halte ihn noch zurück.

»Was glaubst Du, was denkst Du, was sagt Du, mein Billchen!« Papachen habe Moltke erklärt, sich persönlich bedanken zu wollen, und Moltke habe gesagt, er werde Wohnung im Schloss finden. Nun erwartet der Kaiser Bismarck am 26. Januar.

In Berlin sieht Frau von Spitzemberg überall strahlende Gesichter, hört lauten Jubel – es ist »ein herrliches Gefühl der Erlösung von schwerem Druck«. Am 26. flattern auf allen öffentlichen Gebäuden die Fahnen, 300000 bis 400000 Menschen strömen in die Innenstadt, schätzt sie, die Straßenbahnen sind überfüllt. Sie steht mit ihrer Tochter unter den Linden. Die Kürassiere traben durch die drei Torwege des Brandenburger Tores und reihen sich sofort wieder zusammen, dicht hinter ihnen folgt der königliche Galawagen – »leider, leider geschlossen!« –, nur ein Stückchen Gesicht, die Hände mit der weißgelben Mütze, und schon ist der Wagen vorübergerollt und die brausenden Rufe der Menge folgen ihm. »Wir alle waren wie getragen von der einzig hohen Freude, frei, frei von dem Drucke des zwiespältigen Gefühles für den Kaiser und den Stifter des Deutschen Reiches«, notiert die Baronin, »der schwärzeste Fleck aus unserer Geschichte ist abgewaschen!« und »gerade das ist das Herzbewegende, daß es in allen lebt!«

Der Kaiser erwartet Bismarck im Schloss allein in seinem Wohnzimmer. Im Zimmer davor stehen die Generäle, und als Bismarck es durchschritten hat, tritt ihm der Kaiser entgegen und reicht ihm die Hand, über die Bismarck sich tief herabbeugt. In diesem Augenblick schließen sich die Doppeltüren, und niemand sieht, wie es weitergeht.

Beim anschließenden zweiten Frühstück um die Mittagszeit sind nur der Kaiser, sein Bruder Heinrich, der Bismarck am Lehrter Bahnhof abgeholt hat, der König von Sachsen, Herbert und Bill Bismarck und die diensthabenden Adjutanten dabei. Es soll ganz heiter zugegangen sein, heißt es.

Alle Minister, Kanzler Caprivi, der Bundesrat, unzählige Privatpersonen geben ihre Karten bei Bismarck ab. General von Massow-Rohr, Rittergutsbesitzer in Pommern, hört in der Menge an der Schlossbrücke, wie ein Abgeordneter zu einem anderen sagt, ihm sei das alles ganz egal, das bedeute politisch doch gar nichts, und wie ein Arbeiter ihn anschreit: »Ne, Männeken, heute heißt et Bismarck hoch, oder et gibt Senge!«

Bismarck stattet der Kaiserin Friedrich einen halbstündigen Besuch ab, ruht etwas, empfängt den preußischen Ministerpräsidenten und dann seinen treuen Freund Graf Heinrich Lehndorff. Geheimrat von Holstein in der Wilhelmstraße 76 kommt den ganzen Tag nicht aus seinem Zimmer.

Gegen 19 Uhr steigt Bismarck in den Zug nach Friedrichsruh.

In der Gesellschaft ist tagelang von der Versöhnung die Rede. Kuno Moltke berichtet, die Fürstin habe ihm in Friedrichsruh offen erklärt, sie könne nicht verzeihen. Das überrascht niemanden. Überall wird von wichtigen politischen Abmachungen gesprochen. »Glauben Sie nur ja kein Wort davon!«, sagt die Fürstin dem Journalisten Maximilian Harden. »Ottochen hat Ballgeschichten erzählt; von Politik war überhaupt nicht die Rede.« Sie freut an der ganzen Sache, dass »Ottochen doch noch einmal in Gala durchs Brandenburger Tor gefahren ist«.

Die aufgeregten Herren in der Wilhelmstraße, »die Hetzer und Ohrenbläser gegen Bismarcks«, wie Brauer sagt, hätten sich früher beruhigen können: Die Versöhnung, zu der auch ein Gegenbesuch des Kaisers in Friedrichsruh gehört – am 19. Februar, Bismarck in weißer Uniform, Johanna im schwarzen Seidenkleid –, soll nur dem Vorwurf der Undankbarkeit des Kaisers vorbeugen. Bismarcks Zeit ist vorbei. Jungen Leuten kommt er vor wie ein Geist aus dem Kyffhäuser, andere fühlen sich von seiner Brutalität abgestoßen, wenn er zum Beispiel Sozialdemokraten mit »Ratten, die vertilgt werden müssen«, vergleicht. Doch für Wilhelm II. ändern auch die weiteren »Allerhöchsten Gnadenbeweise« nichts: »Im Gegenteil, sie vermehrten hinterher jedesmal die böse Stimmung gegen den Kaiser, wenn man sah, wie bereitwillig der gekränkte Staatsmann der geringsten Annäherung entgegenkam und wie dennoch die kaiserliche Gnadensonne nach kurzer Zeit immer wieder erlosch.«

3.

Zahlreiche Hamburger haben Bismarck zu seinem Geburtstag 1893 etwas verspätet am 11. April mit einem Fackelzug geehrt, und er hat gesagt: »Ich danke Ihnen Allen, daß Sie gerade heute am Geburtstage meiner Frau gekommen sind. Ohne ihre stete Sorge würde ich wohl kaum so alt geworden sein, wie ich jetzt bin. Gott hat mir reichen Segen gegeben, daß mein Familienleben ein so sehr glückliches ist.«

Johanna fühlt sich an ihrem Geburtstag ein Jahr später, 1894, besonders matt und elend, bezwingt sich aber, wie immer, und kommt herüber in das Speisezimmer, wo Otto mit Herbert und der freundlichen und klugen Schwiegertochter Marguerite beim Frühstück sitzt. Johanna trägt ein rotes Seidenkleid, wie immer an Festtagen, und bewegt sich mit großer Mühe. Otto geht ihr entgegen, schließt sie liebevoll in die Arme und küsst sie auf die Stirn. Sie steht schwer atmend, mit beiden Händen auf eine Stuhllehne gestützt, und lässt es sich still gefallen. Er sagt zu Herbert und Marguerite: »Sie war doch meine beste Frau!«, worauf sie sofort auffährt mit altem Feuer: »Deine beste? Wie viele hast du denn gehabt?« Er lacht – wie er nur über sie lachen kann, meint Marguerite.

Ehebruch ist in seinem Haus »niemals vorgekommen«. Einmal sagt er: »Sie ahnen nicht, was diese Frau aus mir gemacht hat.« Ihn bewegt die alte Frage, wie die Unvollkommenheit der Welt mit der Vorstellung eines vollkommenen Gottes zu vereinen sei, und in einem Gespräch überlegt er, »ob der Dualismus, der durch unser ganzes Erdendasein geht, sich auch bis auf das höchste Wesen erstreckt, ob nicht auch unser Gott ein Wesen zur Seite hat, das ihn so ergänzt, wie uns die Frau«.

In diesem Sommer ist er traurig über Johannas schlechte Gesundheit. Bei Frau Voight in Aumühle steht er vor einem Bild, das ein altes Paar an seinem 50. Hochzeitstag beim

Tanz unter einem Baum zeigt – Ludwig Knaus: *La Cinquantaine*.

Er: »Ob ich wohl so im nächsten Jahr mit meiner Johanna tanzen werde?«

Frau Voight: »Aber Durchlaucht, warum denn nicht?«

Er: »Sie gefällt mir die letzte Zeit gar nicht.«

Bedrückt schreibt er seiner Schwester: »Johannas Melancholie darf ich nicht durch Zusatz von meinem Trübsinn steigern; ihre Lebensfähigkeit ist ohnehin gering und von psychischen Eindrücken abhängig.« Er will mit ihr über Schönhausen nach Varzin fahren. »Früher war ich stets freudig erregt, wenn ich nach Varzin reisen konnte; heute würde ich ohne Johanna kaum den Entschluß dazu fassen; mich verlangt nach einem Wohnraum, den ich nur im Sarge zu verlassen brauche, und nach Einsamkeit, die ich zunächst auf der Eisenbahn nicht finden werde. Dein etwas lebensmüder, aber Gott ergebner einziger Bruder.«

In Varzin steht dicht vor dem Park ein Förster und meldet, dass die alte Kastanie an der Einfahrt in den Schlosshof vor einer halben Stunde umgefallen sei und den Weg versperre. Bismarck sagt: »Das ist ein böses Omen; wir werden wohl nicht alle, die wir gestern herkamen, Varzin lebendig wieder verlassen.«

Huldigungszüge melden sich in Varzin an, Westphal lässt Girlanden und Willkommensgrüße an Dorfeingang und Schlossauffahrt anbringen. Der erste Zug kommt am 16. September aus Posen, die Leute marschieren mit Musik in den Schlosshof. Neben dem Portal ist ein Podium unter einer gestreiften Markise. Bismarck stützt sich an eine der eisernen Säulen, er ist sehr schwach und angegriffen. Nach den Ansprachen geht er in die Menge, auf Johannas Befehl begleiten ihn Bill, Westphal und der Diener Pinnow, weil sie befürchtet, er könne zusammenbrechen. Sie schirmen Bismarck ab, denn außer den Posenern sind noch andere Leute gekommen, vor allem Frauen, die versuchen, Bismarck die Hand zu küssen und seine Kleidung zu berühren.

Als die Westpreußen anreisen, stellt Westphal für die älteren Herren und Damen am Bahnhof Hammermühle 65 Erntewagen mit 130 Pferden bespannt bereit. Zwei berittene Inspektoren leiten die Kolonne, und die Hofmeister haben Befehl, den Damen zu helfen. Der Schlosshof ist voller Menschen in ihren besten Kleidern. Eine junge Dame überreicht Bismarck einen Strauß und will seine Hand küssen, aber er umfasst sie und gibt ihr einen Kuss. Eine ältere Dame überreicht Johanna einen Strauß.

Johanna ist schwach. Sie keucht jetzt schon, wenn sie durch ein kleines Zimmer geht. Sie hat Magenschmerzen und verträgt nur noch Eier und Milch.

Anfang Oktober stirbt Eugenie von Reckow in Varzin, die Gesellschafterin und Hilfe der Hausfrau schon in Johannas Jugend in Reinfeld war.

Johanna erkältet sich und muss im Bett bleiben. Die bevorstehende Rückreise nach Friedrichsruh ängstigt sie. Der Abschied von Varzin wird ihr schwer, gesteht sie Bill. Hier ist es so urgemütlich, wie es in Friedrichsruh nie war. Jeden Tag geht es ihr schlechter, sie ist »überzeugt, daß mein irdisches Dasein nicht mehr lange dauert und ich also nie mehr nach dem geliebten Varzin zurückkehre, was mich eben sehr, sehr traurig macht. Dieser ewige furchtbare Durst und k e i n e n T r o p f e n trinken dürfen, macht alles Essen unmöglich, und ich werde drum schwächer mit jedem Tag.«

Am 19. November dankt sie noch Marie Meister für ihren Rosengruß: »Ich werde immer jammervoller, immer matter und kann schon gar nicht mehr gehen, muß draußen und drinnen im Fahrstuhl transportirt werden und bin sehr hoffnungslos über mich.«

Christa von Eickstedt-Peterswaldt, die Tochter von Lina von Eisendecher, hilft Marie seit Wochen bei der Pflege

Johannas, und auch Helene, die Tochter von Bismarcks Bruder Bernhard, ist aus Külz gekommen. Johanna fährt mit Otto spazieren und ist so schwach, dass sie fast ohnmächtig wird, als der Diener sie in den Wagen hebt. Sie will nicht im Bett bleiben, um Bismarck nicht zu beunruhigen, will aufstehen. Dann geht auch das nicht mehr.

Ein Brief Schweningers alarmiert Herbert. Er steht am Morgen des 27. Novembers hinter Johannas Bett. Christa: »Sie ist ganz sanft und ich glaube ohne eine Ahnung ihres nahen Todes in Mariens Armen eingeschlafen.« Sie sitzt aufrecht im Bett, und Marie hält sie in den Armen und merkt nicht, dass sie tot ist, bis Schweninger es ihr sagt. Sie verlöscht wie ein Licht, das heruntergebrannt ist.

Es ist sechs Uhr morgens, und der Arzt will nicht, dass Bismarck geweckt wird. Um halb zehn erfährt er es. Er sitzt an ihrem Bett in Schlafrock und Pantoffeln und weint eine Stunde lang wie ein kleines Kind.

Mittags, nach dem Frühstück, richtet er sich hoch auf und sagt, während die Tränen ihm die Wangen herablaufen: »Wenn ich noch im Dienst wäre, würde ich jetzt stramm arbeiten, das wäre die beste Hilfe, aber den Trost haben sie mir genommen.«

Johanna wird vorübergehend in Varzin beigesetzt. Westphal schlägt vor, ein kleines massives Gebäude im Garten, das früher als Treibhaus gedient hat, in eine Art Grabkapelle umzuwandeln. Die Varziner Handwerker brauchen dafür zwei Tage. Die Einfachheit, meint Westphal, entspreche dem Wesen und den Wünschen der Fürstin.

Nur Bismarck und die Kinder und Schwiegerkinder sind bei der Trauerfeier. Alle anderen Menschen wurden gebeten, nicht zu kommen.

Nach der Beisetzung beantwortet Bismarck eigenhändig Briefe. Hunderte von Depeschen und Briefen treffen stündlich ein.

Er würde am liebsten den Winter über in Varzin bleiben,

aber seine Söhne und der Arzt drängen ihn, Weihnachten nach Friedrichsruh zu reisen, und seine Diener haben ihre Familien dort. Er weiß, dass er sich unter Menschen noch einsamer fühlen wird als hier. Vor der Abreise schreibt er seiner Schwester am 19. Dezember: »Was mir blieb, war Johanna, der Verkehr mit ihr, die tägliche Frage ihres Behagens, die Bethätigung der Dankbarkeit, mit der ich auf 48 Jahre zurückblicke. Und heut alles öde und leer; das Gefühl ist ungerecht, aber I can not help it. Ich schelte mich undankbar gegen so viele Liebe und Anerkennung, wie mir im Volke über Verdienst geworden ist; ich habe mich 4 Jahre hindurch darüber gefreut, weil s i e sich auch freute, wenn auch mit Zorn gegen meine Gegner, hoch und niedrig. Heut aber ist auch diese Kohle in mir verglimmt, hoffentlich nicht für immer, falls mir Gott noch Leben beschert, aber die 3 Wochen, die gestern verlaufen waren, haben über das Gefühl der Verödung noch kein Gras wachsen lassen.« Er ist noch müder geworden seit der Katastrophe – das ist ihr Tod für ihn.

Nach zwei Wochen in Friedrichsruh sieht er das Gespenst der Langeweile vor sich. Seit Johannas Tod ist sein Leben für ihn zwecklos geworden. Er würde am liebsten in Berlin wohnen, sagt er, Theater und Kasino besuchen, »wenn mich Haß und Liebe dabei unbehelligt ließen«.

4.

Bismarcks 80. Geburtstag am 1. April 1895 beginnt mit einem Paukenschlag: Der Reichstag lehnt mit 163 gegen 143 Stimmen ab, ihm zu gratulieren. Die Zuschauertribünen sind überfüllt, denn neugegründete rechte Interessenverbände benutzen Bismarck als Aushängeschild und der Ausgang der Abstimmung war spannend. Frau von Spitzemberg, die das Ergebnis erwartet hat, ist nicht hingegangen: »Den Mund halten müssen wir Frauen bei solchen Anlässen doch, und ich hätte gefürchtet, meiner Gefühle nicht Herr bleiben zu können.«

Eine Woche später stehen in allen Schaufenstern Berlins seine Bilder, seine Büsten, fliegende Händler rufen Bismarckbilder, Bismarckmedaillen, Festgedichte aus. Die Zeitungen bringen zahlreiche Artikel über Bismarck, und Frau von Spitzemberg findet das Chaos der Meinungen verwirrend. Sie liest die Rede, die der Kaiser gehalten hat, als er Bismarck in Friedrichsruh einen Ehrensäbel schenkte, und in der das Wort »Staatsgründer« nicht vorkommt. Wilhelm II. gefällt ihr immer weniger, seine Freunde verachtet sie: »Husaren und Studenten ohne Ahnung von, ohne Achtung vor den bestehenden staatlichen Verhältnissen.« Sie beginnt, sehr vorsichtig, den Kaiser zu kritisieren, die Rechtlosigkeit der Frauen, die Monarchie. Sie hat dem Fürsten geschrieben, glaubt aber nicht, dass er ihren Brief lesen wird, sie hat seit dem Tod der Fürstin keine Verbindung mehr zu ihm. Trotzdem: »Wäre ich ein Mann, ich säße irgendwo bei Friedrichsruh und genösse von A bis Z all das, was sich jetzt dort abspielt!«

In Friedrichsruh sieht die Straße von der kleinen Bahnstation zu Bismarcks Haus am Morgen des 1. April wie ein Jahrmarkt aus. Händler bieten in Holzbuden das Festprogramm und Fotos an, Postkarten, Denkmünzen, Fähnchen. Zwanzig Postbeamte und sechs Unterbeamte nehmen in großen Holzbaracken seit Tagen die eingehende Post an. Für über siebzig Journalisten ist eine Baracke mit bequemen Tischen und Stühlen eingerichtet. Die Telegraphenbeamten haben fünf direkte Drähte nach Hamburg und vier nach Berlin zur Verfügung und befördern die langen Depeschen der Journalisten in einem halben Dutzend verschiedener Sprachen, viele Beamte sprechen und schreiben fließend Englisch und Französisch. Sidney Whitman hat den Auftrag, für den *New York Herald* einen Bericht zu telegraphieren, und ist begeistert von allem, was er sieht.

Auf dem Bahnhof halten 35 überfüllte Sonderzüge. Allein drei Züge mit zwei Lokomotiven bringen Deputationen deutscher Studentenschaften. Sechs Militärkapellen spielen den ganzen Tag abwechselnd in Dorf und Park.

Der Senat von Hamburg mit Bürgermeister Dr. Versmann an der Spitze führt die erste Deputation mit Gratulanten an. Die Stadt hat Bismarck zu Ehren am Vorabend illuminiert: 60 000 Gasflammen erleuchteten die Lombardbrücke, Raketen zischten in den Nachthimmel und Kanonen donnerten. Nach Versmanns Ansprache tritt die Deputation der Universitäten in Scharlachroben und mit goldenen Amtsketten vor – die Rektoren und Repräsentanten sämtlicher deutscher Universitäten und technischer Hochschulen gratulieren Bismarck. Whitman steht hinter dem Fürsten, der Arzt Schweninger neben ihm. Bismarck trägt eine dunkelblaue Uniform. Auch die Bürgermeister von Bremen und Lübeck führen Deputationen an, und der achtzigjährige Bismarck nimmt die Glückwünsche formvollendet entgegen. Er erwidert alle Ansprachen. 5280 Studenten marschieren vor das Schloss, und er mahnt sie, nicht leichtfertig aufs Spiel zu setzen, »was wir mühsam unter dem bedrohenden ... Gewehranschlag des übrigen Europa ins Trockene gebracht haben«, und stößt mit ihnen an.

Die Blumengeschenke stapeln sich auf einem Gestell in Pyramidenform. Bis zum Abend kommen 10 000 Glückwunschtelegramme, darunter eine herzliche Botschaft von Kaiserin Friedrich, Glückwünsche vom Kaiser von Österreich, dem König von England, dem König von Rumänien – sie müssen gleich beantwortet werden, Herbert und Kuno öffnen die Telegramme und lesen sie vor. Im Haus liegen auf allen Tischen Geschenke. 450 000 Briefe und Postkarten sind angekommen, 995 Einschreiben, 979 gewöhnliche Pakete und 265 eingeschriebene. 450 Ehrenbürgerschaften sind Bismarck angetragen worden. Als es dunkel wird, gibt es noch einen Fackelzug.

So viele Abordnungen haben sich in Friedrichsruh angemeldet, dass Bismarck auch in den folgenden Wochen Deputationen empfängt. Sein Schwiegersohn Kuno zu Rantzau gibt den Gesandtenposten in Den Haag auf, den er seit vier Jahren hat, und führt mit Marie das Haus im Sachsenwald. Schon im März, als Bismarcks Altersschwäche nach Johannas Tod zunahm und die Dimension des Geburtstags sich abzeichnete, hat er mit Herbert beschlossen: Nach dem Geburtstag machen wir die Bude zu.

5.

Otto von Bismarck verließ Friedrichsruh nicht mehr. Er wollte nur noch einige alte Freunde sehen, lud Oscar von Arnim ein: »Lieber Oscar, wir sind beide so alt geworden, daß wir lange wohl nicht mehr leben werden. Können wir uns nicht noch einmal sehn und sprechen, ehe wir abgehn? Es ist 66 oder 67 Jahre her, daß wir auf dem Gymnasium den ersten Tropfen Bier zusammen aus der Flasche tranken; es war auf der Treppe neben der Obertertia. Wollen wir nicht den letzten trinken, ehe es zu spät wird?« Im Jahr darauf lud er seine Cousine Hedwig von Bismarck für einen Tag ein.

Marie und Kuno Rantzau ließen niemanden mehr zu ihm, und in Berliner Kreisen feindete man sie deswegen an. Holstein schrieb nun an seinen Erinnerungen und schoss einen letzten Giftpfeil auf die tote Johanna ab: »die Fürstin, obschon sie zeitlebens wie eine Köchin aussah verstand nichts von Küche, wenigstens von Diners«. Andere behaupteten, seit Johannas Tod stritten Dienstboten, Haushälterinnen, Familienangehörige miteinander, es herrsche Unordnung. Die Rantzaus wären so faul, dass der Kanzler im Dreck leben müsse. Aber es wird auch überliefert, dass Bismarck keineswegs geistig frisch blieb, sondern alterte, immer weniger konnte und immer mehr vergaß – sie haben ihn einfach nicht zur Schau gestellt.

Bismarck ging es körperlich immer schlechter. Als Admiral Tirpitz ihn zu einer Schiffstaufe nach Kiel einlud, wollte er nicht »als Ruine vor der Öffentlichkeit stehen«. Im Dezember 1897 unterbrach der Kaiser seine Fahrt von Kiel nach Berlin und besuchte ihn kurz, schwadronierte über seine Flottenpläne, wich jedem ernsten Thema aus und erzählte »alte Kasernenwitze«. Es wurde eine Stunde voller Peinlichkeiten. Bismarck sagte schließlich in ungetrübter Frische: »Majestät, solange Sie dieses Offizierskorps haben, können Sie sich freilich alles erlauben; sollte das nicht mehr der Fall sein, so ist es ganz anders.«

Im Frühjahr 1898 kam er nur noch im Rollstuhl in den Park. Im Juli konnte er sein Schlafzimmer nicht mehr verlassen. Er litt unerträgliche Schmerzen. Marguerite hörte ihn beten: »Gib, daß ich meine Johanna wiedersehe.« Dann ging es ihm an zwei Tagen plötzlich besser, er erschien bei Tisch, nahm lebhaft an der Unterhaltung teil, trank Champagner und rauchte eine Pfeife. Aber dann verlor er mehrfach das Bewusstsein. Er starb am 30. Juli 1898 kurz vor Mitternacht. Alle Kinder und Schwiegerkinder waren bei ihm.

Am nächsten Morgen fand Herbert heraus, dass der Förster und Ortsvorsteher Spörcke, der sich zur Leichenwache angeboten hatte, nachts zwei Fotografen ins Sterbezimmer eingelassen und ihnen geholfen hatte, den toten Fürsten mit Blitzlicht zu fotografieren. Die Aufregung, dass dies dem Vater angetan wurde, der darunter gelitten hatte, nicht einmal mehr unbeobachtet ein Bier in einer Wirtschaft trinken zu können, war groß.

Auch der Kaiser störte die Trauernden. Am 3. August fand ein Gottesdienst im Sterbezimmer statt, in dem der Sarg stehen bleiben sollte, bis das Erbbegräbnis fertig war. Der Kaiser unterbrach seine Rückreise von der Nordlandfahrt auf der Jacht ›Hohenzollern‹ im Sonderzug von Kiel nach Potsdam von 17.50 bis 18.15 und nahm an der

Feier teil. Er war sehr aufgeregt, weil der *Berliner Lokal-Anzeiger* vom 31. Juli den Wortlaut des Abschiedsgesuchs des Fürsten vom 18. März 1890 gebracht hatte – Moritz Busch hatte es der Zeitung gegeben, und der Kaiser vermutete die Familie dahinter. Sein Freund Eulenburg behauptete immer noch, Bismarck wäre der grimmigste Feind des Kaisers. Wilhelm II. wünschte eine große Beerdigung im Berliner Dom. Aber Bismarck hatte befürchtet, dass der Kaiser sein Begräbnis als Spektakel nutzen würde, und zwei Jahre vor seinem Tod verfügt, dass er im engsten Familienkreis auf einem kleinen Hügel gegenüber dem Herrenhaus bestattet werde.

Wenige Monate nach seinem Tod erschienen – im November 1898 – die ersten beiden Bände seiner *Gedanken und Erinnerungen* in einer Auflage von 100000 Exemplaren. Noch vor Weihnachten waren 300000 Exemplare verkauft. Bismarcks Memoiren wurden zu einem der größten Erfolge auf dem deutschen Buchmarkt. Er hat an seinem Bild und an der Wahrheit poliert wie auch andere Memoirenschreiber dieser Zeit, nur bedeutend interessanter und unterhaltsamer. Einer der Hauptunterschiede zu anderen alten Herren, die sich erinnerten, ist seine exakte und wunderbar fesselnde Sprache.

Herbert von Bismarck ließ in Friedrichsruh ein Mausoleum bauen, und am 16. März 1899 wurden Fürst und Fürstin Bismarck in der Gruft beigesetzt. Der Kaiser folgte ihren Särgen vom Haus auf die andere Seite der Bahnlinie. Bismarck hatte die Inschrift auf seinem weißen Marmorsarkophag selbst verfasst und testamentarisch festgelegt: »Fürst von Bismarck, geb. 1. April 1815, gest. 30. Juli 1898. Ein treuer deutscher Diener Kaiser Wilhelms I«.

Auf Johannas Sarkophag steht in goldenen Buchstaben: »Fürstin von Bismarck geb. 11. April 1824 gest. 27. Nov. 1894 Gott ist die Liebe, und wer in der Liebe bleibt, der bleibt in Gott und Gott in ihm.«

Die Briefe, die Otto und Johanna sich schrieben, liegen heute noch im Archiv in Friedrichsruh – ›Johanna, Du bessre Hälfte meiner oder Unsrer!‹ und ›Ach, mein Liebling, was bin ich doch beneidenswerth glücklich, daß ich Dich habe und daß Du so bist, wie Du bist!‹

ANHANG

NOTIZEN FÜR HISTORIKER

Wer sich in der biographischen Bismarck-Literatur auskennt, wird in meinem Buch vor allem drei Themen vermissen, die an anderen Stellen ausführlich diskutiert werden: die Genialität des Studenten Bismarck, sein Hin- und Hergerissensein zwischen der väterlichen und der mütterlichen Welt sowie seine Unentschiedenheit zwischen einem Leben in der Stadt und einem Leben auf dem Land. Ich habe diese Probleme aus ihrer Innerlichkeit herausgeholt und stark auf ihre äußeren Bedingungen zurückgefahren.

Die Genialität des jungen Bismarck soll sich darin gezeigt haben, dass er in einem liederlichen Studentenleben keineswegs studierte und die Prüfungen doch bestand. Eine Auflistung von Bismarcks Prüfungen zeigt, dass er alle Examen gewissenhaft und mit guten Noten zum frühestmöglichen Zeitpunkt abgelegt hat – von Bummelei kann da keine Rede sein. Er hat mit siebzehn Abitur gemacht und mit zwanzig die Universität verlassen, was nur heute ungewöhnlich früh wäre – er hat sich im üblichen Rahmen bewegt. Man könnte nun über den Lehrbetrieb der damaligen Zeit nachdenken, doch vielversprechender erscheint mir, dem Thema Selbstrepräsentation des Adels nachzugehen. Rau analysiert in seiner Arbeit über Bismarck und Varzin das adelige Landleben am Beispiel eines Besuchs des Grafen Keyserling. Die Gesellschaft unterhielt sich einen Abend lang mit Geschichten, die ihr die naturgegebene Überlegenheit der Adeligen über die Bürger bewiesen, wozu der Studienfreund Keyserling beisteuerte, Bismarck hätte in einer Woche nachholen können, was sie nur in mehreren Jahren lernen konnten. Bedenkt man außer der Schlichtheit der Angeberei noch das Verschweigen von Bismarcks Repetitor, so kommt man, wie Rau, der politischen Funktion dieser Erzählung näher.

Die väterliche Welt ist die Adelswelt angeborener Rechte, die mütterliche die Welt der Bürger, die lernen und etwas leisten müssen, wenn sie in der Verwaltung des Staates vorankommen wollen. Auch hier hebelt die moderne Adelsforschung die Konflikte weitgehend aus, unter denen Bismarck gelitten haben soll. Selbst wenn man nur einen Blick auf die Ausbildungsgänge adliger preußischer Politiker, Beamter und Diplomaten der Bismarckzeit sowie der pommerschen Verwandten und Freunde von Bismarck und seiner Frau wirft, ergibt sich ein konformes Bild: Abitur, Jurastudium, Ausbildung zum Referendar und zum Assessor. Der Staatdienst hatte sich professionalisiert, auch Adlige mussten nun Zeugnisse über eine Ausbildung vorlegen. Wenige Verwandte kehrten schon nach dem Universitätsexamen aufs Land zurück oder brachen die Ausbildung als Referendar ab – wie Bismarck. Der Grund dafür lag nicht etwa in seiner Brust, sondern in seinen horrenden Spielschulden. Der Regierungspräsident in Aachen schickte ihn mit dem Rat nach Hause, erst einmal seine Verhältnisse ehrenhaft zu ordnen. Das schränkt die Aussagekraft seines Satzes, er scheide aus dem Dienst, weil er lieber befehlen als anderen gehorchen wolle, doch sehr ein. Der Satz ist ein Alibi vor einer Verwandten. Er ging aufs Land, weil seine Eltern, sein Bruder und er selbst darin die einzige Möglichkeit sahen, Geld zu verdienen und ihre Güter zu behalten. Er brauchte fast dreißig Jahre, um seine Schulden und die seines Vaters zurückzuzahlen. Er hat seine Spielschulden selbst vor seinem Bruder verschwiegen, nur seine Frau wusste davon.

Auch der Gegensatz zwischen Stadt und Land hat seine Seele nicht zerrissen. Ein Drittel des preußischen Adels lebte damals auf dem Land, ein Drittel in der Stadt und ein

Drittel lebte auf dem Land und in der Stadt – zu diesem Drittel gehörten Bismarck sowie die meisten hohen Beamten, Diplomaten, die Generäle und die preußischen Minister. Es war das angesehenste Drittel des Adels. Zum einen definierte immer noch Herrschaft über Land und Menschen den Adel und hob ihn aus der Gesellschaft – nur 0,1 % der Bevölkerung waren adelig – heraus. Zum andern musste, wer im Staatsdienst war, standesgemäß auftreten. Was das praktisch im Lauf der Jahre bedeutete, bestimmte der preußische König und Kaiser, der die Adligen damit sozusagen an der Leine des Hofes hielt. Im Alltag bedeutete das: Ein Adliger im Staatsdienst brauchte zwei Einkommensquellen. Die eine war das Gehalt, das der Staat ihm zahlte, die andere sein Privatvermögen, das meist ein oder mehrere verpachtete Güter lieferten. Ende des 19. Jahrhunderts mussten angehende Diplomaten beim Diensteintritt sogar ein Privateinkommen in einer festgelegten Höhe nachweisen. In der schönen Jahreszeit ging man in ein Kurbad und verbrachte einige Monate auf seinem Land. Bismarck war nur gern auf dem Land, wenn seine Frau bei ihm war. Frau und Tochter wären oft lieber in Berlin geblieben, aber er war es, der dem Hofleben aus dem Weg gehen wollte, dem zeitraubenden und oftmals quälenden Zusammensein mit dem Kaiser. Zudem wollte er seinen Kindern durch straff geführte Güter ein Vermögen und damit ein standesgemäßes Leben sichern.

Dieses alles nimmt Bismarck nichts von seinem Ideenreichtum, seiner Kampfeslust, seiner Klugheit und seinem Mut.

* * *

Ich stand, wie wohl jede Sachbuchautorin, jeder Sachbuchautor, vor dem Problem des Apparates in einem für ein breiteres Publikum gedachten Buch: Eine durchweg belegte

Doppelbiographie würde für fast jeden Satz Anmerkungen erfordern und das Buch zur Unhandlichkeit aufblähen und auch zu teuer werden lassen. Daher habe ich einen Kompromiss gewählt. Zitatnachweise und Bibliographie werden jeden Geübten schnell die Quellen finden lassen, die ich benutzt habe, und die Darstellungen, deren Autoren ich verpflichtet bin. Dem Ungeübten dagegen werden sie einen kleinen, nicht allzu verwirrenden Einblick in die Arbeitsweise einer Biographin geben.

In diesem Buch möchte ich vor allem den Damen und Herren der Staats- und Universitätsbibliothek Bremen danken. Sie haben mir wieder einmal Berge von Büchern aus ganz Deutschland besorgt. Bei kleinen Pannen haben sie mich mitgenommen in die langen Gänge der Magazine, und wenn ich nach alten bibliographischen Angaben Titel und somit Standorte in anderen Bibliotheken nicht finden konnte, sind sie in die digitalen Gänge vorgedrungen, die den Bibliothekaren allein vorbehalten sind. Sie haben mich mehrfach verblüfft und mir immer geholfen.

Ulf Morgenstern von der Otto-von-Bismarck-Stiftung danke ich für seinen Spaziergang zum Sarkophag Johanna von Bismarcks, um die Inschrift abzuschreiben. Sie war ein beliebter Taufspruch, und wir kamen überein, dass es uns nicht wundern würde, wenn dies auch ihr Taufspruch wäre.

Gesine Dammel danke ich herzlich für ein sorgsames und feinfühliges Lektorat.

Mein Hauptdank zum Schluss gilt meinem Mann Per Hoffmann. Wann immer meine Entschlusskraft angesichts der kaum überschaubaren Bismarck-Literatur erlahmte, hat er mich, gutgelaunt und nach Anweisung von Bismarcks Arzt Dr. Schweninger, vorzüglich bekocht und ermuntert.

ANMERKUNGEN

ABKÜRZUNGEN

B	= Otto von Bismarck
GW	= Die gesammelten Werke. Bd. 1-15, Berlin 1924-1935 (Friedrichsruher Ausgabe)
JvB	= Johanna von Bismarck
JvP	= Johanna von Puttkamer
NFA	= Neue Friedrichsruher Ausgabe: Gesammelte Werke. Paderborn 2004ff.
Sp	= Tagebuch der Baronin Spitzemberg
1900	= Bismarcks Briefe an seine Braut und Gattin
1903	= Bismarcks Briefe an seine Gattin aus dem Kriege 1870/71
1915a	= JvB: Lebensbild in Briefen. Hg. von Ed. Heyck
1915b	= Briefe Bismarcks an Schwester Malwine und Schwager Oskar
1922	= Bismarcks Briefe an seinen Sohn Wilhelm
1924	= JvB: Briefe an Sohn Wilhelm und Schwägerin Malwine
1927	= Fürst Bismarcks Briefe an seine Braut und Gattin. Hg. von E. von der Hellen
1931	= Die Brautbriefe der Fürstin Johanna von Bismarck
1990	= Bismarcks Briefe an seine Frau. Hg. von Gisela Donath

13 »Verehrtester Herr ...« B an Puttkamer, wohl 21.12.1846, GW 14,1, 46-48

16 »tatsächliche Zeugnisse von ...« und »nicht versaget« Sell, 32f.

– »nachzujagen dem Frieden ...« B an Puttkamer, 4.1.1847, GW 14,1, 48f.

17 »Reinfeld 12. Januar ...« GW 14,1, 49

– »Ist Johanna in ihrer ...« Antonie v. Blanckenburg an Malwine v. Arnim, 14.1.1847 (1915 b), 42-45

18 »noch immer haufenweise ...« B an Malwine, 16.1.1847, GW 14,1, 49
- »Johannas Verlobter« und der »tolle Bismarck« Keudell, 5
22 »Habit« alles nach Hedwig von Bismarck, hier 19, »eine Fischnatur, »nervös« 27
25 »ins physische Leben« Ludwig, 17
27 »Alles, was ihr tut ...« Kolosser 3,23, Mitt. von Klein, 20
- »Individuen des zweiten ...« B an seinen Vater, 25.8.1838, Schmidt, 162. Auch an Gustav Scharlach, 20.10.1835, schreibt B vom »zweiten Geschlecht«, Klein, 32
30 Selbstbeherrschung: nach Diemel, 26ff., und Kubrova, 110-113
31 »Heiratsantrag auf Helgoland« Sell, 4
34 »Auskultatorprüfung« nach Kolb, 10
- »Sehr gut« und das Weitere: Kolb, 11, Gall, 37
36 »adlige« Lebensweise: alles nach Frie, 88
- »mehr danach strebt ...« Beilage zu B an seinen Vater, 29.9.1838, GW 14,3, 14, zit. nach Gall, 44
37 550 Hektar: Kolb, 13
38 »Clique von ...« und »zum Hängen« B an Oskar v. Arnim, 31.10.1843, GW 14,1, 23, zit. nach Gall, 47
40 »Auch hat die felsenfeste ...« Petersdorff, 14
41 »Richtig ist, dass Gichtel ...« Petersdorff, 16
43 »Pray and keep ...« und »Das ist ja ...« Sell, 15
- »wüstes Leben« Marie von Thadden an Blankenburg, 9.2.1843, Klein, 48
44 »Komm und sieh ...« Marcks Bd. 1, 321
- »Geschlechterkette« dazu Diemel, 37, und Kubrova, 21
- »Ein einzig tiefes ...« Marcks Bd. 1, 321
47 »Mein gnädiges Fräulein ...« und »Entweder ...« Sell, 19
- »Der ganze Harz ...« und »Man merkt ...« Klein, 58
48 »aßen Eis und Musik« Sell, 23
- »gewittert« Marcks Bd. 1, 330
49 »mit tiefem Ernste ...« Marcks Bd. 1, 338
- »mit der sie diesen ...« B an Malwine 18.11.1846 (1915b), 40f.
50 »Wenn es Gottes ...« Moritz v. Blanckenburg am 6.12.1846, Marcks, Bd. 1, 343
51 »Reinfeld bei Zuckers« (1931), 22

- »bärtigen Ketzer« Sell, 35
- »korbbeladen« B an JvP, 7.2.47, GW 14,1, 55
- »ein großes und ...« B an seinen Bruder, 31.1.1847, GW 14,1, 50
52 »Sonntagsrock« Brauer, Bismarcks Schreibweise, 228
53 »nur dies eine Mal laß ...« JvP an B, 29.1.1847 (1931), 22f.
- »Angela mia« B an JvP, 29.1.1847, GW 14,1, 49f.
- »als ob wir Arm in Arm« B an JvP, 1.2.1847, GW 14,1, 50ff.
54 »bist Du doch so ...« JvP an B, 5.2.1847 (1931), 24ff. Rechtschreibung sic! Groß- und Kleinschreibung derselben Wörter gehen oft durcheinander.
- »ich liebe Dich wie ...« B an JvP, 7.2.1847, GW 14,1, 53ff.
55 »Wein liebte ich ...« William Shakespeare, König Lear, aus dem Englischen übertragen von Wolf Heinrich Graf Baudissin, Stuttgart 2001
- »Wenn Du Dich zu ...« im selben Brief vom 7.2.1847, Sempell, 615, Anm. 15
- »eine dunkle warme ...« B an JvP, 17.2.1847, GW 14,1, 58ff.
55f. »Mendelssohn's wildeste Lieder« bis »Deine schwarze Katze« JvP an B, 12.2.1847 (1931), 28-35
56 »Die Nachricht von ...« B an Senfft-Pilsach, 11.2.1847, GW 14,1, 56f.
57 »zu deren ehrenvoller ...« B an JvP, 13. Febr. 1847, GW 14,1, 57f. Schulden, Vermögensstand, Ottilie von Puttkamer: nach Sempell
- »Wir verstehen uns ...« JvP an B, 18.2.1847 (1931), 36ff.
58 »Deine Handschrift ...« bis »Schwermuthsflügel« JvP an B, 22.2.1847 (1931), 46ff.
- »Ihnen ist ein ...« bis »Auf den kleinen ...« B an JvP, 23./24./25.2.1847, GW 14,1, 65ff.
59 »Eigentlich ist es doch ...« JvP an B, 28.2.1847 (1931), 62ff.
- »Ich theilte Vater ...« JvP an B, ihr erster Märzbrief (1931), 71ff.
- »Luna wirst Du ...« B an JvP, 11.3.1847, GW 14,1, 77ff.
- »auf dieses langjährige ...« B an JvP, 4.3.1847, GW 14,1, 72ff.

60 »Wenn ich nur begriffe ...« JvP an B, März 1847, 71ff.
- »das abscheulichste ...« und »der kalte schwarze ...« B an JvP, 7.3.1847, GW 14,1, 75ff.
- »la chatte la ...« B an JvP, 14.3.47, GW 14,1, 79ff.
- »für Zeit und Ewigkeit« und »Ach, ich mag ...« JvP an B, 18.3.1847 (1931), 96-100
- »Lieber Otto, zum ...« JvP an B, April, Reinfeld, Mittwoch (1931), 101
61 »Brodaufstand« B an JvP, 28.4.1847 (1990), 99ff.
62 »durch jeglichen Schmutz ...« und »Lerne Dich dankbar ...«, B an JvP, 5.5.1847, Sempell 614f. und GW 14,1, 85f.
- »Theuerste, einzige, geliebte ...« B an JvP, 8.5.1847, GW 14,1, 86
- »Kartoffelrevolution« und »Konstitutions-Pfannkuchen« alles nach Heimann, hier 19
63 »berichtigen« Kolb, 20
- »Löwen, der hier ...« und »Sie werden ...« Zechlin, 127
63 »bei Ihrem feurigen ...« Winter, 52f.
64 »Ich muß jetzt vor ...« B an JvP, 18.5.1847 (1990), 103
- »Auf dem Landtage ...« B an JvP, 26.5.1847, GW 14,1, 90f.
65 »Mein armes krankes Kätzchen!« B an JvP, 28.5.1847, GW 14,1, 92f.
- »Gegeben im Schloß ...« B an JvP, 4.6.1847, GW 14,1, 93
66 »Litanei von Unzufriedenheit« B an JvP, 18.6.1847, GW 14,1, 96
- »die Lehre des ...« alles nach Kolb, 20-22
- Zu Bismarcks Stimme: »Eine verloren geglaubte Tonaufnahme ist nach 123 Jahren aufgetaucht. Sie bietet eine überraschende Einsicht: Der Eiserne Kanzler hatte doch keine Fistelstimme.« Sven Felix Kellerhoff: Die Stimme aus dem Grab – Bismarck spricht zu uns. Welt vom 31.1.2012. Die Aufnahme ist vom 7. Oktober 1889, man kann sie auf YouTube anhören. S. auch Veröffentlichung der Otto-von-Bismarck-Stiftung.
- »wahrscheinlich am ...« B an JvP, 22.6.1847, GW 14,1, 96
- »Wie herrlich wäre ...« B an JvP, 1.7.1847, GW 14,1, 96f.
67 »Miesekätzchen« bis »Dich lieb ich ...« JvP an B, Ende April 1847 (1931), 103ff.

- »Ich las heute ...« JvP an B, 2. 5. 1847 (datiert nach GW 14,1, 85, Anm. 1) (1931), 107
68 »krank ärgere« Marcks, Jugend, 381
- »Flur und Wald ...« H. v. Puttkamer an JvP, 10. 5. 1847, Schmidt, 177
- »aber so viele ...« JvP an B, Mai 1847 (1931), 125
69 »Wenn ich nur ...« JvP an B, Mai 1847 (1931), 137ff.
- »die liberalen ...« JvP an B, 25. 5. 1847 (1931), 141 ff.
- »gallenbitter im ...« JvP an B
70 »Wir werden uns ...« bis »Glanzlose Augen ...« JvP an B, Ende Juni 1847 (1931), 157 ff.
- »daß ich mich gar ...« bis »Wenn Du ...« JvP an B, 25. 6. 1847 (1931), 162
71 »Ach Otto – bitte ...« JvP an B, Ende Juni 1847 (1931), 161
75 »Es ist solch ein ...« Sell, 53
76 »Silberfond« Winter, 58
77 »ihre Melancholie ...« B an seine Schwester, vor 30. 12. 1847, GW 14,1, 101
78 »Meine Damen sind ...« B an seinen Bruder, 1. 3. 1848, GW 14,1, 102
79 »daß die deutschen ...« JvB an G. v. Thadden, März 1848 (1915a), 11 ff.
80 »herrschaftliche Paar« Kubrova, 153
84 »Um acht war meine ...« B an H. v. Puttkamer, 21. 8. 1848 (1990), 118
- »Das kleine Wesen ...« B an L. v. Puttkamer, 24. 8. 1848 (1990), 119
85 »Das Kleine ist ...« B an seinen Bruder, 28. 9. 46, GW 14,1, 114
- »Kamarilla« alles nach Kolb, hier 28
- »Ich sehe nicht ein ...« R. v. Thadden-Trieglaff, Erinnerungen, 134
86 »Ich wollte meine Tochter ...« Sell, 61
- »Ministerium der rettenden Tat« nach Kolb, hier 27
- »Kabinett oder ...« B an JvB, 15. 11. 1848, GW 14,1, 119
- »Politisch geht mir ...« B an JvB, 17. 11. 1848, GW 14,1, 120
87 »Nur zu brauchen ...« Lucius, 20
- »Vereins für König ...« Petersdorff, 147
88 »Mein süßes Herz ...« B an JvB, 29. 3. 1849, Winter, 73

89 »vormärzlich« Keudell, 22
90 »Dreck und ...« und »Wurstbrezel ...« Gall, Bürgertum in Deutschland. Berlin 1989, 321
- »Gott recht innig ...« B an JvB, 6.7.1849, GW 14,1, 128f.
92 Wahl, Abgeordnetenhaus, Herrenhaus nach Heimann, 22ff.
- »Die Frage wird ...« B an JvB, August 1849, Kolb, 30
- »Du bist der süßeste ...« Winter, 73
- »Wann werden wir ...« B an JvB, 17.8.1849, Winter, 73
93 »Ich muß das Deiner ...« B an JvB, 27.8.1849, GW 14,1, 136
- »manchmal schlaftrunken ...« B an JvB, 31.8.49, GW 14,1, 136
- »Die Trennung ...« B an JvB, 19.9.1849, GW 14,1, 143f.
- »Du kannst das doch ...« B an JvB, 25.9.1849, GW 14,1, 145
- »Mein Liebchen ...« B an JvB, 27.9.1849, GW 14,1, 145
94 »nur in offene Arme ...« B an JvB, 28.8.1849, GW 14,1, 145
- »... kommmmm, ...« B an JvB, Oktober 1849, Winter, 73
- »Alle Frauen fürchten ...« B an JvB, 3.10.1849, GW 14,1, 148
- »und ich habe niemand ...« B an JvB, 4.10.1849, GW 14,1, 148
- »Also noch 3 mal ...« B an JvB, 7.10.1849, GW 14,1, 148
95 »blutdürstige Freude« und »unpolitisch«, B an L. v. Puttkamer, 4.11.1849, GW 14,1, 149
- »regnen die Rechnungen ...« B an seinen Bruder, 3.11.1849, GW 14,1, 149
97 »wahre Bestimmung« nach Kubrova, 143-145
- »wie ein Fähnrich« und das Weitere: Keudell, 34f. - die wörtliche Rede ist hier wie in anderen Memoiren sicher nicht ganz authentisch
98 »Unionspolitik« nach Kolb, 29f.
- »alle Deine Liebe ...« B an JvB (9.4.1850), GW 14,1, 154
99 »Ich sehe mich ...« B an seine Schwester, 8.7.1850 (1915b), 62f.
- »Ich erzähle hier ...« B an JvB, 29.9.1850, GW 14,1, 164
100 »Ich sehne mich ...« und »hier aber ist es ...« B an JvB, 1.10.1850, GW 14,1, 166f.
- »durch Krieg und ...« B an L. v. Puttkamer, 15.10.1851, GW 14,1, 174f.

- »bei allem Gehorsam ...« Winter, 79
102 »Ich suche die preußische ...« B im Landtag, 3.12.1850, nach Klein, 97
103 »bettelarm« und »Schicke mir doch ...« Winter, 82
- »Ihr habt Euch ...« B an JvB, 28.4.1851 (1927), 142
- »Was sprichst Du ...« B an JvB, 3.5.1851 (1927), 144
104 »echte Preußin« Winter, 85
- »Spiel und Tanz ...« B an JvB, 12.5.1851 (1927), 147
107 »steif und ehrbar ...« und »für das kalte Bad...« B an JvB, 14.5.1851, GW 14,1, 210ff.
- »Was macht Dir ...« B an JvB, 8.5.1851, GW14,1, 231
107f. »toben« und »mit Sauce ...« B an JvB, 3.7.1851 (1927), 160ff.
108f. Visiten: alles nach Diemel, 169
108 »Schulden wollen wir ...« und alles Weitere: B an JvB, 14.5.1851, GW 14,1, 210f.
109 »Wird Dir nicht bange ...« B an JvB, 12.5.1851 (1927), 147f.
- »Ich weiß nicht, wie ...« B an JvB, 3.7.1851 (1927), 161
- »sondern in einer brutalen ...« B an Kleist-Retzow, 4.7.1851, Sempell
110 »da nahm ich einen ...« B an JvB, 8.7.1851, GW 14,1, 231
111 »die schöne Welt« B an JvB, 14.5.1851, GW 14,1, 211
- »ekelhaft« B an JvB, 4.6.1851, GW 14,1, 216
- »Die Damen hier ...« B an JvB, 10.6.1851, GW 14,1, 218
- »Die Gesellschaft zieht ...« B an JvB, 14.5.1851, GW 14,1, 211
112 »Ach, nimm Dich ...« L.v. Puttkamer an JvB, Januar 1852, Winter, 93
113 »Warum denkst Du ...« B an JvB, 19.6.1852 (1927), 173ff.
114 »Ich weiß immer nicht ...« (1931), Anm. auf S. 7
- »so recht zum Herzen ...« Becker, 147
115 »Lebensfreudigkeit« (1931), Einleitung
- »himmelangst« und alles Weitere: JvB an Eisendecher, 23.8.–6.9.1853 (1915a), 17-23
116 »von denen mich sonderbarer...« B an JvB, 30.8.1853 (1927), 186f.
- »anmutiger Herzlichkeit« und alles Weitere: Keudell 40f.
117 »hat man wieder ...« JvB an Keudell, 22.1.1854, Keudell, 44

118 »aus einem Guß« und alles Weitere: Erzählung des Herrn von Oertzen, Klein, 127f.
120 »die uns gar nicht ...« und das Weitere: Keudell, 41f.
121 »Schlepptau der Wiener Politik« alles nach Kolb, hier 40
– »drei Monate lang ...« Keudell, 45
121 bis 124 »... mit drei Kindern ...« bis »Die Örtzen ist mir ...« JvB an Eisendecher, 14.7.–21.10.1854 (1915a), 25-58
125 »nie etwas anderes ...« Keudell, 48f.
– »Adolescentenball« und das Weitere: Tagebucheintragungen Crüger 11.2. und 23.2.1855, Demeter, 316-318. Die alte Frankfurter Sitte: Sell, 80
126 »wußte wieder ...« JvB an Eisendecher, Himmelfahrt, (1915a), 62f.
– »Unter zeitweiligen Gentlemanformen ...« E. v. Wertheimer: Bismarck im politischen Kampf (1930), 34, zit. nach Gall, Bismarck, 135
– »Strenge Redlichkeit ...« und »freundlich klug ...« Motley, 25.7.1855, Bismarck Gespräche, 43f.
127 »Ich bin den ganzen ...« Motley an seine Frau, 30.7.1855, Klein, 117
128 »Wenn auch der Prinz ...« Sell, 84
– »Obgleich ich bei ...« und das Weitere: Hedwig von Bismarck, 137
129 »den Geheimen Legations-Rath ...« und »Muß ich dahin?« Winter, 97
130 »Realpolitik« alles nach Kolb, hier 4
– »Ich bin heute ...« und das Weitere: Keudell, 56f.
131 »Das kleine Buch ...« Kolb, 46
132 »sehr licht weiß« B an seine Schwester, 14.12.1857 (1915b), 81
– »äußerst niedlich ...« B an seine Schwester, 2.1.1858 (1915b), 83
133 »Petersburg hat doch ...« Kolb, 47
– »Meine einzige Tochter!« B an seine Tochter, 17.3.1859 (1931), 209-211
134 »Wieder Strohwitwe« Winter, 107
135 »Zwölf Jahre haben ...« JvB an Keudell, 30.3.1859, Keudell 70
– »Ach, mein Liebling ...« Winter, 19

135 f. »als sollte« bis »Freundschafts- und ...« JvB an Wally Becker, April 1859, Becker 158 ff.
136 »wie blasiert sie ist« Winter, 120
- »aber nach Frankfurt ...« JvB an Eisendecher, 12. 5. 1859 (1915a), 76
- »Koch's- und Fuhrmanns' ...« JvB an Eisendecher, 14. 6. 1859 (1915a), 77 f.
137 »Schimpfe also über ...« B an JvB, 29. 3. 1859 (1927), 197 f.
138 »in Betreff der ...« B an JvB, 4. 4. 1859 (1927), 199 ff.
139 »Bitte sieh in ...« B an JvB, 21. 4. 1859, GW 14,1, 514
- »Der Feldjäger rasselt ...« B an JvB, 28. 4. 1859, GW 14,1, 515
140 »Ich bin auf alles ...« Schlözer an seinen Bruder, 18./6. 4. 1859, Schlözer, 122 f.
141 »jammervollen Zustande« JvB an Keudell, 12. 8. 1859, Keudell, 71 f.
142 f. »Gott bewahre ...« bis »zurückrumpeln« JvB an Eisendecher, 19. 10. 1859 (1915a), 89 ff.
143 »Kränklichkeit bestimmt ...« L. v. Puttkamer an Kleist-Retzow, Petersdorff, 17
144 »auf nervösem Boden« JvB an Eisendecher, 19. 10. 1859 (1915a), 89 ff.
- »Ach Moritzchen ...« JvB an M. v. Blanckenburg, 27. 11. 1859 (1915a), 100
- »ach, wie gern ...« JvB an Eisendecher, 5. 12. 1859 (1915a), 103
145 »etwas zu finden ...« JvB an Eisendecher, 16. 12. 1859 (1915a) 106 ff.
- »Was wird nun?« JvB an Keudell, 30. 1. 1860, Keudell 74 ff.
146 »wartefrauartigen ...« JvB an Keudell, 23. 2. 1860, Keudell, 117
- »Himmel welche Idee« JvB an Eisendecher, April 1860 (1915a), 121
147 »Das fehlte jetzt gerade ...« Kolb, 50
147 f. »voll maßloser ...« bis »so köstlichen ...« JvB an Eisendecher, 1. 8. 1860 (1915a), 129 ff.
148 »eine merkwürdige, unendliche ...« JvB an Keudell, 23. 6. 1860, Keudell, 76 f.

- »bequemste ...«, »wie ein durchsichtiges ...« JvB an Eisendecher, 1.8.60 (1915a), 132
149 »liebe theure Keudell ...« JvB an Marie Becker, 8.9.1860 (1915a), 135
- »Seit der Krankheit ...« Kolb, 50
149f. »Überhaupt fürchtet ihn ...« Schlözer an einen Freund, 16./4.8.1859, Schlözer 137; »Strich unter ...« August 1860, 155; »Er ist die verkörperte ...« Oktober 1860, 156; »Mein Pasch lebt ...« Ende Oktober, 160
150 »Alle standen krumm ...« JvB an Keudell, 12.6.1860, Keudell, 80
151 »und so fehlt ...« JvB an M.v. Blanckenburg, 27.10.1860 (1915a), 137ff.
- »Wir gehen nun 6 Monate ...« JvB an Keudell, 24.11.1860, Keudell, 83
152f. Audienzen nach Diemel, 94ff.
- »beinahe fertig« bis »so grundvornehm« JvB an Marie Becker, 7.2.1861 (1915a), 143ff.; an von Eisendecher, 8.2.1861 (1915a), 146ff.; an Keudell, 2.2.1861, Keudell, 83f.
153 »fremden Häusern ...« B an seine Schwester, 9.12.1860 (1915b), 115ff.
154 »immer sanfter ...« Brief Schlözer, März 1861, Schlözer 200
156 »Drillingen oder Vierlingen« JvB an Eisendecher (1915a), 146ff.
158 »vor innerer Ungeduld ...« JvB an Keudell, 15.10.1861, Keudell, 82
159 »wie meine unwissenden ...« JvB an Keudell, 29.1.1862, Keudell, 84
160 »Alle – Großfürstinnen ...« JvB an Eisendecher, 4.2.1862 (1915a), 161ff.
- »Es geht nichts ...« Keudell, 89
161 »wenn ich mich in ...« Keudell, 93
162 »aufrichtig lebhaft« JvB an Robert von Keudell, 30.4.62, Keudell, 93f.
163 »Sollte ich ...« B an JvB, 17.5.1862, GW 14,2, 586
- »blaue Landleben« Zechlin, 246
165 »Du kannst nicht ...« B an JvB, 1.6.1862 (1927), 222f.
- »Wilhelmstraßen-Gefängnis« JvB an Keudell, 21.6.1862, Keudell, 95

- »jeder Balkon ...« B an JvB, 1.8.1862 (1927), 229-231
166 »Du kennst die Frau ja ...« B an JvB, 10.8.1862, GW 14,2, 610
- »Reinfeld im blauen ...« B an Roon, 17.7.1871, Roon, Bd. 2, 33
- »Ich finde mich ...« JvB an Marie Meister geb. Becker, 26.7.1862, Sell 120ff.
167 »Du weißt, wie mir ...« B an seine Schwester, 20.8.1862 (1915b), 141
- »die liebenswürdigste ...« B an JvB, 25.8.1862, GW 14,2, 615
- »Ich bin ganz Seesalz ...« B an JvB 11.8.1862, Klein, 147
168 »Es war nicht leicht ...« Berliner Zeitung vom 10. Februar 2012. Vorfall vom 22.8.1862
169 »wenn ich Anlage ...« JvB an Keudell, 7.9.1862, Keudell, 96f.
- »die Sittenverderbnis ...« JvB an Eisendecher, Himmelfahrt 1855/56 (1915a), 62
- »verändert und recht ...« Keudell, 158
170 »Deine C. Orlow ...« JvB an B, 8.9.1862, Winter, 147
- »Meine Sachen liegen ...« B an Roon, 12.9.1862, Roon, Bd. 2, 109
- »Periculum ...« Klein, 147
171 »ich gönnte sie ...« JvB an B, nach dem 12.9.1862, Winter, 148
172 »lieber mit dem Könige« Bismarck, Gedanken und Erinnerungen, 1915, Bd. 1., 296
- »Schurken« etc. GEO, 52
- »Arme Mama ...« Eyck, 417
- »Ja, im Sattel ...« Zechlin, 255
173 »unser« B an JvB, 24.9.1862, GW 14,2, 621
- »am Ende ganz ...« JvB an Keudell, 24.9.1862, Keudell, 97
- »bitterwenig« und »Wie werde ich ...« JvB an Eisendecher, 22.11.1862 (1915a), 169f.
177 »Generalszug« alles nach Ribbe, Bd. 3, 660-664, hier 663, Einzelheiten auch nach Engel.
179 »Depeschentür« alles über Wilhelmstraße und Auswärtiges Amt nach Demps, hier 89
180 »Jüngchen!« Keudell, 133

181 1861 erschienen 32 Zeitungen und 58 Wochenblätter = Mellies 230
- »wahrer aristokratisch-feudaler Unhold« und alles Weitere: Kolb, 55
- »Nicht auf Preußens ...« Rede am 30. 9. 1862, Kolb, 56
182 »Herr, hilf mir« Petersdorff, 340
- »Gott der Herr« B an JvB, 1. 10. 1862, Meyer, 6
- »Ich sehe ganz ...« Unterredung am 4. 10. 1862, Klein, 154
183 »Aller Anfang ist ...« B an JvB, 7. 10. 1862, Kolb, 55
- »demokratische revolutionäre ...« Winter, 155
184 »Diesen Schwirr ...« JvB an Keudell, 27. 1. 1863, Keudell, 116f.
- »Wer die Macht ...« alles nach Kolb, hier 57
185 »um das Almosen ...« B an C. Orloff, 28. 1. 1863, Orloff, 103
186 »geselligen Wirrwarr« JvB an Keudell, 26. 3. 1863, Keudell, 118f.
- »Hof und Stadt« B an C. Orloff, 28. 1. 1863, Orloff, 103-105
187 »Frau von Bismarck ...« und das Weitere: Sp, 3. und 4. Juni 1863, 49
- Malwines Erziehungsversuche: Holstein Bd. 1, 47f.
185-197 Zum Verfassungskonflikt: Kolb, 58
188 »Warschauer Henkerkommission« Klein, 159
- »über diese Knechtschaft« und »Es ist schwer ...« B an Gräfin Borcke-Stargodt, 2. 5. 1863, Marcks, Erinnerungen, 375f.
191 »Schicke mir mit ...« B an JvB, 24., 27. und 28. Juni 1863, GW 2, 642f.
- »Daß Du in Potsdam ...« B an JvB, 27. 6. 1863, GW 2, 642
192 »wollen den König ...« B an seine Tochter, 24. 8. 1863 (1931), 216ff.
194 »Mine, zieh mir ...« Sell, 129
- »wir einst wieder ...« und »Ach, wir sind ...« JvB an Eisendecher, 14. 9. 1863 (1915a), 171ff.
- »Ich habe manchmal ...« B an C. Orloff, 16. 9. 1863, Orloff, 106f.
195 »Es kommt mir vor ...« Keudell, 126
- »Er ist ein gewaltiger ...« Keudell, 127f.

196 »… lieber Herr Keudell …« JvB an Keudell, Oktober 1863, Keudell, 128
197 »und deren Aufhören …« JvB an Marie Meister, Sell, 131 f.
- »als ob man …« Keudell, 139-142
199 »Man kann nicht …« Meyer 7, dazu 64, Anm. 2
200 »herrliche Gelegenheit …« Keudell, 134
201 »Eine reizende Eigenschaft …« Keudell, 137
- »riesenhafte Bouquets« und »Unberufen …« B an JvB, 20. 7. 1864, GW 14,2, 672
202 »Vor einer solchen Hetztour …« JvB an B, 1. 7. 1864, Winter, 167
203 »nach den nothdürftigsten …« B an JvB, 11. 9. 1864 (1927), 247f.
- »Arsenal von …« B an Roon, 18. 9. 1864, GW 14,2, 677
204 »Ob von da nach …« B an JvB, 30. 9. 1964, GW 14,2, 679
- »so dick und …« B an JvB, 3. 10. 1864, GW 14,2, 679f.
- »Da bin ich …« B an JvB, 7. 10. 1864, GW 14,2, 681
- »Mir fehlt zum Behagen…« B an JvB, 9. 10. 1864, GW 14,2, 682
205 »Ich werfe mir vor …« B an JvB, 11. 10. 1864, GW 14,2, 682
- »Gewissensunruhe …« B an seine Schwester, 12. 10. 1864 (1915b), 147
- »Sei sehr fröhlich …« JvB an B, 13. 10. 1864, Winter, 168
- »Könntest Du gesund …« B an JvB, 17. 10. 1864 (1927), 249f.
206 »bei offenem Fenster …« B an JvB, 23. 10. 1864 (1927), 250
- »nun aber gehen die …« B an JvB, 30. 10. 1864, GW 14,2, 686f.
207 »Ich habe den beiliegenden …« C. Orloff an B, November 1864, Orloff, 84
- »so matt und …« JvB an Eisendecher, 10. 11. 1864 (1915a), 176-178
- »möglich, daß ich sehr …« B an JvB, 11. 7. 1865 (1927), 252
208 »Wenn aus Biarritts …« B an JvB, 1. 8. 1865 (1927), 252f.
209 »danke Gott mir …« B an JvB, 21. 8. 1865 (1927), 253f.
- »eine nicht leicht …« Keudell, 224
- »in hetzjagender« bis »Der Kaiserin …« JvB an Keudell, 8. 10. 1865, Keudell, 231-235
210 »Liebe Katharina!« B an C. Orloff, 21. 10. 1865, Orloff, 113

- »Wir haben das etwas ...« JvB an Keudell, 24. 10. 1865, Keudell, 237
212 »niemals irgend einen ...« Keudell, 254
- »gottlos«, »Reichsverräter« GEO, 48
- »Otto ist darüber ...« Roon an Blanckenburg, 25. 4. 1866, Klein, 187
213 »Deutschland ist nicht ...« Artikel »Krieg und Bundesreform« von Ludwig von Gerlach in der Kreuzzeitung vom 8. 5. 1866, nach Petersdorff, 371
- »Erschrick nicht, mein ...« Sell, 148
214 »Ottochen ...« Sell, 148
- »Bismarck hoch!« Keudell, 263
215 »Die täglichen Loosungen und Lehrtexte ...« gibt es heute noch, nun im Internet
- »Es wird mir doch ...« Meyer, 10
- »Mehrmals hatte ich ...« Keudell, 263
217 »Wasser in den brausenden ...« B an JvB, 9. 7. 1866, GW 14,2, 717
218 »Warum werden eigentlich ...« B an JvB 18. 7. 1866, Klein, 196
- »Hier sorgen alle ...« JvB an Keudell, 17. 7. 1866, Keudell, 298
219 »maßgebenden Nervensysteme« Roon am 24. 7. 1866, nach Klein, 198
- »Ich hätte es so gern ...« B an seinen Sohn Bill, 1. 8. 1866, (1922), 14 f.
221 »Wir haben viel Angst ...« JvB an B, 27. 7. 1866, Winter, 184
222 »immer um 6 Uhr ...« JvB an Keudell, 13. 10. 1866, Keudell, 319
223 »rappeltoll« JvB an Keudell, 8. 11. 1866, Keudell, 330-332
224 »Diese Zeilen schmiere ...« Karl v. Bismarck-Bohlen an Keudell, 14. 11. 1866, Keudell, 333 f.
225 »Eine ältere Dame ...« Kürenberg, 201
225 »Die Frau ist des ...« Winter, 186
- »voll dank und guter Zuversicht« Keudell, 345
226 »Aber sagen Sie ...« M. und C. F. Lutteroth, dazu Koch-Gontard, 296 f.
229 »Visitentournée« Diemel, 44

230 Sprech-Cour und Defilier-Cour: nach Röhl, Hof & Staat, 101f., und Diemel
- »oft kreuzweise zusammenklappen« JvB an Frau Anna v. Puttkamer-Versin, 6.2.1865 (1915a), 179
231 »Man ist dankbar...« JvB an ihren Vater, März 1870, Winter, 181
232 »was nicht zu den Scherzen ...« JvB an ihren Vater, März 1870, Winter, 180
- »Frau Bundeskanzler« laut Bülow, 177.
233 »Ich finde mich ...« B an JvB, 27.6.1867, GW 14,2, 726
234 »Komm doch nur ...« B an JvB, 30.6.1867, GW 14,2, 726f.
- »ein altes verwohntes ...« JvB an Keudell, 15.7.1867, Keudell, 372
- »hübschen Rappen ...« JvB an Anna v. Puttkamer-Versin, 19.7.1867 (1915a), 189ff.
- »Sie kennen ja ...« JvB an Keudell, 23.7.1867, Keudell, 375
236 »Deputanten« Varzin: alles nach Rau, Einzelheiten nach Westphal, hier 36
- »Er hat den Sonntag ...« JvB an Keudell, 26.9.1868, Keudell, 396
238 »Wir folgen dir ...« Keyserling, Lebensbild Bd. 1, 540ff.
- »Vor allem aber ...« König Wilhelm an B, 26.2.1869, Klein, 220f.
239 »täglich Biarrits« JvB an Keudell, 10.9.1869, Keudell, 415f.
- »müssen zum Aufbrennen ...« JvB an Eugenie v. Thadden, 15.7.1869 (1915a), 202f.
- »Ob er's auf die Dauer ...« JvB an Eisendecher, 18.5.1869 (1915a), 199ff.
241 »Gräfin Marie ...« Olfers, Bd. 2, 4
- »worüber ich ganz ...« JvB an Eugenie v. Thadden, März 1870 (1915a), 218
242 »die ewige Angst ...« JvB an Eisendecher, 13.5.1870 (1915a), 221f.
243 »über die große ...« B an seinen Bruder, 23.7.1870, GW 14,2, 780. Emser Depesche nach Kolb, 88. Krieg nach Kolb und Gall
244 »Herbert ungefährlicher ...« B an JvB, 17.8.1870, GW 14,2, 785
245 »Ach, es ist ...« JvB an Bill B, 29.8.1870 (1924), 23

- »Höllenbrut« JvB an M. v. Blanckenburg, 5.9.1870 (1915a), 228 ff., und an ihren Vater, 15.9.1870, Winter, 204
- »ich bin natürlich ...« JvB an Bill B, 11.9.1870 (1924), 26
- »Meine Frau wird ...« Whitman, 170
- »Es ist ein weltgeschichtliches ...« B an JvB, 3.9.1870, GW 14,2, 789f.

246 »Wenige Familien ...« B an Herbert B, 7.9.1870, GW 14,2, 791
- »Hätte ich die wundervolle ...« B am 28.9.1870, Busch, Tagebuchblätter Bd.1, 247

246f. »und die Dragoner ...«, »um in ...« B an JvB, 8.10.1870, GW 14,2, 795

247 »vor Sehnsucht fast ...« JvB an B, 9.10.1870, Winter, 207

248 »um das neue 1000jährige ...« B an JvB, 20.10.1870, GW 14,2, 796f.

249 »allgemeines Seufzen ...« alles nach Kubrova, hier 176. Lazarett: nach Hedwig v. Bismarck
- »Tod und Verderben ...« JvB an B, 10.10.1870, Winter, 211

250 »Ein Jubelschrei ...« Sp,16.12.1870, 114
- »Nun lege Gott ...« JvB an B, 27.12.1870, Winter, 222
- »Die deutsche Einheit ...« alles nach Kolb, hier 92
- »Ach, könnte ich doch ...« JvB an B, 27.11.1870, Winter, 217
- »Mich friert ...« B an JvB, 7.12.1870, Winter, 216

250f. »Wenn man zu lange ...« B an JvB, 7.12.1870, GW 14,2, 802

251 »Kinkerlitzchen« B an JvB, 12.12.1870, GW 14,2,803f.
- »Kaiser von Deutschland« Opitz, 60
- »Was wollen die Kerle hier!« Kolb, 93
- »Kaiser Wilhelm« Opitz, 60

252 »in grenzenloser Liebe ...« und »was sie will ...« JvB an B, 24.1.1871, Winter, 224
- »ganz nette Azalee(n)« JvB an B, 3.2.1871, Winter, 228

252 »Ich habe Gelegenheit ...« Stosch, Versailles 25.1.1871, Erinnerungen, 227

254 »– weibliche Wesen giebt's ...« JvB an Eisendecher, 25.3.1871 (1915a), 241-243
- »hohen Aristokratie« Rau, 110
- »Zum Schlusse soupierten ...« Sp, 15.4.1871

257 der »mächtige Diener«, Gedanken & Erinnerungen, GW 15, Buch II, Kap. 21, 438
- »Reichstagshaus« alles nach Demps, hier 125, und Engel, 147ff.
259 »Straße der Macht« Demps, 139 und 156
260 »Es sind nicht ...« B an seinen Bruder, 23.7.1871, NFA 3/1, 164f.
- »Ich glaube Gott ...« B am 16.3.1875, Meyer, 68, Anm. 2
261 »Es ist eine Eigenthümlichkeit ...« Gedanken & Erinnerungen, GW 15, Buch II, Kap. 21, 438
262 »Schulkrankheit« Sp, 16. Mai 1872
- »die nicht ganz leichte ...« JvB an Eisendecher, 29.4.1875 (1915a), 278
263 »zu viel für eine ...« Olfers, Bd. 2, 42
- Brandes, 91-94
265 »Wir alle in der ...« Bülow, 299
- »Kulturkampf« und »Kulturexamen« GEO, 165f.
- »Minister des Auswärtigen ...« Lucius, Februar 1872, 16
- »Mein Öl ist verbraucht ...« Lucius, 4.5.1872, 21
266 »Worte der Anerkennung ...« B an Wilhelm I., 1.8.1872, NFA 3/1, 370
- »schwierigsten Eigensinnigkeiten ...« JvB an Bill B, 18.12.1872 (1924), 30f.
267 »Wenn sie sich so widersacherig ...« JvB an Eisendecher, 14.4.1873 (1915a), 260
- »ganze feindliche Lager ...« JvB an Bill B, 12.5.1875 (1924), 37
268 »Man müsse betonen ...« Lucius, 21.3.1874, 43
- »Da wären wir ...« JvB an Marie Meister, 15.8.1874, Marcks, Erinnerungen, 399ff.
270 »auf einer im hohen ...« B an einen Redakteur des ›Hamburger Fremdenblatts‹, 7.9.1874, NFA 3/2, 198
- »Schweinebiest« bis »... nach Varzin abziehen« JvB an Eisendecher, 26.5.1875 (1915a), 280ff.
271 »Ach, überhaupt: das ...« JvB an Eisendecher, 12.9.1875 (1915a), 287
- »Haben Sie tausend ...« JvB an M. v. Blanckenburg, September 1875 (1915a), 285f.
273 »Sie hat mich nie ...« Holstein an Herbert B, 20.5.1874,

Richter, 31, Anm. 77. Alles Weitere: Richter 94f. sowie Holsteins Schriften
274 »Holstein segelte ...« JvB an Eugenie v. Thadden, 24. 1. 1878 (1915a), 298f.
275 »eigentümliche, wunderbar ...« Tiedemann, Sechs Jahre, 5
- »enthüllte er seine ...« Tiedemann, Persönliche, 22
276 »Eine Löwennatur ...« Tiedemann, Sechs Jahre, 120
277 »wäre ich Reporter ...« Sp, 10. 5. 1876
- »Ich kenne so gut ...« Sp,1. 4. 1877
278 »anstatt es einfach ...« Lord Odo Russell an Lord Derby, 7. 4. 1877, Briefe der Kaiserin Friedrich, 180
279 »Seit er fort ist ...« Tiedemann, Sechs Jahre, 137
- »rennt wie ein brüllender ...« Tiedemann, Sechs Jahre, 151
280 »Er ist es müde ...« Tiedemann, Sechs Jahre, 216
- Reichskanzlei: Das Bundeskanzleramt hat heute gut 450 Mitarbeiter in Berlin und etwa 30 in Bonn.
282 »Das liebe Berlin ...« JvB an Bill, 21. 4. 1878 (1924), 42
- »die chiffres athemlos ...« JvB an Bill, 29. 5. 1878 (1924), 44
285 »Nur durch seine gewaltige ...« Kongreß nach Radowitz, Bd. 2, 39f.
- »Reichshund« Artikel Wikipedia
- »O, mon Dieu! ...« Christa von Eickstedt-Peterswaldt, Bismarckworte, in: Marcks, Erinnerungen, 360
286 »Mit großer Freude ...« Petersdorff, 473
»sie habe ihm ...« Radowitz, Bd. 2, 96f.
288 »ins Privatleben ...« = »de rentrer dans la vie privée ...« B an Orloff, 19. 8. 1879, Orloff, 165f.
289 »beängstigend schlecht« Brandes, 95 und 338
291 »Im Staat habe ich ja ...« Brandes, 31
- »immer das Gefühl ...« Radowitz, Bd. 2, 153
- »liebe gute Fürstin« Sp, 20. 6. 1884
292 »Ich kann auch ohne ihn ...« alles nach Brauer, hier 134
293 »Dieses Ohrensausen ...« JvB an Marie Meister, 22. 8. 1880 (1915a), 308ff.
- »Geh und laß ...« Whitman, 169
- »Ottochen, höre doch bloß!« Eulenburg, 63
294 »unser großer Steuermann« Bülow, 286
- »die gute und liebe ...« Bülow, 286; »der lieben und ...«

Dryander, 157; »die liebe, gute ...« Sp, 20. 6. 1884; »gütige Frau«, Eulenburg, 76
- »kleinen buckligen Obernitz« Eulenburg, 74
295 »Das boshafte Geklatsche ...« Eulenburg, 75
- »Bismarck ist wieder ...« Eulenburg, 66
- »daß diese ganze Geschichte ...« Eulenburg, 60
296 »nichtssagend ...« Eulenburg, 57
- »recht schablonenhaft ...« Sp, 8. 6. 1878
- »da ich mich noch ...« Sp, 5. 2. 1879
- »äußerst unelegant ...«, »meist sehr hässlich ...« Sp, 6. 3. 1872
297 »vornehme Welt« Dölp, 89
298 »möchte nur den ...« Sp, 16. 11. 1887
- »besonders dieser Freund- und ...« Sp, 30. 1. 1881
298 »ein Leben für mich ...« Tiedemann, Persönliche, 14
299 »Gegessen wird hier ...« Tiedemann, Sechs Jahre, 400
300 »staatssozialistischer« Tiedemann, Sechs Jahre, 408
- »Die eigne Individualität ...« Tiedemann, Persönliche, 51
302 »wo ich doch in ...« Herbert B an Eulenburg, 30. 4. 1881, zit. nach Opitz, 93
- »Eigensinn« Kubrova, 23: Das damalige adelige Familienmodell und -verständnis schildere ich vornehmlich nach Wienfort, Kubrova und Reif.
305 »ganz furchtbar lieb« JvB an Bill B, 11. 10. 1879 (1924), 45 f.
- »Anderer Wünsche ...« Bill B an Holstein, 8. Sept. (1884), Holstein, Bd. 3, 120
- »Der leibhaftige Löwe ...« an Baron von Uexküll, 9. 10. 1871, Keyserling, Bd. 1, 639 f.
- »Bei einer Frau ...« Sp, 11. 4. 1888, 249 f.
306 »Das geht nicht ...« Holstein, Bd. 3, 53
- »wie meine Eltern ...« Herbert B an Holstein, 6. 12. 1884, Holstein Bd. 3, 128 f.
307 »fortwursteln« Schweninger, Andenken, 35
309 »Wenn Sie Ihren ...« Sell, 207
310 »Die Pflege der Fürstin ...« Holstein, Bd. 3, 120
311 »ganz zahm« Sp, 1. 4. 1884
- »Als ich zögerte ...« Sp, 20. 6. 1884
- »Auch die Fürstin ...« Lucius, 9. 7. 1884, 296
312 »mit Gefolge« Brauer, 148

- »Auf sich allein ...« Schweninger, Blätter, 182
313 »die Ursachen des ...« Reichstagsrede 2.4.1881, zit. nach Opitz, 73, alles Weitere: nach Kolb, 103-117. Zur Kolonialpolitik: Gabriele Hoffmann, Das Haus an der Elbchaussee, München 2010, 397-429
316 »Ich glaube, Bleichröder ...« Holstein, Bd. 3, 300
317 »mit ungefähr demselben ...« JvB an Bill B, 26.8.1886 (1924), 54ff.
- »einer alten Tänzerin ...« JvB an Marie Meister, 31.8.1887, Marcks, Erinnerungen, 417ff.
- »infamen Treppen« JvB an Marie Meister, 20.4.1888, Marcks, Erinnerungen, 419f.
318 »und nachher wahrscheinlich ...« JvB an Bill B, 14.12.1886 (1924), 58f.
319 »mal wieder ein ...« JvB an Bill B, 26.11.1886 (1924), 58
- »Die Frauen haben ...« Bülow, 595
320 »alles ruht auf ...« bis »Papa selbst ... stundenlang tut.« Herbert B an Rantzau, 2. Juli 1887 (1964), 458ff. Dazu auch Herbert B an seinen Vater, 10. Juni 1886 (1964), 366f. sowie 17. Juni 1887 (1964), 457
321 »durchaus richtig« bis »daß ihre Tränen ... zu reisen ...« Rantzau an Herbert B, 3. Juli 1887 (1964), 460
- »vergnügt und ganz unternehmend« Herbert B an seinen Vater, 26. Juli 1887 (1964), 462
- »versuchsweise« Brauer, 274
322 »von den alten ...« und »das Eigentümliche ...« Sp, 1.1.1888
- »gewaltiger Freund« Sp, 4.1.1888
- »die bloß von ...« und »rücksichtslosen ...« Sp, 1.1.1888
- »der alte Löwe ...« und »ziemlich resolut ...« Sp, 31.12.1887
- »Wir Deutschen fürchten ...« Klein, 347f.
323 »sei Schmeichlern ...« alles nach Kolb, hier 122
324 »Es fehlt meinem ...« Kolb, 124
325 »Er sagt ja darüber ...« Sp, 19.3.1890, 270
327 »die Treppe ...« B zu Waldersee, 15.6.1892, Waldersee 246
- »wie ein Bedienter ...« Kolb, 128
- »forsch zu sein ...« JvB an Bill B, 20.1.1890 (1924), 82
- »Pseudopolitik« Opitz, 95

328 »Die beiden alten ...« Sp, 22. 5. 1890
329 »gleichgültige Dinge ...« Brauer, 358
330 »Es wurde ja ...« Brauer, 360
331 »Der General gab ...« 26. 1. 1891, Waldersee 177 und Anm.
- »zu meinen alten ...« Sp, 4. 3. 1891
332 »in bessere Beziehungen« Sp, 5. 3. 1891
- »Das werde ich Schuwalow ...« Waldersee, 198
- »Wenn Fürst Bismarck ...« alles nach Röhl, Wilhelm II., Bd. 2, hier 661
333 »Die weibliche Post!« Poschinger, Freunde, 66
- »Er war freundlich ...« Petersdorff, 520
- »In meinem Alter ...« B an Bill B, 31. 7. 1891 (1924), 44
- »nichts versäumt ...« JvB an Helen von Taube, 6. 9. 1891, Keyserling, Bd. II, 656f.
335 »aber ich weiß davon ...« Whitman, 169, Harden in Hahn, 138.
- »Er ist ganz ...« Poschinger, Freunde, 66
- »drollig« und »Wer war denn ...« Lenbach, 89
337 »ungehorsamen Untertanen« Kolb, 131
- »in ersichtlicher ...« Herbert B an seinen Vater, 11. 6. 1892 (1964), 574f.
- »Die mich ohne ...« Psalm 69,5, Meyer, 60
- »Silentium für den ...« Klein, 376
338 »vielen schönen Ovationen ...« JvB an Bill B, 6. 7. 1892 (1924), 89
- »Was Photo's betrifft ...« JvB an ihre Cousine Laura Lasius, 8. 7. 1892 (1915a), 335f.
339 »Wenn sie den tätigsten ...« B 24. 7. 1892, Klein, 376
- »Wie kann ich ...« Esther 8,6, Meyer, 60
- »etwas ins schwarze ...« und »Ganz allein ...« Sp, 18. 3. 1893
340 »ob es zwischen uns ...« Meyer, 62
- »unser Schöpfer und Herr ...« Sp, 18. 3. 1893
- »Ich hätte mit ...« Harden in Hahn, 154
341 »Was glaubst Du ...« JvB an Bill B, 22. 1. 1894 (1924), 91
- »ein herrliches Gefühl ...« Sp, 25. 1. 1894
342 »leider, leider ...« bis »der schwärzeste Fleck ...« Sp, 26. 1. 1893
- »Ne, Männeken ...« Sp, 27. 1. 1894
343 »Glauben Sie nur ja ...« Harden in Hahn, 164

- »die Hetzer und ...« Brauer, 394
- »Ratten, die vertilgt ...« alles nach Gall, Bismarck, hier 715
- »Allerhöchsten...« und »Im Gegenteil ...« Brauer, 394
344 »Ich danke Ihnen ...« B am 11.4.1893, Schmidt, 180
- »Sie war doch meine ...« (1931), Einleitung Hoyos, 10
- »niemals vorgekommen« W. Engelberg, Vorwort (1990), 59
- »Sie ahnen nicht ...« Sell, Einleitung, VII
- »ob der Dualismus ...« B im Februar 1893, Meyer, 64
345 »Ob ich wohl so ...« Poschinger, Freunde, 194
- »Das ist ein böses ...« Westphal, 134
346 »überzeugt, daß mein ...« JvB an Bill B, 17.11.1894 (1924), 92f.
- »Ich werde immer ...« JvB an Marie Meister, 19.11.1894, Marcks, Erinnerungen, 420f.
347 »Sie ist ganz sanft ...« und »Wenn ich noch ...« Christa v. Eickstedt-Peterswaldt an Brauer, Brauer 395
348 »Was mir blieb ...« B an seine Schwester, 19.11.1894 (1924), 167f.
- »wenn mich Haß ...« B an Freiherr v. Mittnacht, 3.1.1895, Klein, 382
- »Den Mund halten ...« Sp, 23.3.1895
349 »Staatsgründer« und »Husaren ...« Sp, 31.3.1895
- »Wäre ich ein Mann ...« Sp, 1.4.1895
350 »was wir mühsam ...« alles nach Kolb, hier 133, Whitman, Poschinger
351 »Lieber Oscar, wir sind ...« B an seinen Schwager, 18.5.1895 (1924), 169
- »die Fürstin, obschon...« Holstein, Bd. 1, 6
352 »als Ruine vor ...« GW 9, 477, zit. nach E. Engelberg, Bd. 2, 522
- »alte Kasernenwitze« Kolb, 133
- »Majestät, solange Sie ...« GW 9, 489, zit. nach E. Engelberg, 522
- »Gib, daß ich meine ...« Nachlass Bismarck A 37 c, zit. nach Gall, 722
353 »Fürst von Bismarck, geb. 1. April 1815 ...« Kolb, 134
- »Fürstin von Bismarck geb. 11. April 1824 ...« Neues Testament, Der erste Brief des Johannes, 4. Kapitel, Vers 16. Nach freundlicher Auskunft von Ulf Morgenstern.

LITERATURVERZEICHNIS

Ich habe gedruckte Quellen und Darstellungen nicht getrennt, damit alle, die Anmerkungen lesen, einen interessierenden Titel auf Anhieb finden können.

Abeken, Heinrich: Ein schlichtes Leben in bewegter Zeit, aus Briefen zusammengestellt. 4. Aufl., Berlin 1910.
Beck, Hermann: Konservative Politik und Modernisierung in Preußen. In: Stamm-Kuhlmann, S. 13-29.
(Becker, Wally): Erinnerungen aus meinem Leben. Für meine Kinder und Enkel. Frankfurt/M. 1901.
Bismarck, Hedwig von: Erinnerungen aus dem Leben einer 95jährigen. 18. Aufl., Halle 1920.
Bismarck, Herbert von: Staatssekretär Graf Herbert von Bismarck. Aus seiner politischen Privatkorrespondenz. Hg. und eingeleitet von Walter Bußmann unter Mitwirkung von Klaus-Peter Hoepke. Göttingen 1964.
Bismarck, Johanna von: Ein Lebensbild in Briefen (1844-1894). Hg. von Ed. Heyck. Stuttgart/Berlin 1915.
- Briefe an ihren Sohn Wilhelm und ihre Schwägerin Malwine von Arnim-Kröchlendorff geb. von Bismarck. Berlin 1924.
- Die Brautbriefe der Fürstin Johanna von Bismarck. Mit Briefen und Aufzeichnungen von und über den Altreichskanzler hg. von Fürstin Herbert von Bismarck (= Marguerite von Hoyos). Stuttgart 1931.
Bismarck, Klaus von: Aufbruch aus Pommern. München 1992.
Bismarck, Otto von: Die politischen Reden des Fürsten Bismarck. Historisch-kritische Gesamtausgabe in 14 Bänden (1847-1890). Stuttgart 1892-1894.
- Fürst Bismarcks Briefe an seine Braut und Gattin. Hg. vom Fürsten Herbert von Bismarck. Stuttgart 1900.
- Bismarcks Briefe an seine Gattin aus dem Kriege 1870/71. Stuttgart und Berlin 1903.
- Briefe Ottos von Bismarck an Schwester und Schwager Malwine von Arnim geb. v. Bismarck und Oskar von Arnim-

Kröchlendorff. 1843-1897. Im Auftrag der Frau Gräfin Sibylle von Bismarck geb. von Arnim hg. von Horst Kohl. Leipzig 1915.
- Briefe Bismarcks in: Marcks, Mitarbeiter und Freunde, S. 369-421.
- Bismarcks Briefe an seinen Sohn Wilhelm. Im Auftrag der Gräfin Bismarck hg. von Wolfgang Windelband. Berlin 1922.
- Die gesammelten Werke. Bd. 1-15, Berlin 1924-1935 (= Friedrichsruher Ausgabe).
- Fürst Bismarcks Briefe an seine Braut und Gattin. Ausgewählt und mit einem erläuternden Anhang hg. von Eduard von der Hellen. Stuttgart 1927 (1. Aufl. 1912).
- Was all die dürren Winde nicht erkälten. Bismarcks Briefe an seine Frau. Hg. von Gisela Donath. Mit einem Vorwort von Waltraut Engelberg. Berlin 1990.
- Gesammelte Werke. Hgg. Konrad Canis, Lothar Gall, Klaus Hildebrand, Eberhard Kolb (= Neue Friedrichsruher Ausgabe). Abt. 3: 1871-1898 Schriften. Paderborn 2004-2011. Bd. 1 Bearb. A. Hopp/Canis. Bd. 2 R. Bendick/Canis. Bd. 3 M. Epkenhans/E. Lommatzsch/Canis. Bd. 4 Hopp/Canis. Bd. 5 U. Lappenküper/Canis. Bd. 6 Lappenküper/H. Afflerbach.

Bismarck Gespräche. Bis zur Reichsgründung. Hg. von Willy Andreas unter Mitwirkung von K. F. Reinking. Bremen 1864.

Brandes, Georg: Berlin als deutsche Reichshauptstadt. Erinnerungen aus den Jahren 1877-1883. Aus dem Dänischen von Peter Urban-Halle. Berlin 1989.

Brauer, Arthur von: Zwei Monate Dienst in Friedrichsruh. In: Marcks, Mitarbeiter und Freunde, S. 39-62.
- Bismarcks Schreibweise. In: Marcks, Mitarbeiter und Freunde, S. 223-238.
- Im Dienste Bismarcks. Persönliche Erinnerungen. Bearb. von Helmut Rogge. Berlin 1936.

Briefe der Kaiserin Friedrich. Hg. von Sir Frederick Ponsonby. Berlin (1928/29).

Buchsteiner, Ilona: Großgrundbesitz in Pommern 1871-1914. Ökonomische, soziale und politische Transformation der Großgrundbesitzer. Berlin 1993.
- Besitzkontinuität, Besitzwechsel und Besitzverlust in den Gutswirtschaften Pommerns 1879-1910. In: Ostelbische Agrar-

gesellschaft im Kaiserreich und in der Weimarer Republik. Agrarkrise – junkerliche Interessenpolitik – Modernisierungsstrategien. Hg. von Heinz Reif. Berlin 1994, S. 125-140.
- Wirtschaftlicher und sozialer Wandel in ostdeutschen Gutswirtschaften vor 1914. In: Archiv für Sozialgeschichte, Bd. 36, 1996, S. 85-109.
- Pommerscher Adel im Wandel des 19. Jahrhunderts. In: Geschichte und Gesellschaft. Zeitschrift für historische Sozialwissenschaft, Bd. 25, 1999, S. 343-374.

Bülow, Bernhard von: Denkwürdigkeiten. 4. Bd.: Jugend- und Diplomatenjahre. Berlin 1931.

Busch, Moritz: Tagebuchblätter. 3 Bde. Leipzig 1899.
- Bismarck und seine Leute. Nach Tagebuchblättern von D. Moritz Busch. Gekürzte Neuausgabe von Wolfgang Goetz. Berlin 1940.

Carsten, Francis L.: Geschichte der preußischen Junker. Frankfurt/M. 1988.

Demeter, Karl: Aus dem Kreis um Bismarck in Frankfurt a. M. Tagebuchblätter. In: Forschungen zur Brandenburgischen und Preußischen Geschichte, Bd. 48, 1936, S. 294-326.

Demps, Laurenz: Berlin – Wilhelmstraße: Eine Topographie preußisch-deutscher Macht. Berlin, 4. Aufl. 2010.

Diemel, Christa: Adelige Frauen im bürgerlichen Jahrhundert. Hofdamen, Stiftsdamen, Salondamen 1800-1870. Frankfurt/M. 1998.

Dölp, Waltraud: Ein Hauch von Eleganz. 200 Jahre Mode in Bremen. Hefte des Focke-Museums Nr. 65. Bremen 1984.

Dryander, Ernst von: Persönliche Erinnerungen an Bismarck. In: Marcks, Mitarbeiter und Freunde, S. 157-176.
- Erinnerungen aus meinem Leben. Bielefeld und Leipzig 1922.

Duncker, Arne: Gleichheit und Ungleichheit in der Ehe. Persönliche Stellung von Frau und Mann im Recht der ehelichen Lebensgemeinschaft. 1800-1914. Köln 2003.

Eickstedt-Peterswaldt, Christa von: Erinnerungen aus dem Bismarckschen Hause. In: Marcks, Mitarbeiter und Freunde, S. 145-156.
- Bismarckworte. In: Marcks, Mitarbeiter und Freunde, S. 353-367.

Engel, Helmut: Baugeschichte Berlin. Band II: Umbruch, Suche,

Reformen: 1861-1918. Städtebau und Architektur zur Zeit des deutschen Kaiserreiches. Berlin 2004.

Engelberg, Ernst: Bismarck. Bd. I: Urpreuße und Reichsgründer. München 1991. Bd. II: Das Reich in der Mitte Europas. München 1993.

– und Engelberg, Achim: Die Bismarcks. Eine preußische Familiensaga vom Mittelalter bis heute. München 2010.

Engelberg, Waltraut: Otto und Johanna von Bismarck. Berlin 1990.

– Das private Leben der Bismarcks. Berlin 1998.

Eulenburg-Hertefeld, Philipp zu: Aus 50 Jahren. Erinnerungen, Tagebücher und Briefe aus dem Nachlaß des Fürsten. Hg. von Johann Haller. Berlin 1923.

Eyck, Erich: Bismarck. 3 Bde., Zürich 1941, 1943, 1944.

Frie, Ewald: Ziegel, Bajonett und spitze Feder. Adelskultur in Brandenburg 1790-1830. In: Günther Schulz und Markus A. Denzel (Hgg.): Deutscher Adel im 19. und 20. Jahrhundert. Büdinger Forschungen zur Sozialgeschichte 2002 und 2003. St. Katharinen 2004. S. 83-94.

Gall, Lothar: Bismarck. Der weiße Revolutionär. Frankfurt–Berlin–Wien 1980.

– und Ulrich Lappenküper (Hgg.): Bismarcks Mitarbeiter. Paderborn 2009.

GEO Epoche. Das Magazin für Geschichte. Otto von Bismarck 1815-1898. Diplomat, Kriegstreiber, Reichsgründer. Nr. 52, 2011, Chefredakteur Michael Schaper.

Göse, Frank: Ehrgefühl, Schulden und Herrendienst: die brandenburgische Adelsgeschichte im wissenschaftlichen Werk von Lieselott Enders. In: Jahrbuch für die Geschichte Mittel- und Ostdeutschlands, Bd. 57 (2011), S. 267-276.

Hachtmann, Rüdiger: »...ein gerechtes Gericht Gottes.« Der Protestantismus und die Revolution von 1848 – das Berliner Beispiel. In: Archiv für Sozialgeschichte, Bd. 36, 1996, S. 205-255.

Hahn, P(auline): Varzin. Persönliche Erinnerungen an den Fürsten Otto von Bismarck. Mit einem Beitrag »Johanna Bismarck« von Maximilian Harden. Berlin (1909).

Harden, Maximilian: Köpfe: Porträts, Briefe und Dokumente. Neu ausgewählt von Hans-Jürgen Fröhlich. Hamburg 1963.

Heckt-Sanzkow, Heinrich: Die pommersche Schafzucht. http:// ub-goobi-pr.z.ut.uni-greifswald.de/viewer/ fulltext

Heimann, Siegfried: Der preußische Landtag 1899-1947. Eine politische Geschichte. Berlin 2011.

Heß, Klaus: Junker und bürgerliche Großgrundbesitzer im Kaiserreich. Landwirtschaftlicher Großbetrieb, Großgrundbesitz und Familienfideikommiß in Preußen (1867/71-1914). Stuttgart 1990.

Hohenlohe-Schillingsfürst, Chlodwig zu: Denkwürdigkeiten. Hg. von Friedrich Curtius. 2 Bde., Stuttgart und Leipzig 1906.

Holstein, Friedrich von: Die geheimen Papiere Friedrich von Holsteins. Hg. von Norman Rich und M. H. Fisher. Deutsche Ausgabe von Werner Frauendienst. 4 Bde., Göttingen 1956-1963.

Holtz, Bärbel: Berliner Personalpolitik in einer »braven« Provinz. Ernennungen zu den obersten Verwaltungsbehörden Pommerns. In: Stamm-Kuhlmann, S. 31-76.

Jandausch, Kathleen: Ein Name, Schild und Geburt: niederadlige Familienverbände der Neuzeit im südlichen Ostseeraum. Bremen 2011.

Kaiser Friedrich III.: Das Kriegstagebuch von 1870/71. Hg. von Heinrich Otto Meisner. Berlin und Leipzig 1926.

Keudell, Robert von: Fürst und Fürstin Bismarck. Erinnerungen aus den Jahren 1846-1872. 3. Aufl., Berlin und Stuttgart 1902.

Keyserling, Alexander von: Ein Lebensbild in seinen Briefen und Tagebüchern, zusammengestellt von seiner Tochter Frau Helene von Taube von der Issen. 2 Bde., Berlin 1902.

Klein, Tim: Der Kanzler. Otto von Bismarck in seinen Briefen, Reden und Erinnerungen sowie in Berichten und Anekdoten seiner Zeit. Ebenhausen bei München 1915.

Koch-Gontard, Clotilde: Briefe und Erinnerungen aus der Zeit der deutschen Einheitsbewegung 1843-1869. Bearbeitet von Wolfgang Klötzer. Frankfurt/M. 1969.

Kolb, Eberhard: Otto von Bismarck. München 2009.

Korff, Gottfried und Rürup, Reinhard (Hgg.): Berlin, Berlin. Die Ausstellung zur Geschichte der Stadt. Katalog. Berlin 1987.

Kubrova, Monika: Vom guten Leben. Adelige Frauen im 19. Jahrhundert. Berlin 2011.

Kürenberg, Joachim von: Johanna von Bismarck. Bonn 1952.

Lach, Roman: »Die todeselenden englischen Gedichte«. Romantische Krisen in Otto von Bismarcks und Johanna von Puttkamers Briefwechsel der Brautzeit. In: Der Liebesbrief. Schriftkultur und Medienwechsel vom 18. Jahrhundert bis zur Gegenwart. Hgg. von Renate Stauf, Annette Simonis, Jörg Paulus. Berlin 2008, S. 129-150.

Lenbach, Franz von: Gespräche und Erinnerungen. Mitgeteilt von W. Wyl (= Dr. Wilhelm Ritter von Wymetal). Stuttgart/Leipzig 1904.

Loë, (Friedrich Karl Walter) von: Erinnerungen aus meinem Berufsleben 1849 bis 1867. Stuttgart/Leipzig 1906.

Lucius von Ballhausen, Robert: Bismarck-Erinnerungen. Stuttgart 1921.

Ludwig, Emil: Bismarck. Eine Biographie. Berlin 1926.

Lutteroth, Marianne und Lutteroth, Christian Friedrich: I. Aus dem Jahre 1866 von Marianne Lutteroth geb. Gontard. II. Meine ersten beiden Diners bei Bismarck 1867 und die Annexion von Frankfurt a. Main 1866. Verlag der Frankfurter Blätter für Familiengeschichte 1909.

Manke, Peter (Hg.): Otto von Bismarck, Johanna von Bismarck, Pommern, Varzin. Kiel 2001.

Marcks, Erich: Bismarck. Bd. 1: Bismarcks Jugend 1815-1848. 3. Aufl., Stuttgart 1909. Bd. 2: Der Aufstieg des Reiches. Stuttgart 1936.

– Otto von Bismarck. Ein Lebensbild. Stuttgart 1915.

– Erinnerungen an Bismarck. Aufzeichnungen von Mitarbeitern und Freunden des Fürsten, mit einem Anhange von Dokumenten und Briefen. In Verbindung mit Arthur von Brauer gesammelt von Erich Marcks und Karl Alexander von Müller. Stuttgart/Berlin 1915.

Mellies, Dirk: Modernisierung in der preußischen Provinz? Der Regierungsbezirk Stettin im 19. Jahrhundert. Göttingen 2012.

Meyer, Arnold Oskar: Bismarcks Glaube. München 1933.

– Johanna von Bismarck, geborene von Puttkamer. Pommersche Lebensbilder, Bd. 1, 1934, S. 1-13.

Motley, J. L.: John Lothrop Motley and his Family. Further Letters and Records. Ed. by his Daughter and Herbert St. John Mildmay. London – New York 1910.

Olfers, Marie von: Briefe und Tagebücher 1826-1869. Berlin 1928.
- Briefe und Tagebücher 1870/1924. Berlin 1930. Beide hg. von Margarete von Olfers.
Opitz, Eckardt: Die Bismarcks in Friedrichsruh. Hamburg 1990.
Orloff, Fürst Nikolai: Bismarck und Katharina Orloff. Ein Idyll in der hohen Politik. München 1936.
Paletschek, Sylvia: Adelige und bürgerliche Frauen (1770-1870). I: Elisabeth Fehrenbach (Hg.): Adel und Bürgertum in Deutschland 1770-1848. München 1994, S. 159-185.
Pank, Oskar: Im Bismarckschen Hause. Erinnerungen. Halle. 1929.
Petersdorff, Herman von: Kleist-Retzow: Ein Lebensbild. Stuttgart/Berlin 1907.
Pflanze, Otto: Bismarck. Bd. 1: Der Reichsgründer. München 1997. Bd. 2: Der Reichskanzler. München 1998. Aus dem Englischen von Peter Hahlbrock.
Poschinger, Heinrich von: Bismarck in Biarritz 1862-1864. In: Deutsche Revue, 21. Jg., Jan. 1896, S. 1-11 und 129-142.
- Fürst Bismarck und seine Hamburger Freunde (Hamburg 1903).
Radowitz, Joseph Maria von: Aufzeichnungen und Erinnerungen aus dem Leben des Botschafters Joseph Maria von Radowitz. Hg. von Hajo Holborn. I. Bd. 1839-1877. II. Bd. 1878-1890. Berlin/Leipzig 1925.
Rau, Christian: Bismarck und Varzin. Erholungsstätte, Wirtschaftsbetrieb, Erinnerungsort. Friedrichsruh 2010.
Reif, Heinz: Westfälischer Adel 1770-1860. Vom Herrschaftsstand zur regionalen Elite. Göttingen 1979.
- Ostelbische Agrargesellschaft im Kaiserreich und in der Weimarer Republik. Agrarkrise, junkerliche Interessen, politische Modernisierungsstrategien. Berlin 1994.
- (Hg.): Adel und Bürgertum in Deutschland. I. Entwicklungslinien und Wendepunkte im 19. Jahrhundert. 2. Aufl., Berlin 2008. II. Entwicklungslinien und Wendepunkte im 20. Jahrhundert. Berlin 2001.
- Adel im 19. und 20. Jahrhundert. Enzyklopädie deutscher Geschichte. Hg. von Lothar Gall, Bd. 55, 2, um einen Nachtrag erweiterte Auflage, München 2012.

Ribbe, Wolfgang: Geschichte Berlins. Bd 2: Von der Märzrevolution bis zur Gegenwart. Mit Beiträgen von Günter Richter. München 1987.

Rich, Norman: Friedrich von Holstein. Politics and Diplomacy in the Era of Bismarck and Wilhelm II. Vol. 1 & 2, Cambridge 1965.

Röhl, John D. G.: Kaiser, Hof und Staat: Wilhelm II. und die deutsche Politik. 2. Aufl., München 1988.

– Wilhelm II. Bd. 2: Der Aufbau der Persönlichen Monarchie 1888-1900. München 2001.

Roon, Albrecht von: Denkwürdigkeiten aus dem Leben des General-Feldmarschalls Kriegsminister Grafen von Roon. Sammlung von Briefen, Schriftstücken und Erinnerungen. 2. Bd., 3. Aufl., Breslau 1892. 3. Bd., 5. Aufl., Berlin 1905.

Schattenberg, Susanne: Die Macht des Protokolls und die Ohnmacht der Osmanen: Zum Berliner Kongress 1878. In: Hillard von Thiessen und Christian Windler (Hgg.): Akteure der Außenbeziehungen. Netzwerke und Interkulturalität im historischen Wandel. Köln 2010, S. 373-390.

Schiller, René: Vom Rittergut zum Großgrundbesitz. Ökonomische und soziale Transformationsprozesse der ländlichen Eliten in Brandenburg im 19. Jahrhundert. Berlin 2003.

Schlözer, Kurd von: Petersburger Briefe 1857-1862. Stuttgart und Berlin 1921.

Schmidt, Georg: Schönhausen und die Familie Bismarck. 2. Aufl., Berlin 1898.

Schweinitz, (Hans Lothar von): Denkwürdigkeiten des Botschafters General von Schweinitz. 2 Bde., Berlin 1927.

Schweninger, Ernst: Dem Andenken Bismarcks. Zum 1. April 1899. Leipzig 1899.

– Blätter aus meiner Erinnerung. In: Marcks, Mitarbeiter und Freunde, S. 177-222.

Sell, Sophie Charlotte von: Fürst Bismarcks Frau: Lebensbild. Berlin 1914.

Sieber, Helmut: Schlösser und Herrensitze in Pommern. Nach alten Stichen und Vorlagen. Frankfurt/M. 1959.

Simson, Eduard von: Erinnerungen aus seinem Leben. Leipzig 1900.

Spenkuch, Hartwig: Das Preußische Herrenhaus. Adel und Bür-

gertum in der Ersten Kammer des Landtags 1854-1918. Düsseldorf 1998.
- Herrenhaus und Rittergut. Die Erste Kammer des Landtags und der preußische Adel von 1854 bis 1918 aus sozialgeschichtlicher Sicht. In: Geschichte und Gesellschaft. Zeitschrift für historische Sozialwissenschaft, Bd. 25, 1999, S. 375-403.

Sempell, Charlotte: Unbekannte Briefstellen Bismarcks. Historische Zeitschrift 207/1968, S. 609-616.

Spitzemberg: Das Tagebuch der Baronin Spitzemberg geb. Freiin von Varnbüler. Aufzeichnungen aus der Hofgesellschaft des Hohenzollernreiches. Ausgewählt und herausgegeben von Rudolf Vierhaus. Mit einem Vorwort von Peter Rassow. Göttingen 1960.

Stamm-Kuhlmann, Thomas (Hg.): Pommern im 19. Jahrhundert. Staatliche und gesellschaftliche Entwicklung in vergleichender Perspektive. Köln 2007.

Steinberg, Jonathan: Bismarck. A Life. Oxford 2011.

Stern, Fritz: Gold and Iron. New York 1977.

Stosch, Albrecht von: Denkwürdigkeiten des Generals und Admirals Albrecht von Stosch. Briefe und Tagebuchblätter. Hg. von Ulrich von Stosch. 3. Aufl., Stuttgart – Leipzig 1904.

Studt, Christoph: Lothar Bucher (1817-1892). Ein politisches Leben zwischen Revolution und Staatsdienst. Göttingen 1992.

Thadden-Trieglaff, Reinhold von: Erinnerungen an den Fürsten Bismarck. In: Marcks, Mitarbeiter und Freunde, S. 119-143.

Theilemann, Wolfram G.: Adel im grünen Rock. Adliges Jägertum, Großprivatwaldbesitz und die preußische Forstbeamtenschaft 1866-1914. Berlin 2004.

Tiedemann, Christoph von: Persönliche Erinnerungen an den Fürsten Bismarck. Leipzig 1898.

- Aus sieben Jahrzehnten. Erinnerungen. 2. Bd.: Sechs Jahre Chef der Reichskanzlei unter dem Fürsten Bismarck. Leipzig 1909.

Trempler, Jörg: Preußen als Kunstwerk – Schinkels Berliner Bauten. In: Karl Friedrich Schinkel. Katalogbuch anlässlich der Ausstellung ›Geschichte und Poesie‹ im Kupferstichkabinett Berlin 7. 9. 2012 – 6. 1. 2013. Hg. von Heinrich Schulze Altcappenberg, Rolf H. Johannsen und Christiane Lange unter Mitarbeit von Nadine Rottau und Felix von Lüttichau. S. 157-185.

Ullrich, Volker: Otto von Bismarck. Reinbek 1998.
Varziner Hefte. Nr. 1: Otto von Bismarck, Johanna von Puttkamer, Pommern, Varzin. Hg. vom Pommerschen Kreis- und Städtetag, Lübeck. Kiel 2001.
Voelcker, Heinrich: Das gesellschaftliche und geistige Leben in Frankfurt a. M. zur Zeit der Bundestagsgesandtschaft Otto von Bismarcks 1851-1859. In: Archiv für Frankfurts Geschichte und Kunst, 4. Folge, Bd. 2, 1929, S. 182-203.
Wagner, Patrick: Lokale Herrschaft und Partizipation im Ostelbien des 19. Jahrhunderts. In: Stamm-Kuhlmann, S. 129-145.
Waldersee, Alfred von: Denkwürdigkeiten des General-Feldmarschalls Alfred Grafen von Waldersee. Bearb. und hg. von Heinrich Otto Meisner. Bd. 1, 1832-1888. Stuttgart 1923. Bd. 2, 1888-1900. Berlin 1923.
Westphal, Ernst: Bismarck als Gutsherr. Erinnerungen aus Varzin. Mit 23 Briefen des Fürsten und der fürstlichen Familie. Leipzig 1922.
Whitman, Sidney: Fürst von Bismarck. Persönliche Erinnerungen an ihn aus seinen letzten Lebensjahren. Stuttgart – Berlin – Leipzig 1902.
Wienfort, Monika: Patrimonialgerichte in Preußen: Ländliche Gesellschaft und bürgerliches Recht 1777-1848/9. Göttingen 2001.
– Gesellschaftsdamen, Gutsfrauen und Rebellinnen. Adlige Frauen in Deutschland 1890-1939. In: Eckart Conze und Monika Wienfort: Adel und Moderne. Deutschland im europäischen Vergleich im 19. und 20. Jahrhundert. Köln 2004. S. 181-203.
– Der Adel in der Moderne. Göttingen 2006.
Willms, Johannes: Bismarck. Dämon der Deutschen. Anmerkungen zu einer Legende. München 1997.
Winter, Ingelore M.: Mein geliebter Bismarck. Der Reichskanzler und die Fürstin Johanna. Ein Lebensbild. Mit unveröffentlichten Briefen. Düsseldorf 1988.
Witte, Hermann: Vom Nachlaß Ludwig von Gerlachs. Mit ungedruckten Briefen Bismarcks. In: Archiv für Kulturgeschichte, Bd. 31, 1943, S. 137-162.
Zechlin, Egmont: Bismarck und die Grundlegung der deutschen Großmacht. 2., verb. Aufl., Darmstadt 1960.

PERSONENVERZEICHNIS

Abeken, Heinrich: Geheimer Legationsrat 202, 216, 240f., 244, 263
Albert, König von Sachsen 338
Alexander II., Zar 143, 158
Alvensleben, Constantin von: preuß. General 213, 215f., 217
Andrae, Alexander: Landwirt, Abgeordneter im Preußischen Landtag 95f.
Arnim, Malwine (Malle) von, geb. von Bismarck: Bismarcks Schwester 17, 25, 37, 46, 49, 64, 71, 77, 88f., 89, 96, 131f., 136, 167, 185, 187, 197, 224, 277, 315
Arnim, Oskar (Oscar) von: ihr Mann und sein Schulfreund 46, 77, 88f., 136, 224, 351
Auguste, Prinzessin, später Königin von Preußen und Kaiserin Augusta 81f., 127f., 131, 136, 162, 172, 182, 214, 232, 248f., 252
Augustenburg-Sonderburg, Prinz Friedrich von 199, 200

Baden, Großherzog Friedrich von: Schwiegersohn von Wilhelm I. 251

Becker, Jakob: Maler in Frankfurt 114, 134f.
Becker, Wally: Freundin von JvP 114, 126, 134f.
Becker, Marie, auch Merlchen: beider Tochter 134f., 166, 269, 270, 346
Below, Alexander von: Onkel von JvP auf Hohendorf 39, 40, 143, 145
Below, Gustav von, verh. mit H. v. Puttkamers Schwester Ulrike 32, 39, 40, 77
Below, Heinrich von: sein Bruder 39, 40, 61, 163
Below, Jeannette von: Schwester von Alexander B. 39, 40, 115, 143, 145
Below, Karl von: sein Bruder 39, 40
Bentivegni, Therese von: Verwandte auf Hohendorf 145
Bernstorff, Albrecht von: preuß. Minister des Auswärtigen 163
Bismarck, Bernhard von: Bismarcks älterer Bruder 19, 22, 24ff., 36ff., 46, 71, 78, 102f., 217, 347
Bismarck, Hedwig und Adelheid von: Bismarcks Cousinen 22ff., 26f., 128, 248f., 351

Bismarck, Herbert von:
Bismarcks Sohn 97, 135,
148, 155, 158, 161, 180,
222, 240f., 245f., 248, 254,
273, 276, 279, 292, 294,
300ff., 306f., 315f., 318f.,
320f., 322, 323, 327, 336f.,
338, 339, 340f., 342, 344,
347, 350ff.
Bismarck, Marguerite von,
geb. Hoyos: Bismarcks
Schwiegertochter 336f.,
340, 344, 352
Bismarck, Marie von:
Bismarcks Tochter 84f.,
88f., 95, 96, 133, 135, 148,
158, 186, 192, 197, 208f.,
210, 228ff., 232, 234, 237,
240f., 243, 245, 249, 271f.,
279f., 287, 294, 303, 305f.,
312, 335, 340f., 347, 351
Bismarck, Philipp von:
Bismarcks Neffe 217, 235
Bismarck, Sybille von: Bismarcks Nichte und Schwiegertochter 197, 315, 328
Bismarck, Wilhelm von,
genannt Bill: Bismarcks
Sohn 113, 115, 116, 135,
148f., 155ff., 161, 165, 180,
203, 218, 219, 222, 234,
240, 241, 244f., 266, 282,
295, 303, 305, 307, 315, 318,
319, 321, 324, 335, 340f.,
345, 348
Bismarck, Wilhelmine von,
geb. Mencken: Bismarcks
Mutter 19, 20, 22ff., 26,
35f., 68

Bismarck-Bohlen, Caroline,
Fritz und Karl von: Verwandte Bismarcks 34, 36,
76, 185, 216, 221, 237, 244
Blanckenburg, Antonie von:
Schwester von Moritz v. Bl.
17f.
Blanckenburg, Moritz von:
Schulfreund Bismarcks,
Ehemann von Marie von
Thadden 13-17, 40, 42f.,
44, 45, 48ff., 63, 66, 70, 71,
77, 94, 136, 143f., 170f.,
197, 245, 249, 264, 271f.
Bleichröder, Gerson: Bismarcks Bankier 216,
234f., 244, 249, 292f., 316
Borsig, Albert: Industrieller
258
Brandes, Georg: dänischer
Schriftsteller 263, 281,
288f.
Brauer, Arthur: Diplomat,
später badischer Ministerpräsident 311f., 329f.,
334
Braune, Kandidat: Lehrer der
Bismarck-Söhne 148, 161,
180, 215
Bucher, Lothar: Vortragender
Rat, enger Mitarbeiter Bismarcks 224, 328, 329,
336, 339
Bülow, Bernhard von:
Gesandter Holsteins in
Frankfurt 125f., 135, 265
Bülow, Bernhard von: sein
Sohn, später Reichskanzler
294

Bülow-Cummerow, Ernst von:
  Rittergutsbesitzer 45, 63
Burchard, Johann Heinrich:
  Hamburger Bürgermeister
  330
Busch, Moritz: Journalist
  244, 330, 353

Caprivi, Georg Leo von:
  General, Reichskanzler
  324, 328, 331, 333, 337f.,
  342
Carolath-Beuthen, Fürstin
  Elisabeth zu 300-304
Charlotte Alexandra, Zarin
  138
Christian IX., König von
  Dänemark 199, 206
Chrysander, Dr. Rudolf:
  Arzt und Sekretär 329,
  330
Cohen-Blind, Ferdinand:
  Attentäter 214, 215
Cowley, Henry Lord und
  Lady Cowley: der englische
  Gesandte und seine Frau
  in Frankfurt 111
Croy, Georg Prinz: preuß.
  Diplomat 140, 155f.

Dewitz-Milzow, Ulrich
  Otto von: Verwandter
  und Studienfreund von
  Bismarck 60, 197
Dönhoff, Amélie: Hofdame
  in Berlin 249f.
Dryander, Ernst: Pastor 294,
  315

Eisendecher, Lina von:
  Freundin von JvP 114f.,
  126, 145, 156, 160, 169,
  174, 194, 207, 231, 236,
  242, 254, 266, 270f., 346
Elisabeth, Königin von
  Preußen 127, 249
Eugenie, Kaiserin von Frankreich 127, 209f., 246
Eulenburg, Graf Friedrich zu:
  preuß. Minister des Innern
  195f., 218
Eulenburg, Philipp zu, später
  Fürst zu Eulenburg-
  Hertefeld: preuß. Diplomat 231, 292, 294f., 302,
  323, 327, 331f., 337, 353
Eulenburg, Graf Wend zu
  271f.

Fatio, Jenny: Kindermädchen,
  Hausmamsell 135, 148,
  206, 222f., 241
Favre, Jules: franz. Außenminister 252
Franz Joseph I., Kaiser von
  Österreich 141, 191, 217,
  219, 337f.
Friedrich Karl, Prinz von
  Preußen 76, 81
Friedrich Wilhelm I., König
  von Preußen – der Soldatenkönig 178, 259
Friedrich Wilhelm III., König
  von Preußen 40f.
Friedrich Wilhelm IV., König
  von Preußen 62f., 79f.,
  85ff., 90, 127, 130, 152,
  156

Friedrich Wilhelm: preuß.
Kronprinz, später Kaiser
Friedrich III.   172, 186,
218f., 220, 284, 314

Gerlach, Leopold von: General
45, 47f., 76, 85, 102, 119,
120f.
Gerlach, Ludwig von:
Präsident des Oberlandes-
gerichts Magdeburg   45,
46, 47f., 66, 76, 78, 81, 83,
85, 102, 120f., 129f., 131,
171, 182, 205, 213
Gichtel, Johann Georg:
Mystiker und Pietist   41
Gortschakow, Fürst
Alexander: russischer
Außenminister, später
Kanzler   137, 139, 149,
206, 285

Harder, Adelheid: Haus-
mamsell auf Reinfeld   234,
341
Helena Pawlowna, russ.
Großfürstin   161f.
Hildebrand, Wilhelm:
Bismarcks Diener   84, 90,
108, 115
Hobrecht, James: Stadtbaurat
in Berlin   177f.
Hofmann, Hermann:
Journalist   327, 330
Hödel, Max: Attentäter   283
Holnstein, Maximilian Graf
von: bayr. Diplomat und
Berater Ludwigs II.   269,
280, 338

Holstein, Friedrich von:
preuß. Diplomat   126,
154ff., 158f., 231, 262f.,
273f., 279, 280, 304, 306,
310f., 315f., 323, 327, 332,
337, 343, 351

Johann, König von Sachsen
192

Keudell, Robert von: Jurist
48, 83, 89, 96, 116f., 120,
129f., 145, 149, 151, 160f.,
166, 169, 173, 184, 186,
187, 195ff., 200f., 202,
210ff., 215, 216, 218, 222f.,
224, 234, 237, 239, 240f.,
244, 295
Keyserling, Alexander von:
Studienfreund Bismarcks
34, 136, 154, 161f., 328,
333, 355
Kleist, Friederike von,
verwitwete von Glasenapp,
geb. von Borcke: Großmut-
ter mütterlicherseits von
JvP   39
Kleist-Retzow, Hans von:
Onkel von JvP   39, 41f.,
45, 56, 71, 85, 87f., 92, 109,
116, 171, 182, 214, 220,
263, 264, 285f., 287, 333
Kleist, Hans Jürgen von:
sein Vater   39f., 41, 42
Koch-Gontard, Clotilde:
Frankfurter Geschäftsfrau
112
Kohl, Horst: ehrenamtlicher
Archivar   330

Kullmann, Eduard: Attentäter 268

Lenbach, Franz: Maler 335, 338
Ludwig I., König von Bayern 192
Ludwig II., König von Bayern 251
Lutteroth, Christian: für Stormarn im preuß. Abgeordnetenhaus 226 ff.
Lutteroth-Gontard, Marianne: Frankfurter Geschäftsfrau 112, 226 ff.

Manteuffel, Edwin von: Generaladjutant König Wilhelms I. 181
Manteuffel, Otto Theodor von: preuß. Minister 101, 119, 121, 127, 132
Maria Alexandrowna, Zarin 151, 152, 162
Meister, Marie siehe Becker, Marie
Mencken, Anastasius Ludwig, Geh. Kabinettsrat: Bismarcks Großvater mütterlicherseits 20
Metzler, Emma; Frankfurter Freundin von JvB 111, 112, 135, 226
Mönckeberg, Johann Georg: Hamburger Bürgermeister 330
Moltke, Helmuth von: preuß. Generalstabschef 207 f., 213, 215 f., 217, 221, 233, 242, 292
Motley, John Lothrop: Studienfreund Bismarcks 34, 126 f.

Napoleon III., Kaiser der Franzosen 127, 129 f., 141, 173, 208, 212, 217, 221, 245 f.
Nobiling, Karl: Attentäter 283

Oertzen, Georg von: preuß. Militärattaché in Frankfurt 118, 124
Ohlendorff, Albertus von: Kaufmann und Zeitungsbesitzer 330
Olfers, Hedwig von: Ehefrau von Bismarcks Mitarbeiter Abeken 241, 263
Olfers, Marie von: ihre Schwester, Schriftstellerin 263
Orloff, Fürstin Catharina (Catty, Cathy): Ehefrau von 164-171, 174, 181, 185, 192 f., 195, 201 f., 203, 204 f., 207, 210 f.
Orloff, Fürst Nikolai: russ. Gesandter in Brüssel 166-171, 174, 201 f., 204 f., 288

Pank, Oskar: Pastor 303 f.
Pannewitz, Wolff Adolph von: preuß. Oberst 178
Patow, Hedwig von: Keudells Verlobte 240 f.

Petersen, Carl: Hamburger
   Bürgermeister 330, 333,
   335
Pinnow: Kammerdiener
   Bismarcks 329, 345
Poschinger, Dr. Heinrich von:
   Mitarbeiter in der Reichs-
   kanzlei 330
Prokesch von Osten, Anton:
   österreichischer Gesandter
   in Frankfurt 125, 126
Putbus, Wilhelm Malte II.
   Fürst von 222, 223, 224f.
Puttkamer, Charlotte von, geb.
   von Kleist: Großmutter
   väterlicherseits von JvP
   32, 39
Puttkamer, Heinrich von:
   Vater von JvP 13-18, 27,
   32, 40, 50, 51, 62, 77, 84,
   87, 98, 99, 183, 233
Puttkamer, Luitgarde (Litte)
   von, geb. von Glasenapp:
   Mutter von JvP 15, 17,
   27-32, 40, 41, 46, 51, 62,
   63, 77f., 83ff., 86, 95, 97f.,
   99, 100, 117, 143, 193f.,
   264
Puttkamer-Pansin, Ottilie von:
   Bismarcks Verlobte (1841)
   14f., 38, 57
Puttkamer-Versin, Emilie von,
   geb. von Below: Schwägerin von Heinrich von P.
   18, 28
Puttkamer-Versin, Franz: ihr
   Ehemann, Bruder von
   Heinrich von P. 28
Puttkamer-Versin, Gustav und
   Bernhard: Cousins von
   JvP 28f., 87, 264
Puttkamer-Versin, Laura,
   Franziska, Charlotte,
   Emma, Malwine: Cousinen
   von JvP 18f., 29, 30, 31f.,
   334, 338

Radowitz, Joseph Maria von:
   preuß. Diplomat 287, 291
Rantzau, Kuno zu: Diplomat,
   Ehemann Marie von
   Bismarcks 287, 305, 306,
   312, 320f., 341, 350f.
Reckow, Eugenie von,
   Spitzname das Täntchen:
   Stiftsdame in Stolp 115,
   121, 310, 346
Rohlfs, Gerhard: Afrika-
   forscher 231
Roon, Albrecht von: preuß.
   Kriegsminister 76, 81,
   162f., 170f., 203, 205, 207,
   212f., 215f., 217, 219, 221,
   233, 241f., 246, 249, 292
Roon, Anna von, geb. Rogge,
   seine Frau 248
Rothschild, Amschel
   Mayer: Bankier in Frank-
   furt 111f., 131, 235
Russell, Laura: Jugendliebe
   Bismarcks 35, 109
Russell, Odo Lord: brit.
   Botschafter in Berlin 277f.

Sauer, Pastor in Alt-
   Kolziglow 27, 46, 72
Schinckel, Karl Friedrich:
   preuß. Baumeister 178

Schleiermacher, Friedrich:
Pastor und Philosoph
26, 27
Schleinitz, Alexander von:
Minister des königl.
Hauses 266
Schleinitz, Mimi von: Ehefrau
des Hausministers der
Hohenzollern 266, 302
Schlözer, Kurd von: preuß.
Diplomat 139, 140, 149 f.,
154 ff.
Schweinitz, Hans Lothar von:
preuß. General und
Diplomat 213, 214
Schweninger, Dr. Ernst:
Bismarcks Arzt 307-312,
317, 318, 321, 328 f., 333,
347, 350, 358
Senfft von Pilsach, Ernst:
Geh. Oberfinanzrat 56,
58
Simson, Eduard, Prof. Dr.:
Richter, Präsident der
Nationalversammlung in
Frankfurt, später Reichstagspräsident 90, 251
Smith, Isabella Loraine:
Jugendliebe Bismarcks
35, 109
Spitzemberg, Carl von:
württemberg. Gesandter
in Berlin 231, 249, 295
Spitzemberg, Hildegard (Higa)
von: seine Ehefrau 231,
250, 254, 262, 263, 277,
278, 279, 292, 294, 295 ff.,
305, 311, 314, 322, 327 f.,
331 f., 339 f., 341 f., 348 f.

siehe auch Varnbüler,
Hildegard
Stolberg-Wernigerode,
Theodor von: Attaché an
der preuß. Gesandtschaft
in Frankfurt 115 f., 117
Stosch, Albrecht von: preuß.
General 252 f.
Struck, Dr. Heinrich:
Bismarcks Arzt 142,
267 f., 272, 303, 304
Suworow, Fürst Alexander:
russ. Generalgouverneur
der Ostseeprovinzen 162
Sybel, Heinrich von:
Historiker, Professor
und Abgeordneter 274 f.

Thadden-Trieglaff, Adolf von:
konservativer Pietist, Vater
von: 15 f., 40, 41, 45, 47, 49,
61, 66, 77
Thadden-Trieglaff, Marie
von: verh. Blanckenburg,
Freundin von OvB und
JvP 14, 15, 42 ff., 48 f., 67,
85, 167
Thadden-Trieglaff, Gerhard
von: ihr Bruder 78, 87,
136, 217, 239, 265
Thadden-Trieglaff, Eugenie
von: seine Frau, Johannas
Cousine aus Versin 239,
274
Thadden-Trieglaff, Reinhold
von: der Bruder 15 f., 85
Thiers, Adolphe: franz. Politiker und Historiker 252
Tiedemann, Christoph: erster

Chef der neuen Reichskanzlei 274ff., 279, 280, 281f., 298ff.
Tresckow, Udo von: preuß. General 215

Varnbüler, Hildegard von: später Frau von Spitzemberg 187, 189, 231, 331 siehe auch Spitzemberg, Hildegard von
Versmann, Johannes: Hamburger Bürgermeister 330, 350
Vincke, Georg von: Abgeordneter und Duellgegner Bismarcks 119f.
Viktoria: preuß. Kronprinzessin, Tochter der Queen Victoria 136, 172, 186, 232, 250, 252

Waldersee, Alfred von: preuß. General 327, 331, 332
Westphal, Ernst: Bismarcks Generalbevollmächtigter auf Varzin 235f., 239, 318, 341, 345f., 347
Whitman, Sidney: Journalist 293, 333f., 349, 350
Wilhelm I., Prinz von Preußen, König von Preußen, Kaiser 45, 80, 81f., 91, 128, 130, 132, 146, 147, 152, 158, 162, 172, 182f., 191f., 206, 212, 214, 216f., 218-221, 228f., 238, 242f., 251f., 253, 260f., 287, 291, 314, 316, 323, 353
Wilhelm II., Kaiser, dt. Reich 323f., 337, 340, 349, 352f.
Wilmowski, Gustav: Bismarcks Rechtsanwalt in Hinterpommern 235
Windthorst, Ludwig: Vorsitzender der Zentrumspartei 275, 287, 324

Zitelmann, Carl: Vortragender Rat 224

BILDNACHWEIS

Archiv für Kunst und Geschichte, Berlin:
Moritz Berendt, *Otto von Bismarck*, 1847 (1. Kapitel)

Bildarchiv Preußischer Kulturbesitz, Berlin:
Otto von Bismarck in Kürassieruniform, 1874 (5. Kapitel)

The Bridgeman Art Library, Berlin:
Jakob Becker, *Johanna von Bismarck*, 1857, und *Otto von
    Bismarck*, 1855 (3. Kapitel)
Franz von Lenbach, *Otto von Bismarck* (6. Kapitel)

Deutsches Historisches Museum, Berlin:
Otto von Bismarck, 1862 (4. Kapitel)

ullstein bild, Berlin:
Otto von Bismarck mit seiner Gattin Johanna, 1849 (2. Kapitel)

Weitere Nachweise über das Archiv des Insel Verlags.